DIOGENES TASCHENBUCH 21407

de
te
be

Jeremias Gotthelf

Nach einem Gemälde von R. Kündig 1944

Jeremias Gotthelf

Der Bauernspiegel

oder

Lebensgeschichte des Jeremias Gotthelf

Von ihm selbst beschrieben

Mit einem Essay von
Walter Muschg

Jeremias Gotthelf

Sein Leben und seine Dichtung

Diogenes

Veröffentlicht als Diogenes Taschenbuch, 1986
Lizenzausgabe mit freundlicher Genehmigung
des Birkhäuser Verlags, Basel

60/86/36/1
ISBN 3 257 21407 3

Jeremias Gotthelf
Sein Leben und seine Dichtung

In den hundert Jahren, die seit dem Erscheinen von Jeremias Gotthelfs Hauptwerken vergangen sind, hat sein Dichterruhm die Probe bestanden. Er ist lebendig geblieben und immer noch gewachsen, während viel glänzendere Namen seiner Zeit in Vergessenheit gerieten. Dieser Ruhm ist ganz im Weiterleben seiner Bücher begründet. Auch in Zeiten, wo der Literaturmarkt von ihm kaum Notiz nahm oder nur schiefe Urteile über ihn kolportierte, hielten ihm – namentlich in der Schweiz, aber auch in Deutschland – Ungezählte die Treue. Die Unterschiede des Standes, der Bildung, der Konfession, der Herkunft traten in der gemeinsamen Liebe zu ihm zurück. Verwöhnte Städter und einfache ländliche Dienstboten, Politiker und Arbeiter, Gelehrte, Künstler und schlichte Hausmütter, Erwachsene und Kinder hingen mit ihrer Seele an seinen Erzählungen. Die Geschichte dieses Ruhmes wird nie geschrieben werden können. Er braucht auch keine Propaganda und kein Festgepränge, er versteht sich von selbst wie alle wahrhaft großen Dinge.

Was das Vorhandensein eines solchen Dichters für sein eigenes Volk bedeutet, zeigt sich, wenn die Lebensfragen wieder brennend werden, um deretwillen seine Werke geschrieben wurden. In den Untergangszeiten, die wir durchleben, hat Gotthelfs Name in der Schweiz einen Klang erhalten, wie er ihn wohl nie vorher besaß. Eine Dichtung wie die «Schwarze Spinne» wird jetzt als eine wahre Offenbarung empfunden und in zahlreichen Neuausgaben für das heutige Geschlecht entdeckt. In den Zeitungen begegnet man häufig Aussprüchen aus seinen Werken, in denen seine menschliche Weisheit, sein politischer Tiefblick erschütternd und tröstend auf die Gegenwart einsprechen. Die Vergangenheit selber, der gute Geist der Heimat scheint in seiner gewaltigen Stimme zur Gegenwart zu reden. Er weiß um alle entsetzlichen Gefahren, die sie bedrohen, aber auch um die Rettung aus ihnen. Über die Aufschwünge und Zusammenbrüche eines Jahrhunderts hinweg hat sein Wort eine Geltung behalten, die nur dem Wort des wahrhaft großen Dichters beschieden ist. «Das Wort ist unendlich mächtiger als das Schwert», sagt er selber in «Uli der Pächter», «und wer es zu führen weiß in starker, weiser Hand, ist viel mächtiger als der mächtigste der Könige. Wenn die Hand erstirbt, welche das Schwert geführt, wird das Schwert mit der Hand begraben, und wie die Hand in Staub zerfällt, so wird vom Rost das Schwert verzehrt. Aber wenn im Tode der Mund sich schließt, aus dem das Wort gegangen, bleibt frei und lebendig das Wort; über dasselbe hat der Tod keine Macht, ins Grab kann es nicht verschlossen werden, und wie man die Knechte Gottes schlagen mag in Banden und Ketten, frei bleibt das Wort Gottes, welches aus ihrem Munde gegangen.»

So ist es kein Wunder, daß uns Gotthelf heute als das eigentliche Urbild eines schweizerischen Dichters erscheint. Vor seinem Auge lag eine in ihren Fundamenten erschütterte Welt, und er hat ihre Krisis als Schweizer miterlebt und abzuwenden versucht. Daß er es als Schweizer und als Dichter tat, bedeutet, daß er bei aller Größe eine Eigenart besitzt, die auch Fragen aufwirft und von Vielen mißverstanden werden kann. Die wichtigsten dieser Fragen sollen hier kurz klargestellt werden. Sie beziehen sich auf seine Person und auf die Art seines Dichtertums.

Die Erscheinung Gotthelfs wird dadurch bestimmt, daß er Berner, dazu protestantischer Pfarrer war, daß er ausschließlich erzählende Werke schrieb, die meist im bäuerlichen Lebenskreis spielen, schließlich dadurch, daß er in der alten Schweiz vor 1848 zu Hause war und leidenschaftlich gegen den Geist der neuen Eidgenossenschaft Stellung nahm, deren Hauptstadt Bern wurde.

Der Mensch

Gotthelf ist in jeder Faser seines Wesens Berner und mit seiner schweren Kraft wie Niklaus Manuel oder Albrecht von Haller nur auf Berner Boden möglich gewesen. Vom üblichen Studienjahr in Deutschland abgesehen, hat er sein ganzes Leben in der Heimat zugebracht. Er wurzelte mit unverrückbarer Wucht in ihr und wußte immer, wo er daheim war; schon darin wirkt er wie die Verkörperung eines Prinzips, auf dem die Existenz der Schweiz beruht. Berner sein hieß für ihn aber Bauer sein. Denn das Bernbiet, besonders das Emmental, wo er aufwuchs und als Pfarrer wirkte, ist die Heimat einer Bauernkultur, wie sie in dieser altertümlichen Würde nur an wenigen Stellen Europas und auch in der Schweiz sonst nirgends existiert. Der fruchtbarste Ackerboden, ein in Jahrhunderten angesammelter Reichtum, die gelassene Sicherheit des Lebens auf eigenem Grund und Boden erzeugten die Lebensluft, die er zeitlebens atmete. Aber der weite Kanton Bern ist eine Welt für sich, voll von Unterschieden und Gegensätzen, und diese Schweiz im Kleinen hat Gotthelf bis in alle Winkel gekannt, so daß sie ein unvergleichlicher Lebensboden für seine Dichtung wurde.

Der Ort wie der Zeitpunkt seiner Geburt enthalten gleichsam schon die Formel für sein Leben und Schaffen. Er kam 1797 in Murten zur Welt, wo sein Vater, Sigmund Bitzius, Pfarrer der deutschen Kirchgemeinde war. Murten liegt auf der deutsch-französischen Sprachgrenze, die den Charakter alles Bernischen bestimmt. Im Stadtbild dieser burgundischen Kleinstadt mit dem großen geschichtlichen Ruhm zeigt sich verkleinert die Durchdringung bäuerlichen und bürgerlichen Wesens, die das Antlitz Berns geprägt hat und deren klassischer Träger Gotthelf wurde. Denn die Bitzius waren keine Bauern, sondern alte Bernburger, ein Geschlecht von Beamten, Handwerkern und Theologen. Gotthelf trug das doppelte Erbe der bürgerlichen und bäuerlichen, der städtischen und ländlichen Herkunft im Blut, und seine ganze Jugend ist durch den heftigen Austrag dieses Gegensatzes gekennzeichnet. Sein Vater ließ sich in der Franzosenzeit nach Utzenstorf im untern Emmental versetzen, weil Murten dem Kanton Freiburg zugeschlagen wurde, und in diesem behäbigen Bauerndorf auf der weiten Ebene zwischen Burgdorf und Solothurn, dem Schauplatz vieler seiner Erzählungen, verlebte er eine Kindheit, durch die er den Anschluß an die städtische Kultur vollends verlor. Zusammen mit einer Schwester und einem Bruder, der später als Abenteurer unterging, wuchs der Dorfpfarrerssohn hier wie ein halber Bauernknabe auf, lernte die Landwirtschaft aufs genaueste kennen und beobachtete doch das Leben der Bauern mit einer Bewußtheit, wie sie nur einem Außenstehenden möglich war. So erschien er allen und sich selber als ein recht merkwürdiges Zwitterwesen, als er 1812 für acht Jahre nach Bern zog, um zuerst das Gymnasium und dann das theologische Studium zu absolvieren.

In der Ungebärdigkeit, die er als Student zur Schau trug, kam nun aber auch der Geist der Zeit zum Ausdruck, in die er hineingeboren war. In seiner frühesten Kindheit war das alte patrizische Bern unter den Schlägen der französischen Invasion zusammengestürzt, und die Luft war seither erfüllt vom Kampf zwischen der versinkenden alten und einer heraufkommenden neuen Welt. Wie überall in Europa standen sich auch in Bern die Partei der aristokratischen Altgläubigen und die des bürgerlichen Fortschritts gegenüber. Der junge Albert Bitzius bekannte sich zu den vaterländischen Demokraten, den liberalen Umstürzlern. Er nahm die Ideen der Romantik in sich auf, er haßte die Schwächen der politischen und theologischen Orthodoxie, disputierte in patriotischen Kränzchen und war unter den ersten Mitgliedern des Zofingervereins. Das Studienjahr in Göttingen setzte dieser Emanzipation die Krone auf. Er war ein radikaler Hitzkopf, als er, nach ersten Probestücken im Heimatdorf, seinen Vikariatsdienst begann. Aber es war ihm bereits klar, daß er nur als Landpfarrer glücklich sein könne, weil er nur so seine Aufgeklärtheit und seine bäurische Art unter einen Hut zu bringen vermochte. Er wollte als Landpfarrer aufs Ganze gehen und den Bauern ein ganz ursprüngliches, von allem Dogmenkram befreites Christentum der Liebe und der Tat predigen. Der Widerstand, den er spürte, und die Enttäuschung, daß man von ihm in Utzenstorf als Nachfolger seines 1824 verstorbenen Vaters nichts wissen wollte, reizten nur sein Draufgängertum. «Wird aus dem Student ein Vikari, so träumet er sich so gerne als Sigrist bestellt, dem tausendjährigen Reich einzuläuten, ihm Tür und Tor zu öffnen», heißt es im «Anne Bäbi Jowäger». In dieser Stimmung trat er das Vikariat im großen, reichen Dorf Herzogenbuchsee an – es war ein Programm, mit dem er notwendig Schiffbruch leiden mußte, wenn er nicht Wasser in seinen Wein goß oder Mittel fand, seinen Glauben anderswo als auf der Kanzel zu verwirklichen.

Tatsächlich wurden die Vikariatsjahre für ihn eine Kette aufreibender Ernüchterungen und Krisen. Überall, wo er hinkam, stürzte er sich mit Feuereifer auf die Verbesserung der oft himmelschreienden Zustände und Gewohnheiten. Am leidenschaftlichsten kämpfte er für die Hebung des dörflichen Schulwesens, die er für das beste Mittel zur moralischen Entsumpfung des Volkes hielt. Er stritt mit den Schulmeistern gegen die Bauern und die Behörden um neue Schulhäuser, neue Lehrstellen, Erhöhung der Hungerlöhne, Änderung der Unterrichtsmethoden. Er predigte sich das Herz aus dem Leibe, gründete Vereine, verzehrte sich in maßloser Hingabe an das heilige Amt der Volkserziehung. Das Ergebnis war immer dasselbe: er erschreckte und verblüffte die Welt, dann stellte sie sich taub, schließlich erboste sie. Das Gewicht der schlechten Überlieferungen war stärker als seine überbordende Kraft. Er ritt viel, um sich auszutoben, und suchte sich auf der Jagd zu vergessen. In Herzogenbuchsee fand er in Joseph Burkhalter das Muster eines weisen Bauern, dessen Freundschaft ihm noch lange über viele schmerzliche Erfahrungen weghalf. Dennoch endeten diese fünf gläubigsten Jahre (1824–1829) mit seiner jähen Abberufung, dank einem Zusammenstoß, den er mit dem stolzen Oberamtmann von Effinger heraufbeschwor.

In dieser Stimmung erlag er einer Versuchung, die er einmal auskosten mußte, um seinen wahren Beruf zu entdecken. Er nahm ein Vikariat an der vornehmen Heiliggeistkirche in Bern an, wo er vor einem noblen Stadtpublikum im gewählten Predigen glänzen sollte und sein Bestes, die Vertrautheit mit dem Bauernvolk, nicht zur Geltung bringen konnte. Der Schmerz darüber, daß er auch hier nach anderthalb Jahren zu leicht befunden und ein Anderer an seiner Stelle gewählt wurde, ging ohne Zweifel tief und schwingt noch in der Feindschaft mit, die er zeitlebens gegen alles Städtische und gegen Bern insbesondere empfand. Er fühlte sich verkannt, verachtet, verstoßen, als er am Neujahrstag 1831 einem neuen Vikariat in Lützelflüh zuritt, mitten aus dem Umsturzfieber der von der Julirevolution angesteckten Stadt in die Einsamkeit des entlegenen obern Emmentals. Es war wie eine Verbannung, ein endgültiger Verzicht. Er war als Einziger von seinen Studiengenossen noch ohne feste Anstellung. Sein Bewerbungsschreiben um die Pfarrei Lützelflüh, die kurz darauf frei wurde, tönt wie ein Bettelbrief. «Hochdieselben werden begreifen, wie unangenehm es ist, in diesem Alter noch fremdes Brot zu essen, vielleicht nicht einmal fremdes Brot zu finden, sondern auf Borg leben, durch Schulden eine künftige Besoldung schmälern zu müssen, wie niederschlagend es für mich wäre, immer dienen zu müssen und trotz allen Fleißes, aller zugegebenen Tüchtigkeit keine Anerkennung durch ein angemessenes Amt erhalten zu können.»

Er wurde im Frühling 1832 zum Pfarrer von Lützelflüh gewählt. Im folgenden Januar verheiratete er sich mit einer Enkelin seines Amtsvorgängers, einer stillen Professorentochter. Das Glück der jungen Ehe, die Geburt dreier Kinder, der Tod der Mutter und des Bruders schufen den familiären Rahmen für seine neue Lage.

Er lebte in Zurückgezogenheit und verfolgte die sich überstürzenden Zeitereignisse – den in ganz Europa um sich greifenden Sieg des Liberalismus und die sichtbar werdende Tendenz der politischen Radikalisierung – aus gelassener Distanz. Er glaubte noch immer an die neuen Ideen, aber er mißtraute ihren Wortführern und rechnete mit größeren Zeiträumen und tiefergehenden Entscheidungen als früher. So betrieb er auch die Reformen bei seinen Lützelflüher Bauern: geduldiger, ohne Illusionen und wenn nötig auf Umwegen, um nur sicher zum Ziel zu kommen. Nur noch das greifbare Ergebnis befriedigte ihn. Mit dieser resignierten Beharrlichkeit setzte er sein schönstes Reformwerk durch, die Einrichtung einer Erziehungsanstalt, in der verwahrloste Knaben zu guten Knechten erzogen wurden. Sie beschäftigte ihn zeitlebens und lag ihm am Herzen, weil sie zeigte, wie er sich die Lösung der großen Zeitfragen dachte. Daneben stellte er sich der neuen Regierung als Erzieher zur Verfügung, nicht ohne scharfe Auseinandersetzungen zu provozieren. Aber dies alles war doch nur wie ein Verklingen der hohen Pläne, mit denen er einst das geistliche Amt auf sich genommen hatte.

Das Selbstbildnis des Pfarrers von Gytiwyl in den «Leiden und Freuden eines Schulmeisters» gibt einen Begriff von der verhaltenen Melancholie, die ihm in dieser Zeit eigen war. Der «Armennot» gab er zuerst (1839) den Titel «Gedanken eines Einsamen». In diesen Jahren des Abwartens, der Ungewißheit und der Wandlung muß in ihm selber vorgegangen sein, was er von den beiden Helden seiner ersten Bücher, namentlich von Peter Käser im «Schulmeister», in dichterischer Steigerung erzählt: der Zusammenbruch des naiven jugendlichen Selbstvertrauens, die Erschütterung durch die Selbsterkenntnis und das Leiden an sich selber, die religiöse Umkehr und Verinnerlichung. Für Käser wird die Ehe mit Mädeli zur Schule der Frömmigkeit und Entsagung, in der er seine Niederlage vor der Welt überwindet und die Dichtergabe in sich entdeckt. Für Gotthelf selber bereitete sich in den

Krisen dieses Übergangs, die nur in Andeutungen sichtbar geblieben sind, diese ungeahnte Lösung vor.

Als fast vierzigjähriger Mann schrieb der Pfarrer von Lützelflüh 1836 den «Bauernspiegel», die Lebensgeschichte des Jeremias Gotthelf. In der Vorrede sagt er, er habe das Buch «lange in stiller Brust getragen sorgfältiglich»; aber die Niederschrift muß mit der Wucht eines Naturereignisses vor sich gegangen sein. Sie gab dem Gang seines Lebens eine andere Richtung. Dieser wildgewachsene, abseits von allem Literaturbetrieb entstandene Erstling ist ein maßlos aggressives, gegen die Mißstände im Berner Volksleben gerichtetes Werk, dessen Erscheinen für Gotthelf zur Erlösung wurde, weil seine Gestaltungskraft so außerordentlich, die Wirkung trotz vielfacher Anfeindung so eindeutig war. Von diesem Augenblick an verlagerten sich die Gewichte. Der seltene publizistische Mut und die noch seltenere dichterische Begabung sprengten die Ketten der Resignation. Die Schriftstellerei wurde Gotthelfs wahrer Beruf, die Amtstätigkeit trat an die zweite Stelle. «Seither nun will es gar kein Ende nehmen», schloß er zehn Jahre später eine kleine Selbstbiographie, «so daß ich mich nicht sattsam wundern kann, wie aus einem Jungen, der seine Beine nicht stille zu halten vermochte, solch sitzender und schreibender Mensch herauswachsen konnte».

Auch das zweite Buch, die «Leiden und Freuden eines Schulmeisters», war zur Hälfte noch ein schwerer Angriff gegen die herrschenden Mächte des öffentlichen Lebens und gegen die Bauernschaft des Emmentals, unter die sich Gotthelf verbannt sah. Auch hier sieht man, wie seine Schriftstellerei zuerst nur eine Fortsetzung seiner volkserzieherischen Tätigkeit mit andern Mitteln war. Eine Reihe von kleineren Schriften – zwei Bettagspredigten, Broschüren gegen das Schnapselend und gegen die Armennot – wie auch die Herausgabe des «Neuen Berner Kalenders», die er sich Ende 1838 auflud, ließen rasch die Gefahr erkennen, daß sein dichterischer Aufbruch in der bloßen Tendenzschriftstellerei versanden könnte, der einzigen Gattung Literatur, die in dieser Umwelt von braven Amtskollegen und ungebildeten Bauern allenfalls verstanden wurde. Aber es kam anders. In einem zweiten Aufschwung, den wir nicht genug bewundern und preisen können, überstieg Gotthelf auch die Schranke der geistlichen Zweckschriftstellerei. Er trat auf den Boden der klassischen, objektiven Erzählungskunst hinüber, wo er nun erst sein wahres Gesicht zeigen konnte.

Der 1840 geschriebene, 1841 erschienene «Uli» stellt diese entscheidende Wendung dar. Er hat zwar auch noch eine brennend aktuelle Not im Auge, die der ländlichen Dienstboten, und knüpft direkt an das praktische Experiment an, das Gotthelf in seiner Erziehungsanstalt unternommen hatte. Aber er gibt nicht mehr in erster Linie die Schilderung dieser Not in Gestalt eines anklägerischen, halb autobiographischen Bekenntnisses, sondern ein erdichtetes Idealbild ihrer vollkommenen Überwindung. Diese ideale, fast utopische Lösung stellt «Uli der Knecht» im Bild des Bauernlebens dar, desselben Emmentaler Bauernlebens, das in den Erstlingswerken als der Inbegriff der bornierten Rückständigkeit, der Bosheit, Dummheit und Ungerechtigkeit geschildert worden war. Der Bodenbauer, der Uli zu einem rechten Bauern und Menschen erzieht, ist Gotthelfs erste große Idealfigur, eine Schöpfung seiner beruhigten Phantasie. Es ist wie der Sonnenaufgang nach qualvoller Nacht und Dämmerung. Nicht mehr das Unglück, sondern das Glück steht im Mittelpunkt, und nicht nur das bäuerliche, sondern das menschliche Glück schlechthin. Sein Gegensatz – die Not, der Fluch, die Verirrung und das Untergehen im falschen Leben – erscheint nur noch in kontrastierenden Nebenrollen. Diesem zweiten Szenenwechsel muß wieder eine tiefe menschliche Wandlung des Dichters zugrunde liegen. Sie bestand offenbar darin, daß er selber den Widerstand gegen seine neue Umwelt, von dem die ersten Schriften erfüllt sind, aufgab und sich von der Schönheit der Welt beglücken ließ, in die ihn das Schicksal verschlagen hatte. Ein Zeugnis dafür ist die Schilderung der Wassernot im Emmental vom August 1837, deren Verwüstungen ihm den Blick für die Segnungen des Friedens öffneten, so daß er später immer wieder diese Katastrophe beschrieb, wenn er den Gegensatz von Chaos und Ordnung, von menschlichem und göttlichem Wirken darstellen wollte.

Der Übergang vom leidenschaftlich Persönlichen zum betrachtend Objektiven ist aber auch ein typischer Entwicklungsvorgang, den Schiller im Hinblick auf Goethes klassische Wendung mit den Worten umschrieb: «Es sollte mich wundern, wenn sich an den Entwicklungen Ihres Wesens nicht ein gewisser notwendiger Gang der Natur im Menschen überhaupt nachweisen ließe. Sie müssen eine gewisse, nicht sehr kurze, Epoche gehabt haben, die ich Ihre analytische Periode nennen möchte, wo Sie durch die Teilung und Trennung zu einem Ganzen strebten, wo Ihre Natur gleichsam mit sich selbst zerfallen war und sich durch Kunst und Wissenschaft wieder herzustellen suchte. Jetzt, däucht mir, kehren Sie, ausgebildet und reif, zu Ihrer Jugend zurück und werden die Frucht mit der Blüte verbinden. Diese zweite Jugend ist die Jugend der Götter und unsterblich wie diese.» So begann nun auch für Gotthelf die Zeit der männlichen Reife. Die Gegensätze, die ihn bisher aufgewühlt hatten, schlossen sich wie durch Zauber zu einer großen Harmonie. Er wurde der geistliche Dichter des Bauerntums, der Zeitdichter außerhalb des Zeitgetümmels, der Bücher schreibende Pfarrer in der Einsamkeit zwischen Kirche und Literatur. Die Fülle des ursprünglichen Lebens prangte mit ihren Geheimnissen und Gesetzen vor seinen Augen, und er machte sich daran, die Ernte dieses Schauens einzubringen. In nicht endender Folge entstanden die Großwerke, die dieses symbolische Bild des Bauernlebens in seinen wichtigsten Beleuchtungen festhielten: neben dem sozialen «Uli» das psychologische «Anne Bäbi Jowäger», die religiöse Vision von «Geld und Geist», die geschichtliche der «Schwarzen Spinne» und der «Elsi», die politische des unvollendet gelassenen Esau-Romans. Zahlreiche kleinere Erzählungen lieferten gleichzeitig immer neue Variationen des unerschöpflichen Themas.

In eben diesen Jahren vollendete sich auch das politische Schicksal Berns und der Schweiz, an dessen Gestaltung sich der junge Gotthelf direkt hatte beteiligen wollen. Seine Dichtwerke wurden im steten Hinblick auf diese Vorgänge geschrieben, die sich jetzt ohne sein Zutun abspielten: auf die Freischarenzüge, die fieberhafte Spannung zwischen den konservativen und den fortschrittlichen Kantonen, die steigende Macht des Radikalismus und seinen fast spielenden Sieg über den Sonderbund, aus dem die neue eidgenössische Verfassung von 1848 hervorging. Hier erhielten andere Mächte die Oberhand als die, die er in seinen Erzählungen triumphieren ließ. Er sah in ihnen die Mächte der Anarchie, der Gottlosigkeit, des Niedergangs. Er verklärte umgekehrt die Kräfte der Ordnung, der gläubigen Tradition, der erd- und gottgebundenen Menschenwürde. Der Gegensatz der beiden Auffassungen wurde ihm immer mehr zu einem Entweder-Oder von schicksalhafter Bedeutung. Er erkannte, daß er als Dichter auf einem gefährdeten, wenn nicht verlorenen Posten kämpfte. Seine Idealwelt stand gegen eine dunkle Zeit, und er ging zu immer lapidarerer Zeichnung der Personen und Konflikte über. Seitdem seine Bücher durch den Berliner Verleger Julius Springer im ganzen deutschen Sprachgebiet verbreitet wurden und sein Name in den europäischen Hauptstädten berühmt war, wurde ihm auch seine Schriftstellerei wieder vor allem zu dem, was er zuerst in ihr gesehen hatte und was sie im Grund immer gewesen war: ein heiliger Kampf um die Seele des Menschen, um die christliche Zukunft Europas. Es zeigte sich, daß die Not in allen ihren Formen unüberwindlich war und so bedrohlich emporwuchs, daß sie nicht mehr nur in ihren einzelnen Formen, sondern nur noch in ihren Quellen bekämpft werden konnte. Sie war auch nicht mehr nur eine bernische oder schweizerische, sondern eine europäische Gefahr. Angesichts dieser Entwicklung begann in Gotthelf der Prediger erneut über den Künstler zu dominieren, und der Prediger erhob sich zur Größe des Propheten. Tiefe Schatten legten sich über seine Bilder des harmonischen Lebens, immer heftiger und ausschließlicher entlarvte er ihre Feinde. Das ist die dritte Epoche seiner spät begonnenen, kurz bemessenen Schaffenszeit, deren Beginn nicht zufällig mit seinem Bekanntwerden im Ausland zusammenfällt.

Der erste für einen deutschen Verleger geschriebene Roman waren «Jakobs des Handwerksgesellen Wanderungen durch die Schweiz» (1846/47). Er enthüllt das Treiben der kommunistischen Arbeiterkreise und führt den Leser in der halben Schweiz herum, ohne das Emmental zu berühren. Man sieht hier, wie Gotthelf sich von seinem Gewissen auf einen fremden Boden drängen ließ, aber auch, was er als Dichter dabei verlor. Ohne Zweifel war auch sein Ehrgeiz im Spiel, wenn er jetzt, den von allen Seiten kommenden Anfragen entsprechend, noch oft ähnliche, wenn auch weniger umfangreiche Sachen schrieb, die nicht das volle Gewicht besaßen. Aber der schon vor dem «Jakob» entstandene «Geltstag» beweist, daß er seine Idealwelt aus einer inneren Notwendigkeit preisgab. Schon der «Geltstag» ist kein Bauernroman mehr, sondern ein gegen den Zeitgeist polemisierender Wirtshausroman, großartig in der Schilderung und Begründung des Zerfalls, aber eben doch ohne das befreiende Element der klassischen Werke. Das ergreifendste Denkmal des Alterns stellt «Käthi die Großmutter» dar, genau auf der Grenze zwischen Glück und Unglück gelegen: auch sie kämpft als eine idealisierende Bauernerzählung gegen den zerstörenden Zeitgeist, aber das Bäuerliche hat hier den Glanz des homerischen Reichtums verloren, und nur die Frömmigkeit ist von ihm übrig geblieben. So stellte Gotthelf seine Grundidee in der Verteidigung gegen den Zeitgeist dar. In «Uli der Pächter» wählte er einen andern Weg, der ihm erlaubte, die volle Idealität des Bauerseins – des Glückes vor Gott und den Menschen – gegenüber dem Zeitgeist zu behaupten; hier wird nicht mehr der Einzelne, sondern die Familie als Träger der gottgewollten Ordnung auf Erden zur höchsten Erfüllung geführt. Noch weiter geht darin die «Käserei in der Vehfreude», die ein ganzes Bauerndorf zum Schauplatz und Helden hat und es mit allen Lichtern Gotthelfscher Weltverklärung übergießt. Nur in den kleineren Erzählungen schuf er bis zuletzt und oft mit ganz ungebrochener Glaubenskraft einzelne Gestalten als Verkörperungen seines Ideals. Daneben aber entstanden auch Novellen und Pamphlete politischen Inhalts von unerhörter Bitterkeit und Leidenschaft, die erkennen lassen, wie der Dämon des Zeitlichen den paradiesischen Frieden seiner Welt untergrub. Die zwei letzten Großwerke stellen dieses Verhängnis direkt dar. «Zeitgeist und Bernergeist», Gotthelfs politisches Testament, mündet in die reine Tendenzdichtung zurück, von der er ausgegangen war, indem es in zwei Bauernhöfen den Gegensatz zwischen idealem und verdorbenem Bauerntum darstellt. Die «Erlebnisse eines Schuldenbauers» schließlich zeugen wieder von dunkler Resignation. Hier siegen die bösen Kräfte und treiben den guten Menschen als gehetztes Opfer von der Scholle, deren Heiligkeit der «Uli» zuerst verherrlicht hatte.

Die Kurve dieses Schaffens ist unverkennbar. Gotthelf endete in Vereinsamung wie alle, die es unternehmen, einer ungläubigen Welt eine vollkommene Wahrheit entgegenzuhalten. Er war ein müder Mann, als er im Herbst 1854 die Augen schloß. Aber es gab für ihn keine Verzweiflung, weil sein Glaube unerschütterlich war. Auch wo er zweifelte oder in Zorn geriet, blieb er mit der Wirklichkeit der Menschen und Dinge verbunden, deren Grenzen er nicht überschreiten konnte, die er aber in allen Gipfeln und Abgründen überschaute. Oft scheint es unbegreiflich, daß ein schlichter Landpfarrer die Fülle und Tiefe des Lebens umfassen konnte, die uns in seinen Werken entgegentritt. Aber der idyllische Rahmen seines Lebens trügt. Man muß sich davon Rechenschaft geben, daß er alles hohe Glück und alle Dämonie seiner Menschenwelt aus der eigenen Brust hervorholte. Er trug den Kampf der Welt, in dem er als Dichter Partei nahm, in sich selber. Nur dies erklärt den Gang seines Lebens und den dramatischen Ablauf seines Schaffens, und nur wer dies gesehen hat, kann seinen menschlichen und dichterischen Rang ermessen.

Der Christ

Dieses Leben und Schaffen wurde aufs stärkste durch den Umstand bestimmt, daß Gotthelf protestantischer Geistlicher war. Man spürt es seinen Büchern an, daß er jeden Sonntag auf der Kanzel stand und auch an den übrigen Tagen, neben der Schriftstellerei in den stillen Morgenstunden, die Geschäfte eines vielbeanspruchten Pfarrers besorgte. Er verfällt auch als Dichter oft genug in den Kanzelton. Er kann und will die beiden Berufe nicht voneinander trennen, sie sind ihm im Grund dasselbe: Verkündigung des Reiches Gottes. Das Geistliche spielt von Anfang an auch motivisch in seine Werke hinein, mit den zahlreichen Szenen, die um die Pfarrhäuser vor sich gehen, und mit den Gestalten der Dorfpfarrer, die – namentlich im «Schulmeister», im «Anne Bäbi Jowäger» und in «Geld und Geist» – immer auch als Selbstdarstellungen zu verstehen sind.

Aber noch wichtiger ist der allgemeine Unterstrom christlichen Denkens, der diese Werke durchzieht. Gotthelf ist einer der letzten großen christlichen Dichter der neueren Zeit, ein letzter großer Pfarrerdichter, wie sie im Zeitalter Luthers und Rabelais' bekannt waren (bei Herder, Hebel, Hölderlin und Mörike geht das Geistliche mit dem Dichterischen schon nicht mehr zusammen). Die Neuzeit steht dieser Verbindung mißtrauisch gegenüber, weil sie gelehrt worden ist, das Ästhetische und das Religiöse zu trennen. Gotthelf wird umgekehrt nicht müde, ihre höhere Einheit zu betonen. Er schafft nicht Kunst um der Kunst, Schönheit um der

Schönheit willen. Er ist ein Moralist, er kämpft für eine geistige Entscheidung, die ihm mit dem Bekenntnis zum Christentum zusammenfällt. Er wagt es, zu werten, zu verherrlichen und zu verdammen. Er sieht einen Teil der Menschen ein böses, falsches, lächerliches Dasein führen und wendet alle Mittel an, um sie davon abzubringen. In diesem Bemühen vergißt er alle Rücksicht auf seine persönliche Würde, weil er sich durch die unpersönliche Autorität seines Amtes gedeckt weiß. Ein rein ästhetisch verfahrender Dichter denkt dagegen immer an die eigene Person und ist bestrebt, sie in möglichst eindrucksvoller Gebärde darzustellen. Dieser Gedanke liegt Gotthelf ganz fern; er sieht lediglich die Gebärden der Andern und rückt ihnen mit einer Aufdringlichkeit zu Leibe, die von ihnen gern als «geschmacklos» abgelehnt wird.

Aber in diesem Ungestüm ist auch etwas enthalten, was mit der landläufigen Würde des geistlichen Berufs im Widerspruch steht. Gotthelf hat in kirchlichen Kreisen früh und immer wieder Ärgernis erregt, und seine Ratgeber bemühten sich ängstlich, ihn an seine Pflichten als Pfarrer zu erinnern. Wenn seine Werke einerseits den geistlichen Stand ihres Verfassers verraten, so trifft es ebensosehr zu, daß man immer wieder darüber staunen muß, wie es möglich war, daß ein amtierender Pfarrer sie schreiben konnte. Er riskierte schärfste Zusammenstöße mit seinen vorgesetzten Behörden und Mißverständnisse bei den Amtsgenossen, die auch nicht ausblieben und bis zum heutigen Tag nachwirken. Die heutigen Versuche von theologischer Seite, ihn gleichsam reinzuwaschen und als einen bloß zu Erbauungszwecken schriftstellernden Pfarrer hinzustellen, sind dafür bezeichnend. Er zeigt auch als Pfarrer und Christ das Gepräge des Genies, das seinen Maßstab in sich selber trägt und nur mit Erscheinungen gleichen Ranges verglichen werden kann. Das wird vollends klar, wenn man die dichterischen Äußerungen seiner Frömmigkeit betrachtet.

In der Vikariatszeit war Gotthelf von der Überzeugung durchdrungen, daß die christliche Botschaft als solche ewig, die Form ihrer Verkündigung aber zeitbedingt sei und umwälzender Reformen bedürfe. Er unterschied scharf zwischen der Kirche und dem zeitlosen Gehalt der Bibel. Einige Aufsätze aus der Zeit des Reformationsjubiläums von 1828 spielen mit radikalen Erneuerungsgedanken, und seine begeisterte Bejahung der Julirevolution entsprang ohne Zweifel dem Willen, mit ihnen Ernst zu machen. Noch der Pfarrer von Gytiwyl äußert diese revolutionären Ansichten. Als Gotthelf im einsamen Lützelflüh die Dichtung als das ideale Gefäß für seinen Erneuerungswillen entdeckte, konnte es gar nicht anders sein, als daß er zunächst auch sie in einem tiefen Gegensatz zu seiner geistlichen Berufsarbeit sah. Von diesem Bewußtsein sind die ersten Werke bis zum «Uli» getragen. Eine beiläufige Bestätigung dafür liefert der Umstand, daß er von dem Moment an, wo er sich am Schreibtisch niederließ, seine Predigten nicht mehr schriftlich ausarbeitete. Die erhaltenen Predigten stammen fast ausnahmslos aus der Vikariatszeit. Er begnügte sich jetzt mit Stichworten oder mit Wiederholungen früherer Ansprachen. Er war kein erfolgreicher Prediger und litt darunter; man sagte ihm sogar einen Sprachfehler nach, und die Kirche von Lützelflüh war meist schlecht besucht. Ein Buch, in das er jetzt zur Selbstkontrolle für jeden Gottesdienst Text und Thema seiner Predigten eintrug, enthält für das Jahr 1845 lediglich die vielsagenden Worte: «Ward aus lauter Elend nicht fortgesetzt.» Er war nicht zum Theologen oder zum beliebten Kanzelredner, sondern zum Dichter berufen und hat sich auf der Kanzel nie so wohl gefühlt wie am Schreibtisch. Was ihm als urchristliche Frömmigkeit, als neue Kirche vorschwebte, verwirklichte er in seinem Lebenswerk als großer Erzähler. Deshalb stehen auch seine Predigten im Ganzen enttäuschend tief unter seiner Dichtung. Sie schlagen zwar oft einen sehr freien Ton an, und das dogmatische Hauptthema, Christi Leiden, Auferstehung und Wiederkunft, spielt in ihnen eine auffallend geringe Rolle. Aber sie bewegen sich in der Sphäre der üblichen geistlichen Rhetorik und verraten nur selten etwas von der genialen Ursprünglichkeit des Dichters.

Die beiden ersten Romane haben noch eine ausgesprochen christliche Tendenz und stellen auch das religiöse Erleben ganz krisenhaft dar. Jeremias Gotthelf wie Peter Käser verstricken sich in tiefe Schuld, brechen unter der Erkenntnis ihrer Sündenlast zusammen und erheben sich als Bekehrte aus ihrem durch tierische Sinnlichkeit verpfuschten Leben. Die Welt, zu der sie gehören, ist böse von Grund auf und der Erlösung bedürftig, ihre soziale und moralische Not wurzelt im Fluch der Erbsünde. Auch Ulis Schicksal ist noch stark durch die Gebrochenheit des in der Sünde geborenen Menschen bestimmt; er wird aus einem Hudel ein frommer Bibelleser und Kirchengänger, und das Christliche ist an seiner Gestalt so stark unterstrichen, daß sie stellenweise Gefahr läuft, als kirchliche Propagandafigur zu wirken. In «Geld und Geist» wird das Drama der Versündigung durch den Egoismus und der Erlösung durch Gottes Gnade, großartig verinnerlicht, noch einmal mit gereiften Kunstmitteln ausgemalt. Aber das Verhältnis des Geistlichen zum Weltlichen ist hier stark verschoben. Die Bauernfamilie von Liebiwyl wird durch die christliche Läuterung im Grund nur zu dem Frieden zurückgebracht, den sie schon früher besaß. Und gerade dieses Werk stellt mit der starken Betonung des Erlösungsmotivs im reifen Schaffen Gotthelfs zwar einen Gipfel, aber auch eine Ausnahme dar.

Im Gesamteindruck seiner Dichtung tritt das spezifisch Christliche stark zurück. Es wird durch eine Bejahung der diesseitigen Welt aufgehoben, die oft in vollkommenem Widerspruch dazu zu stehen scheint. Die Domäne des reifen Gotthelf ist das Menschliche in allen seinen Erscheinungsformen. Da spürt man oft nichts mehr von Gebrochenheit, wohl aber eine unerschütterliche Geborgenheit in der Natur und der Tradition, ein Daheimsein in der Fülle des Lebens, eine Sicherheit des auf der Erde Stehens, die gerade das unvergleichlich Besondere seiner Weltauffassung sind.

Er bringt es fertig, sich über das Kirchliche lustig zu machen und die unbekehrbare Menschlichkeit und Diesseitigkeit seiner Bauern, ihren Haß und Spott über alles Geistliche humoristisch zu verklären. Die lange Reihe seiner Käuze, schrulligen Narren und Tröpfe, die mit Joggeli im «Uli» beginnt, beweist, wie ihn der Mensch in seiner gewachsenen Originalität entzückte. «Barthli, Barthli, was bist du für e Christ», heißt es von einem Prachtsexemplar dieser Art, und es schwingt in dem Ausruf mehr verwunderte Liebe als Tadel. Diese Reihe setzt sich allerdings in der Galerie der unglücklichen und ganz verworfenen Bösewichter fort, wo sich im Menschen der Abgrund der Hölle öffnet. Aber gerade in solchen Gestalten beweist Gotthelf seine dichterische Meisterschaft, und wenn er auch das Teuflische in ihnen ebenso eindeutig bezeichnet wie das Christliche in seinen Glücklichen, so ist es doch immer die dichterische Freude am Menschen in allen seinen abgründigen Möglichkeiten, die ihm die Hand führt. Seine Menschenwelt ist zwischen den Himmel und die Hölle hineingestellt und also christlich geschaut, aber die Augen, mit denen er sie betrachtet, sind durch kein Dogma getrübt. Ja es ist unverkennbar, daß er die Ursprünglichkeit des Sehens und Redens einbüßt, sobald er absichtlich den christlichen Maßstab an sie anlegt. Das geschieht in den predigenden und moralisierenden Einschiebseln, die besonders in den späteren Werken die Handlung unterbrechen und einen nie ganz überwundenen Zwiespalt in seinem geistlichen Dichtertum bezeugen. Sie sind oft wirklich gehaltenen Predigten entnommen und von einer wunderbaren gedanklichen Tiefe, im Ganzen aber doch ein Beweis seiner künstlerischen Naivität. Es ist derselbe Gegensatz, der sich sprachlich in seinem Schwanken zwischen Mundart und Schriftsprache äußert und aus dem sich alle Schwächen, aber auch die Höhepunkte seiner Dichtung erklären lassen.

Den Gipfel seiner Kunst ersteigt Gotthelf dort, wo es ihm gelingt, das Christliche völlig mit seinem dichterischen Schauen zu-

verschmelzen. In einem wichtigen brieflichen Glaubensbekenntnis an Burkhalter von 1840 nennt er sich «einen Mystiker in gewisser Beziehung». Ein ganz verfehltes, aber aufschlußreiches Übergangsprodukt, der damals entstandene «Silvestertraum», versucht tatsächlich die mystische Einheit des Diesseits und Jenseits in konventionell-romantischen Bildern darzustellen. Dies war der große Gedanke, der seit dem «Uli» neben den kirchlichen Formeln nach Gestaltung drängte, der dort im Sonntagmorgengang des Bodenbauern den ersten Ausdruck fand und den Weg in Gotthelfs eigenste Welt, die Bauerndichtung, öffnete. Die eigentliche Seele dieser reifen Kunst ist der Glaube an die Verbundenheit von Himmel und Erde, an die unteilbare Harmonie der Schöpfung, die sich in der sinnlich-geistigen Einheit alles Lebens offenbart. Mit diesem Glauben erweist sich Gotthelf als ein großer Vertreter des christlichen Liberalismus. Er war aber in seiner aus Sinnlichkeit und Geistigkeit mächtig gemischten Natur begründet, und seine Entfaltung als Dichter wurde dadurch ermöglicht, daß ihm diese ursprüngliche Anschauung des Lebens immer reiner aufging.

Fromm sein, ein Christ sein heißt ihm jetzt vor allem für die sichtbare Offenbarung Gottes in der Natur empfänglich sein, wie der Bodenbauer es ist. Dies bedeutet eine weitgehende Abkehr von der dualistischen Weltbetrachtung des protestantischen Christentums. Überall, wo Gotthelf als Dichter auf das Wesen der wahren Frömmigkeit zu sprechen kommt, umschreibt er sie als die Versöhnung von Wissen und Glauben. Der Pfarrer von Gytiwyl ist überzeugt, daß die Errungenschaften der modernen Wissenschaft eine weitgehende Erneuerung der Kirche notwendig machten, durch die aber der wesentliche Inhalt des Christentums nur desto stärker wieder hervortrete. Der alte Pfarrer von Gutmütigen im «Anne Bäbi» erklärt noch entschiedener, es werde bereits sichtbar, daß der vielbeschriene Gegensatz zwischen Wissenschaft und Religion nur scheinbar sei, weil die Resultate der Forschung immer deutlicher auf die Bestätigung des Glaubens an übernatürliche Mächte hinausliefen. Der Pfarrer, der Uli und Vreneli traut, legt den Beiden diese Überzeugung in der erstaunlichen Formel ans Herz: «Das Weltliche und das rechte Geistliche sind viel näher bei einander, als die meisten Leute glauben .. Denn glaubt es mir doch recht, das rechte weltliche Glück und das himmlische Glück werden akkurat auf dem gleichen Wege gefunden.» Ähnlich heißt es auch in der «Käthi»: «Das höchste Ziel des Menschen ist die Seligkeit im Himmel, aber beide Ziele liegen nicht in entgegengesetzten Richtungen, sie liegen auf der nämlichen Straße, sind bloß verschiedene Stationen auf der Lebensreise.»

Als Dichter bejaht und verherrlicht Gotthelf die irdische Welt mit einer oft heidnisch anmutenden Rückhaltlosigkeit. Er setzte seine Zeit als Realist von bisher unbekannter Sinnenkraft in Erstaunen. Kein Winkel des Daseins ist ihm zu schmutzig, keine Verworfenheit des Menschen so tief, daß er auf ihre Darstellung verzichten möchte. Vor allem kann er – etwa in der «Schwarzen Spinne» – auch die Mächte des Bösen und der Vernichtung bis zur finsteren Tragik beschwören. Das ist die Folge der Ursprünglichkeit, mit der er die Erscheinungen des Lebens in ihrem ganzen Umfang überblickt. Sie sind ihm ein Gewebe aus faßbaren und unfaßbaren Kräften, aus stofflichen und geistigen Elementen (wie oft ist davon die Rede!), dessen tiefsten Zusammenhang kein menschliches Auge ermißt, weil das bewegende Zentrum dieser unendlichen Schöpfung weit außerhalb des menschlichen Denkvermögens liegt. In jedem Menschen, jeder Pflanze, jedem Ereignis ist diese absolute, göttliche Einheit des Lebens vorhanden, aber die Wenigsten haben den Blick für sie. Der Mensch ist als einziges Geschöpf imstande, sich ihr zu verschließen, sie in sich zu stören oder zu zerstören. Es steht ihm frei, in der Harmonie oder in der Disharmonie zu leben, ohne daß dadurch das Gleichgewicht der Weltordnung als solcher in Frage gestellt wird. Gestört wird es im Menschen durch die einseitige Bejahung des Körperlichen oder des Geistigen, bestätigt durch das gläubige, schauende Hineinwachsen in den unergründlichen Zusammenhang von Geist und Materie, Himmel und Erde. Wer ihn erkennt und in sich aufnimmt, ist ein Christ, ist schon auf Erden «im Vorhof des Himmels». Er steht, wie Änneli in «Geld und Geist», mitten im alles durchwaltenden göttlichen Weltgeheimnis, das die sichtbare irdische Welt bruchlos mit der jenseitigen verbindet. Ein solches Schauen hat nichts mit kirchlichem Dogmatismus und pharisäischer Selbstgerechtigkeit zu tun. Es ist die Weisheit eines Dichters, der sich durch die Rätsel des Lebens immer neu erschüttern, in Angst und Unruhe, Leiden und Zweifel setzen läßt, so daß alle scheinbaren Widersprüche der Wirklichkeit in seine Darstellung der Welt einströmen. Man begegnet in Gotthelfs Werken Szenen der seelischen Läuterung, die bis ins Mystische reichen, neben allen Stufen und Abarten der Verblendung. Er kennt die «Traurigkeit aus Gott», die aus der Liebe kommt und sich in Freude verklärt, aber auch den Wurm des bösen Gewissens, der in die Hölle führt, und die friedvolle Seligkeit der Gerechten, die wie der Bodenbauer oder der Erbvetter Hans Joggeli brüderlich mit Gott reden und kaum mehr unter ihrer Sündhaftigkeit leiden.

Diese Ursprünglichkeit des religiösen Denkens erklärt es auch, daß das in den großen Bauernromanen gezeigte Idealbild des Lebens nicht Gotthelfs letztes Wort blieb. Schon hier sind ja die Kräfte der dämonischen Verblendung überall vorhanden und verfinstern vorübergehend auch die Tage der frommen Christen. In den Spätwerken läßt er sie immer mehr als eine Weltgefahr in Erscheinung treten, die von außen kommt und mit dem Bauerntum die ganze Menschheit unglücklich zu machen droht. Es ist der «Zeitgeist», der Dämon des Materialismus und der Gottlosigkeit, der furchtbar-lächerliche neue Aberglaube an die Unabhängigkeit des Menschen vom Schicksal, von der Hand Gottes. Der Zorn und Gram über ihn ist die letzte Form von Gotthelfs Frömmigkeit. Mit einer Gewalt und Selbstverständlichkeit ohnegleichen, in der die Seele der Demokratie aufzustehen scheint und die ihn zum größten politischen Dichter der Schweiz stempelt, trat er vor allem der Auflösung der christlichen Ordnung im engeren und weiteren Vaterland entgegen. Im Namen des wirklichen Volkes – nicht irgendwelcher Machthaber – behandelte er das Wohl und Wehe des Staates wie seine eigene Sache. Ihn erfüllte die bittere Sorge um die Schweiz, der Kummer über ihre sinkende öffentliche und private Moral, über ihre falschen Maximen, über die allgemeine Verschlechterung der Qualitäten – lauter Symptome, die ihm auf eine nahende Katastrophe zu deuten schienen. Daß er jetzt nicht nur wunderbare Glaubens- und Segensworte, sondern auch Worte von vernichtender Schärfe sprach, war allerdings nicht dazu angetan, seine Popularität zu vermehren, aber wahrlich auch nicht geeignet, seiner Größe als Wächter und Mahner Abbruch zu tun.

In dieser Spätzeit verlieren die Worte «christlich» und «Christentum» bei ihm oft den tiefen dichterischen Klang. Er gebraucht sie in schematischer Vereinfachung als Schlagworte, mit denen er das unzeitgemäß gewordene Gegenteil des Modernen bezeichnet, und man muß sich daran erinnern, was sie ursprünglich bei ihm bedeuten, um seine oft maßlos heftige Sprache zu verstehen. Er erscheint hier wie ein blinder Feind alles Fortschritts, und es war seinen Gegnern nicht schwer, ihn als verbohrten Reaktionär zu verschreien. Uns Heutige irritiert besonders die Heftigkeit, mit der er jede Form des Sozialismus ablehnt und mit Korruption und Volksbetrug in einen Topf wirft. Hier darf man nie vergessen, daß es der Verfasser der «Armennot», des «Uli» und der «Käthi» ist, der sich ereifert, jener Gotthelf, der sich von der Not der Armen und Gedrückten ergreifen ließ wie wenige andere Dichter seines Jahrhunderts. Er war wahrlich der Letzte, der gegen diese auftreten wollte; er kämpfte vielmehr gegen die politische Ausschlachtung der sozialen Frage und gegen die falschen Versuche, sie zu lösen. Falsch aber waren ihm alle Rezepte, die nicht die geistige Wurzel, den seelischen Ursprung des sozialen Problems erkannten. So einseitig und leidenschaftlich er über den politischen Sozialismus absprach, so unvergleichlich tief und wahr ist alles, was er über den religiösen Hintergrund der großen Zeitkrisis aussagte.

Über diese Seite seiner christlichen Zeitkritik braucht man heute nicht mehr zu streiten, weil sich alle seine Weherufe erfüllt haben. Er sprach als ein wirklicher Prophet, dessen Worte den Mitlebenden krankhaft übertrieben scheinen und dennoch wahr sind. Mit genialem Scharfblick erkannte er die geistige Tragweite der Entwicklungen, die sich seit der Julirevolution in Europa anbahnten, und er wäre allein schon wegen des Mutes, mit dem er ihnen in den Weg trat, eine denkwürdige Gestalt. Aber seine Urteile und Voraussagen erschüttern uns heute durch ihre fast unbegreifliche Hellsichtigkeit. Er hat die Herrschaft des Gesindels vorausgesehen, von der Europa im zwanzigsten Jahrhundert bedroht ist, und als ihre Ursache den Zerfall der christlichen Lebensordnung erkannt, den er mit seiner dichterischen Vision des menschlichen Glückes aufhalten wollte. Die Verpöbelung der Welt war ihm in erster Linie ein moralisches, erst in zweiter ein politisches Phänomen; das unterscheidet ihn immer noch scharf genug von den Vielen, die heute, nachdem die Katastrophe geschehen ist, der Menschheit aufzuhelfen versuchen. Man bedenke auch, daß er nicht etwa Deutschland oder Frankreich, sondern in erster Linie sein schweizerisches Vaterland im Auge hatte, wenn er die Gefahr des Untergangs beschwor. So verstanden, muß er uns nach hundert Jahren noch unmittelbarer erregen, und die politische Einseitigkeit seines Standpunkts tritt vor der Aktualität zurück, die seine Worte seither erhalten haben. Am wahrsten erscheint er uns jetzt gerade dort, wo er – in der «Schwarzen Spinne», in «Zeitgeist und Bernergeist» – das Überhandnehmen der Unchristlichkeit in apokalyptischen Bildern als die neue Pest, als ein seelisches Massensterben der Menschheit am Horizont aufsteigen sieht. «Ja, wenn die Weiber dieses Fieber haben und nicht mehr Hausmütter sind, etwa gar noch Zeitungen lesen und darob die Kinder schreien lassen, bis sie schwarzbraun sind im Gesichte, dann wird eine saubere Rasse nachkommen, daß Gott erbarm! Menschen, welche eine Krankheit haben wie die Erdäpfelkrankheit, es wird niemand wissen wollen, woher sie kömmt und was sie ist, man wird nichts wissen von ihr, als daß sie da ist, die Menschen sie haben und die, welche sie haben, wenig oder nichts taugen, jedenfalls nicht lange währen.»

Der Dichter

Gotthelf ist der größte Bauerndichter der neueren Literatur. Das bäuerliche Element ist wie das religiöse ein notwendiger Bestandteil seiner Kunst und bestätigt von der stofflichen Seite her seine klassische Bedeutung. Denn die schweizerische Eidgenossenschaft ist zuerst ein Werk von Bauern gewesen, und die Verbundenheit mit dieser Herkunft prägt ihr Gesicht bis auf den heutigen Tag. Aber die Welt der Bauern ist seit der Reformation nur noch der Nährboden der bürgerlichen Kultur. Die geistige Welt der Neuzeit wurde in den bürgerlichen Städten aufgebaut, und die Kriegstaten der bäuerlichen Vorfahren sind seither nur noch heroische Erinnerungen. So war selbst der Bauerndichter Gotthelf kein Bauer, sondern ein Geistlicher, und kein Innerschweizer, sondern ein Berner. Er verkörpert als Bauerndichter geistlichen Standes die Einheit des bäuerlichen und bürgerlichen Wesens, in der wir den eigentlichen Charakter des Schweizertums erblicken, und hält in seiner Dichtung den Zusammenhang mit dem nationalen Ursprung wach. Aber auch das Bäuerliche besitzt bei ihm die unergründliche Tiefe des Dichterischen.

Die Welt der Bauern war Gotthelf von Kindheit an vertraut, aber erst in Lützelflüh trat er ihr als Dichter gegenüber, und erst im «Uli» begann er das Bild von ihr zu zeichnen, das zum Inbegriff seiner Menschendarstellung geworden ist. Erst jetzt, als er zu ihrer Verherrlichung überging, trat das «Homerische» seines Stils hervor: die unermeßliche Fülle, die Heiterkeit, das vollkommene Wissen um den Menschen. Der Bauerndichter Gotthelf verfügt über eine Meisterschaft der Seelenmalerei, der kein Geheimnis verschlossen zu sein scheint. Sie bemächtigt sich gleich großartig der sonnig beglückenden wie der dämonischen Seite des Lebens. Den glücklichen Bauern und Bäuerinnen stehen die unseligen, verwahrlosten, heimatlosen gegenüber, und sie alle sind nicht nur volkskundlich interessante Charakterköpfe, sondern auf die christliche Grundidee bezogen und dadurch ins Typische gesteigert. Gute und Böse tragen ein dichterisch geschautes Antlitz und verraten, wenn man sie genauer betrachtet, eine bewußte Hervorhebung oder Unterdrückung bestimmter körperlicher und seelischer Merkmale. Gotthelfs Bauernmenschheit ist stilisiert, oft in riesigem Maß. Bestimmte bäuerliche Typen, die er im Emmental besonders rein vertreten fand, wurden ihm zu Sinnbildern des frommen und gottlosen Lebens. Er beobachtete diese Männer und Frauen, Greise und Greisinnen, Mädchen und Burschen mit unersättlichem Wohlgefallen und war selber Bauer genug, um ihre Gestalten und Reden mit vollendeter Treue und einem unfehlbaren Gedächtnis festzuhalten. Aber er schilderte sie nicht um ihrer selbst willen, und seine Bücher wurden noch etwas anderes als Fundgruben für volkskundliche Studien. In der Liebe, mit der er sich in diese Welt versenkte, erfüllte sich sein eigenes Schicksal. Er streifte von sich selber die Unruhe der Jugend ab, indem er die Schönheit dieses Lebens in der Tradition entdeckte, und wurde sich seiner höchsten Aufgabe bewußt. Jeder einzelne der von ihm aufgezeichneten Züge mag ihm in der Wirklichkeit begegnet sein; in ihrer Gesamtheit ergeben sie ein Bild, das man als seine Schöpfung betrachten muß.

Das gilt vor allem vom Typus des königlichen Bauern, der seit dem «Uli» als Beispiel des Menschen, wie er sein soll, als Sinnbild des vollkommenen Lebens und der eigentlichen Seligkeit auf Erden im Mittelpunkt von Gotthelfs Erzählungen steht. Er ist, mit allen männlichen und weiblichen Abwandlungen, seine größte dichterische Vision und bestimmt den Charakter seiner Kunst entscheidend. Er hebt an ihm als Haupttugenden die Vornehmheit, den Reichtum, die Gelassenheit und Gemessenheit, die Verschwiegenheit, die Langsamkeit, das Altväterische und Gattungshafte, die Gottesfurcht hervor – lauter Kennzeichen des in uralten Überlieferungen befangenen, in der Fülle lebenden Menschenschlages, den er auf den mächtigen Höfen des Berglandes leben sah. Diesen Eigenschaften hat aber erst seine Phantasie die Bedeutung und den Glanz gegeben, die sie in seinen Werken besitzen. Er pflegt die Bauern mit den immer gleichen Wendungen zu charakterisieren, und am regelmäßigsten schreibt er ihnen das Adelige zu. Diese Grundeigenschaft wird gleich auf der zweiten Seite des «Uli» bei der Schilderung des Bodenhofes erwähnt. «Es herrscht nämlich in vielen Bauernhäusern und namentlich in solchen, die zum eigentlichen Bauernadel gehören, das heißt in solchen, wo der Besitztum lange in der Familie sich fortgeerbt hat, daher Familiensitte sich festgesetzt, Familienehre entstanden ist, die sehr schöne Sitte, durchaus keinen Zank, keinen heftigen Auftritt zu veranlassen, der irgend der Nachbaren Aufmerksamkeit auf sich ziehen könnte. In stolzer Ruhe liegt das Haus mitten in den grünen Bäumen; in ruhigem, gemessenem Anstande bewegen sich um und in demselben dessen Bewohner, und über die Bäume schallt höchstens das Wiehern der Pferde, aber nicht die Stimme der Menschen.»

Im Adel dieser reichen Höfe schildert Gotthelf sein Ideal des noch unentweihten, gottgewollten Menschseins. Adel ist ihm der Grundzug aller echten bäuerlichen Gestalten, und der bedächtige, weise, zugleich fromme und schlaue Bodenbauer im «Uli» ist das noch ganz feierlich gezeichnete Urbild dieses Ideals. Auch Vreneli ist eine «aristokratische Natur», von Gott zur Regentin geschaffen.

Adelig sind die beiden Liebenden in «Elsi, die seltsame Magd», die im Unglück ihren unbeugsamen Stolz und eine unantastbare Reinheit beweisen. Adelig sind die Bauern der Rahmenerzählung zur «Schwarzen Spinne»; selbst Hansli Jowäger zeigt in gewissen Momenten, daß er noch den «altadelichen Sinn» besitzt, und auch aus ganz verkommenen Gestalten leuchtet oft noch etwas von diesem Glanz hervor. Denn das Urbild des Bodenbauers wird von Gotthelf bald aufs reichste abgewandelt. Neben den königlich vollkommenen und sicheren Bauern erschafft er Figuren, in denen das Bewußtsein des Adels sich erst bildet oder wieder trübt und untergeht, namentlich aber solche, die es hinter der Miene der Bescheidenheit oder Pfiffigkeit verbergen. Am schönsten sind ihm vielleicht die heiter-schlauen Greise vom Schlag des Erbvetters Hans Joggeli und ihr jugendliches Gegenstück, die lustig-feinen Bauernsöhne gelungen, die ihrer Würde so sicher sind, daß sie sie freiwillig eine Zeitlang ablegen können, etwa wenn sie ausziehen, um eine Frau zu suchen, die «wie die Mutter» ist. In «Geld und Geist» stellen der Hof von Liebiwyl und das Dorngrüt den Gegensatz zwischen adeligem und gemeinem Leben dar, und die Liebesgeschichte von Resli und Anne Mareili ist ganz auf ihm aufgebaut: die Dorngrüttochter verliert beinahe ihren Geliebten, weil er vor ihrer Unbeherrschtheit und Eigensucht erschrickt, und Resli selber findet im schweren Kampf mit den Widerständen, denen er begegnet, erst die stolze Reinheit des Herzens, mit der er die Hindernisse überwindet. Diesen Männern steht die herrliche Reihe von Gotthelfs Bäuerinnen gegenüber, die gleichfalls alle Grade und Schattierungen des weiblichen Adels aufweist: neben den reifen Frauen, die als die guten Geister ihrer Häuser walten, die milden Greisinnen, die das Heimweh nach dem Himmelsfrieden kennen, und die Mädchen, deren bald heiterer, bald ernster Zauber darin besteht, daß sie «schön beten und gut tanzen» können. Man muß den «Schulmeister», besonders etwa das Kapitel «Wie man in Gytiwyl ein Schulhaus baut» mit der Spottfigur des langsamen

Kirchmeiers, neben diese klassischen Bauerngestalten halten, um zu erkennen, wie ganz anders die gleichen Dinge auf der «Sonnseite des Bauernlebens» aussehen, auf die Gotthelf mit dem «Uli» hinübertrat. Alle Eigentümlichkeiten des bäuerlichen Wesens, die dort noch verlacht und verhaßt sind, werden hier geliebt und verklärt.

Mit dem Adeligen hob Gotthelf allerdings einen objektiven Grundzug der bäuerlichen Kultur hervor, dazu einen, der tief in die heidnische Vergangenheit zurückreicht. Der Sinn für die hierarchische Ordnung des Lebens ist älter als das Christentum und mit diesem nicht ohne weiteres vereinbar. J. J. Bachofen hat ihn (in den «Bemerkungen zu Livius») im Hinblick auf Italien einmal mit den Worten umschrieben: «Am glücklichsten das Land, das am reichsten an solchen Lebensprinzipien, dem die Autorität gewissermaßen angeboren ist. Dahin gehört eben das ländliche auf Ackerbau gerichtete Leben, es ist in seinem Innern ganz monarchisch, ganz Autorität, ganz Glaube, es lehrt den Menschen an jedem Tage die Abhängigkeit von einem höhern Wesen, das ihn bestimmt, und in der ländlichen Abgeschlossenheit ist die Familiengewalt auch viel größer als in Städten. Insbesondere aber wird das Autoritätsprinzip erhalten und belebt durch eine auf Grundbesitz und Geburt beruhende Aristokratie und durch eine stufenweise gegliederte Gesellschaft.» Auch bei Gotthelf war ein politischer Gedanke im Spiel, wenn er das Aristokratische des Bauerntums unterstrich. Er sah in der modernen Demokratie die Gefahr der Verpöbelung und hielt es für ihre entscheidende Aufgabe, das Rangprinzip mit dem Mehrheitsprinzip zu verbinden. Es ist der Gedanke, der auch andere konservative Geister des neunzehnten Jahrhunderts beschäftigte. Gotthelfs ideale Bauern sind im Grund nichts anderes als ein Adel, aber ein volkstümlicher Adel, ein Adel in der Demokratie. Mit dem Landadel in Eichendorffs und Stifters Romanen oder in Goethes «Wilhelm Meister» haben sie den Reichtum, das Standesbewußtsein, den Sinn für

Form, das Festhalten am Herkommen, die Verwurzelung im ländlichen Grund und Boden gemein. Aber es trennt sie von ihm das Volkstümliche, die Verachtung der städtischen Kultur, der Mangel an Bildung und die christliche Frömmigkeit, die ihnen den Kult der Schönheit ersetzt. Die politische Seite dieses Ideals hat Gotthelf in späteren Jahren zu heftiger Parteinahme für die «Aristokraten und Pfaffen» veranlaßt, aber auch sie kann nie als Äußerung gegen die Demokratie ausgelegt werden. Seiner Idee des Adels haftet sogar etwas Plebejisches an, da sie ja mit dem Bäuerlichen verbunden ist. Sie ist eine geniale Eingebung seiner Phantasie und als dichterische Vision vorhanden gewesen, bevor sie einen politischen Beigeschmack erhielt.

Diesen rein dichterischen Glanz entfaltet sie in den Werken der reifsten Zeit. Die rauflustigen reichen Bauernburschen, die Nacht- buben- und Dorfkönige werden scherzhaft mit den altgriechischen Helden verglichen, oder es ist die Welt der Märchenkönigreiche, die aus der Schilderung der bäuerlichen Edelsitze hervorschimmert, etwa am Beginn von «Wie Joggeli eine Frau sucht»: «Im Bernbiet, aber ich sage nicht wo, liegt ein Bauernhof an sonnigem Rain. Birn- und Apfelbäume, mächtig wie Eichen; umkränzen ihn, Alleen von Kirschbäumen laufen von ihm aus nach allen Seiten, und fast so weit am Hügel das Auge reicht, breitet sich um denselben aus ein wunderschöner grüner Teppich, kostbarer als ihn ein König hat: hunderttausendpfündige Matten.» Anderswo steigt die Erinnerung an die Patriarchen der Bibel auf, mit Vorliebe dort, wo die sagenhafte Vorzeit zitiert wird, also von vornherein eine Steigerung ins Mythische beabsichtigt ist. So heißt es in der «Käthi» von einem reichen Bauern der Vergangenheit: «Damals stand dort ein einzig Haus, und der Bauer auf dem Brittenwalde war reich wie Salomo, seine Wälder, Felder und Matten waren ungemessen und sein Vieh ungezählt, und Knechte und Mägde hatte er fast wie Abraham.» Solche Ausblicke spielen immer wieder in Gotthelfs Bauernwelt hinein und helfen die

Atmosphäre der zeitlosen Größe und Ruhe erzeugen, die ihr eigen ist.

Eine weitere charakteristische Färbung fließt aus dem Vergleich des bäuerlichen mit dem städtischen Leben und der bald witzigen, bald höhnischen Parallele zwischen ländlicher und städtischer Vornehmheit. Immer wieder konfrontiert Gotthelf die Noblesse der Städter, namentlich der politischen Glücksritter, mit dem echten Adel des Bauern, und seine tendenziöse Voreingenommenheit tritt dabei oft kraß hervor. Der erste Edelsitz, den er schildert, ist der Hof Mareilis im «Bauernspiegel», und schon die Beschreibung seiner Schönheit geht in bissigen Spott über die verlogene Vornehmheit in den Moderomanen über, der in dem Satz gipfelt: «Ihr werdet .. wohl merken, daß es auf den beiden Arten von Höfen nicht gar so verschieden zugeht, wie ihr glaubet.» Ähnlich scharf verbreitet sich Käser im «Schulmeister» bei der Erzählung seines Freiens um das arme Mädeli über den Unterschied zwischen wahrer und falscher Vornehmheit, und Mädis mißlungene Werbung um den reichen Jakobli Jowäger wird Anlaß, von den Standesunterschieden auf dem Lande zu reden, von denen man in der Stadt keine Ahnung habe. Dieser Vergleich, der seit dem «Uli» stets auf Kosten der Stadt geht, kommt bei Gotthelf bis zuletzt immer wieder vor und beweist, daß er den Bauern allerdings um seiner selbst willen geliebt und über das bürgerliche, gebildete Wesen der Neuzeit gestellt hat. Er sah in ihm die erfreulichste Menschensorte und hielt seine sozialen, moralischen, religiösen Überlieferungen für das kostbarste Erbe der Kultur. So konnte er ihn auch dann noch verklären, wenn er seine Mängel darstellte, weil ihm eben das Bäuerliche ein höchster Wert war. Die Jowägers sind dumm und gottlos, aber ihre bäurische Menschlichkeit bot ihm Stoff genug, um sie zum Vorwurf einer seiner größten Dichtungen zu machen. In der Spätzeit, in «Michels Brautschau» oder der «Käserei in der Vehfreude», ist das Bäuerliche noch deutlicher als ein Ideal geschildert. Es hat hier wie das

Christliche schon eine feste typische Bedeutung, es ist als Gegensatz zur entartenden nichtbäuerlichen Welt das Gute gegenüber dem Schlechten, trotz der krassen Geistlosigkeit und Brutalität, die an ihm hervorgehoben werden. Den erstaunlichsten Beleg dafür bietet die Gestalt des Hagelhans in «Uli der Pächter». Hagelhans ist ein ausgesprochener Bösewicht, vor dem die Menschen und namentlich die Frauen mit Recht Reißaus nehmen; sein Stolz, sein Geiz, sein hinterlistiges Mißtrauen und nicht zuletzt seine zynische Gottlosigkeit sind unausstehlich, und doch geht von diesem Ausbund aller christlichen Untugenden eine Majestät aus, die ihn zu einem höheren Wesen zu machen scheint. Auf eine unheimliche, märchenhafte Weise ist er der Inbegriff des Bauern, des adeligen Menschen. Wie ein alter Edelmann, der über alle Geschlechter im Land Bescheid weiß, haust er auf seinem verwunschenen Hof, dessen gepflegte Pracht an ein Fürstenschloß erinnert. Die größere Kraft einer verschwundenen Menschheit ist in diesem Riesen noch gegenwärtig. Aber er ist ein Feind der Menschen und der Kirche, er hat mit ihnen abgerechnet und braucht nichts von ihnen. Unter allen königlichen Bauern Gotthelfs ist er der königlichste, obschon seine Denkweise allem widerspricht, was der Christ Gotthelf vom Menschen verlangt. Erst am Schluß des Romans tritt der Schatten über ihm deutlicher hervor, die Lieblosigkeit, die ihn verbittert hat. Seine wiedergefundene Tochter Vreneli beginnt ihn von seinem Haupt zu verscheuchen, aber es mischt sich kaum ein Wort des christlichen Tadels in diesen wundersamen Vorgang.

Im Unterschied zu diesem alten Heiden besitzt Vreneli ein frommes Herz, und auch die meisten andern großen Bauern und Bäuerinnen Gotthelfs sind gläubige Christen. Dies ist ein weiteres charakteristisches Element seiner Bauernmenschheit, und ihre Stilisierung durch den Dichter tritt darin am klarsten hervor. Diese religiöse Beleuchtung ist unverkennbar das Werk des Geistlichen Gotthelf und geht am spürbarsten über die Wirklichkeit hinaus. Wenn schon der von ihm gezeichnete menschliche Typus des königlichen Bauern seine dichterische Leistung ist, so gilt dies erst recht vom Musterbild des frommen Menschen, wie er es zuerst in jenem zweiten Kapitel des «Uli» – «Ein heiterer Sonntag in einem schönen Baurenhause» – entworfen hat, wo sich der Bodenbauer im tauglitzernden Sonntagmorgen mit dem lieben Gott unterhält. Der höchste Adel ist für ihn doch nur dort vorhanden, wo sich das Bäuerliche mit dem Christlichen verbindet. Die gattungshafte, natürliche Reinheit des Menschen, die Hagelhans besitzt, ist ihm nur die ideale Vorbedingung dieser Erfüllung. Er führt die adeligen Naturen in den Kampf zwischen Licht und Finsternis, zwischen Liebe und Selbstsucht hinein und läßt sie als Sieger aus ihm hervorgehen. Das feldherrliche Vreneli, das liebliche Meyeli Jowäger müssen noch die Schule des Leidens durchlaufen und die Krone der christlichen Demut erwerben, um wahrhaft vollkommen zu sein. Ihre Gesichter erhalten dadurch eine Vergeistigung, die nichts mehr mit realistischer Abschilderung zu tun hat. Dasselbe gilt von der Familie zu Liebiwyl in «Geld und Geist», die ihren Seelenadel verliert und neu erringen muß, und von der seltsamen Magd Elsi, deren aristokratische Unnahbarkeit schließlich zur Schuld wird und erst durch den Opfergang die höhere Weihe empfängt. In dieser Höhe der Vergeistigung spielen Gotthelfs sublimste Szenen, hier zeigen sich aber auch die besonderen Probleme und Gefahren seiner Kunst. Hier geschieht es nicht selten, daß er ins Gewollte, Gemachte gerät. Nicht immer gelingt ihm da die überzeugende Synthese, zuweilen – wie in gewissen Partien des «Uli» und von «Geld und Geist» – wirkt sie erkünstelt und enthält falsche, pastorale Töne. Je mehr er sich dabei seinem dichterischen Empfinden überläßt, je weniger er als Pfarrer dazwischenredet, desto reiner ist die Wirkung, und mehr als einmal gelingen ihm auch in dieser Region Kapitel, die der ganz reine Zusammenklang des Dichterischen und des Christlichen auszeichnet. So vor allem in «Geld und Geist».

Im Zentrum dieses herrlichen Buches steht die Frage nach der Heiligung des Lebens. Hier erzählt Gotthelf von der Ausgießung des Geistes über das bäuerliche Leben, und in diesem pfingstlichen, von mystischer Inbrunst erfüllten Werk erkennt man am besten, welches Ideal er in seiner Bauernmenschheit gestaltet. Hier steht auch das schönste Sinnbild im Mittelpunkt, das er für seine christliche Idee als Dichter gefunden hat: die Poesie des Sonntags. «Geld und Geist» ist eine Sonntagsdichtung, ein Buch von den «heiligen Zeiten» im Jahreslauf. An einem Sonntag erlebt Änneli das große Geheimnis der Welt, ihre Gottesnähe, die Einheit von Himmel und Erde. Auch dieses andere Grundmotiv von Gotthelfs Bauernpoesie wird in jenem zweiten «Uli»-Kapitel zum erstenmal in voller Stärke angeschlagen, und es kehrt fortan in seinen Büchern wie ein Leitmotiv wieder. Er wird nicht müde, die Schönheit des Sonntags zu preisen, und immer, wenn es geschieht, fällt der Strahl der reinsten Idealisierung in seine Bauernszenen hinein. Es gehört zum Adel eines Hofes, daß am Sonntag einige Glieder der Familie zur Kirche gehen. Erst dadurch erhält die Bauernarbeit ihren ewigen Sinn. So muß auch Uli fromm werden, um glücklich zu sein, da man «ohne Gott nicht bauren» kann. Am Sonntag verklärt sich diese Welt aus dem Werktäglichen ins Feierliche, Überzeitliche. Sonntagsruhe, Sonntagsglanz liegen auch während der Wochentage um die gesegneten Höfe, und das ist mehr als ein poetischer Vergleich. Es bedeutet, daß sie Vorhöfe des Himmels sind, daß ihre Bewohner nicht in der Beschränktheit des Irdischen leben. Ihr sonntäglicher Kirchgang erneuert immer wieder diesen festlichen Glanz. Da wird die Bauernwelt vollends durchsichtig, und es erwacht in den von Arbeit und Zufriedenheit erfüllten Herzen der Gerechten das leise Heimweh nach dem Himmel. Aber es verdunkelt ihnen die Erde nicht, es läßt sie ihr jetziges Leben nur als ein Vorspiel zum ewigen Leben erkennen.

Der Schluß des «Geltstags» mit seinem magischen Lichtblitz und den flimmernden Planeten, der Sonntagmorgen am Beginn der «Schwarzen Spinne» mit seinem wallenden Glockenläuten, dem Jubilieren aller Kreatur und der Himmelsleiter, auf der die Engel auf- und niedersteigen, sind in das Licht dieses Sonntagsmysteriums getaucht. Es ist der reine christliche Mythus, der hier gestaltet wird, die Einheit von Himmel und Erde im Zeichen der Erlösung durch den Geist. Auch der Erbvetter Hans Joggeli liebt über alles diesen Gottesfrieden der Sonntagsstille. Der Großmutter Käthi sind die Sonntage auf ihrem Bänklein die Sterne im Leben, eine Erinnerung an das verlorene Paradies und ein Vorgeschmack des Himmels. Am Sonntag scheinen «die Tage des tausendjährigen Reiches heraufgequollen aus dem Meere der Zeit, der ewige Sabbat niedergestiegen vom blauen Himmel herab», heißt es im «Anne Bäbi». Und auch Vreneli beschreibt das Glück auf der Glungge so: «Heimeliger wird es mir wohl nirgends werden als hier, wo es grün und so still ist, am Sonntage man wie in einer großen Kirche ist, alles versunken in heiliger Andacht und am Himmel das große Licht so mild und freundlich über der Erde und im Herzen das ewige Licht, das da leuchtet in der Finsternis, und jetzt noch Kinder und Tiere durcheinander glücklich und friedlich, fast wie im Paradiese.»

Dieser sonntägliche Glanz, der nur aus den gläubigen Herzen kommt, fehlt dem düster-großartigen Hof des Hagelhans. Er fehlt auch dem Haus der Jowäger, wo nur irdischer Besitz angesammelt ist und immer eine Wolke vor der Sonne zu stehen scheint, während über der armen Hütte Käthis umgekehrt das unverlierbare Licht des inneren Friedens leuchtet. Auch Ulis Glungge tritt für eine Zeit in den Schatten der Glücklosigkeit, weil den angehenden Pächter die Sorge um irdischen Gewinn und Verlust übermannt. Ulis Verdüsterung zeigt sich sogleich darin, daß er den Sonntag nicht mehr heiligt und die christliche Ordnung seines Hauses zerfallen läßt, bis er durch göttliche Strafgerichte und den Beistand seines Weibes wieder zur besseren Einsicht gebracht wird. Noch in mancher andern Erzählung, vor allem auch in den kleineren Geschichten, wird das vorübergehende oder unrettbare Herausfallen aus dem Gottesfrieden, aber auch immer wieder sein erlösendes Aufglänzen meisterhaft dargestellt.

In dieser Sonntagspoesie leuchtet der Sabbat Gottes weiter, der Glaube an eine ewige Ruhe hinter dem Weltgetümmel, der seit Augustin die Werke der christlichen Kunst erfüllt, der aber wohl überhaupt das gemeinsame Thema aller großen Kunst ist. Große Kunst ist Darstellung des Ideals, des schlechthin vollkommenen, von den ewigen Ordnungen gelenkten Lebens. So steht auch Gotthelf nicht trotz, sondern dank seiner Verbundenheit mit der Bauernwelt und der Kirche in der Überlieferung der klassischen Kunst. Im deutschen Hochmittelalter wurde der zugleich weltlich und geistlich vollkommene Mensch im Bild des christlichen Ritters dargestellt, das dem «Parzival» Wolframs von Eschenbach zugrunde liegt. Gotthelfs bäuerlich-christliches Ideal klingt in der Neuzeit bei den Idyllendichtern der Aufklärung an, am schönsten aber bei den verweltlichten Dichterpfarrern Mörike (im «Alten Turmhahn») und Johann Peter Hebel; der Letztere besonders malte ein sonntäglich verklärtes Bild seines halb protestantischen, halb katholischen Wiesentals, «wo es», wie er einmal in einem Briefe schreibt, «immer duftet wie aus einem unsichtbaren Tempel herausgeweht und immer tönt wie letzte Klänge ausgelüttener Festtagsglocken mit beginnenden Präludien mengeliert und verschmolzen, und wo jeder Vogel oberländisch pfeift und jeder, selbst der schlechteste Spatz ein Pfarrer und heiliger Evangelist ist und jeder Sommervogel ein gemutztes Chorbüblein, und das Weihwasser träufelt unaufhörlich und glitzert an jedem Halm».

Im neunzehnten Jahrhundert suchte namentlich die russische Dichtung noch nach einer solchen religiösen Vision des Bauerntums, und ein Vergleich mit Gogols «Toten Seelen», mit Turgenjew und Tolstoi (die beide den Schweizer gekannt haben) wäre dazu angetan, Gotthelfs Leistung ins hellste Licht der Literaturgeschichte zu rücken. Von den Vertretern der westeuropäischen sentimentalen Bauernnovellistik, den Immermann, Auerbach, Georges Sand, reicht vollends keiner an ihn heran. Nur er besaß die Verbundenheit mit dem Bauernvolk, die naturhafte Seßhaftigkeit und die Macht des religiösen Glaubens, die zu einer solchen Wiederherstellung der patriarchalischen Dichtung notwendig waren. Er selber wußte genau, daß ihr Grundmotiv, die Einheit des Bäuerlichen und des Christlichen, eine ideale Forderung war, für die er nur als Dichter die Verantwortung übernehmen konnte. Um dieses Motiv kreisen alle seine großen Werke, davon spricht er immer wieder unmittelbar, seit dem «Uli» mit heiterer Zuversicht, seit der «Käthi» mit steigendem Pessimismus. Er kämpfte nicht für eine politische Partei, sondern für eine dichterische Vision, als ein Prediger der Menschenwürde in einer würdelosen Zeit. Wer am bäurischen Gewand und am christlichen Geist seiner Dichtung Anstoß nimmt, hat weder seine Kunst noch die Gefahr verstanden, die er mit ihr bannen wollte. Seinen bald ironischen, bald bitteren Vergleichen der bäuerlichen mit der «großen» Welt liegt die gleiche Überzeugung zugrunde wie Adalbert Stifters berühmter Unterscheidung des wahrhaft Großen und wahrhaft Kleinen in der Vorrede zu den «Bunten Steinen». In diesem Glauben berührt sich der plebejische Gotthelf mit dem Dichter des adeligen «Nachsommers». «Das sind große Worte für kleine Dinge», sagt er einmal in «Uli der Pächter», «aber die kleinsten Dinge sind für den, welcher nicht größere erlebt, groß genug, um mit den größten sie auszudrücken, und die Zahl derer, welche nur sogenannte kleine Dinge erleben, ist unendlich größer als die Zahl der Herkulesse, Alexander und Napoleon. Daher wird dem Volksschriftsteller, welcher nicht für große Helden, nicht einmal für eidgenössische schreibt, erlaubt sein, das sogenannte Kleine, aber den Weisen das Wichtigste, auch mit den gewichtigsten Worten darzustellen, welche ihm zu Gebote stehen.»

Der Künstler

Die patriarchalische Einheit des Bäuerlichen und Christlichen, des Dichterischen und Religiösen spiegelt sich genau im künstlerischen Charakter von Gotthelfs Erzählungen. Auch als Künstler steht er in seiner Zeit wie ein Anachronismus da, und der Widerspruch zwischen Bewunderung und Ablehnung, den seine Bücher hervorriefen, bedeutet im Grund nichts anderes.

Ein Hauptmerkmal seiner Kunst ist die schlechthin unerhörte Sprachgewalt und Bilderfülle, die Allwissenheit der Menschengestaltung, der strömende Reichtum des Fabulierens. Man muß bis zu Grimmelshausen, zu Rabelais und Luther zurückgehen, um eine ähnliche Ursprünglichkeit des Schauens und Gestaltens anzutreffen, und dieser größte neuere «Volksschriftsteller» erscheint dann wie ein verspäteter Nachfahr jenes älteren Dichtergeschlechts. Mit ihm teilt er auch die künstlerische Naivität, die ihn anderseits auszeichnet und die Viele an ihm befremdet. Sie war offenbar eine unentbehrliche Vorbedingung seines Schaffens. Etwas Rohes, Primitives haftet seiner Gestaltungsweise an. Er zeigt eine oft barbarisch wirkende Vernachlässigung der Form, der Technik, des literarischen Handwerks, ein Abrutschen in Geschmacklosigkeiten, ein unbekümmertes Vermischen der dichterischen mit der moralischen Absicht, denen nicht selten die reine künstlerische Wirkung zum Opfer fällt. Schon Gottfried Keller hat in seinen Rezensionen diesen Zug mit Schärfe hervorgehoben, aber als Ausfluß «einer Art ascetischer Demut und Entsagung» des Christen Gotthelf nicht zureichend erklärt.

Die Probleme und Nöte des bewußt gestaltenden, um Ausdruck und Form ringenden Künstlers scheinen Gotthelf in unbegreiflichem Maß erspart geblieben zu sein. Er schreibt wie unter einem höheren Zwang, und das sorgfältige Abwägen der Wirkung, das nachhaltige Verbessern des formalen Details wird von ihm oft kraß vernachlässigt. Dem stehen aber unzählige Stellen und ganze Werke – etwa die «Schwarze Spinne» – gegenüber, die mit Sicherheit beweisen, daß in ihm ein hervorragender Kunstverstand am Werk war, der feinste Einzelheiten, namentlich auch solche rhythmischer Natur, unfehlbar erwog. Tatsächlich beherrscht er die natürlichen, im Wesen der erzählenden Dichtung liegenden Gesetze, Notwendigkeiten und Möglichkeiten mit vollendeter Großartigkeit. Daß er darin so groß und im Artistischen so unzuverlässig erscheint, ist nicht nur ein Mangel an literarischer Schulung, sondern die Folge seiner Einstellung zur Kunst überhaupt.

Den anschaulichsten Beweis dafür bietet seine Behandlung der Sprache, diese unnachahmliche Mischung von Schriftdeutsch und Mundart, die vom Standpunkt der modernen Kritik eine literarische Monstrosität ist und dennoch alle Kennzeichen einer genialen, notwendigen und ganz einheitlichen Schöpfung besitzt. Seit dem «Uli» überläßt sich Gotthelf einer immer sorgloseren Verwendung des Berndeutschen, bis die Verbindung mit dem Berliner Verleger den Dialekt plötzlich und nicht zum Vorteil der Werke zum Verschwinden bringt. Von der Mundart wissen wir aus seinen eigenen wiederholten Aussagen, daß er sie – im Unterschied zu den späteren Heimatdichtern und Dorfpoeten – nicht um ihrer selbst willen, aus dem Bedürfnis nach realistischer Farbigkeit und volkskundlichen Zutaten, verwendete. Er empfand sie vielmehr als sein eigentliches schriftstellerisches Verhängnis, dem er, wie er versichert, in jedem Werk mit guten Vorsätzen zu entrinnen versuchte, um ihm immer wieder zu erliegen. Diese Unfähigkeit, sich der reinen Schriftsprache zu bedienen, ist etwas ganz anderes als Nachlässigkeit, nämlich ein Zustand, wie er im Zeitalter Luthers noch für das ganze deutsche Sprachgebiet galt. Alle Dichter deutscher Zunge waren damals so gezwungen, sich auf eigene Faust zwischen Mundart und Schriftsprache einen Weg zu suchen. Etwas von dieser Natursprache der Frühzeit ist auch bei Gotthelf noch vorhanden. In seinem Stil spiegelt sich das sprachliche Eigenschicksal der Schweiz, das viel stärkere Dominieren der Mundart neben der Literatursprache, wie es schon bei Albrecht von Haller, Ulrich Bräker und namentlich bei Pestalozzi zu beobachten ist. Das Manuskript von «Lienhard und Gertrud» war nach Pestalozzis Zeugnis «unkorrekt und von Sprachfehlern äußerst beladen»; die Lebensgeschichte des Armen Mannes im Tockenburg, die nur in Überarbeitung erhalten ist, muß im Original wie das Geschreibsel eines halben Analphabeten ausgesehen haben. Dieses sprachliche Schauspiel – die Auseinandersetzung zwischen dem Genius des mündlichen Erzählens und der Kunst des Schreibens – tritt dem Leser Gotthelfs in mächtiger Steigerung noch einmal entgegen. Wer ihn vom Standpunkt der literarischen Korrektheit beurteilt, wird seiner Größe nicht gerecht.

Im Zeichen dieser Naturhaftigkeit vollzog sich aber sein ganzes Schaffen. Er sei beim Schreiben einem eigenen Geist untertan, sagt er im Schlußwort zu «Geld und Geist», der in jeder Erzählung lebendig werde, sie leite und schließe. Er könne eine Geschichte beginnen, aber dann bemächtige sich ihrer dieser Geist und gestalte sie nach seinem Willen. Er hatte also den Gang der Erfindung nicht in seiner Gewalt und meist keine Ahnung vom Ende, wenn er den Anfang schrieb. «Geld und Geist» selber ist ein sehr schönes Beispiel für dieses unberechenbare Wachstum seiner Werke. Die Erzählung wurde zuerst als Novelle geschrieben und erweiterte sich erst durch eine zweimalige Fortsetzung zum endgültigen Umfang; aber auch der jetzige Schluß enthält noch reichen Stoff zum Weiterwachsen, auf den Gotthelf selber hinweist. Das «Anne Bäbi Jowäger» war zuerst auch nur als aufklärende Broschüre gegen das Pfuscherwesen gedacht, reckte sich aber in einem Zug zum zweibändigen Roman aus, mit dem die Auftraggeber nichts mehr anfangen konnten. Wieder anders ist es beim «Uli», der als Broschüre geplant war, zum Roman gedieh und nach Jahren in einem zweiten Roman fortgesetzt wurde, während ein dritter Band nur Plan blieb. Auch beim «Schulmeister» dachte der

Dichter noch längere Zeit an einen dritten Teil. Bei der «Käserei» ist die anekdotische Urform noch in zwei Kalendergeschichten erhalten. «Zeitgeist und Bernergeist» wurde ursprünglich als Kampfschrift für eine politische Abstimmung entworfen, wuchs dem Verfasser dann aber wieder über den Kopf und kam für den aktuellen Anlaß zu spät.

So ist überall eine strömende Fülle des Fabulierens das Element, aus dem sich die Form wie in einem Naturprozeß kristallisiert. Das bewußte Planen und Bauen tritt so stark zurück, daß Gotthelf schon aus diesem Grund darauf verzichtete, seine Schöpfungen als Romane oder Novellen zu bezeichnen. Sie entstanden außerhalb aller literarischen Kunstbegriffe, aller konsequenten artistischen Überlegung. Er gab sich kaum Mühe, die Marken ihres pflanzenhaften Wachstums zu verdecken, weshalb auch die typischen Unterschiede der frühen, mittleren und späten Schaffenszeit, die sich bei jedem Dichter beobachten lassen, bei ihm sehr klar zu erkennen sind. Im heftig persönlichen «Bauernspiegel» liegen wie in einer Knospe zusammengepreßt die Motive aller folgenden Werke, der Stoff für ein unerschöpfliches Erzählen, das sich dann Blatt um Blatt mit seiner eigenen Gesetzmäßigkeit entfaltet: ruhiger werdend seit dem «Uli», in herrlich sattem Behagen immer sicherer ausgreifend wie die Äste eines Baumes, bis zum langen, überüppigen, wieder zur Formlosigkeit neigenden Ausblühen in den letzten Trieben.

Dank dieser Naturhaftigkeit seines Produzierens hat sich Gotthelf nie als Künstler im modernen Sinn gefühlt. Er spottet im Gegenteil bei jeder Gelegenheit über den Kult, der in den Städten mit Dichtern und Malern, Sängerinnen und Tänzerinnen getrieben werde. Seine Verachtung der künstlerischen Kultur erscheint auf den ersten Blick als bäurische Ahnungslosigkeit und als gutschweizerisches Böotiertum. Man möchte es bedenklich, ja hassenswert finden, wie er sich immer wieder nicht nur über die Romanlektüre und das Klavierspielen der gebildeten Bürgerstöchter, sondern auch über die Pariser Theaterbegeisterung und das Berliner Konzertleben, über Goethe oder die zeitgenössischen französischen Autoren lustig macht. Seine Parteinahme für das Bauerntum scheint ihn da – wie später Tolstoi – für die Hoheit der Kunst blind zu machen und sein eigenes Künstlertum an der Wurzel zu untergraben. Dieser Mangel an Kunstverständnis machte ihn ja auch zu einem Rabenvater gegenüber seinen eigenen Werken, so daß er sie immer wieder gleichgültig durch Drittpersonen mißhandeln ließ.

Gotthelf spottet aber nie über die Kunst als solche, nur über ihre konventionelle Verhimmelung im bürgerlichen Bildungsbetrieb. Diese Vergötzung der Kunst um ihrer selbst willen hält er allerdings für eine Form des modernen Aberglaubens, und er ist überzeugt, daß sie den Ausbruch einer neuen Barbarei nicht verhindern werde, sondern im Gegenteil ihr Vorspiel sei. Wer darf ihm heute darin widersprechen, nachdem sich herausgestellt hat, daß dem Kunstenthusiasmus des bürgerlichen Zeitalters tatsächlich keine rettende Kraft innewohnte und ein Jahrhundert vollkommenen Theaterspiels und eifrigster Musikkultur den Niedergang Europas nicht aufzuhalten vermochte! Die Kunst und ihre öffentliche Pflege sind in den blutigen Bankrott der Zivilisation mitgerissen worden, wie es schon Stifter ahnte, als er vor dem verlogenen Totenkult der Regensburger «Walhalla» in Tränen ausbrach. Selbst Gotthelfs Hohn auf die klavierspielenden höheren Töchter hat seine Aktualität bewahrt und kann heute auf die Snobs bezogen werden, die ihre Beethovenbegeisterung oder ihre Schwärmerei für Rilke mit dem Kampf um die Erhaltung der Kultur verwechseln. Der Anblick dieses Treibens hat Gotthelf gereizt, sein Barbarentum noch stärker hervorzukehren, wie der seit dem «Bauernspiegel» immer wieder erscheinende Vergleich seiner ungewaschenen Kunst mit der hohen und vornehmen beweist, die von den Gebildeten beklatscht wird. Dieser tiefere Sinn seiner Seitenhiebe kommt zum Vorschein, wenn man sie durch die vielen

Stellen ergänzt, in denen er seine eigene Auffassung der Kunst ausspricht.

In jedem Menschen, erklärt Gotthelf immer wieder, sei schöpferische Kraft, und es mache vor Gott – dies ist entscheidend – keinen Unterschied, ob einer nach bestem Wissen Bücher schreibe oder Bilder male oder Schweine mäste. Zu dieser Kunst, das Göttliche in sich sichtbar darzustellen, seien alle berufen, und die Reihe der Gestaltenden beginne deshalb nicht erst bei denen, die von den Gebildeten als Künstler bewundert würden. Er habe in manchem Zaun mehr Geist gefunden als in manchem Buche, lautet eine seiner herausfordernden Formulierungen. Dieser eingeborenen Gotteskraft überläßt er sich selber, wenn er schreibend den Geist einer Geschichte über sich kommen läßt. Ein dichterisches Schaffen solcher Art – wie es auch Herder und Goethe priesen – ist aktiv und religiös gestimmt, Dienst am Reich Gottes in der Welt. Es steht nicht kühl dem Leben gegenüber, sondern durchdringt es ungestüm; es will nicht nur bewundert, applaudiert und genossen, sondern für wahr gehalten und ernst genommen werden als ein Beweis dafür, daß «das rechte weltliche Glück und das himmlische Glück akkurat auf dem gleichen Wege gefunden werden». Darum ist auch die künstlerische Einheit solcher Werke eine andere als die der rein ästhetisch aufgefaßten. Sie haben ihre höchste Legitimation nicht in sich selber. Es manifestiert sich in ihnen nicht nur die Selbstherrlichkeit eines noch so großen Künstlers, sondern eine Harmonie der Schöpfung, die nicht von Gnaden des Menschen lebt und größer ist, als daß sie durch Fehler eines Kunstwerks in Frage gestellt, durch seine makellose Formenreinheit ein für allemal würdig dargestellt werden könnte. Aus diesem Grund hat Gotthelf etwa das Thema der «Schwarzen Spinne» oder von «Geld und Geist» immer wieder neu aufgegriffen, obschon er es dort vollendet gestaltet hatte. Der Dämon, den er beschwor, war für ihn nicht nur eine dichterische Eingebung, sondern eine geistige Realität, und er hatte gegen ihn zu kämpfen, solange er die

Kraft dazu besaß, weil er jederzeit wiederkommen konnte. Daß er nicht bereit war, sich mit der künstlerischen Bewältigung eines Problems zu begnügen, sondern sein Dichtertum zugleich als eine sittliche und religiöse Verpflichtung auffaßte, erklärt den späteren Niedergang seiner Kunst, den wir vom literarischen Standpunkt aus beklagen, vom moralischen aus aber zugleich bewundern und verehren müssen. Er war eine Notwendigkeit, mit dieser Naturdichtung von vornherein gegeben.

Seit «Jakobs Wanderungen» bricht das sittliche Verantwortungsbewußtsein als nackte politische Leidenschaft in Gotthelfs Dichtung ein und führt zu ihrer Verarmung. Ihr großer Glanz erlischt, ihre geistsinnliche Pracht verblüht, die Harmonie weicht einer neuen kämpferischen Unruhe, die schließlich den Gottesfrieden der Meisterwerke gänzlich zerstört. Wir sehen und betrauern in diesem Vorgang das Sinken der Gestaltungskraft, für Gotthelf war er eine Steigerung seines Helferwillens und vielleicht eine Bestätigung seines Lieblingsspruches: «Der Herr hats gegeben, der Herr hats genommen, der Name des Herrn sei gelobt.» So wenig wie er den Künstlerstolz kannte, so wenig kannte er die Künstlertrauer über das Mißlingen eines Werkes, solange er seines Gottesstreitertums sicher war. So darf man auch die Vollendung seiner Meisterwerke nicht gegen die künstlerische Dürftigkeit der andern ausspielen, die auf weite Strecken wirklich nur noch vom Pfarrer, nicht mehr vom Dichter Gotthelf geschrieben sind, sondern muß den notwendigen Kreislauf sehen, der sich in seinem ganzen Schaffen erfüllte. Es ist, als zögen verschiedene Jahreszeiten über die Landschaft dieses Dichters hin oder als reifte in Jahren mit verschiedenem Wetter bei ihm ein anderer Wein. Er selbst ist außerstande, etwas gegen diesen Wechsel des Himmels zu tun, und kann nur weiterschaffen, da er sein Schreiben als den Willen einer höheren Macht empfindet. Sicher hat er es bis zuletzt auch als ein ungeheures Glück in seinem Leben empfunden, daß er zur Schriftstellerei gekommen war. Aber das Glück, das er ihr verdankte, war nicht nur das des Künstlers, sondern auch das des Christen über den Segen Gottes.

Dies alles hindert freilich nicht, daß wir die großen künstlerischen Unterschiede in seinem Schaffen wahrnehmen und die Werke der mittleren Zeit am höchsten stellen. Als Künstler ist er dort am größten, wo er seine höchste religiöse Idee am reinsten mit seiner Schriftstellerei verbindet. Darin hat er eine Entwicklung durchlaufen, die den dichterischen Wert seines Schaffens bestimmt. In den Frühwerken ist es ihm noch hauptsächlich um konkrete Ziele der sozialen Reform zu tun, um das Armenwesen, die Schule, die Alkoholfrage. In den Spätwerken tritt ebenso beherrschend die politische Tendenz hervor. In der mittleren, glücklichsten Zeit besitzt er die Gelassenheit, alle diese Probleme – die Dienstbotenfrage, das Pfuscherwesen, das bäuerliche Erbrecht – mit der religiösen Frage nach dem Glück und dem Schicksal des Menschen zu verbinden und sie ins Zeitlose hinüberzuspielen. Zur Zeit des «Schulmeisters» war er noch imstande, sich darüber aufzuregen, daß seine zwei Bettagspredigten dem Jeremias Gotthelf zugeschrieben wurden, und zu erklären, er dürfe diesen nicht predigen lassen, weil ihm die Predigt zu hoch stehe, als daß er «den profanen Jeremias Gotthelf da hineinpfuschen lassen möchte». Das wird anders seit dem «Uli». Der Prediger und der Dichter sind ihm jetzt zu einer Person geworden, das Odium des Profanen verschwindet aus den Werken, die große Einheit der geistlichen Dichtung stellt sich ein. Jetzt steht die Sonne seines Geistes im Zenith, jetzt erhält jede Zeile von seiner Hand das Gepräge des strahlenden Überflusses und einer herrlichen Harmonie. Das Wunder der Gestaltung, das sich hier abspielte, war das gleiche wie überall, wo ein großer Dichter am Werk ist. Auch für diesen Dichterpfarrer und Bauerndichter war die christliche Tradition, in der er stand, und der reiche Lebensstoff, den ihm das Bauernleben bot, nur noch der fügsame Ton, aus dem er das formte, was vor und nach ihm Keiner geformt hat, und die Werke dieser hohen Meisterschaft dürfen so wenig wie die eines andern großen Dichters nach den irrtümlichen Meinungen beurteilt werden, die so viel zur Verkennung der Kunst beitragen, ganz besonders aber zur Verkennung Gotthelfs. Der eine Hauptirrtum ist der, daß die Frömmigkeit, die er als Dichter verkündigt, ohne weiteres die gleiche sei, wie sie landauf landab von den Kanzeln gepredigt wird. Der zweite läuft auf die naive Ansicht hinaus, als habe er seine Werke einfach «dem Volksleben abgelauscht», sich also damit begnügt, volkskundliche Beobachtungen und christliche Lehrsätze zu einem erbaulich gefärbten Abbild der Wirklichkeit zusammenzustellen. Auch Gotthelfs Dichtwerke beseelen einen Stoff, vergeistigen ihn zum Sinnbild. Das wechselnde Bild des Emmentals, das er malt, hat immer eine hochpersönliche Färbung, die nur bei ihm zu finden ist. Dieses Emmental ist das Panorama der Welt, das er in sich trug. Aus allem, was er darstellt, führen Fäden in sein Inneres zurück. Die Handlungen und Konflikte seiner Geschichten sind stärker in seinem persönlichen Leben verwurzelt, als man gewöhnlich glaubt (die Erinnerungen seiner Tochter Henriette geben wichtige Anhaltspunkte dafür). Ein Spiegel seiner Seele sind aber auch die Charaktere und Motive, mit denen er seine Geschichten bevölkert: die Derbheit und Zartheit, die Roheit und Weisheit seiner Bauernmenschen wie das Zerrbild des städtischen Lebens, das er ihnen gegenüberstellt, der Stolz unerschöpflichen Reichtums und das Elend unsäglicher Armut, die Dämonie der Verschwendung und Zerstörung, die teuflische Verworfenheit seiner Geizhälse, überhaupt die gewaltige Rolle, die Geld und Besitz bei ihm spielen, die riesige Kraft und Genußfreude wie die mystische Untergangsangst und Todestrauer. Dies alles zusammen geht über das Fassungsvermögen des Volkes und seiner landläufigen Seelsorger hinaus und ist nur im Genie des großen Erzählers zu einer Einheit geworden, für die er selber dem in ihm wirkenden Geist die Verantwortung überlassen mußte, um ihrer Gewalt nicht zu erliegen.

Aber auch diese reife Kunst, die mit dem «Uli» anhebt und im «Geltstag» die ersten Merkmale des Zerfalls zeigt, hat immer einen altertümlichen und «einfältigen» Charakter, weil sie nicht nur das künstlerische Empfinden, sondern auch das Bedürfnis des Menschen nach Erlösung anspricht. Auch in seiner größten Zeit ist Gotthelf kein Dichter der Schönheit, sondern ein Dichter des Glücks, das er als ein Frommsein auffaßt. Er weiß nichts von einer zweckfreien Kunst, er will ein Arzt und Seelsorger der Menschheit sein. Nicht zufällig hat er im «Anne Bäbi Jowäger» gerade die Frage nach dem Wesen dieser beiden Berufe und nach ihrer höheren Einheit behandelt. Überall sucht er als Dichter die Einheit von Geist und Körper, Himmel und Erde, Kunst und Leben, Abstraktion und Sinnlichkeit, und in seinen vollkommensten Erzählungen findet man diese Harmonie, in der Weltliches und Überweltliches so rein beieinander liegen wie in Meyeli Jowägers Seele das Lachen und das Weinen. Die Frömmigkeit, Weisheit und Güte, aber auch die Heiterkeit und hinreißende Lebensfülle, aus denen seine Meisterwerke gespeist sind, haben ihre Volkstümlichkeit ermöglicht, in der die Grenzen der literarischen Wirkung noch einmal durchbrochen wurden, jene Spaltung der modernen Völker in abgetrennte Bildungsschichten, die – nach der Meinung Schillers – eine echte Popularität des Dichters in der Neuzeit verhindert. Diese Volkstümlichkeit ist nicht nur eine ästhetische Frage, sondern auch eine Schicksalsfrage. Heute mehr als je wird es von uns als schicksalhaft empfunden, daß bei Gotthelf – noch unmittelbarer als bei Pestalozzi und Gottfried Keller – das Volk in solcher Art zum Ausgangspunkt und Gegenstand der Dichtung wurde. Die deutsche Literatur hat dem nichts Ähnliches an die Seite zu stellen, es sei denn eben, daß man auf viel frühere Zeiten zurückgehe.

Unsere Ausgabe

Die dichterische Leistung Gotthelfs ist sehr umfangreich, aber nicht in allen Teilen von gleichem Wert. Wie jedes Lebenswerk enthält sie auch substanzärmere, zeitbedingte Partien. Das ist schon deshalb nicht verwunderlich, weil dieser Dichter nicht wie so viele andere in Zeiten der Ermüdung zu Aufgaben des Übersetzens, Bearbeitens und ähnlicher literarischer Beschäftigung griff. Er kannte auch keine abwartenden Pausen. In ununterbrochener, immer noch gesteigerter Fülle geht seine Arbeit seit dem großen Dammbruch fort, der den Erstling hervorschleuderte. Auch ein Genie vermag nicht zwanzig Jahre lang Meisterwerk um Meisterwerk zu produzieren, und Gotthelf war seiner ganzen Denkweise nach der Letzte, zu glauben, daß alles so Entstandene für die Ewigkeit bestimmt sei.

Diese neue Ausgabe hat sich zum Ziel gesetzt, alle seine noch unmittelbar lebendigen Werke, deren Zahl wahrlich groß genug ist, zu vereinigen und sie dem heutigen Leser durch erläuternde Einleitungen nahezubringen. Sie verzichtet also bewußt auf Vollständigkeit, indem sie alles nur für das historische Studium des Dichters Wichtige ausscheidet, zählt aber zum unmittelbar Lebendigen auch manches zu Unrecht Vergessene, wie z. B. die «Armennot». So wurden namentlich von den kleineren Geschichten rund ein Dutzend nicht aufgenommen, teils solche aus der Gruppe der historischen Erzählungen, die sich nicht immer über das Niveau der romantisch-patriotischen Geschichtspoesie erheben, teils politische Tendenzschriften und Pamphlete. Die aufgenommenen Stücke sind dafür thematisch gruppiert, so daß ihr innerer Zusammenhang erkennbar wird. Das Bruchstück des Esau-Romans ist mit drei von den vier Novellen vertreten, die Gotthelf nachträglich aus seinen besten Teilen geformt hat («Der Besuch auf dem Lande», «Der Ball», «Niggi Ju»); auch hier war der künstlerische Wert bei der Auswahl ausschlaggebend.

Von den Romanen sind einzig «Jakobs Wanderungen» diesem Grundsatz zum Opfer gefallen. Dieses erste für einen deutschen Verleger geschriebene Buch, dessen Thema dem Dichter durch einen Kirchenrat in Zwickau nahegelegt wurde, zeichnet anhand der Wanderungen eines deutschen Handwerksburschen ein Bild der kommunistischen Umtriebe in der Schweiz der 1840er Jahre und zeigt nebenbei, wie gut sich Gotthelf in seinem weiteren Vaterland auskannte. Sein wertvollster Bestandteil sind die zahlreichen politischen Sentenzen und Bekenntnisse. Die ganze Erzählung ist aber nach dem Schema einer populären, mit primitiven Kontrasten arbeitenden Bekehrungsschrift verfaßt und offenbar hastig hingeschrieben. Der dichterische Ton setzt auf weite Strecken aus, und auch die Motivierung läßt den tiefen Ernst vermissen, der Gotthelfs politischer Polemik sonst innewohnt, so daß ein Leser, der heute unvorbereitet dieses Buch aufschlägt, einen irreführenden Eindruck erhält, den wir auf alle Fälle vermeiden wollten. Die Gedanken und Motive des «Jakob» hat Gotthelf erst in der unmittelbar darauf entstandenen «Käthi» wahrhaft dichterisch gestaltet, und sie kehren in seinen folgenden Zeitromanen bis zum «Schuldenbauer» wieder, die wir sämtlich aufgenommen haben.

In der Textgestaltung muß heute jeder Neudruck auf der großen kritischen Gesamtausgabe (im Verlag Eugen Rentsch) fußen, die Rudolf Hunziker und Hans Bloesch im Verlauf eines Menschenalters geschaffen haben, leider ohne ihren endgültigen Abschluß zu erleben. In ausdauerndem Bemühen ist es den beiden Herausgebern mit Hilfe ihrer Mitarbeiter gelungen, den Wortlaut von Gotthelfs Werken auf ein sicheres Fundament zu stellen. In den Lesarten und Anmerkungen ihrer Ausgabe, die im Folgenden als «Gesamtausgabe» zitiert wird, ist überdies ein reiches Material zur Geschichte, Entstehung und Überlieferung der einzelnen Werke aufgespeichert, das die Forschung heute bequem benützen kann, so daß sie den beiden unlängst verstorbenen Gelehrten auf Schritt und Tritt Dank schuldet. Die einzelnen Bände stehen allerdings auf verschiedener Höhe, und die Richtlinien der philologischen Bearbeitung wurden im Lauf der Zeit verbessert. Dazu kommt, daß bei Gotthelf vieles dem Ermessen des Herausgebers überlassen bleibt. Deshalb bietet auch die Gesamtausgabe bei aller Gewissenhaftigkeit ein stark retuschiertes Bild.

Einer wissenschaftlichen Ausgabe Gotthelfs stellen sich schwer lösbare Probleme. Das gilt besonders für seine in Deutschland erschienenen Bücher, aber auch für die früheren, und es gilt nicht nur für Einzelheiten, sondern für ihren künstlerischen Charakter. Sogar ein Hauptwerk wie «Uli der Knecht» ist, wie man seit kurzem weiß, nur in entstellter Form erhalten. In vielen unbefriedigenden Einzelheiten ist bei Gotthelf nicht mehr sicher zu entscheiden, ob ein Versehen des Druckers oder des Dichters oder eine Korrektur von fremder Hand vorliegt. Noch heute zeigt sich immer wieder, daß es gar nicht leicht ist, selbst in einer schweizerischen Druckerei den buchstäblich getreuen Abdruck eines Gotthelfschen Textes zu erreichen. Wie muß es da erst zugegangen sein, als die Setzer und Korrektoren diese Sprache zum erstenmal vor Augen bekamen, und dazu noch in Norddeutschland! Vielleicht kümmerte sich Gotthelf auch deshalb so wenig darum, was mit seinen Manuskripten geschah, weil er erfahren hatte, daß er gegen jene «Bearbeiter» machtlos war. So kam es zu dem fast beispiellos verwahrlosten sprachlichen Zustand seiner Bücher, der heute nicht mehr ganz rückgängig gemacht werden kann.

Unser Text beruht in den wesentlichen Zügen auf der Gesamtausgabe von Hunziker und Bloesch, weicht aber in einer Reihe von Einzelheiten von ihr ab. Die grundsätzlichen Erwägungen, die dabei ausschlaggebend waren, sollen hier kurz dargestellt werden. Diese Änderungen werden durch alle Bände unserer Ausgabe einheitlich durchgeführt, aber im Einzelnen nicht verzeichnet, da wir alles philologische Beiwerk beiseite lassen wollen.

Der wichtigste Unterschied gegenüber der Gesamtausgabe betrifft die *Orthographie*, namentlich die Schreibung des *Dialekts*.

Gotthelfs schriftstellerisches Naturburschentum zeigt sich nirgends so deutlich wie in seiner orthographischen Flüchtigkeit. Am größten ist sie in den mundartlichen Partien, wo er den «Geist» einer Erzählung immer am freiesten walten läßt. Hier fühlt er sich kaum durch eine Regel gebunden, erlaubt er sich die verblüffendsten Inkonsequenzen. Das ist begreiflich, da er ja genötigt war, sich für seine Natursprache auf eigene Faust eine Methode der schriftlichen Fixierung zu bilden. Man kann sich seine Stellung zwischen mündlicher und geschriebener Sprache, zwischen Berndeutsch und Papierdeutsch nicht labil genug vorstellen. Das ständige Hin und Her zwischen Schriftsprache und Mundart in seinen Erzählungen beweist ja, daß für ihn keine feste Grenze zwischen beiden bestand. Man muß, um sich das zu verdeutlichen, an einen schweizerischen Bauern denken, der auch heute noch beim Vorlesen eines Schriftstückes, etwa der Zeitung, ständig in die Mundart fällt. Gotthelf war zwar kein Bauer, aber ein Landberner. Im Bernbiet hat die Schriftsprache gegenüber dem Dialekt noch heute einen schweren Stand, sie wird auch von den Gebildeten in stark mundartlicher Färbung gesprochen, besonders in den Vokalen. Ohne Zweifel traf dies auch bei Gotthelf zu, wenn er eigene oder fremde schriftdeutsche Texte vorlas.

Diese Tatsachen sind für die Würdigung seiner Dichtersprache von Bedeutung. Sie ist zum vornherein noch viel stärker mundartlich bestimmt gewesen, als ihre schriftliche Fixierung erkennen läßt. Wo die Schreibung schwankt oder unklar wirkt, ist sie deshalb zugunsten der Mundart abzuklären. Solche Schwankungen, Unsicherheiten und Willkürlichkeiten gibt es aber in großer Zahl, namentlich in den offen mundartlich gefärbten Stellen. Der einzige Zug, der sich hier mit Sicherheit feststellen läßt, ist der, daß Gotthelf die Mundart offenbar phonetisch, d. h. nach dem Gehöreindruck fixierte, was für seine Verbundenheit mit dem mündlichen Sprechen charakteristisch ist. Er hat ohne Zweifel auch dort, wo er schriftdeutsche Elemente in mundartlichem Zusammenhang stehen ließ, meist die reine Mundart gehört und wiedergeben wollen. Das Meiste, was wie eine absichtlich gesuchte «Synthese» von Dialekt und Schriftsprache aussieht, ist einfach als unzulängliche Notierung aufzufassen, wenn er etwa «Schulhus» schreibt oder «Me muß luege» oder «Ih heig sechs Kühe im Stall». Das gilt namentlich für seine Schreibung der Diphthonge ie, ue und üe, die er auch in rein mundartlichen Stellen fast immer – aber doch nicht ohne verräterische Ausnahmen – überaus störend mit i, u, ü wiedergibt («dMutter», «sBübli», «ging» = Konjunktiv). Diese Beobachtung hat einst Ferdinand Vetter veranlaßt, in seiner Ausgabe von «Jeremias Gotthelfs Schriften im Urtext» (Bern 1898 f.) auf das heute gesprochene Berndeutsch zurückzugreifen. Gottfried Bohnenblust übernahm in seiner Ausgabe der «Käthi» dieses von Vetter nachträglich wieder abgelehnte Prinzip als das einzig richtige. Hans Bloesch ersetzte im jüngsten Neudruck von «Geld und Geist» (1942) wenigstens die von Gotthelf beharrlich verwendete Form «duecht», «duechte» durch «düecht», «düechte», da die erstere einfach fehlerhaft ist. Diese partielle Lösung ist unbefriedigend, weil sie zahlreiche ähnliche Widersprüche auf sich beruhen läßt. Der von Vetter versuchte Rückgriff auf das wirkliche Berndeutsch ist zu verwerfen, weil er den bezeichnenden Mischcharakter von Gotthelfs Sprache verwischt. Denn dieser ist allerdings vorhanden; er spiegelt die lebendige Auseinandersetzung der beiden Idiome, die in ihm stattfand, und die Stilisierung, der er auch die Sprache seiner Bauern unterwarf.

Das radikale Vorgehen Vetters ist dagegen überall dort berechtigt, wo Gotthelf unzweideutig Mundart schreibt und sich nur in der Orthographie vergreift. Diese Überlegung hat die Schreibung der *mundartlichen Vokale* in der vorliegenden Ausgabe bestimmt. In rein mundartlichem Zusammenhang sind die fehlenden Diphthonge und Umlaute eingesetzt worden. In allen Fällen aber, wo Gotthelf auch die schriftsprachliche Form vorgeschwebt haben könnte, ist seine Vokalisation beibehalten, so daß also die oft haarsträubenden Mischgebilde seines Stils auch hier ganz unverfälscht erscheinen. Sehr nachlässig behandelt er übrigens auch die mundartlichen Endungsvokale, weshalb auch diese in rein mundartlichen Stellen verbessert («Liebi» statt «Liebe»), dagegen in gemischten Partien unverändert wiedergegeben sind («Si werde ihre liebe Not ha mit allem dem Neuen»). Die oft sehr fein bewahrten Lautnuancen wie «hayche» gegenüber «dräyen» wurden natürlich nicht angetastet; überhaupt ist an allen irgendwie unsicheren Stellen immer Gotthelfs Schreibung bevorzugt worden.

Die von Vetter eingeführte entsprechende Behandlung der *Konsonanten* (z. B. «Chacheli» statt «Kacheli»; so auch in Bohnenblusts «Käthi»-Ausgabe) müssen wir dagegen ablehnen, weil sie Gotthelfs Text zu einschneidend verändert. Auf die Konsonanten hat er offenbar, wenigstens im Anlaut, weniger geachtet als auf die Vokale und sich auch in den schönsten Mundartergüssen hier viel stärker nach der Schriftsprache gerichtet. Er schreibt hartnäckig «King», «Küchli», «Burscht» usw. und bringt damit allerdings etwas in sein Berndeutsch hinein, was man nicht einfach als falsch betrachten darf, sondern als ein stilisierendes Element veranschlagen muß. Einzig dort, wo es sich offensichtlich wieder um phonetische Wiedergabe handelt, haben wir seine Schreibung der Konsonanten verändert, z. B. «kutet» in «gchutet», «zMeitschi» in «ds Meitschi» (dieses «ds» hat auch die Gesamtausgabe aus Vetters Text übernommen). Im übrigen sind wir (mit Ausnahme des stets als «Pfund» ausgeschriebenen «L.» und einiger anderer Besonderheiten) den Grundsätzen der Dialektschreibung gefolgt, die Hunziker im Anhang zum «Geltstag» (VIII. 358f.) zusammengefaßt hat, die aber noch nicht in allen Bänden seiner Ausgabe durchgeführt sind.

In der Behandlung der *schriftsprachlichen* Orthographie dagegen verhält sich unsere Ausgabe bedeutend konservativer als der Text der Gesamtausgabe, die sich die Anwendung der amtlichen deutschen Rechtschreibung zur Richtschnur genommen hat. Diese

Regeln können unseres Erachtens nicht ohne weiteres auf einen Schriftsteller wie Gotthelf übertragen werden, in dem schweizerisches Sprachempfinden mit diesem noch ganz naiven Schwanken zwischen Mundart und Schriftsprache einen so einzigartigen Ausdruck gefunden hat. Er steht außerhalb der Schulen und außerhalb des abstrakten Schematismus, der die moderne Schriftsprache reguliert, und man wird seinem ursprünglichen, impulsiven Wesen nur dann völlig gerecht, wenn man auch hier auf starre Folgerichtigkeit verzichtet. Aus diesem Grund haben wir zahlreiche orthographische Altertümlichkeiten und Eigenheiten beibehalten, die seinem Charakter, seinem Temperament und seiner kulturellen Atmosphäre gemäß sind. Die großen Anfangsbuchstaben sind in allen substantivierten Nomina stehen geblieben, wo sie sich auf eine Person beziehen oder sonstwie noch die größere Sinnenhaftigkeit der Anschauung bezeichnen, also in Formen wie «Jung und Alt», «die Einen – die Andern», «ein Solcher», «der Letztere», «Mancher», «Keiner», «das Meiste», «zum Besten», «im Ganzen»; nur bei Neutren ohne bestimmten Artikel, die sich nicht auf eine Person beziehen, ist die heutige Kleinschreibung akzeptiert worden («etwas anderes», aber «ein Freundliches» sc. Meitschi). Indirekte Rede beginnt nach Doppelpunkt stets mit großem Buchstaben. Verbale Kompositionen sind oft getrennt geschrieben, wenn die alte Anschauung noch durchschimmert: «übel nehmen», «sitzen bleiben», «gut machen», «wunder nehmen» usw.; auch die Schreibungen «irgend ein», «gegen einander», «darauf los», «in Bezug», «um so», «ebenso wenig», «gerade so» scheinen geeignet, der Hast des Lesens und Denkens entgegenzuwirken, die Gotthelf so sehr gehaßt hat. In den Dialektpartien war dem wiederum noch stärker Rechnung zu tragen als in den schriftsprachlichen Abschnitten. Ferner ist «wieviel», «solange» usw. (relativ) von «wie viel», «so lange» (demonstrativ) unterschieden. Vielfach wurden auch Inkonsequenzen stehen gelassen, sofern sie für Gotthelf charakteristisch sind, desgleichen die deutlichen Zeichen schriftsprachlicher Unsicherheit (Verwechslung von «nit» und «nüt», «denn» und «dann», «wenn» und «wann» usw.).

Auch in der *Interpunktion* wurde die sehr weit getriebene moderne Korrektheit der Gesamtausgabe vielfach wieder rückgängig gemacht. Gotthelf verwendet auch die Satzzeichen außerordentlich flüchtig. Selbst die Vokalzeichen vergißt er in gewissen Schaffenszeiten fast immer, die Alineas bringt er mit Vorliebe, oft ganz sinnlos, am Beginn einer neuen Manuskriptseite an. Seine Interpunktion verrät aber bei näherem Zusehen doch, daß er sich in ihr von seinem rhythmischen Gefühl leiten ließ, das ein anderes war (und in der Mundart noch ist) als das der heutigen Schriftsprache. Seine Sätze fluten im lebendigen Strom der gesprochenen Rede und gliedern sich nach der Logik des Atems und der Anschauung, nicht der grammatischen Regeln, nicht zuletzt aber auch nach dem ungestümen Temperament dieses Dichters. So mußten viele Kommata wieder fallen, die nur von der grammatischen Vorschrift gefordert sind (etwa in der Fügung «und, wenn», «daß, wenn»), und viele Strichpunkte durch Kommata ersetzt werden, weil sie eine falsche Zäsur ergeben. Im Dialog sind die sehr reichlichen Ausrufszeichen der Gesamtausgabe getilgt worden, weil sie in die gemessene bäuerliche Sprechweise zuviel Unruhe oder Emphase hineintragen. Schon in die Erstdrucke hat offenbar eine fremde Hand häufig die schulgerechte Interpunktion hineinkorrigiert. Immerhin läßt sich in ihnen und in den handschriftlichen Entwürfen immer wieder erkennen, daß Gotthelf auch hier von den Gesetzmäßigkeiten der mundartlichen Syntax ausging, die wir überall dort, wo eine Unsicherheit bestand, zur Geltung zu bringen suchten. Daneben mußte allerdings auch von uns die oft abstruse Willkürlichkeit der Zeichensetzung in mancher Stelle dem heutigen Gebrauch angenähert werden, damit der Text lesbarer wurde. Auch die Vermehrung der Einschnitte, die Gotthelf besonders ergötzlich vernachlässigt, haben wir aus der kritischen Gesamtausgabe übernommen, jedoch nicht ohne zahlreiche Abweichungen. Die gelegentliche Sperrung einzelner Worte, die sie fast durchwegs beseitigt hat, ist teilweise wieder eingeführt. Anführungszeichen, die Gotthelf sehr selten setzt, sind nur noch bei wirklich gesprochener Rede angebracht.

Einen beträchtlichen Eingriff stellt schließlich gegenüber allen bisherigen Drucken die durchgehende *Streichung der Worterklärungen in Klammern* dar, mit denen Gotthelf seine Bücher verunstaltet hat. Ihre Beseitigung bedarf heute keiner Rechtfertigung mehr. Sie sind meist überflüssig, übrigens ganz zufällig und unvollständig und oft mit unverzeihlicher Flüchtigkeit in den Text eingeflickt, sicher oft vom Verleger veranlaßt und vermutlich nicht immer vom Dichter selber redigiert. Nur in wenigen Fällen, wo sie sich zu einem sachlichen Kommentar auswachsen, durften sie stehen bleiben. Die meisten sind aber in die Anmerkungen des betreffenden Bandes aufgenommen worden, so daß sich der Leser von ihrer inhaltlichen und formalen Bedeutung ein Bild machen kann, ohne in der Lektüre so störend unterbrochen zu werden, wie es in den bisherigen Ausgaben der Fall ist.

Da alle handschriftlichen Varianten im kritischen Apparat der Gesamtausgabe aufgeführt sind, verzichteten wir auf die Konsultierung der Manuskripte. Dagegen wurde der Text durchgehend mit den Erstdrucken verglichen und dabei da und dort ein Versehen getilgt, das auch in der Gesamtausgabe noch stehen geblieben ist; diese Fälle sind in den Anmerkungen verzeichnet.

Möge diese Basler Ausgabe dazu beitragen, das heute wieder so lebendige Interesse für Gotthelf zu erhalten und zu vermehren. Möge sie besonders unserer Jugend zum Bewußtsein bringen, was sie an den Werken dieses Dichters besitzt, nämlich – nach Gottfried Kellers Wort – nichts Geringeres «als einen reichen und tiefen Schacht nationalen, volksmäßigen poetischen Ur- und Grundstoffs, wie er dem Menschengeschlechte angeboren und nicht angeschustert ist.» Nicht manchem Volk ist eine solche Erbschaft zugefallen, wie sie der Schweiz in Jeremias Gotthelfs Büchern zuteil wurde. Sie scheinen nicht veralten zu können. Je länger man mit ihnen umgeht, desto mehr staunt man über ihren inneren Reichtum, der von keiner literarischen Konjunktur abhängig ist. Obschon sie nur von Bauern erzählen, enthalten sie alles, was das Leben auf dieser Erde an Freude und Schmerz umfaßt, und sind in ihrer Weisheit und Schönheit unerschöpflich. Man erfährt aus ihnen, was den Einzelnen und die Völker glücklich macht und ins Verderben bringt. Ein fast beispielloses Wissen um alles Menschliche steht hinter ihnen. Gotthelf hat sie weder für Bauern noch für Berner noch für Kirchgänger noch für politische Kopfhänger geschrieben, sondern für Menschen, die im Dunst und Lärm einer bösen Welt irregehen und bereit sind, sich zu den Quellen des reinen Lebens führen zu lassen.

Basel, im Oktober 1947.

Walter Muschg

Der Bauernspiegel

ODER

LEBENSGESCHICHTE DES JEREMIAS GOTTHELF

Von ihm selbst beschrieben

Einleitung des Herausgebers

Vieles, was Gotthelf als Dichter groß macht, ist schon in seinem ersten Buch enthalten: die strömende Erzählergabe, die ursprüngliche Sprache, die realistische Darstellung des Lebens im Licht einer religiösen Erziehungsidee, das soziale Empfinden, der politische Wille. Dennoch zeigt er im «Bauernspiegel» und im «Schulmeister» ein anderes Gesicht als in den Büchern der Reifezeit. Wer neben diesen Frühwerken das «Anne Bäbi Jowäger» oder «Geld und Geist» aufschlägt, erkennt leicht, was sie besonders auszeichnet. Es ist der revolutionäre Radikalismus des sozialen Reformers und der persönliche Hintergrund der Handlung.

Der «Bauernspiegel» ist keine Verherrlichung des Bauerntums, sondern ein schonungsloser Angriff auf seine Mißstände und ihre Ursachen und Urheber. Er malt ein Elendsbild voll Not und Verworfenheit. Sein Verfasser steht den Bauern des Emmentals als Kritiker gegenüber und spricht mit maßloser Verbitterung von ihnen. Er gibt sich selbst als ein Opfer dieses Elends aus und hadert mit allen Verantwortlichen, weil seine Sehnsucht nach einem besseren Dasein auf unüberwindliche Hindernisse stößt. So unbändig heiter die Stimmung von Gotthelfs späteren Werken ist, so quälend und lichtlos ist diese «Lebensgeschichte des Jeremias Gotthelf», mit der er als Schriftsteller debutierte. Dem Gepreßten, Unerlösten des Inhalts entspricht der krasse Naturalismus des Stils. Wie war es möglich, daß der junge Pfarrer Bitzius von Lützelflüh sich derart auf die «Schattseite» des Lebens einließ? Sicher nur dadurch, daß er dieses Dunkel auch in sich selber trug und sich schreibend von seinem Alpdruck befreien mußte. Der «Bauernspiegel» ist zugleich ein sozialer Roman und eine Beichte.

Als sozialer Roman hat er in der deutschen Literatur kaum ein Seitenstück. Mit einer Kenntnis, die vergessen läßt, daß hier ein außenstehender Beobachter spricht, werden die untersten Tiefen des Volkslebens aufgedeckt und in ihrer Fäulnis dem Tageslicht preisgegeben. Die Menschen dieses Buches leben ohne Gott, ohne Geist, ohne Kultur, sie vegetieren wie Ungeziefer in der Verwesung. Die Gruppen und Schichten, die Jeremias als von Haus zu Haus wanderndes Verdingkind kennen lernt, liefern immer neue Beweise dafür. Unter dem Dach der armen Eltern und Großeltern leben Alte und Kinder unter sich eigennützig und triebhaft wie Tiere. Als Güterbub erfährt er besonders die Grausamkeit der Kinder, die ihn selber aus Notwehr verstockt und böse macht. Er strolcht als Gassenbub räubernd auf den Straßen herum wie Kurt von Koppigen, wie Simplicissimus – das Treiben verwilderter Kinder ist wohl nie so geschildert worden wie hier im neunten Kapitel. In der Episode der «christlichen Zigeuner» lernt man menschliche Parasiten kennen, die ihren Lebensunterhalt erfolgreich auf die eigene und fremde Verdorbenheit gründen. Das alte Weib befaßt sich hauptsächlich mit schmutzigen Liebeshändeln in den Bauernhäusern, die im «Bauernspiegel» noch eine Hauptrolle spielen. Mit dem Hof Mareilis – er hat noch keinen Namen – erscheint eine Vorahnung von Gotthelfs klassischer Welt, das Bild des reichen, glücklichen Bauernlebens; aber auch in dieser Schönheit sitzt ein Wurm: der Hochmut, der dumme Haß gegen die geistige Bildung, die ewige Mißgunst der Dienstboten, das Laster des Kiltgangs. Als Knecht des «pfiffigen» Bauern, der ihn um seinen Lohn betrügt, erlebt Mias die Gemeinheit und Feigheit der Menschen in einem Grad, der auf die nahende Katastrophe deutet. Ihr Benehmen beim Tod des geliebten Anneli treibt ihn in die Verzweiflung, er wird ein Feind aller Welt, lungert böse in den Wirtshäusern herum, redet gegen die Regierung auf, wandert ins Gefängnis und flieht vor dem Urteil ins Ausland, in das Pariser Schweizerregiment – ein Verlorener, dessen schlimme Bahn den schlimmen Zustand seiner Heimat abspiegelt. Außer Anneli und Mareili sind alle ihre Repräsentanten polemisch gezeichnet. Auch den Arzt an Annelis Totenbett trifft der Lichtstrahl einer äußerst scharfen Satire, und selbst der Pfarrer, bei dem Mias in die Unterweisung geht, wird nicht geschont. Die Schilderung seines Besuches auf dem Bauernhof verrät, wie wenig harmonisch Gotthelf seine Stellung als Landgeistlicher in dieser Zeit noch sah. Er beschreibt eine im Kern, in der Volkssubstanz korrumpierte Gesellschaft und erklärt ihren Schäden offen den Krieg. Sein Haß und Hohn gegen die «gute alte Zeit», hinter die sich die Bauern in ihrem Widerstand gegen eine Verbesserung der Zustände verschanzen, ist grenzenlos. Er stellt sich leidenschaftlich auf die Seite der Neuerer und nimmt das Odium des Revoluzzers auf sich. Er zeigt, wie in einer solchen Ordnung der Einzelne wie das Ganze zugrunde gehen. In den Menschen zersetzt sich die natürliche Liebeskraft in das Gift der anarchischen Selbstsucht, der Staat fällt den Freibeutern in die Hände, die mit diesem Egoismus als «christliche Zigeuner» ihre Geschäfte machen.

Diese Anklage ist das eine Zentrum des Buches. Gotthelf begründet ihre rücksichtslose Schärfe damit, daß die Heimat vor dem Abgrund stehe. In jeder Gemeinschaft, sagt er in einem Zusatz der zweiten Auflage, müßten solche sein, die über Aufrechterhaltung der Ordnung wachen und für fortdauerndes stetiges Reformieren sorgen, damit Revolution nie nötig werde; «denn nur da entsteht Revolution, wo man das Reformieren vergißt». In einer öffentlichen Rechtfertigung gegen den Vorwurf der tendenziösen Schwarzmalerei erklärte er, er habe allerdings durch einen Teil des Volkslebens den Schälpflug gehen lassen, die wilden Wurzeln aufwärts gekehrt und nicht wieder zugedeckt. «Sie liegen da zur Beschauung, und diese Beschauung befriedigt allerdings nicht; aber eben deswegen weckt sie zum Nachdenken, gibt die Überzeugung, daß die Wurzeln verdorren müssen, ehe es besser kommen kann, daß da eine längere Arbeit nötig ist, als man gewöhnlich wähnt.» Daraus spricht die ganze seltene Leidenschaft des Kämpfertums, der öffentlichen Stellungnahme, des Verantwortungsgefühls, die Gotthelf zur Niederschrift des Buches trieben. Nur bei Pestalozzi waren sie vor ihm ähnlich brennend vorhanden, aber ihre dichterische

Gestaltung ist erst im «Bauernspiegel» erreicht. Die Vorrede zur zweiten Auflage enthält die schönsten Formeln für die demütig-stolze Freiheit, die der Dichter dieses kühnen Werkes für sich in Anspruch nahm. «Ja, mein Ländchen liebe ich, und diese Liebe ists, die mich stark gemacht – ein Schwacher hätte den Bauernspiegel nicht geschrieben... Bin ich doch ein im Lande gebornes Kind, und Landeskinder waren auch meine Väter seit einer schönen Reihe von Jahren; erlaubt man doch manchem fremden besternten oder verlöcherten Buben das große Wort zu führen über unseres Hauses heiligste Angelegenheiten. Ich, ein Kind der Freiheit, ein Mann des Wortes, sollte unsere Hausgötter, Freiheit und Frömmigkeit, nicht verteidigen dürfen mit der Schärfe des freien Worts! Und findet man dennoch mein Beginnen unrecht, so verzeihe man mir um meiner Liebe willen, die mich zum Reden zwang.»

Als Schweizersoldat in Paris fällt Jeremias den Kräften in die Hand, die an ihm selber das Rettungswerk vollbringen. Damit beginnt der zweite, aufbauende Teil des Buches. Sein Held geht nicht unter, sondern arbeitet sich zäh wieder ans Licht. In der Art, wie die Rettung geschieht, begegnet man bereits dem Grundgedanken von Gotthelfs Lebenswerk. Sie beginnt in der Seele, denn eine soziale und politische Verbesserung der Welt kann nur aus der geistigen Wiedergeburt entspringen. Der Hauptmann Bonjour macht Jeremias zu einem Menschen, indem er ihn zum Christen macht. Das ist der Anfang seiner Bildung, die Schule und Kirche daheim vergeblich versucht haben. Er lernt jetzt lesen und schreiben, er kommt zu vernünftigen Begriffen von Welt und Menschen, vor allem erkennt er den wahren Grund seiner Not. Er schiebt Annelis Tod nicht mehr der bösen Welt in die Schuhe, sondern nimmt das Gewicht seiner Sünde auf sich und macht sich auf den Weg der Sühne.

Diese christliche Umkehr ist aber in einen weiteren Zusammenhang gestellt. Jeremias wird in Paris Zeuge der Julirevolution von

1830, die das Signal für die liberale Umsturzbewegung in den europäischen Ländern wurde und die auch den jungen Gotthelf begeistert hatte. Seine Ansicht über das große Ereignis spiegelt das 26. Kapitel, das die Stimmung des Pariser Regiments beschreibt. Den heimgekehrten Söldner belehrt dann der «Fecker» im gleichen Sinn über die politische Lage des Kantons Bern, wie sie seit 1830 besteht. Seine Auffassung deckt sich wörtlich mit der Gotthelfs, wie er sie in den Briefen aus jenen Jahren ausspricht. Der Fecker verweist auf den Gegensatz, der zwischen der politischen und der geistigen Erneuerung des Volkslebens bestehe und der ihn nötige, dem lauten Lärm der Ereignisse abwartend, skeptisch zuzuschauen. Die Überlegenheit, mit der dieser seltsame Mann vom politischen Zeitgeschehen spricht, die Liebe zum Volk, die aus seinen Worten leuchtet, hat es vor dem «Bauernspiegel» in keiner deutschen Dichtung der Neuzeit gegeben. Hier wird der Ton angeschlagen, den dann Gottfried Keller aufnahm – man glaubt ihn oft schon hier reden zu hören. In den Ausführungen des Feckers erklärt Gotthelf seine überparteiliche Betrachtungsweise, die seinen eigenen Rückzug aus der Zeit in die Dichtung ermöglichte. Sie zeichnen auch den Weg voraus, den Jeremias schließlich einschlägt.

Nach den erfolglosen Versuchen, ein Amt im neuen Staat zu erhalten, erfindet er für sich auf den Rat des Feckers einen neuen Beruf, in dem er der inneren Erneuerung der Heimat am besten dienen zu können glaubt. Es ist mehr eine schwärmerische Narretei als ein wirklicher Beruf, die nur in einem so leidenschaftlichen Erstlingsbuch denkbar ist. Er kehrt der Kirche und der Schule, allen überlieferten Methoden der Erziehung den Rücken. Denn auch die kirchlichen Zustände müssen geläutert werden, heißt es in der zweiten Auflage ausdrücklich; ihre Mängel rühren davon her, daß die Kirche früher als eine Magd des Staates behandelt wurde, heute aber wie ein Aas, auf das man die Krähen und Hunde hetzt. Jeremias beginnt in einem Wirtshaus die Leute um sich zu sammeln und sie das zu lehren, was das Leben ihm beigebracht hat. Das Wirtshaus, das Gotthelf später als Ort des Volksverderbens bekämpfte, soll die Schule der freien Menschenerziehung werden, die dafür sorgt, daß der Zusammenhang der Volksklassen erhalten bleibt. Die Szene mit den Rechtsagenten in der Wirtsstube, die Jeremias verprügelt, wirft ein besonderes Schlaglicht auf diesen «romantischen» Plan. Diese ehrlosen Gauner, die am Mark des Volks saugen, Produkte und Nutznießer eines fehlgeleiteten Bildungsbegriffs, sind die Nachkommen der alten Raubritter, denen Jeremias einen heiligen Krieg ansagt. Der Auftritt mit ihnen bestärkt ihn endgültig in dem Vorsatz, das direkte Mithandeln auf der öffentlichen Bühne mit dem demütigen, stillen Dienst im Verborgenen und an den Geringen zu vertauschen. Er ist auch eine dichterische Darstellung des Schrittes, der Gotthelf aus der politischen Gegenwart in die Kunst hinüberführte.

Bei dieser Tendenz des Buches ist es kein Wunder, daß die Fragen der Schule, der Volkserziehung, die den jungen Gotthelf so sehr beschäftigten, bei jeder Gelegenheit aufgeworfen werden. Die Dorfschulen, die der verschupfte Güterbube besucht, werden überaus farbig beschrieben und in ihrer ganzen Unzulänglichkeit bloßgestellt. Sie sind nur Zerrbilder dessen, was Erziehung des Volkes sein sollte. Der erste Beruf, den der heimgekehrte Durchbrenner ins Auge faßt, ist deshalb auch der eines Schulmeisters, eines solchen nämlich, der dafür sorgt, «daß Kinder nicht mehr so erzogen würden wie ich». Aber er ist nicht imstande, die übliche Ausbildungsprozedur über sich ergehen zu lassen, und so widmet er sich seiner abenteuerlichen neuen Aufgabe, die eine vollkommene Absage an den Geist der bestehenden Schule darstellt. Gotthelf gestaltet in ihr sein jugendliches pädagogisches Ideal und seine Verehrung für Pestalozzi, opponiert aber auch dem offiziellen Kurs der damaligen Schulreform und seinen einflußreichsten Vertretern (vor allem Fellenberg), die in seinen Augen zu sehr von der abstrakten Theorie, zu wenig von der lebendigen Kenntnis des Volkes und seiner Bedürfnisse ausgingen. Das ist schon ganz die Ansicht der

«Leiden und Freuden eines Schulmeisters», die überhaupt in diesen Schulkapiteln des Erstlings ein reizvolles Vorspiel haben. Aber die Schulstube ist hier nur ein Durchgangsort, Jeremias nur unwilliges Objekt des pädagogischen und kirchlichen Unterrichts. Sein Lebensweg trägt ihn zur radikalen Verneinung des Vorhandenen weiter. Schon die Wirtshausschule ist bezeichnenderweise nur noch angedeutet und die endgültige Lösung, die Wahl zum Gemeindeschreiber, bloß als Möglichkeit hingestellt; der Schluß verläuft im Sand, der Verfasser gerät in heftiges Politisieren und bricht seine Erzählung «mitten im Schreiben» ab – vielleicht deshalb, weil er bereits eingesehen hat, daß das Thema der Volkserziehung nicht utopisch, sondern realistisch behandelt werden müsse. Die Schule, die Gotthelf den poetisch improvisierten Abschluß des ersten Buches lieferte, bildet den Ausgangspunkt seines zweiten.

Dieser die Wirklichkeit überflügelnde Schluß ist ein Fingerzeig dafür, daß der «Bauernspiegel» nicht nur wegen der pädagogischen, sozialen, politischen Probleme der Dreißigerjahre geschrieben wurde. In seinem Mittelpunkt steht die allgemeinere Frage der menschlichen Bildung, des Menschseins überhaupt, der persönlichen und öffentlichen Moral. Darum mußte er zugleich ein persönliches Bekenntnis, ja eine merkwürdig verhüllte Selbstdarstellung werden. Dieses Motiv ist sogar sicher die eigentliche Ursache seiner Entstehung gewesen, was Gotthelfs briefliche Äußerungen darüber unmißverständlich betonen. So ergibt sich das Seltsame, daß zahlreiche Kapitel in einem unverkennbaren Zusammenhang mit seinem eigenen Leben stehen; diese Berührung träte ohne Zweifel noch stärker hervor, wenn wir mehr von seiner Jugend wüßten. Miaßlis zappelige Unruhe in der Schulstube hebt er in seiner Selbstbiographie an sich selber hervor. Die Geschichte mit den Ostereiern im gleichen achten Kapitel erinnert an den Eierraub, den seine Tochter Henriette aus der Kindheit des Vaters erzählt. Das Ausreißen in den Söldnerdienst ist eine freie Nachbildung des

Schicksals von Gotthelfs Bruder Fritz Bitzius, der im Februar des gleichen Jahres 1836, in dem der «Bauernspiegel» niedergeschrieben wurde, in den Reihen des Schweizerregiments von Neapel den Soldatentod starb. Bonjour erzählt Erlebnisse in Kalabrien, und die Schilderung des Schlachtfeldes dürfte unter dem Eindruck von Fritzens unseligem Ende geschrieben sein, wie wohl überhaupt die ganze Darstellung des Soldatenlebens durch Mitteilungen in dessen Briefen angeregt sein mag. Die Schulkapitel weisen natürlich auf Gotthelfs Vikariatsjahre zurück. In einem tieferen Sinn erzählt er jedoch auch dort, wo er von Jeremias' erfolgloser Bewerbung um ein Amt berichtet, ja schon in den Erlebnissen des von Haus zu Haus wandernden Knaben von sich selber. Hier liegt eine dichterische Wiedergabe seiner eigenen langen Wander- und Wartezeit als Pfarrvikar vor, seines eigenen langwierigen Suchens nach einem Ort und einer Aufgabe, die seinen Kräften und seinem Willen entsprachen. Dies ist der seltsamste aller dieser persönlichen Züge: daß Jeremias selber im Ganzen als ein erdichteter Doppelgänger Gotthelfs gelten muß.

Wie war es möglich, daß er diese Gestalt annahm? So einfach liegen die Dinge ja nicht, daß er sie nur als Vorwand benützt hätte, um als Schilderer der bäuerlichen Welt glaubhafter dazustehen oder um seiner Stellung als Pfarrer nicht zu schaden. Aus einem so äußerlichen Kunstgriff entsteht keine solche Figur. Nicht äußerlich, aber innerlich ist er mit ihr verwandt, ja identisch. Das zeigt sich schon darin, daß sie, einmal erschaffen, für ihn zum Schicksal wurde und über den bürgerlich-bäuerlichen Pfarrer Bitzius den Sieg davontrug. Der erfundene Name des Helden wurde zu seinem Pseudonym, über dem sein wirklicher auf ganz seltene Weise in Vergessenheit geriet. Vergeblich versuchte er mit seinem zweiten Buch dem Publikum als Schulmeister Peter Käser zu kommen – er wurde als Jeremias Gotthelf berühmt und entschloß sich dankbar, bei diesem Namen zu bleiben. So besteht aller Grund, in dieser Gestalt etwas mehr als einen absonderlichen Einfall oder eine charakteristische Maske zu sehen. Betrachtet man ihre Seele, nicht nur ihr Kostüm, so bezeugt sie vor allem, daß Gotthelf in seiner Jugend und bis zur Niederschrift des Erstlings viel gelitten haben muß. Er spricht ja auch in seinen Briefen deutlich davon. Der Jeremias des «Bauernspiegels» ist ein leidender, verstoßener, gefährdeter und beinahe untergehender armer Teufel, und das, woran er leidet, und die Stimmungen, die er durchmacht, sind Gotthelfs eigene Jugendnot. Der lapidare Eingangssatz: «Ich bin geboren in der Gemeinde Unverstand, in einem Jahre, welches man nicht zählte nach Christus», ist ein Ausbruch Gotthelfs; die Tragik der verschmähten Liebe, die Meißens Kindheit vergällt, kehrt im «Schulmeister», in vielen späteren Büchern wieder und muß von ihm selber schmerzlich erfahren worden sein. Der Haß auf die Alten, die den Lebensdrang der Jugend unterdrücken, Meißens Wut und Bitterkeit über die Menschen, die ihn um sein Leben betrügen wollen, erfüllen Gotthelfs Jugendbriefe. Er selber haderte mit der Welt, als er den «Bauernspiegel» schrieb, er kannte diese ewigen Enttäuschungen und Ungerechtigkeiten und hatte sie noch nicht verwunden.

So kam er als Pfarrer dazu, in die Haut dieser verachteten Kreatur zu kriechen und gegen alle Niedertracht und Dummheit der Welt für sie Partei zu ergreifen, ja sie zuletzt eben den Weg aus diesem Chaos hinauszuführen, den er selber jetzt betrat: den Weg in die Schriftstellerei. In Jeremias, der sein armes Leben aufschreibt, stellt Gotthelf seinen eigenen Durchbruch in die Dichtung dar, und dieses Leben ist seine eigene Vorgeschichte als Dichter. Der Wirtshauslehrer, der die Weiber in den Bauernhäusern für sich und seinen Plan zu gewinnen sucht, erinnert ja auch an das, was von den Hausbesuchen des Pfarrers Bitzius erzählt wird, bei denen er den Stoff für seine Bücher zusammentrug. Aber schon das Strolchenleben des kleinen Meiß bei den «christlichen Zigeunern» ist eine dichterische Schilderung der Wege, auf denen er selber seine epische Allwissenheit erwarb. Doch vor allem die Grundstimmung, die tiefe Verbitterung und feindselige Aggressivität, das wilde Umsichschlagen nach allen Seiten hat Gotthelf als Verfasser des Buches mit seinem Helden gemein. Das Kapitel «Wie ich an den Menschen mich zu rächen suche» konnte nur ein tief Unglücklicher schreiben, und sein Schluß charakterisiert zu einem guten Teil den «Bauernspiegel» selber: «Es war, als fürchtete ich ordentlich, aus meinem heillosen Zustande gezogen zu werden, als wären Haß, Bitterkeit, Gram, Rache, Zorn lauter wohltätige Gefühle, ein wahres Seelenglück.»

Jeremias' entscheidendes Erlebnis ist die Verschuldung an Anneli, das an der Geburt seines unehelichen Kindes stirbt, der Zusammenbruch unter der Erkenntnis seiner Sünde und die Bekehrung zum gläubigen Christen. Das gleiche Motiv steht im Mittelpunkt des «Schulmeisters», und es enthält ohne Zweifel das wichtigste persönliche Bekenntnis des Dichters. Die Hauptgestalten seiner beiden ersten Bücher sind Gebrochene, die im hitzigen Zusammenstoß mit der Welt schwere Schuld auf sich laden und sich mühselig zu einem Leben in Gott aufrichten. Eine solche Erschütterung lag offenbar auch Gotthelfs Übergang zur Dichtung zugrunde. In seinen selbstsicheren jugendlichen Äußerungen, sogar in seinen Predigten, die nur aus der Zeit vor dem «Bauernspiegel» erhalten sind, ist davon kaum etwas zu finden. Auch ihn hat, wie alle wahrhaft Großen, erst ein Gebrochensein, ein Hinnehmen des Leidens an sich und der Welt und eine Überwindung seiner Lebensschuld zum Dichter gemacht. Die zwei Erstlingswerke sind erfüllt von den Stimmungen der Verweiflung an sich selber und der Sehnsucht nach Erlösung. In beiden Büchern kann man den Vorgang dieser Wandlung selber verfolgen; sie leiten den Helden aus dem lauten Widerspruch zur Welt, aus einem heftigen Streben nach Geltung und Genuß zur demütigen Unterwerfung unter ein höheres Gesetz.

Das Martyrium im Dorfspital ist der tiefste Punkt von Jeremias' Erniedrigung, ein Gegenstück zu Peter Käsers Verfehmung nach dem Handel mit der Garnlise. Deshalb bildet sich auch erst in der zweiten Hälfte langsam ein kritischer Abstand des Dichters zu seinem andern Ich heraus. In ihr steht nicht mehr die Anklage gegen die Welt, sondern die Selbsterkenntnis im Vordergrund. Die Ämterjagd des heimgekehrten Söldners wird mit spürbarer Ironie beschrieben; man fühlt, daß er auch vom Dichter als noch nicht reif befunden wird. Aber die Tatsache seiner Rettung und symbolischen Erhöhung bleibt bestehen, wie sie in seinem Namen ausgedrückt ist: «Jeremias Gotthelf, dem Gott geholfen» – so wird der Name in der Vorrede erklärt. Schon allein um seinetwillen kann Jeremias bis zuletzt immer wieder zum Träger von persönlichen Gedanken und Erinnerungen werden. So schwingt gewiß auch in der Stelle, wo er seine Rückkehr aus der Fremde in das Land seiner Kindheit schildert, eine Erinnerung Gotthelfs mit. Ganz ähnlich erzählt Wehrdi im «Schulmeister» von seinem Heimweh und seiner Heimkehr. Aber nicht nur Gotthelfs Rückkehr aus Göttingen nach Utzenstorf steht dahinter, sondern die Summe aller Schmerzen und Freuden, die ihn zum Dichter machten, vor allem der Gram darüber, daß er in der Heimat keine Anerkennung fand. «Liebe Leute, das tat mir weh, das brannte mir tief ins Herz hinein. Als ich auf meinem Lager war, übermannte mich der Schmerz, ich weinte bittere Tränen, daß in der Heimat mir nur Essig und Wermut bereitet sei.»

Erst wenn man den «Bauernspiegel» als literarische Leistung betrachtet, ermißt man ganz, wie tief das Einswerden Gotthelfs mit dem bettelhaften Helden reicht. Diese Verbrüderung hat einen genialischen Erstling der realistischen Dichtung in deutscher Sprache hervorgebracht, gerade dadurch, daß Gotthelf sich in einen vollkommenen Gegensatz zu allem literarischen Brauch stellte. Er fühlte sich auch schriftstellerisch als eine Einfalt vom Lande, und diese Unbeholfenheit war auf alle Fälle keine freiwillig vorgenommene Maske. So sehr wir heute die Kraft und Farbenfülle seiner Sprache bewundern und so sehr sie gleich beim Erscheinen des

Buches von Vielen erkannt wurde, so heftig war auch die Ablehnung, die sie hervorrief. Hier trat ein literarischer Naturmensch auf den Plan, der nichts von den künstlerischen Sitten und Moden der Zeit zu wissen schien. Seine Sprache war nicht auf dem Papier ertüftelt, nicht mit Reflexion verdünnt, sondern gesprochen und gehört, die lebendige mündliche Umgangssprache, ja wie vom Genius des Volksmunds selber eingegeben, weil sie aus den Tiefen der Mundart, der reichsten schweizerischen Mundart, stammte. Gotthelf war sich seines unzünftlerischen Gebarens mit der Feder voll bewußt und trieb es in jeder Hinsicht auf die Spitze. Die Kunst war ihm von allem Anfang an kein vom Leben hermetisch abgeschlossener Bezirk, sondern ein Werkzeug im Dienst seiner Absichten und seiner Erfahrung.

Nicht nur stofflich, auch gedanklich zeigt er eine barbarische Ursprünglichkeit. Er läßt keine Gelegenheit zu Seitenhieben auf das dekadente Bildungstreiben in den Städten unbenützt. Er haßt und verachtet die Stadt – womit in erster Linie Bern gemeint ist – aus tiefster Seele. Er unterstreicht höhnisch den Kontrast zwischen der von ihm geschilderten Welt und der verlogenen Noblesse in den Salonromanen. Den Hof Mareilis vergleicht er geradezu mit den vornehmen Kulissen bei den Modeschriftstellern; er ist der Meinung, daß die Menschen bei ihm wahrer erscheinen, «nur mit dem Unterschied, daß sie dort Sterne auf der Brust und Diamanten auf den seidenen Kleidern haben, hier aber auf der Brust ein Heer von Suppen- und Milchtropfen und an den Zwilchhosen Kühdreck». Es ist das ewige Problem der Lebenswahrheit in der Kunst, das schon vor Gotthelf durch manches schweizerische Naturkind in der Literatur aktuell gemacht worden war, aber durch keines so großartig wie durch ihn. Er will sittlich wirken, die Menschen und die Welt verändern. Deshalb stößt er die Leser, nicht immer geschmackvoll, mit der Nase auf die Tendenz seines Buches. Er spricht sie direkt an, er nimmt sie mit Predigten ins Gebet. Er verschmäht kein realistisches Mittel – Anspielungen auf wirkliche Personen, Örtlichkeiten, Vorkommnisse, krasse Unterstreichung des Animalischen, besonders in den erotischen Stellen –, um das schonungslos Wahre seiner Darstellung zu betonen. Vieles daran ist einfach uralte Art und Unart des naiven Fabulierens, vieles aber auch Ausdruck der bewußten moralischen Absicht, wie sie die Vorrede ausspricht: «Man hat euch gwundrig gemacht, und von Engländern und Russen, hohen und gemeinen Leuten in allen Ländern könnet ihr lesen, wie sie sind, was sie treiben. Von euch selbst aber könnt ihr nichts lesen als einzelne Scheltungen, einzelne Schmeichelreden»... Es ist klar, daß die Frage der Kunstwahrheit nicht nur mit solchen stofflichen und moralischen Argumenten beantwortet werden kann, und Gotthelfs künstlerische Entwicklung bestand teilweise darin, daß er über sie hinauskam. In seinen ersten Büchern mußte er diesem heißen Trieb nach Aktualität und Polemik genugtun, um zu seiner Läuterung imstande zu sein. Er deutete ja die Grenzen dieses Verfahrens schon selber an, als er in der Vorrede für später auch ein Gemälde der «Sonnseite» verhieß.

Die polemische Einstellung färbt also den «Bauernspiegel» auch als Kunstwerk bis in die Einzelheiten. Etwas Gedrängtes, Gepreßtes ist auch seiner Sprache, seiner Komposition eigentümlich. Da er in der ersten Person erzählt ist, bricht diese Grundstimmung immer wieder unmittelbar hervor. Das Antiliterarische äußert sich in der Häufung krasser Banalitäten, wie das Anklägerische in der qualvollen Häufung der Elendsmotive. Oft droht die Darstellung in die bloße Reportage abzusinken, die realistisch-volkskundliche Schilderung Selbstzweck zu werden. Aber die geniale Erzählergabe und die hohe sittliche Idee heben sie immer wieder spielend auf die Höhe der großen Gestaltung empor, und an einigen Stellen leuchtet schon der Glanz jener Sonnseite auf, in dem sich diese Kunst dann zu ihrer vollen Reife entwickelte: die rein symbolisch-mythische Sprache. Das schönste Beispiel dafür ist die Schilderung der Feuersbrunst. In dieser ersten seiner vielen Feuersbrünste wird der Kampf mit dem Feuer, wie immer bei Gotthelf, zu einem Kampf mit dem dämonischen Element, und der Aufgang der Sonne über der Brandstätte bildet die innere Wandlung ab, die Jeremias bevorsteht.

Der «Bauernspiegel» wurde für die schon 1839 nötig gewordene zweite Auflage einer Bearbeitung unterzogen. Gotthelf schob namentlich im zweiten, politischen Teil ausführliche reflektierende Zusätze ein, änderte aber auch sonst im Einzelnen vieles. Hier liegt der Fall vor, daß wir eine sicher von ihm selbst herrührende Neufassung vor uns haben (um die dritte Ausgabe von 1851 kümmerte er sich kaum mehr). Aber er hat mit dieser Überarbeitung, so sehr ihre Änderungen uns im Hinblick auf seine Denkweise interessieren, dem Buch als Kunstwerk im Ganzen einen schlechten Dienst erwiesen. Der Ausdruck wurde vielfach farbiger gestaltet, gelegentlich aber auch anekdotisch überladen, so daß nun übermäßige Abschweifungen im Großen und Kleinen manchem reizvollen neuen Detail gegenüberstehen. Der Abdruck in der Gesamtausgabe ging deshalb wieder auf den Urtext zurück, löste aber das Versprechen seiner getreuen Wiedergabe nicht befriedigend ein. Es sind auch dort zahlreiche Änderungen, Streichungen und Einschiebsel der zweiten Auflage stehen geblieben. Demgegenüber halten wir uns genau an die erste Ausgabe, die also hier zum erstenmal wieder ganz unverändert erscheint, da alle älteren Ausgaben den bearbeiteten «Bauernspiegel» nachgedruckt haben. Diese Urgestalt soll nicht etwa nur Studienzwecken dienen. Da sie noch etwas ungestriegelter ist als der Text der späteren Drucke, gibt sie das Profil des frühen Gotthelf noch deutlicher wieder und läßt klarer den weiten Weg erkennen, den er in den stürmischen ersten Jahren seiner Schriftstellerlaufbahn zurücklegte.

Die Erstausgabe, 1836 (mit der Jahreszahl 1837) bei Langlois in Burgdorf erschienen, ist allerdings miserabel gedruckt und stellt den Herausgeber nicht selten vor schwierige Fragen. Wir haben jedoch nur offensichtliche Versehen und Willkürlichkeiten des

Setzers verbessert und die für Gotthelf ungewohnt peinlich genaue Interpunktion aufgelockert, die den Verdacht erweckt, daß das Manuskript durch eine fremde Hand, vielleicht diejenige Reithards, revidiert worden sei. Es ist ja wahrscheinlich, daß dieses Werk Gotthelfs, in dem sich zum erstenmal sein ungebärdiges Dichtertum offenbarte, schon vor der Drucklegung manchen Stoß auszuhalten hatte, da sogar die Bücher des berühmt Gewordenen davor nicht bewahrt blieben. Die Handschrift selber existiert nicht mehr, nur der Entwurf zur Vorrede der «durchgesehenen und vermehrten» zweiten Ausgabe hat sich erhalten.

Vorrede

Grüß Gott, liebe Leute, und zürnet nüt! Eine Gabe bringe ich euch dar, nehmt sie auf, wie sie gegeben ist, treuherzig. Ein Spiegel ists, doch nicht ein gemeiner, in dem ein jeder ein schönes Gesicht zu sehen glaubt, weil er das eigene erblickt. Mein Spiegel zeigt euch die Schatt- und nicht die Sonnseite eures Lebens, zeigt also, was man gewöhnlich nicht sieht, nicht sehen will. Er zeigt euch dieses nicht zum Spott, sondern zur Weisheit. Man hat euch gwundrig gemacht, und von Engländern und Russen, hohen und gemeinen Leuten in allen Ländern könnet ihr lesen, wie sie sind, was sie treiben. Von euch selbst aber könnt ihr nichts lesen als einzelne Scheltungen, einzelne Schmeichelreden; noch niemand hat in Liebe und Treue euch euer Bild vorgehalten und noch viel weniger ein Bild, das die trüben Schatten eures Lebens enthält. Das ist schlimm; denn kennt ihr diese Schatten nicht, so könnt ihr sie auch nicht verwischen und tilgen. Von Jugend auf habe ich unter dem Volk gelebt und es geliebt, darum entstund auch sein Bild treu und wahr in meinem Herzen; jetzt schien die Zeit es mir zur Pflicht zu machen, dieses Bild aus meinem Herzen zu nehmen und es vor eure Augen zu stellen, denn der Zeiten Ruf, weiser und besser zu werden, habt ihr vernommen, er dringt in alle Hütten. Diesmal zeige ich euch nur eine Seite des Bildes, das Ganze auf einmal würde euch verblenden, und zwar zeige ich euch die Schattseite zum Zeichen meiner aufrichtigen Treue und damit ihr ob dem Schönen, das ich von euch zu zeichnen wüßte, das Schlimme nicht vergesset, welches dennoch auch da ist.

In diesem Lebensbilde werdet ihr auch bemerken den Widerschein, den verschiedene andere Stände in euer Leben werfen, dasselbe auch trübend und verwirrend. Dieser Widerschein muß angemerkt sein, sonst würden Lücken im Bilde erscheinen, die niemand begreifen könnte. Dies ist die Erklärung, warum manches da ist, das nicht hieher zu gehören oder aus besonderer Absicht oder aus besonderer Bosheit dazusein scheint. Male ich dann einmal die Sonnseite, so will ich auch freundliche Strahlen hineinziehen von jedem Stande, der mit dem Volksleben in Berührung kömmt.

Treuherzig bringe ich euch, liebe Bauersleute, meine Gabe, und treuherzig will ich bleiben, mag man mich auch mißkennen und schmähen, oder verspotten und auslachen. Sollte einer zarten Seele dieses Buch zur Hand kommen, so wird sie Gänsehaut bekommen ob seiner Derbheit; warte nur, liebe Seele, vielleicht komm ich auch einmal expreß für dich in zarter Zärtlichkeit; dieses ist aber auch nicht für dich geschrieben, darum lege es weg.

Mancher Schulmeister wird die Achseln zucken und meinen, es sei Gott versucht, bei einer solchen Sprachunkunde, bei der er keinen zum Schulmeister machen würde, ein Buch zu schreiben. Primar- und Sekundarlehrer werden mich bemitleiden und bedauern, daß ich nicht bei ihnen in die Schule gegangen, es hätte vielleicht etwas aus mir werden können. Ihr habt recht, hochgeehrte und liebe Leute, wie und wo ich schreiben gelernt, werdet ihr lesen. Ich weiß nichts von den Aussagewörtern, nichts von den Dingwörtern, am allerwenigsten von dem Prädikat und seiner sonderbaren Ehe mit der Copula. Aber deswegen bin ich ja auch weder Schulkommissär noch Schulmeister, sondern eben nur der ehrliche Jeremias Gotthelf, dem Gott geholfen und der in wahren christlichen Treuen auch Andern helfen möchte. Ich hätte meine Schrift einem Gelehrten geben können, sie zu polieren; aber ihre Hecheln sind oft so spitzig und scharf, daß meine Arbeit, die ich so lange in stiller Brust getragen sorgfältiglich, mich dauerte, und mich tröstete der Gedanke, daß doch besser zu dem Herzen dringen werde, was aus dem Herzen, als was aus den Hecheln kömmt.

So gehe denn in Gottes Namen, liebes Büchlein, aus dem Herzen zu den Herzen, und wo du ein bieder Herz findest, dem bringe einen biedern Gruß vom gutmeinenden schweizerblütigen

Jeremias Gotthelf

* * *

Vorrede zur zweiten Ausgabe

Grüß Gott euch wieder, liebe Leute, und dank ech Gott! Meine treuherzige Gabe habt ihr treuherzig auf- und zu Herzen genommen; ich weiß, daß sie schon manchem armen Kind Segen gebracht hat. Viele haben mir einen freundlichen Dank geboten, daß ich sie der Mühe wert geachtet, den Spiegel ihnen vorzuhalten, und daß ich den Glauben gehabt, dieses Vorhalten führe zur Besserung und nicht zu eitlem Zorn. Das war mir ein gut Zeugnis, daß ich euch, ihr lieben Leute, besser kenne als viele andere Leute. Hätte ich guten Freunden mein Büchlein vor dem Druck gezeigt, sie hätten es verbrannt und vielleicht mich damit, nur damit ich nicht von euch totgeschlagen würde. Und als dasselbe gedruckt war unvermutet, da hatten meine Freunde große Angst um mich und fragten bekümmert an jedem Schausaaltag: Ob man mich nicht mit abgeschlagenem Kopf in die Insel gebracht, damit man mir ihn wieder zurecht- und besser aufsetze? Aber ich wanderte wohlgemut und wohlbehalten unter euch herum, und wer weiß, ob nicht freundliche Blicke von Mareilene und Änelene mich begleiteten. Einige ärgerte der Titel; das Buch hätte man aller Leute Spiegel heißen sollen und nicht Bauernspiegel, denn es kämen ja Leute aller Art darin vor, meinten sie. Aber bedenket, das Bauernleben bildet doch eigentlich den Grund und Boden des Buches, aus andern Ständen wandeln nur einige Gestalten flüchtig über diesen Boden.

Auch will ich euch jetzt, da ihr mich so vernünftig aufgenommen, aufrichtig berichten, daß dieser Titel ein Lockvogel war. Hitzig auf dem Lesen seid ihr eben nicht, wenn ihr etwas lesen sollt, so muß man es euch aparti beizen, und diese Beize lag im Wort Bauernspiegel. Jetzt kann ich den Titel nicht mehr ändern, sonst kennt man das Buch nicht mehr. Einige meinten: den Herren, die doch immer die Nase zuvorderst hätten, hätte auch die Ehre eines Herrenspiegels zuerst gebührt; oder werden nun böse, daß er noch nicht nachgeliefert wurde.

Aber bedenket, wenn man nur einen Herrenspiegel machen, wenn man alle ihre Verkehrtheiten, Torheiten, Narrheiten beschreiben wollte, so müßte man ein Buch machen so groß wie eine Zehntscheuer, oder, da eine Zehntscheuer bald nicht größer zu sein braucht als der Hosensack eines Seeländers, und die sind bekanntlich klein, da die Seeländer die Zwilche sparen müssen, auch große Säcke nicht nötig haben, da sie desto größere Gläser haben, so groß wie der berüchtigte Bettlerpalast in der Länggaß bei Bern samt seinen wohlverschlossenen Behältern, aus welchen genialisch teurer Mist für die Stadtäcker gezogen oder den armen Leuten batzenweise zugemessen wird, was ihr eigenstes Eigentum gewesen war. Zudem gibt es freilich reiche und arme, brave und schlechte Bauern, aber alle machen doch nur einen Stand aus; aber wie vielerlei Herrenstände, die in ihrer Lebensweise durchaus verschieden sind, gibt es nicht, und wie ließen sich wohl alle in ein Buch zusammenbringen, da man sie nirgends zusammen findet? Wo sieht man zum Beispiel alte und neue Herren beisammen? Vielleicht am Maskenball. Aber wer will da erkennen, ob unter der Harlekinsmaske ein alter oder neuer

Narr steckt? Wer will Advokaten und Pfarrer unter einen Hut bringen? Redet man einem Advokaten von einem Pfarrer, so kömmt es ihm in den letzen Hals, er hustet, daß ihm der Bauch gnappet. Redet man einem Pfarrer von einem Advokaten, so kömmt es dem Pfarrer in die Nase, und er muß niesen, daß es ihm weh tut in allen Seiten. Treffen sie sich wundersamerweise in einem Stübli oder Futtergang, so gramselt es ihnen krebsartig in den Beinen, und sie gehen hinter sich, so streng sie mögen. Wirte, Kaufleute, Kuderhändler, Ärzte sind freilich anderer Art, die findet man zwischen aller Leute Beinen. Aber diese Herren würden sich denn doch ärgern, nur so zwischen fremden Beinen dargestellt zu werden so nebenbei. Es wäre auch zum Teil ungerecht. Es gibt unter ihnen Leute, die aufrecht stehen, akkurat wie die respektabelsten Männer, und bekanntlich kann man zwischen fremden Beinen nur tief gebückt existieren. Dann gibt es aber Herren, die sich stellen, als ob sie anderen Menschen auf den Köpfen stünden, die, wenn sie beim Bären oder Löwen oder irgend bei einem andern Tier hinter einem Gütterli sitzen, von dem man nicht weiß, soll es einen Schoppen oder eine Halbe vorstellen, sich gebärden, als ob sie Napoleon und seine Garde im Maul und Talleyrand und Metternich hinter den Ohren hätten. So müßte, wenn keine Herrensorte übergangen werden sollte, man wenigstens sieben Herrenspiegel hintereinander reihen, und vor so einer weitläufigen Geschichte grauset es mir, da von Natur niemand ungerner sitzt und schreibt als ich. Zudem sind die Herren gar aufbegehrischer Art, die alten und die neuen, und die letztern fast noch mehr als die erstern, wie Kinder auch kitzliger sind als Greise.

Zudem sind die Herren bsinnte Köpfe, die jahrelang es nicht vergessen, wenn man ihnen den Hut nicht abgezogen oder anderer Meinung gewesen ist als sie; würden sie mir es je vergessen, wenn ich mich unterstünde, ihre Majestät im Hausrock zum Vorschein zu bringen? Doch kömmt Zeit, kömmt Rat, und was sonst noch alles kömmt, weiß niemand.

Vor allem aus muß ich nur dafür sorgen helfen, daß dieses Büchlein etwas reputierlicher unter die Leute kommt, und das gibt mir bei der wenigen Zeit, die ich übrig habe, viel zu tun. Man wird es dem Buch nicht ansehen, aber dem Ungeübten rauben auch Kleinigkeiten viele Zeit. Hauptveränderungen sind keine gemacht worden, selbst die Rezensenten veranlaßten mich nicht dazu; sie gingen wider ihre Gewohnheit über Verdienen mild und schonend mit mir um. Nur zwei im berühmten Intelligenzblatt der Stadt Bern würdigten mich vornehmen und zermalmenden Tadels. Der erstere entfloß den pontinischen Sümpfen, der andere wahrscheinlich einem lieben Mitburgerchen. Wahrscheinlich aus burgerlichem Zutrauen sucht der letztere eine Kraft in mir, die aus meiner bekannten Selbstgefälligkeit fließen und das schlechte Buch bei einer neuen Auflage in ein besseres umwandeln werde.

Aber lieber Mitburger, da tust du mir zu viel Ehre an. Aus dieser Quelle sprudelt mir keine so wundertätige Kraft. Oder hast du mich je unter den jungen Laffen gesehen, die jungen reichen Mädchen nachstellen, fast ehe sie unterwiesen sind, die mit merkwürdiger Schamlosigkeit jeder erledigten Stelle nachkriechen oder das Papachen kriechen lassen, die mit stupider Frechheit den Glauben wie eine Fahne vor sich hertragen: weil der Vater etwas sei, und zwar Gott weiß warum, so müßten die Söhne noch eine Potenz mehr sein, Gott möge ihnen ein Zeichen aufgedrückt haben, welches er wolle! Darum, lieber Mitburger, urteile nicht mehr vorschnell über mich, du könntest dich täuschen in mir.

Ein bedeutender Teil des Publikums hat den Stab gebrochen über den zweiten sogenannten politischen Teil; gar nicht hieher gehöre er, meinte man, daß gar zu viel geschwatzt werde, tadelte man. Aber gab es nicht eine Zeit, wo bei dem einen Teil des Volkes das Leben einen politischen Aufflug nahm und dem andern Teil Politik einzutrichtern versucht wurde? Soll dann in dieser Schilderung des Volkslebens diese Seite desselben nicht dargestellt werden dürfen, ja nicht vielmehr dargestellt werden müssen? Was kann ich dafür, daß man den Leuten die Politik so erleidete, daß jetzt niemand mehr etwas davon hören mag? Und daß in diesem Teil viel geschwatzt wird, was kann ich dafür? Wie tritt seit 1832 bei vielen Leuten die Politik hervor, in Tat oder Geschwätz? Und ist dieses Geschwätz kurz oder breit? Auch taucht wieder bei den jetzigen Leuten ein Glaube auf, der bei den ehemaligen Leuten gegolten: wer nicht Großrat sei oder irgend ein Bein von einem Großrat, den gehe die ganze Geschichte nichts an. Diese Neugläubigen will ich freundlich bitten, meine Liebe zu meinem Ländchen mir zu verzeihen. Ja, mein Ländchen liebe ich, und diese Liebe ists, die mich stark gemacht – ein Schwacher hätte den Bauernspiegel nicht geschrieben. Und um dieser Liebe willen habe ich den zweiten Teil nicht umgeschaffen, sondern ihn noch mit Zusätzen vermehrt. Was kann ich dafür, daß es in mir sprudelt und kocht, wenn ich das Glück dieses Ländchens durch selbstsüchtige Leidenschaftlichkeit niedergetreten, durch Frechheit zerstört, durch Laster aufgezehrt, durch schnöde Geldsucht ausgebeutet, durch Unbedachtsamkeit, Rechthaberei oder Leichtsinn untergraben sehe. Verzeiht mir nun, wenn es auch überkocht! Bin ich doch ein im Lande gebornes Kind, und Landeskinder waren auch meine Väter seit einer schönen Reihe von Jahren; erlaubt man doch manchem fremden besternten oder verlöcherten Buben das große Wort zu führen über unseres Hauses heiligste Angelegenheiten. Ich, ein Kind der Freiheit, ein Mann des Wortes, sollte unsere Hausgötter, Freiheit und Frömmigkeit, nicht verteidigen dürfen mit der Schärfe des freien Worts! Und findet man dennoch mein Beginnen unrecht, so verzeihe man mir um meiner Liebe willen, die mich zum Reden zwang. Man verzeihe mir auch, wenn jemand unschuldig sich getroffen glaubt, ich wollte es nicht; und die schuldig Getroffenen mögen glauben, daß ich nicht um ihretwillen die freie Rede mir erlaubt, sondern aus Liebe zum teuren Vaterland. Wer aber diese Liebe mir verübeln will, dem will ich verzeihen.

Nun lebt wohl, liebe Leute, für diesmal und zürnet nüt!

Lebe aber auch du wohl, mein lieb Büchlein, mein erstgebornes! Du sollst wandern gehen in fremder Herren Länder, sollst an fremde Türen klopfen, sollst um freundliche Herberge bitten! Zage nicht! Gute Leute gibt es auch dort. Sprichst du auch in fremder Mundart, sieht man dich anfangs auch mit mißtrauischen Augen an für einen verdächtigen Wältsch, so gedulde dich nur, man wird bald den ehrlichen Schweizer in dir erkennen, der wohl etwas wunderlich redet, aber doch gar treu es meint. Und wenn du ihnen treue Kunde bringst von dem leider viel bereisten, aber wenig bekannten Lande, denn eines Volkes Sinn und Sitte liegen nicht auf der Heerstraße, finden sich nicht in den zur Unnatur verzerrten Mimeligestalten, so werden sie dir sicher freundliche Herberge geben als einem nicht unwillkommenen Gaste. Und wo du freundliche Gesichter findest, mein lieb Büchlein, da teile freundliche Grüße aus von denen, die hinter den Bergen wohnen.

Jeremias Gotthelf

Der Bauernspiegel

****

ERSTES KAPITEL

Meine Kindheit

Ich bin geboren in der Gemeinde Unverstand, in einem Jahre, welches man nicht zählte nach Christus. Mein Vater war der älteste Sohn eines Bauern, der einen ziemlich großen Hof besaß, und hatte vier Brüder und drei Schwestern. Großvater und Großmutter waren von altem Schrot und Korn, beide viereckicht und rüstig früh und spät. Er war Meister in Feld und Stall. Das erstere bebaute er mit großem Fleiße, aber nach alter Mode, nahm lieber ein Klafter Naturgras, dessen Same ihn nichts kostete, als drei Klafter Pflanzengras, zu dem er den Samen hätte kaufen müssen. Aus dem Stalle zog er die Zinsen der schuldigen Kapitale. Er mästete alle Jahre etwas, aber dazu brauchte er lieber das Korn aus dem Speicher, als daß er mehr Erdäpfel gepflanzt hätte als sein Vater. Im Hause schaltete und rumorte die Großmutter, und alles mußte sich da vor ihr ducken, auch der Großvater. Sie kochte alles selbst für die Menschen und die Schweine, besorgte den Garten und die Plätze so viel möglich allein und spann dabei Kuder fast zu Tode. Das Geld hatten sie im Genterli und die Großmutter immer so viel Recht dazu als der Großvater. Ich erinnere mich noch gar wohl, daß, als einmal der Großvater sehr munter von einem Märit heimkam, ich die Großmutter in der Nacht aufstehen, dem Großvater die Hosen erlesen und das Geld zählen sah und sie brummeln hörte: «Dä het afe ghudlet, es hätt es stifs Säuli gäh, was er versoffe het, dem will ig morn ds Kapitel lese.» Richtig waren sie am Morgen über eine

Stunde lang im Stübli. Niemand wußte, was sie verhandelt hatten, aber der Großvater kam nie mehr so lustig heim. Beide konnten Gedrucktes lesen, und besonders der Großvater las oft laut aus dem Schatzkästlein und dem Wahren Christentum; schreiben und Geschriebenes lesen konnten sie nicht, wie auch nicht rechnen; doch machte der Großvater wackere Bauernfünfe, und kein Anken-, kein Garnhändler, obgleich die Letztern besonders durchtriebene Schälke sind, konnte die Großmutter um einen Vierer belügen. Daher hielten Beide auf dem Lernen eben nicht viel; wenn eins ihrer Kinder nur notdürftig lesen und beten konnte, so glaubten sie es überflüssig geschickt. Nur der jüngste Sohn, der nicht gerne arbeitete und doch der Augapfel war, konnte ein wenig schreiben und rechnen. Mein Vater schien von allen das vernachlässigste Kind zu sein. Er konnte dem Großvater am frühesten in der Arbeit helfen und wurde nun von fast der ersten Jugend weg als Knecht gebraucht, wie ich ihn oft klagen hörte. Füttern, handeln, Pflug halten und säen tat der Großvater selbst, aber bei jeder wüsten und schweren Arbeit mußte mein Vater an der Spitze sein, und was die andern Brüder nicht tun mochten, das kam an ihn, und wenn etwas mißlang oder krumm gemacht wurde, so ging es über ihn aus. Als Beispiel erzählte er manchmal, daß wenn Steuerholz zu fällen gewesen sei, bei schlechtem Wetter oder an wüsten Orten, so hätte er der Erste und Letzte dabeisein müssen, an die Fuhrungen seien dann seine Brüder gefahren. Ich erinnere mich noch wohl, daß sie gewöhnlich bei ihrer Heimkunft nicht stehen konnten und lebendige Feuerspritzen vorstellten. Darüber schmälte der Großvater niemals; es ging nicht aus seinem Gelde, und er hielt es für Gewohnheit und Recht, daß bei solchen Gelegenheiten jeder so viel zu sich nehme, als er vermöge; ja ich glaube, er hätte sie ausgelacht oder gar abgeputzt, wenn sie anders heimgekommen wären.

Man kann sich bei solcher Erziehung und solchen Verhältnissen meinen Vater gar gut vorstellen. Er war ein guter Arbeiter, dem aber befohlen werden mußte; er war roh, aber nicht ohne Gefühl; er sprach nicht viel, nur im Zorn, der aber selten ausbrach, konnte er nicht schweigen, sondern tobte fürchterlich. Ich glaube, er habe seine Hintansetzung gefühlt, sich aber damit getröstet, daß der Großvater für seine viele Arbeit ihm später ein Einsehen tun werde. Übrigens war er nicht gewohnt, viel zu denken, auch nicht an die Zukunft, er ließ die Dinge gehen, wie sie mochten, und nahm sie, wie sie kamen. So kam er auch zu einer Frau, sicher wie viele Andere, ohne recht zu wissen wie, und ganz bestimmt ohne eigentlich eine Frau zu wollen. Meinen Großeltern soll die Heirat gar nicht recht gewesen sein; nicht daß sie den Vater nicht gerne heiraten gesehen hätten; zu essen hatten sie vollauf, aber nie genug Hände zur Arbeit; nur die Person war ihnen nicht recht. Meine Mutter war eine Krämerstochter; sie soll hübsch, aber auch gefallsüchtig gewesen sein, in der Haushaltung und auf dem Felde nichts getan, sondern dem Laden abgewartet und auf dem grünen Bank vor demselben getan haben, als ob sie nähe oder lisme, was sie leider bös genug konnte. Niemand konnte begreifen, wie mein Vater und sie zusammenkamen, aber Wein und Tanz, Nacht und Lust wirken unbegreifliche Dinge. Meinen Großeltern hatte sie viel zu glatt gestrählte Haare und tat viel zu zimpfer nach Art der Krämerstöchter. Sie wollten sie nicht ins Haus, ein unehelich Großkind wollten sie aber auch nicht. Darum drangen sie auf die Heirat, zu welcher eigentlich weder Vater noch Mutter von Herzensgrund Lust hatten, wie sie sich oft genug vorhielten, wenn die Not sie gegenseitig offenherzig machte. Das Geld zu dieser Hochzeit gab der Krämer, meine Großeltern nahmen Schneider und Schuster auf die Stör, ließen die Hochzeitkleider dem Sohn machen, ob er aber auch Geld habe, darum bekümmerten sie sich nicht, und Geld zu fordern ließ sich nicht leicht eins ihrer Kinder einfallen. Hie und da gab es ein Trinkgeld von einem Stück Vieh oder einer Fuhr, oder sie konnten sich zuweilen einen kleinen Vorteil machen, allein das ging natürlich schnell darauf. Meine Tanten sollen zum Beispiel, wenn sie auf einen Märit gingen, immer ein Stück Brot und einige dürre Birnen im Sack gehabt haben, damit wenn sie niemand zu Gast hielt, sie nicht Hungers sterben müßten. Die aßen sie dann freilich nicht in der Tanzstube.

Diese Tanten (ich sage dieses hier, weil später nichts mehr von ihnen vorkömmt) wurden alle schlechte Hausmütter so gut als meines Vaters Frau, obgleich meine Großmutter nicht Rühmens genug machen konnte, wie sie dieselben werchen lasse. Ja, dreinschlagen und spinnen mußten sie tüchtig, auch fegen und putzen Haus und Stube, aber von der Haushaltung lernten sie nichts, die machte die Großmutter und begehrte auf, wenn sich eines ihrer Meitschenen in der Küche aufhalten wollte. Ob sie gewaschen seien, gab niemand acht, und wenn eine mehr als einmal in der Woche strählen wollte, so machte Großmutter die Faust und nahm die Züpfen selbst in die Hand. Es ging bei ihnen wie in einem Taubenhaus, denn die Großmutter war berühmt und ihr Rühmen machte, daß man meinte, welche Wunderwerke sie aus ihren Töchtern erziehe. Alle drei erhielten Bauernsöhne, wurden aber die unverständigsten und unsäuberlichsten und bei allem Geiz die kostbarsten Hausfrauen, weil sie nichts zu Ehren ziehen konnten. Der Mann der Ältesten schlug von Haus, wurde ein Trunkenbold und fiel im Rausche tot. Der Mann der Zweiten starb vor Verdruß, als er einst den ganzen Fleischvorrat wegen Mangel Salzens und Räucherns von den Würmern zerfressen sah. Die Dritte starb glücklicherweise schon in der ersten Kindbette, weil sie in dummem Stolz, um zu zeigen, wie sie eine sei, gleich am zweiten Tage mit ihrem Volk Erdäpfelstock und saures Muß aß. Die meisten Leute konnten dieses nicht begreifen; ich habe es aber seither oft erlebt, daß die berühmtesten Weiber die Töchter am schlechtesten erziehen, eben darum, weil sie allein berühmt sein und nichts an die Töchter lassen wollen, diese bloß für Maschinen gebrauchen und sie nie zu der wichtigen Haushaltungskunst vernünftig anleiten.

Meine Mutter blieb also in ihrem elterlichen Hause, der Vater in dem seinigen, denn der Großvater hätte ihn ungern verloren und meinem Vater kam es nicht in den Sinn, etwas für sich anzufangen. Freilich erhielt er noch immer keinen Lohn und mußte von meiner Mutter später oft Vorwürfe hören, wie wenig er ihr und den Kindern gekramt und daß er in drei Jahren zwei einzige Male mit ihr im Wirtshause gewesen. Alles, was die Großeltern taten, war, daß sie ihrer Sohnsfrau in die Kindbette jedesmal ein Ankenbälli sandten, worüber aber die Großmutter jedesmal dem Ankenträger geklagt haben soll, wenn sie ihm nicht die gewohnte Portion abliefern konnte. Meine Mutter hatte bereits drei Kinder, als ihr Vater starb und die Herrlichkeit zu Ende ging. Ihr Vater war früher Schuhmacher oder Schneider gewesen, ich erinnere mich nicht mehr welches, und hatte sich ein hübsches Stück Geld erworben. Nun fuhr der Hoffahrtsteufel ihm in den Leib, er schämte sich, zu Fuß zu gehen, stellte ein Bernerwägeli, dann ein Sitzwägeli und endlich einen Charabanc an. Sein Häuschen war ihm zu schlecht, er baute ein großes schönes Haus; Weib und Kind wurden auch angesteckt, schämten sich der Arbeit, wollten alles am schönsten haben. Die Frau tat es den Bäuerinnen zuvor und wollte die beste Frau in der ganzen Gemeinde sein, und das kostet auf dem Lande viel. Die Kinder suchten in Pracht und Großtun alle andern zu übertreffen. Jedes nahm Geld aus der Losung, so viel ihm beliebte, ordentliche Buchhaltung wurde keine geführt, kein Inventari gemacht. So minderte sich das bare Geld immer mehr, verlegene Waren waren ganze Haufen da, daher auch zunehmende Verlegenheit, wenn etwas bezahlt werden sollte. Nun nahm der Kredit ab, die Waren mußten teuer gekauft werden, und als endlich der Krämer, wahrscheinlich aus innerem Gram, der ihn in der letzten Zeit noch zum Trinken brachte, starb, war viel zu wenig da und nun Not und Elend, wo früher Übermut und Überfluß war.

Jetzt wäre der Zeitpunkt dagewesen, wo mein Vater noch etwas für sich mit Nutzen hätte anfangen und seine erschrokkene und lind gewordene Frau zur Arbeit und zur Haushaltung gewöhnen können, aber er hätte darüber sinnen müssen, und dieses war ihm, als ob man ihm Feuer unter die Nase hielt. Er wußte daher nichts anzufangen als Frau und Kinder zu sich zu nehmen, und dieses tat er auch erst am Tage, als sie ihr Haus räumen mußten. Es war ihm zuwider, die Großeltern um ein leeres Stübchen im Küherstöckli zu fragen, sie gönnten ihm auch das Wort nicht, und wer weiß, wie es gegangen wäre, wenn nicht mein Vater dem Großvater einen Trämel hätte müssen zur Sage führen helfen. Nach vollbrachtem Werk tranken sie unterwegs eine Halbe und dann noch eine, weil der aufgestellte Wein meinen Großvater gar gut dünkte. Der Wein tat ihnen die Herzen und auch die Mäuler auf. Sie hatten einander lange nie so lieb gehabt; wer zuerst von dem Stübli zu reden anfing, weiß ich nicht, aber als sie nach Hause kamen, war die Sache abgemacht. Den folgenden Tag zog meine Mutter ein, und obgleich es im Säet war, hatte doch der Großvater ein Pferd erlaubt, um ihren Grümpel zu führen. Natürlich ward nicht eine doppelte Haushaltung geführt, dazu hatte der Vater kein Geld, meine Mutter und die Kinder mußten hinüber ins große Haus zum Essen. Wie es hierbei meiner Mutter zumute war, kann man sich leicht vorstellen, und ebenso, welche Augen ihr von der ganzen übrigen Familie gemacht wurden. Als sie noch im Flor war, kam sie ein- oder zweimal zu Großvaters im höchsten Staat. Meines Vaters Brüder und Schwestern sahen sie scheu und neidisch von der Seite an, sie war eben auch nicht am freundlichsten mit ihnen, und Keins kam ins Hinterstübli, wohin die Großmutter den Kaffee getragen hatte, so oft man ihnen auch rief, und Keins hätte je in ihrem Krämerladen etwas gekauft.

Man kann sich nun die Schadenfreude denken, mit welcher sie ihre Schwäger und Schwägerinnen ansahen, nachdem ihr Vater geltstaget hatte; sie hatten immer etwas zu zäpflen beim Essen und bei der Arbeit. Großvaters waren nach ihrer Art nicht böse mit ihr, allein sie konnten sich, und besonders die Großmutter, nicht enthalten, ihr alle Augenblicke zu sagen: «Es wird dih ungwahns düeche»; dann folgte gerne eine Nutzanwendung, daß man es nicht besser vermöge, wenn man bei Ehre und Gut bleiben wolle. Allerdings tat meiner Mutter Essen und Arbeit sehr ungewohnt. Es wollte sie fast zerreißen, daß sie in der Küche nicht mehr bröseln konnte, wenn sie wollte, daß Erdäpfelsuppe und schlecht gekochtes Kraut am Morgen den Kaffee ersetzen sollte, daß manches Kaffee getrunken wurde, von dem sie nichts bekam. Sie brachte es nie dahin, Erdäpfel und Milch zusammen zu essen, ohne zu verschütten, besonders seit sie merkte, daß man ihr aufpasse, um sie auszulachen. Im Stöckli schickte es sich nicht wohl, etwas Besonderes zu machen, man hätte es bemerkt, wenn sie gefeuert hätte. Doch die Not macht erfinderisch. Im Winter wurde manches Kaffee beim Heizen gemacht und die Milch, welche die Mutter für die Kinder erhielt, dazu gebraucht, und im Sommer soll sie, wie man ihr nachredet, um Mitternacht aufgestanden sein, um etwas für den Tag zwegzmache, in der Hoffnung, man merke um diese Zeit das Feuer nicht. An Geld fehlte es der Mutter lange nicht, sie hatte sich Sackgeld gemacht und später viel überflüssigen Flitterstaat verkauft. Bei der Arbeit auf dem Felde ging es ihr nicht besser, sie konnte dieselbe kaum aushalten, bei aller Mühe arbeitete sie immer weniger und schlechter als die Andern; je mehr sie schwitzte, desto mehr sah sie die Andern sich Blicke zuwerfen und spotten. Sie mußte alle Tage hören: Das sei was angers als vor em Lade hocke u gvätterle.

Meine Mutter war im Grunde nicht böse, und wenn man sie mit Liebe und Nachsicht behandelt hätte, so wäre sie verständig genug gewesen, sich nach und nach in ihre Lage zu schicken, und ganz sicher eine bessere Hausfrau geworden als ihre Schwägerinnen alle, denn sie war weit gescheuter als diese. Auf diese Weise wurde sie mutlos und bitter, sie bemühte sich nicht mehr, die Sachen besser zu machen, sondern ihre Zunge kam auch in Gang und wurde so scharf und schneidend, daß die Übrigen am Ende froh waren, zu schweigen. Zu diesem allem sagte mein Vater wenig oder nichts, er wußte nie recht, mit wem er es eigentlich halten sollte. Am Tage schämte er sich seiner Frau bei der Arbeit, beim Essen ärgerte sie ihn, und er nahm sich vor, ihr nachts hinter dem Umhang abzukapiteln; aber dazu kam es nie, sondern die Frau fing an zu jammern und zu schimpfen über das Betragen ihrer Verwandten und wußte es in ein solches Licht zu stellen, daß der Vater sich fest vornahm, es nicht mehr zu dulden, sondern gleich am folgenden Tag mit Eltern, Brüdern und Schwestern tüchtig aufzubegehren, aber dazu kam es wieder nie. Sobald es Tag war, hielt er es im Herzen wieder mit seinen Verwandten, des Nachts dann wieder mit seiner Frau. Das ging so lange, bis sie sich trennten.

Nachdem meine Mutter ungefähr ein Jahr in dieser Lage gewesen war, wurde ich geboren. Nun wird sich Mancher wundern, woher ich das alles wissen könne, was ich bis dahin erzählt, da ich doch nicht dabeigewesen bin? Nur

Geduld, er wird es schon erfahren! Aber wundern wird man sich nicht, daß meine Mutter bei ihrer Gemütsbeschaffenheit in der Kindbette ernstlich krank wurde, so daß sie nicht imstande war, weder mich zu säugen noch mir abzuwarten.

Die Großmutter hätte es nie zugelassen, eine Hebamme zu rufen, sie glaubte noch einmal so geschickt als eine solche zu sein. Sie stund auch meiner Mutter in der schweren Stunde getreulich bei und förderte mich geschickt ans Licht der Welt, welches ich mit ungewöhnlichem Klaggeschrei erblickt haben soll. Sie nahm mich, als sie die Schwäche meiner Mutter sah, sofort zu sich, machte dem Korbe, worin ich lag, Platz auf dem Ofentritt in ihrem Stübli und betrachtete mich nicht nur als ihr Kind, sondern erwies mir auch mehr Zärtlichkeit als früher ihren acht Kindern zusammengenommen. Während den ersten Tagen meines Lebens glaubte man, ich würde sterben. Die gute Großmutter wird mich wahrscheinlich schon von Anfang an mit lauter Nidle getränkt und diese mein Magen nicht vertragen haben. Solange ich im großelterlichen Hause war, hatte ich immer mein besonderes Näpfchen bei Tische, worein Großmutter aus den großen Kachlen, welche für die Übrigen hingestellt waren, das Bessere obenabgeblasen hatte.

Meine Kränklichkeit erregte große Angst, ich möchte vor der Taufe sterben; dann wären die Eltern schuld, wenn mir durch diese Versäumnis die Seligkeit fehlen würde. Im ganzen Hause hingen alle fest an dem Vorurteil, ohne Taufe könne man nicht selig werden; dabei glaubten sie doch an einen gütigen Gott, an einen Vater im Himmel. Aber in unserm Hause war es halt auch so wie in hundert andern, man glaubte gar vieles, aber zweierlei tat man nicht: man untersuchte erstlich nicht, woher man das hätte, was man glaubte, ob es in der Bibel seinen Grund hätte oder ob es käme, ohne daß man wußte woher, wie die Schaben ins wollene Zeug. Daher kam es, daß man die Leidensgeschichte Jesu und seine Auferstehung gleich fest glaubte als irgend eine erlogene Teufelserscheinung oder eine Hexengeschichte und auch gleich als ungläubig den verdammte, wer an der evangelischen Wahrheit und wer an den dummen Märlein zweifelte. Zweitens stellte man dasjenige, was man von allen vier Winden her glaubte, nie zusammen, untersuchte nie, ob es auch zusammenpasse. So glaubte man an Gottes Allmacht und doch, daß ein altes Weib das Vieh verhexen und Kapuziner sogar Menschen töten könnten mit bloßem Worte, gerade wie Gott die Welt, Adam und Eva erschaffen. Der Großvater konnte gar trostlich vor dem Schlafengehen das «Unser Vater» und «Vater, vergib mir meine Schulden, wie ich meinen Schuldnern auch vergebe» beten und handkehrum zu der Großmutter sagen: «Ig hoffe doch, daß Niggis Joggi einist e fürige Ma werdi, wenn e gerechte Gott im Himmel isch; dä Donners Schelm het mer hüt wieder e ganzi Furen abgfahre u der Marchstei lyt ganz blutt und krumm.»

Daß ich getauft werde alsbald, darüber war man also einig, auch darüber, daß Großvater und Vater Göttene, Großmutter Gotte sein sollten. Dem Vater war das Tschämele zuwider, er war nie ein großer Redner und bei solcher Gelegenheit vollends nicht, die früheren Male soll er immer in seiner Herzensangst seinen Hut ganz verdrückt und verdreht haben. Auch konnte man so die Kindbette ersparen, und das zürnte niemand als vielleicht meine Mutter, welche im Herzen schon lange auf die Züpfen der Gevattersleute gerechnet hatte. Über meinen Namen aber entstund gewaltiger Streit. Meine Mutter hätte gern einen hoffärtigen gehabt und Fritz gefiel ihr gar wohl, vielleicht daß ein alter Schatz so geheißen. Meine Großeltern wollten von diesem nichts hören, der sei ihnen zu herrschelig; sie bestanden auf Christi, das sei ein Name, der im Leben und im Sterben etwas zu bedeuten habe. Allen zum

Erstaunen hatte hier mein Vater eine eigne Meinung, er verwarf die beiden vorgeschlagenen Namen und beharrte auf Jeremias. Gründe für eine Sache konnte mein Vater nie angeben, also auch hier nicht, um so hartnäckiger blieb er bei seiner Meinung. Das habe ich in meinem Leben immer gesehen, daß Leute von der Bildung oder vielmehr Unbildung meines Vaters um so eigensinniger bei ihrem Willen beharren, je weniger sie dafür zu sagen wissen. Entweder hatten ihn meine Klagelieder, die ich bei meinem Eintritt in die Welt sang oder brüllte, oder eine unerklärliche Ahnung meiner traurigen Schicksale zu diesem Namen bestimmt. Zuerst gab ihm meine Mutter nach, weil Jeremias doch vornehmer klang als Christen und nicht jeder Bettelbube so hieß, dann auch die Großeltern, weil Jeremias ein biblischer Prophetenname sei und sie keinen Jeremias kannten, der bei Spiel und Tanz der Erste war, wie es wohl irgend ein Fritz sein mochte, den sie gekannt.

Es soll furchtbar gewittert, die Großmutter die Schuhe mehr als einmal verloren und ihren Hochzeitkittel übel zugerichtet haben, als man mich zur Taufe trug. Doch schlug es mir nicht übel, sondern gut zu, wogegen sicher manches Kind an dem zu frühen, unvernünftigen Taufgang sterben mag. Meine Krankheit verlor sich, wahrscheinlich hatten die raschen Bewegungen der Großmutter, die mich absolut tragen wollte und doch immer mit ihren Schuhen zu tun hatte, meinem Magen die Nidle verdauen helfen, oder er war derselben mehr gewohnt geworden, kurz ich wurde gesund. Daß aber dieses Gesundwerden nicht natürlichen Ursachen, sondern der wunderbaren Kraft der Taufe zugeschrieben, die Vorurteile vermehrt und verstärkt wurden, kann man sich leicht denken. Die Taufe eines Enkels, welcher der Großvater zum ersten Male beiwohnte, stimmte ihn weich, und gutmütiger als vernünftig kramte er der Mutter allerlei. Dieses schmeckte ihr natürlich besser als das Doktorzeug und beförderte ihre Genesung nicht. Es ist merkwürdig, daß die Menschen nie am rechten Ort und in der rechten Zeit entweder vernünftig oder gutmütig sein können.

Ich war also ein sehr wertes Kind und wurde natürlich ein sehr fettes, denn darin zeigt sich bei gar vielen Leuten, die nicht gelernt, wann sie gutmütig, wann sie vernünftig sein sollen, die Liebe, daß sie den Kindern so viele und so gute Speisen einschoppen, als zum Mund hinein mag; an die Folgen denken sie nicht. Es war früher der Großmutter Stolz gewesen, im Sommer ihre Pflanz- und Flachsplätze, im Winter ihre Schweine und ihren Kuder an der Stange zeigen zu können und rühmen zu hören; jetzt mußte ich gezeigt und gerühmt sein Sommer und Winter. Wer etwas von ihr wollte, der mußte mir nur recht flattieren, dann konnte er der Gewährung seiner Bitte sicher sein. Sie ferggete mich überall mit sich herum, in der Küche, in dem Garten, und wenn sie spann, so trieb der eine Fuß das Rad, der andere die Wiege. Der Großvater hatte mich fast ebenso lieb, obgleich ihm anfangs das Geschrei des Nachts zuwider gewesen war. Als ich mich nach und nach entwickelte und das innere Leben durch Zeichen und Töne kundgeben konnte, da soll der Großvater nie vom Felde oder einem Gange heimgekommen sein, ohne zuerst nach mir zu sehen. Großmutter behauptete steif und fest, es gebe nicht nur kein so schweres, sondern auch kein so witziges und frommes Kind als ihren Miaßli auf der ganzen Welt; derselbe könne schon beten, behauptete sie, als ich kaum ein halb Jahr alt war, weil ich zuweilen zufällig die Händchen zusammenlegte.

Man sollte diesem nach glauben, ich sei den andern Hausgenossen um so unwerter geworden, je werter mich die Großeltern hielten, denn man sieht sonst meist, daß wenn Menschen oder Tiere von den Einen mit besonderer Liebe behandelt werden, die Andern sie hassen und insgeheim verfolgen. Es ist auch natürlich, indem die meisten Menschen nur ein bestimmtes Maß von Liebe haben. Erhalten die Einen zu viel davon, so zieht es den Andern zu wenig. Auch müssen gar oft unter der Meisterlosigkeit eines Hausgenossen, eines Kindes oder einer Katze, alle leiden und Verdruß ausstehen; das macht nicht gutes Blut, und die Meisterlosigen müssen es entgelten, wenn sie sich schon dessen nicht vermögen, denn an ihrer Meisterlosigkeit sind Andere schuld. Überhaupt sind die Menschen zum Neid geneigt, und wenn es einem gut geht, so hassen ihn Viele schon deswegen, auch wenn er ihnen nie in den Weg gekommen. Schlug ja doch Kain den Abel aus Neid tot, obgleich Abel nichts dafür konnte, daß des Kains Opfer Gott nicht angenehm war. So ging es mir aber nicht, denn ich war nicht nur allen lieb, sondern ich war zum Teil Ursache, daß sich die Einen auch mehr liebten, und oft den Andern ein Ableiter großelterlicher Scheltungen. Ich war gar ein freundliches Kind, auch neugierig, fragte viel und hieß daher gar kurzweilig. Meines Vaters Brüder waren sonst die unfreundlichsten Menschen und gaben um einen Kreuzer, so nötig sie ihn hatten, kein gutes Wort, mir aber konnten sie nicht widerstehen. Es kam ihnen nicht in den Sinn, den Großeltern zulieb mir zu flattieren, dazu waren sie zu holzböckisch, waren überhaupt nicht gewohnt, jemand Liebe zu zeigen oder etwas zulieb zu tun. Man war in unserm Hause nicht gewohnt zu zanken, aber gute Worte gab man sich eben auch nicht. Die Großeltern hatten die Kinder wohl lieb, aber beide ein rauhes Äußere, und daher wurden sie streng gehalten im allgemeinen.

So waren die Kinder sauertöpfig geworden, und wenn man aus sauern Gesichtern Essig ziehen könnte, so hätten wir nie zu kaufen gebraucht. Mir aber lachten sie von weitem entgegen, jeder wollte mich haben, und welchen ich beim Bein nahm, der hob mich auf den Arm und trug mich in den Stall zu den Pferden und Kühen. Die Großmutter wunderte sich oft darüber, daß sie mit mir so freundlich seien; sie wußte nicht, daß eigentlich jeder Mensch Liebe in der Brust hat, auch wenn sie hart wie Felsen scheint, daß in der Tat viele Menschen die Liebe nicht zeigen können, gewöhnlich weil sie in der Jugend zurückgedrängt worden. Niemand aber wird Liebe nach außen ziehen und sie hervorlocken können wie ein unschuldig Kind.

Meine Tanten durften sich zuweilen mit mir versäumen, dafür erhielt ich von ihnen als Kram immer alle Birnenschnitze, die ihnen an den Märiten übrig blieben. Am glücklichsten wurden durch mich meine Geschwister, zwei Mädchen und ein Knabe. Bis dahin hätten sie nirgends sein sollen, sie waren allenthalben im Wege, am Tisch, im Haus und ums Haus. Alles fuhr über die Bursche aus: war etwas zerbrochen, sie hatten es getan; verloren, sie hatten es verschleipft; zertreten, sie hatten da gegürtet. Jedes klagte, sie seien einem immer unter den Füßen und doch nichts zu brauchen, und wie viel Haarrüpfe, Stöße, Ohreten es da absetzte, kann niemand zählen. Natürlich wurden sie auf diese Weise nicht die Besten, und weil sie doch alles getan haben sollten, so taten sie, was sie konnten, und weil sie niemand liebte, so liebten sie wieder niemanden. Mein Vater nahm sie so wenig in Schutz, als er meine Mutter beschirmte. Er hatte es ungern, wenn es um ihretwillen Verdruß gab, und hielt daher immer die Kinder im Fehler; zwar prügelte und schimpfte er sie selten aus, aber gute Worte gab er ihnen noch weniger. Meine Mutter nahm sich ihrer oft an, allein nicht aus eigentlicher Teilnahme und Mitleiden, sondern aus Widerspruchsgeist und weil sie nicht dulden wollte, daß man ihnen befehle, weil es ihre Kinder seien. Sie war ihnen daneben aber nichts weniger als eine zärtliche Mutter, dazu war ihre Selbstsucht zu groß; sie machten ihr zu wenig und gaben ihr zu viel zu tun, und wenn sie zu keiner Arbeit zur rechten Zeit kam, so sollten immer die Kinder schuld sein. Es gibt gar viele Leute dieser Art, die ihre Obliegenheiten nicht erfüllen mögen und die Ursache davon nie bei sich selbst, sondern bei Andern suchen und es diese entgelten lassen. Dabei waren sie immer schlecht gekleidet. Die Großeltern nahmen zweimal im Jahr Schneider und Schuhmacher und im Herbst eine Lismerin auf die Stör, so erhielten die Geschwister an Kleidern und Schuhen auch ihren Teil. Ihre alten Kleider aber wollte die Großmutter nicht durch den Schneider plätzen lassen, das solle die Mutter tun, sie verrichte sonst nicht viel und ihr bißchen Nähen trage nichts ab. Die Mutter erhielt auf gleiche Weise die Wolle zu den Winterstrümpfen für ihren Mann und die Kinder; man konnte aber darauf zählen, daß diese Strümpfe um Weihnacht nie fertig waren und die Kinder entweder mit blauen Beinen herumliefen oder die Fetzen der letztjährigen ihnen zu den Schuhen heraushingen. Die Großeltern konnten sich dann nicht enthalten, nach den Strümpfen zu fragen und zu sticheln, und jedesmal, wenn die Mutter um ihrer Saumseligkeit willen oder weil sie sich lieber eine neue Blegi an ein altes Gloschli nähte als für die Kinder lismete, einen Stich erhalten, fand sie eine Ursache, die Kinder zu prügeln.

So wie ich heranwuchs, änderte sich das Verhältnis meiner Geschwister zum Hause. Kinder werden immer zu Kindern hingezogen, denn in ihnen liegt ja auch der Trieb, sich mitzuteilen, sich anzuschließen; so hing ich mit Leib und Seele an meinem Bruder und meinen Schwestern. Je seltener ich anfänglich zu ihnen kommen konnte, desto stärker wurde diese Liebe, desto glücklicher war ich, wenn ich einmal eine Stunde mit ihnen gvätterlen konnte. Meine Geschwister kamen nämlich, außer um zu essen, selten ins großväterliche

Haus, man duldete sie ungern und sie kamen ungern, weil sie entweder auf Schläge oder auf Tadel zählen konnten. So wie ich eines ansichtig wurde, ruhete ich nicht, bis es bei mir war, und solange es bei mir war, durfte ihm niemand etwas tun. Was ich hatte, jeden Leckerbissen, teilte ich mit ihnen. Die Großmutter machte in ihrer Schwäche gegen mich den Großvater manchmal lachen, und doch war er nicht stärker. Im Speicher waren die Vorräte von dürrem Zeug: Äpfel, Birnen, Kirschen und Zwetschgen lagen da ganze Kasten voll; in den Speicher zu kommen war meine Seligkeit, denn allemal trug ich alle Säcke voll hinaus. Nun war es recht lächerlich, wie die Großmutter, wenn sie in den Speicher gehen wollte, nicht ruhte, bis ich es bemerkte, oder wenn ich nicht in der Stube war, mit dem Speicherschlüssel im ganzen Hause herumlief, bis sie mich ansichtig wurde und ich den Speicherschlüssel sah. Natürlich hängte ich mich alsobald an ihre Schürze und wollte mit. Sie aber stellte sich dann immer, als wollte sie mich durchaus nicht mitlassen, schalt mich aus, daß ich alles sehen müsse, was ich nicht solle, drohte, sie wolle mich dem Großvater verklagen, der gewöhnlich aus irgend einem Stalle dem Spiel lachend zusah. Nach und nach erlaubte sie mir mitzugehen, aber versicherte bestimmt, sie werde mir durchaus nichts geben, und das Ende vom Lied war immer, daß ich mit gefüllten Säcken unter vielem Balgen der Großmutter herauskam, die aber doch, wenn ich einen Sack zu füllen vergessen hätte, mich selbst darauf aufmerksam gemacht hätte, Mit den eroberten Schätzen eilte ich zu meinen Geschwistern. teilte redlich mit ihnen und machte dadurch auch sie, die nie zu dergleichen Herrlichkeiten gekommen waren, glücklich. Daher liebten sie mich und trugen alle mögliche Sorgfalt für mich, und wenn sie in Feld oder Wald etwas fanden, von dem sie glaubten, es freue mich, so brachten sie es mir. So wurden meine Geschwister dem ganzen Hause befreundeter, den Großeltern lieber, und als Folge davon zeigten sie sich gefälliger, betrugen sich besser und wurden ihres Lebens ordentlich froh, weil sie allenthalben sein durften, ohne verschüpft und mit Schlägen bedroht zu werden. Selbst meine Mutter hatte die Liebe der Andern zu mir zu genießen, wurde als meine Mutter mehr als Sohnsfrau gehalten und darauf gesehen, daß ihr das Nötige nicht fehle. Ich glaube zwar, sie habe mich beneidet, obgleich sie mich an sich zu locken suchte, wahrscheinlich um mich auszufragen, was im Hause getrieben, was, besonders über sie, geredet werde. Ich hatte sie auch lieb, doch war ich nicht gerne bei ihr in ihrer Stube, es war mir zu enge dort und unwohl. Die Mutter war, was hoffärtigen Mädchen gerne geschieht, eine Hotsch geworden; das Stübchen lüftete sie nicht, räumte sie nicht auf, sie selbst war entweder unvernünftig geputzt oder eine Schlampe, das Erstere immer seltener, das Letztere alle Tage.

Man kann sich denken, wie glücklich mir auf diese Weise die ersten Tage meines Lebens verflossen! Ich war der Mittelpunkt einer großen Haushaltung und nicht nur ein gesegnetes Kind, sondern auch der Segen Anderer, denn von mir aus kam die Liebe in die verschiedenen Glieder, und ein heiteres Lebenslos schien mir bestimmt, aber der Vater im Himmel hatte es anders beschlossen.

ZWEITES KAPITEL

Wie ein Vater Kinder prellt

So war ich über fünf Jahre alt geworden, als wir einmal an einem Sonntage Dorf bekamen, was eine sehr seltene Sache in unserm Hause war. Auf einem Wägeli kam ein großer dicker Bauer und ein mächtiges vierschrötiges Mädchen mit plumpen

Gesichtszügen, kleinen Augen und gewaltigen Händen. Ihr Staat zeugte von Reichtum, aber sie hatte ihn angezogen, als ob ein Küherknecht ihre Kammerjungfer gewesen wäre (so äußerte sich meine Mutter); ihr ganzes Betragen trug das Gepräge bäurischen Stolzes und Hochmutes. Der jüngste Sohn nahm das Roß ab, das einen halbzentnerschweren Kommet anhatte und in demselben dahertrampelte fast wie die Tochter in ihrem Putz. Die Großeltern empfingen die Gäste mit sichtbarer Freude, auf meine übrigen Onkeln und Tanten wirkte die Erscheinung dieser Leute wie das Erblicken eines Habichts auf eine Truppe Tauben, sie schossen nach allen vier Winden hin. Einige Zeit lang sah man noch bald das Eine, bald das Andere hinter einer Ecke oder aus einem Türspalt hervorgucken, bald aber verschwanden sie alle und Keines zeigte sich mehr bis am späten Abend, ja zwei der Onkel kamen erst am Morgen wieder zum Vorschein.

Die Gäste wurden in die Hinterstube geführt, welche in jedem Bauernhause eine sehr wichtige Rolle spielt und noch oft vorkommen wird. Die Großmutter ging alsobald wieder in die Küche, nachdem sie mit der Schürze die weißgefegten Bänke abgewischt hatte, ich, an ihrem Kittel hängend, natürlich mit. Großmutter wollte in der Ordnung aufwarten und vor allem mit einem Kaffee, weißes Brot gehörte dazu, nachher aber mit allem, was Sitte ist. Nun war viel zu tun: Kaffee mußte geröstet, gemahlen, Brot, Wein geholt, Nidle gewellt, Fleisch herabgeschnitten, Schnitze gewaschen, Küchliteig angemacht und vor allem ein tüchtiges Feuer angeblasen und unterhalten werden. Sie war eine rüstige Frau, aber zehn Beine und zwanzig Hände hatte sie doch nicht, sie rief daher: «Stüdeli, Lisabethli, Bäbeli!», dann «Stüdi, Lisabeth, Bäbi!», aber niemand gab Bescheid; sie rief: «Hansli, Joggeli, Christi, Peterli!» und wieder «Hans, Joggi, Christen, Peter!», aber niemand kam. Man kann sich denken, welchen Zorn die gute Großmutter verwerchete, sogar ich bekam einen Mupf; dazu durfte sie ihn nicht laut werden lassen, und alles mußte doch gemacht werden, wenn sie nicht mit Schanden bestehen sollte, ob welchem Gedanken es ihr fast gschmuechten wollte. Trotz meinem erhaltenen Mupf tröstete ich die Großmutter und versicherte sie, ich und meine Geschwister wollten ihr so gut und besser helfen als die Andern, und so geschah es auch.

Wir vier armen Kinder halfen mit Jubel und Lust die Mahlzeit bereiten, die uns aus dem Hause in die Wüste, ins Elend trieb. Kätheli holte das Brot und wusch die Schnitze, Benzli holte den Wein und Anneli röstete, mahlte, erwellte, und alle machten der Großmutter es zum Dank, vor allem ich, der zum Feuer sah und ihr das Leiterli hielt, als sie Speck und Fleisch herunterschnitt. Der Kaffee war bald gemacht und, nachdem ein schön gelöchert Tischlachen gebreitet war, aufgetragen, aus dem Buffert mit Glasfenstern die geblümten Kacheli herausgenommen, mit der Schürze der Staub ausgewischt und eingeschenkt. Was beim Kaffee weiter vorging, weiß ich nicht, ich mußte heraus zu meinem Feuer; dorthin vergaß Großmutter nicht mir meinen Teil zu bringen.

Nachdem Großmutter den Nidlehafen noch einmal zugefüllt hatte, denn sie machte heute den Kaffee recht weiß, wurden sie damit fertig, und Großvater führte die Gäste hinaus, ihnen seine Herrlichkeit zu zeigen. Sami, der jüngste Sohn, stolperte einige Schritte hintendrein, kam aber nicht recht mit Reden zweg und blieb im Stall beim Roß zurück und musterte das Pferdegeschirr, als ob er ein Sattler werden wollte. Wenn ich Scheiter holte, so sah ich den Großvater, wie er neben dem Bauern herwanderte durch Wald und Felder, sah hintendrein die Tochter marschieren und dachte dabei nichts anders, als es geschehe darum, damit die Großmutter, die ärger schwitzte als eine arme Seele im Fegfeuer, mit allen ihren Gerichten fertig werden könnte. Großvater stand oft stille und verwarf die Hände, dann verwarf sie der Bauer auch, und die Tochter glaubte ich einige Male sogar zu hören. Unterdessen war das Fleisch lind geworden, die Küchli standen an der Wärme, ein Teil des Weines bereits in einer schönen Flasche auf dem Tische, da mußte Sami die Spazierenden rufen, welche endlich so langsam daherkamen als möglich, damit man ja nicht glaube, sie hätten etwa Lust zu Speis und Trank. Meine Geschwister wurden jedes mit einer Küchelschnitte fortgeschickt, ich durfte mit der Großmutter in die Stube, wohin man endlich gelangte, nachdem sie unzählige Male «Göht doch yche» hatte sagen müssen. In meinem Leben kommen mir nicht viele Dinge wieder so wunderlich und seltsam vor als dieses Essen und was sich dabei zutrug. Ich war gewohnt, daß man beim Essen sonst nicht viel sprach; jedes aß wacker und ohne Unterbrechung fort, sei es Erdäpfel oder Kraut, bis es fertig war, dann wischte es den Mund mit dem Ärmel, den Löffel mit dem Tischtuch ab, pflanzte die Ellbogen auf den Tisch, hielt die Kappe vors Gesicht und ging dann seiner Wege. Hie und da gab der Vater einem Sohne einen Schnauz oder klagte über ein Mißgeschick oder die schlechten Zeiten usw., oder die Großmutter sprach zu einem der Kinder: «Hest no nit gnue? Es düecht mih, du chönntischs afe mache.»

Wie ging das jetzt anders zu! Da bot die Großmutter die Schüsseln herum und legte den Gästen gar wohl aufs Teller, als ob sie keine Arme hätten, sie sagte in einem fort: «Nät doch! Äßit doch!» Dann entschuldigte sie sich, daß man es so schlecht bei ihnen habe, daß sie nicht besser aufwarten könne, und rief dann wieder: «Sami, schänk doch y und mach Gsundheit!» Obgleich alles so gut war, aßen der Bauer und seine Tochter doch, als ob ihnen das Essen zuwider sei, sie gabelten auf dem Teller herum, als ob sie Spreuer in demselben hätten, und doch rühmten sie die Großmutter und ihr Essen, und mit dem Trinken machten sie es ebenso, nur der Bauer nahm zuweilen im Vergeß einen großen Schluck. Zwischendurch wurde viel geredet und gerühmt; ich kannte den Großvater gar nicht wieder ob dem Gerühmsel, das er anbrachte über seine Habe, ja über seine Kinder. Daß die Großmutter eine Welle Tuch nach der andern zu zeigen brachte und nicht ruhte, bis sie das Vreneli, so hieß nämlich das große Mensch, in den Speicher geführt und ihm dort ihre Schätze gezeigt hatte, wunderte mich weniger. Hinwiederum rühmten auch der Bauer und seine Tochter, so viel sie zPlatz kommen konnten. Der Erstere, wie viel Heu er dem Küher gebe, wie viel Korngarben er gemacht, und von Ausgeliehenem ließ er mehr als ein Wort fallen. Die Letztere, wie frühe sie aufstehe, für wie viel Schweine und wie viele Menschen sie koche, wie viel sie zwischendurch spinne usw.

Das Reden schien ihnen Hunger zu machen, je länger sie aßen und tranken, desto geschwinder wurden sie mit ihren Gläsern fertig und desto geschwinder räumten sie ihre Teller ab. Ja als es zu dunkeln anfing und von der Heimreise die Rede war, konnte Sami mit Einschenken nicht fertig werden, so daß es der Großmutter angst machte, sie hätte nicht Wein genug holen lassen, und sie nach und nach mit Pressieren nachließ; aber sie nahmen unpressiert, mit den Küchlene und dem Fleisch ging es ebenso, es war, als ob sie alles reue, was sie übrig lassen müßten. Ich saß da ganz voll Verwunderung, hatte längst genug und konnte mich endlich nicht enthalten zu sagen: «Großmuetter, es düecht mih, si chönntis afe mache!» Ich erhielt die erste Ohrfeige in meinem Leben, ohne zu wissen, was ich eigentlich gefehlt, und wurde zur Stube hinausgeschickt. Diese Behandlung schmerzte mich tief, ich weinte bitterlich, bis Sami das Roß einspannte, die Gäste aufbrachen und aufsaßen unter vielen Danksagungen und Entschuldigungen von allen Seiten. Großvater hieß den Sami mitgehen, weil es bös sei durch den Wald zu fahren, wenn man nicht recht bekannt sei. Sami ging und kam den Abend nicht wieder. Es war ein trauriger Abend, nichts als Schelten und Brummen im Hause. Die weggelaufenen Söhne und Töchter stellten sich nach und nach wieder ein, wurden furchtbar ausgescholten, und wenn nicht allzu viel Versäumtes nachzuholen gewesen wäre, so daß die Großmutter keine Zeit zum Prügeln hatte, die Töchter keine, sich prügeln zu lassen, sie hätte eine nach der andern in die Finger genommen. Unter all dem Lärmen schlief ich betrübt ein und erwachte erst am andern Morgen wieder, als die Großmutter mit der alten Liebe mich aufweckte und ich wie gewohnt zum Großvater ins Bett konnte.

Alles sah am Morgen noch zerstört aus, wo man hinsah, steckten Einige die Köpfe zusammen und flüsterten mit einander. Ich glaubte, sie klagten sich ihre gestern erhaltenen Scheltungen, bis ich von der Mutter die Wahrheit vernahm. Sie lockte mich beiseits, um mich auszufragen, wie in der Stube alles zu- und hergegangen, was geredet, was gegessen worden und wie man einander angesehen usw. Hier hörte ich, die Gäste seien der reiche Bauer Niegenug zu Unsegen samt seiner Tochter gewesen, welche der Onkel Sami heiraten solle. Nun zog die Mutter los zuerst über den Bauer und seine Tochter, dann über Großvaters. Über die Ersten wußte sie hundert Geschichten von ihrem Geiz und Stolz und dem gewöhnlich damit verbundenen Unverstand. So behauptete sie, der Bauer stehle seinen Knechten die Knöpfe von den Kleidern, von seiner Frau und Tochter, daß sie immer beim Spinnen auf dem bloßen Hemde säßen, um die Kittel nicht zu verribsen. Großvaters seien aber um nichts besser, sonst würden sie einen solchen Geizhund nicht ins Haus begehren; aber es wäre ihnen recht, wenn ihre Söhne des Teufels Großmutter heirateten, sobald sie nur goldene Hörner und einen silbernen Schwanz hätte usw. Die Heirat war allerdings richtig geworden, das vernahmen die Hausgenossen aber erst dadurch, daß zu ungewohnter Zeit Schneider und Schuhmacher, sogar eine Nähterin auf die Stör kamen, um an der Ausstattung von Sami zu arbeiten, bei welcher die Großeltern ungewohnte Freigebigkeit zeigten. Der Großvater hatte zur Kleidung Tuch erlaubt, welches einen Taler die Elle kostete, die Großmutter gab vom schönsten flächsernen Tuch für zwei Hemder her; nur der Schuster konnte lange nicht zur Arbeit kommen, weil Sami Stiefel wollte, der Großvater aber nur Schuhe bewilligte, doch gab er am Ende auch nach. Daß dieses den Neid der Übrigen erweckte, kann man sich denken, daß niemand dem Sami das Pferd füttern und anspannen wollte am Hochzeittag, ebenfalls; doch ließ man sich weiter keine grauen Haare wachsen, man hatte Ahnung von dem, was nachkam. Daß am Abend die junge Frau heimkam, fiel noch nicht auf, aber allgemeine Bestürzung verbreitete sich unter den jungen Leuten, als am folgenden Morgen ein Knabe mit einer großen, aber magern Kuh anlangte, welche einen Meyen aufgebunden hatte, als der Kuh zwei mächtige Schweine folgten und diesen endlich ein Wagen mit Schaft, Trögli, Bett, Spinnrad, Wiegle usw.

Nun erst erfuhr man, daß die junge Frau bei uns, statt wie man erwartet hatte, bei ihren Eltern bleiben solle. Das erschreckte alle, erstlich weil sie nicht gefiel und man so viel Böses von ihr gehört hatte, und weil man überhaupt nicht gern den gewohnten Trabb durch eine Fremde mochte unterbrechen sehen. Doch fand man bald Ursache zum Lachen und vergaß für den Augenblick die Bestürzung. Als der Trossel abgepackt werden sollte, fand man Trog und Schaft sehr schwer und fürchtete sie zu verletzen, daher packte man sie auf dem Wagen aus. Zum Vorschein kam nun das sämtliche Zeug der jungen Frau, aber alles ungewaschen. Wahrscheinlich hatte sie die Seife zu Hause gereut und das Holz und gefunden, Großvaters könnten wohl beides liefern. Stück für Stück wurde nun herausgenommen, denn nichts war ordentlich eingepackt, und alle, die damit zu tun hatten, sorgten dafür, daß kein Fleck, kein Schmutz unbemerkt blieb, alles ließ man wie Fahnen im Winde flattern. Und merkwürdig wars, wie die junge Frau mit der größten Schamlosigkeit zusah und mit aller Gleichgültigkeit diese Lüfteten geschehen ließ.

Den ganzen Tag stand die junge Frau in der Küche herum, wenn die Großmutter in derselben wirtschaftete, beguckte alles, sprach zuerst davon, wie sie es zu Hause gemacht; dann hatte sie nach und nach an dem, was die Großmutter machte, etwas auszusetzen, fand zu viel Anken in der Pfanne, als jene die Suppe machte, und blies noch mehr von den Milchkacheln obenab in den Nidelkübel, welche Großmutter auf den Tisch stellen wollte. Überall war ich ihr im Wege. Sie hatte meinen Ausruf noch nicht vergessen, sie hatte immer ein böses Wort für mich, und nur daß ich mich fest an der Großmutter hielt, sicherte mich vor Mißhandlungen. Meine Geschwister jagte sie mehr als einmal zur Küche hinaus.

Am zweiten Tag griff sie schon mehr ein, und so alle Tage mehr, bis sie die Großmutter ganz aus ihrem Regiment verdrängt hatte. Man fühlte auch alsobald die Änderung. Das Essen wurde spärlicher, schlechter. Alle murrten, meine Mutter stichelte: Es scheine, man fange an den Schweinen zu geben, was den Menschen gehöre, und den Menschen, was den Schweinen zukommen sollte. Sie erhielt aber alsobald zur Antwort: Für eine verhungerte Krämerstochter sei das noch lange viel zu gut. Niemand konnte das Benehmen der Großmutter sich erklären. Sie, die sonst so resolute Frau, ließ sich alles gefallen; nur hie und da hörte man einen Seufzer von ihr, wenn sie noch fleißiger als früher hinter ihrem Kuder saß. Man vergaß, daß die Großmutter auf Erden Reichtum am höchsten hielt, daß sie natürlich auch vor reichen Leuten den größten Respekt hatte. Sie war es gewohnt, alle Leute, die minder reich waren als sie, nach ihrer Weise von oben herab zu behandeln; selbst den Pfarrer, auf dem sie übrigens viel hielt, ließ sie es immer fühlen, daß er keinen Hof habe wie sie, dagegen sah sie jedem Reicheren mit ordentlicher Andacht nach. Nun war ihre Schwiegertochter reich, daher hatte sie Respekt vor ihr und durfte ihr Recht gegen sie nicht behaupten. Noch lag eine andere Ursache ihres Benehmens im Hintergrunde, die niemand kannte, die aber bald auf eine furchtbare Weise an Tag kommen sollte.

An einem Samstag vor einem heiligen Sonntag ging mein Großvater fort an das Gericht zu Unverstand, weil er Gerichtsäß war. Man pflegt an vielen Orten Gemeinden, Gerichte, Steigerungen an einem Samstage abzuhalten. Solche Versammlungen sind Gelegenheiten, wo man ein Gläschen über den Durst trinken und einige Stunden in die Nacht hinein verweilen kann, ohne daß die Weiber darüber räsonieren dürfen, besonders wenn man selbst Gerichtsäß ist; denn die Weiber halten auf den Titeln ihrer Männer meist mehr als diese selbst,obgleich sie dann doch beständig balgen, wenn der Mann die Geschäfte seines Amtes ordentlich abtun will und dazu Zeit brauchen muß. Auf den Samstag folgt dann kein Werktag, sondern der Sonntag; an diesem kann man, ohne etwas zu versäumen, ordentlich ausschlafen, und ein schwerer Kopf hindert an keiner Arbeit. Ob aber der liebe Gott an seinem Tage an solchen schweren Köpfen ein besonderes Wohlgefallen habe, daran denkt man nicht, und ob solche schwere Köpfe an den lieben Gott und ihre unsterbliche Seele ordentlich denken können, darum bekümmert man sich wieder nicht, und doch bin ich überzeugt, sind die Meisten, die also tun, nicht gottlos, aber sie denken halt zuerst an ihren Nutzen, dann an ihre Bequemlichkeit und dann erst, wenn sie nichts mehr anderes zu denken wissen, an den lieben Gott. Daß also mein Großvater an das Gericht ging, den ganzen Tag wegblieb, fiel niemand auf, ebenso nicht, daß die Großmutter den Sami am Abend fortsandte mit dem Bedeuten, er solle den Großvater heimbegleiten, weil es gar finster werde und der Alte nicht mehr so viel erleiden möge. Spät kamen sie zusammen heim, aber niemand achtete sich ihrer. Am Sonntag war es schön Wetter. Viele aus unserm Hause gingen zur Kirche, auch mein Vater, nur meine Mutter nicht. Seit ihrem Unglück mußte man sie fast zwingen, in den Gottesdienst zu gehen, und später, als die Kleider ihr zu fehlen anfingen, ging sie gar nicht mehr hin.

Nach und nach kamen alle zurück bis an meinen Vater, den niemand seit der Kirche gesehen haben wollte. Man setzte sich zu Tische, brummte über die schlechte, verdünnte Suppe, sah sich verdrießlich an der kleinen Stücke Fleisch wegen, die aufgestellt wurden, ärgerte sich, daß kein frischgewaschenes Tischlachen aufgelegt war, aber niemand sprach ein Wort. Da wurde plötzlich die Türe aufgerissen, mein Vater stürzte herein mit rollenden Augen, wie ihn niemand gesehen hatte, auf den Großvater zu und brüllte: «Ists wahr, hest de dem Donners Schnuderbueb da dr Hof um s' halb Geld verkauft?»

Und eine Stille ward, als ob der Donner eingeschlagen hätte; mehrere Minuten lang sprach Keiner ein Wort. Meinen Vater hatte Wut und Hast sprachlos gemacht. Großvaters und die jungen Eheleute waren erschrocken über den so schnell an den Tag gekommenen Kauf, der ein Geheimnis bleiben sollte noch eine Zeitlang, teils weil man die andern Brüder noch zugunsten Samis als Knechte ohne Lohn benutzen, teils weil man das Unangenehme, welches natürlich das Ruchbarwerden dieser unväterlichen Handlung nach sich ziehen mußte, verschieben wollte. Großvater hatte sich bei der Fertigung einige Maß Wein mehr nicht reuen lassen, um sich bei seinen Kollegen Stillschweigen zu erkaufen, und einen ganzen Kloben an den Schreiber, daß er spät abends eine Fertigung noch vornehme, nachdem alle Leute verlaufen waren, und dennoch am folgenden Morgen wußten die Kirchenleute alles. Wie war das möglich?

Das hätte der gute Großvater gar gut wissen können, allein die Menschen wissen oft gar nicht, was sie selbst tun, und können es sich nicht erklären, wenn Andere das Gleiche machen. Wenn Hausväter um Mitternacht oder erst gegen Morgen nach Hause kommen, so sagt ihnen ihr Gewissen, daß sie gefehlt, ihre Erfahrung, daß die Weiber sie tüchtig abputzen oder mit ihnen kupen werden. Nun sinnen die meisten Männer, auf welche Weise sie das Wetter abwenden können; die einen kramen Wein, ein Brötli, die meisten aber, instinktmäßig die schwache Seite der Weiber auffindend, bringen nicht etwas für den Hunger oder den Durst, sondern etwas für den Gwunder nach Hause. Sie wissen, sobald sie eine ordentliche Neuigkeit vorwerfen können, so vergißt die Frau die Sünden des Mannes und beißt sich fest in die Sünden des Nachbars.

Gar manche Frau branzt auch mit dem Mann gar nicht, weil er spät heimkömmt, sondern nur, um Neuigkeiten und Geheimnisse herauszupressen, wie man einen Schwamm drückt, damit das Wasser herausläuft. So geht es in manchem Hause, so ging es bei Großvater und so auch bei andern Gerichtsäßen, und sicher nicht nur zu Unverstand, sondern an andern Orten mehr, und sicher nicht nur bei den Gerichtsäßen, sondern auch bei den Sittenrichtern. Ja man sagt, diese erwarteten nicht einmal die Nacht, um zu plaudern, sondern schon des Mittags bei der Fleischsuppe fingen sie an, und ehe man mit dem Fleische fertig sei, wisse man über den Tisch weg die ganze Verhandlung, von welcher sie eben kamen. So war es diesmal gegangen wie andere Male, und doch konnte es der Großvater nicht begreifen und behauptete steif und fest, es müsse jemand unter dem Bett versteckt oder am offenen Fenster gewesen sein. Des Vaters Brüder waren auch verstummt; an so etwas hatten sie nie gedacht, überhaupt nie daran gedacht, daß das bestehende Verhältnis ändern könnte; sie brauchten lange Zeit, die Sache zu fassen, und dann noch längere Zeit, bis die bei ihnen von untenauf kochende Wut Worte gebildet und zum Mund herausgetrieben hatte. Es lohnte sich wohl der Mühe, in Zorn zu kommen über diesen Kauf. Großvater hatte den Hof von seinem Vater auch gekauft, und zwar um die gleiche Summe, welche jetzt Sami zahlen sollte, allein die Kaufsumme war wohl gleich, nur der Preis nicht. Der Großvater hatte den Hof sechstausend Pfund teurer übernommen, als er gefergget wurde vor Gericht. Diese sechstausend Pfund betrugen sein Weibergut, welches er gleich bar an den Hof zahlte, ohne daß dessen im Kaufbrief erwähnt wurde, um von so viel tausend Pfund den Ehrschatz zu ersparen oder den Staat darum zu beluxen. Ein Kniff, den auch nicht nur Gerichtsäße, sondern noch ganz andere Leute treiben. Dann war noch eine bedeutende Matte gekauft, der Hof durch bessere Bearbeitung gar sehr verbessert worden, und doch gab er alles das dem Sami um den früheren geschriebenen Kaufschilling.

War denn Großvater ein so schlechter Mann, daß er seine sieben übrigen Kinder auf eine so schändliche Weise betrog? O nein, er war nur wie hundert andere Bauern! Sein Lebtag hatte er wenig anderes gesinnet und getrachtet, als einen grossen Haufen zusammenzubringen; seine Kinder sah er wie Ameisen an, welche zu diesem Haufen immer noch mehr zusammenkräzen sollten. Daß dieser zusammengescharrte Haufe zusammenbliebe auch nach seinem Tode, das war sein Lieblingsgedanke; ob darüber seine andern Kinder Bettler würden, daran dachte er gar nicht, oder dachte vielleicht, es wäre am besten, wenn Keiner mehr heiratete, sondern die unbezahlten Leibeigenen ihres Bruders blieben. Zu solcher grenzenlosen Herzlosigkeit und unnatürlicher Härte wird der Mensch gebracht, wenn er im Leben und im Tode Abgötterei treibt mit Geld und Gut.

Ein Unbefangener hatte füglich Zeit, diese Betrachtungen zu machen, während sie alle sich stumm, aber auf der einen Seite mit wachsender Wut, auf der andern mit steigender Verlegenheit gegenüberstunden. Auf der sündigen Partei war allein Samis Frau nicht verlegen, die hatte kein Gefühl für Recht und Unrecht. Sie brach daher auch zuerst das Stillschweigen und sagte meinem Vater, das gehe ihn am allerwenigsten an, er selbst sei nichts wert, und seine Schlampe und vier andern Freßmäuler habe man ihm lange genug umsonst gefüttert. Wie oft ein Kanonenschuß das Zeichen der Schlacht ist und, wenn er nach langer Stille abgefeuert wird, auf einmal alle Kanonen brüllen, das Gewehrfeuer dazwischen prasselt und das friedliche Feld zum Schlachtfeld wird, so war hier die Rede Vrenis der Kanonenschuß, der alle Mäuler öffnete und die Fäuste ballte. Alles brach los, meine Mutter vor allem mit schneidenden Worten, die Tanten schimpften und die Onkels brüllten gerade heraus. Als Großvater und Großmutter schlichten wollten, erhielten sie auch ihren Teil. Man stund auf, man trat einander näher, hielt sich die Fäuste vors Gesicht, die Kinder schrien, eine allgemeine Prügleten drohte. Mein Vater hatte bereits den Sami in eine Ecke geschleudert, wollte Vreni beim Göller nehmen, die warf ihm eine Kachle Milch ins Gesicht, daß er schnopsen mußte. Andere Hände streckten nach Vreni sich aus, Sami drängte sich wieder hinzu, Großvater wollte auch fassen, da fuhr auf einmal unser Ringgi, der gewöhnlich meinen Vater begleitete, dem Vreni an die Beine, weil es sich an meinem Vater vergriffen hatte, und biß tüchtig zu. Über diesen neuen Feind brüllte es laut auf, wehrte sich mit Händen und Füßen, aber Ringgi wurde immer wilder, riß ihm das Fürtuch vom Leibe, den halben Kittel, biß auch Sami, der helfen wollte. Man sah deutlich, daß der Ringgi einen eigenen Trieb hatte, an Vreni sich zu rächen, das ihm weit schlechter und weniger zu fressen gab als früher die Großmutter. Die Andern zogen ihre ausgestreckten Hände zurück, machten dem Ringgi Platz, der für sie alle den Streit übernommen und vielleicht auch den Großvater vor Schlägen gerettet hatte, jubelten, brüllten bei jedem neuen Fetzen, der davonflog. Ihre Wut verflog, und als es endlich der Großmutter gelang, den Ringgi aus der Stube zu bringen, da hatten sie ob der Schadenfreude und der wilden Lust den Handel und den Hof fast vergessen und konnten nicht satt werden, zu erzählen, wie wütend und zerrissen Vreni das Schlachtfeld hätte verlassen müssen. Nur mein Vater vergaß den Handel nicht. Er hatte Weib und Kinder und wahrscheinlich um seiner treuen Arbeit und vielleicht auch um meinetwillen Teil am Hof zu erhalten gehofft. Er war nun fünfundvierzig Jahre alt, hatte keine zehn Batzen Geld im Sack, nichts angeschafft, keine Ehesteuer, keinen Trossel erhalten; nichts besaß er als die Kleider und sehr wenig Hausrat, den seine Frau aus ihrem Schiffbruch gerettet. Das rüttelte sein ganzes Wesen auf; er verschwor sich, keinen Streich mehr auf diesem Hofe zu arbeiten, und verschwand einige Tage ganz, ohne daß man wußte, wohin er gegangen.

Das waren traurige Tage, denn aller Friede war gewichen. Keins gab dem Andern ein gutes Wort, nur wenn ich an der Schürze der Großmutter hing, war ich vor Schlägen sicher, aber nirgends vor bösen Worten. Großvaters waren auch still und mürrisch, wahrscheinlich schlug das begangene Unrecht ihr Gewissen und sie fingen an zu fühlen, was ihrer warte, wenn Vreni vollends Meisterfrau geworden sei. Auch machte ihnen das Ausbleiben meines Vaters Angst, sie fürchteten nach und nach, er möchte sich ein Leid angetan haben. Das wäre das Schrecklichste gewesen, was ihnen hätte widerfahren können, nicht bloß weil sie sich als die Ursache seiner Verzweiflung hätten betrachten müssen, sondern wegen der Schande, die dadurch über ihre ehrbare Familie kam und weil sie ganz bestimmt glaubten, er müsse als Gespenst wieder kommen, hätte keine Ruhe und ließe auch Andern keine. Schon durfte des Nachts Großmutter nicht mehr allein ums Haus, und wenn abends spät jemand an der Türe klopfte, so hätte sie um keinen Preis mehr geöffnet oder gefragt, wer da sei, aus Furcht, den Benz zu sehen oder zu hören.

Meine Mutter kannte die Ursache der Abwesenheit des Vaters, aber sie war boshaft genug, sie nicht nur nicht merken zu lassen, sondern noch durch verstellte Betrübnis und Stichelreden über beraubte und getötete Kinder die Herzensangst zu vergrössern und sogar Vreni zum Schweigen zu bringen. Diese hätte meinem Vater den Tod herzlich gegönnt und der Mutter dazu, aber das Wiederkommen desselben fürchtete gerade sie am meisten, weil zu erwarten war, das Gespenst täte sich am ersten an ihr vergreifen.

Endlich am Morgen des sechsten Tages nach jenem Auftritt erschien mein Vater mit Roß und Wagen vor dem Stöckli und befahl der Mutter alsobald, die wenigen Habseligkeiten aufzupacken und mich holen zu lassen; er wolle weder dem Pferde eine Handvoll Heu hier geben noch einen einzigen Bissen hier essen. Meine Mutter gehorchte mit großer Freude und sandte alsobald hin, auch mich zu holen; Großmutter ließ erwidern, ich sei ihr Kind, sie lasse mich nicht. Einer erneuerten Botschaft gab sie gleichen Bescheid. Da erschien mein Vater selbst, drang in die Stube, wo Großvaters waren, riß mich auf den Arm und wollte, ohne ein Wort zu sagen, zur Türe hinaus. Doch die Großmutter stellte sich ihm in den Weg und sprach: «Benz, tu doch nicht so, wo willst du hin mit dem Miaßli, den lasse ich dir nicht!» Nun folgte ein erschütternder Auftritt, der mein Lebtag mir vor Augen sein wird. Die frühere Angst um den Sohn war noch in Großvaters, sein wildes Aussehen ließ sie glauben, daß er zu allem fähig sei, selbst zum Mord seiner Kinder. Ihr Gewissen fing nicht nur an zu erwachen, sondern sie begannen schon zu fühlen, daß sie den Löffel aus der Hand gegeben, ehe sie genug gegessen, daß Undank ihr Lohn sei; sie waren schon Beiden, Sami und Vreni, im Wege, und was ihnen gegeben werden sollte, erhielten sie entweder gar nicht oder schlecht. Beide waren weich gestimmt und wollten den Benz so nicht fortlassen, die Großmutter nahm ihn bei der Hand und machte ihn sitzen; er mußte endlich, so lange er sich weigern mochte, von dem aufgestellten Brönz trinken, nur essen wollte er nicht, das hatte er verschworen. Sie baten ihn, nicht so wüst zu tun, mich ihnen zu lassen; wenn sie das Leben hätten, so würden sie denken, daß er nicht zu kurz komme. Endlich wurde mein Vater auch weich, erzählte alles her, was er getan, welchen Lohn er erhalten, wie ihm zumute gewesen sei, was er erst Furchtbares im Sinn gehabt, und alle Drei weinten mit einander, wie ich mein Lebtag noch nie, und ich natürlich auch mit.

Da ließ meine Mutter fragen: Warum sie so lange warten müsse? Nun erst mußte Vater Bescheid geben, wohin er wolle. Man erfuhr, daß er mehrere Stunden von da einen Hof empfangen habe; Großvater schüttelte den Kopf, ging aber über das Genterli und drückte dem Vater Geld in die Hand. Die Großmutter hatte wieder Hoffnung gefaßt, mich behalten zu können. Allein hier war mein Vater unerbittlich; er behauptete, keins seiner Kinder hätte Triftig in der Nähe des

Geizhundes, sie wäre imstand, ihnen ein Leid anzutun, und er hätte es verschworen, keins eine Stunde länger im Hause zu lassen, sobald er ein ander Obdach für sie gefunden. Da weinte die Großmutter wieder bitterlich, mit von Tränen dunkeln Augen packte sie meine Kleidchen zusammen. Sie fühlte wohl, daß Benz recht hatte und daß die Trennung von mir eine gerechte, strafende Folge ihrer Handlung sein müsse. Zum letzten Male nahm sie den Spycherschlüssel zur Hand, doch mich ließ sie nicht mit, und brachte ein ganzes Fürtuch voll dürres Zeug zurück, womit sie mir alle Säcke vollstopfte und dem Vater noch den Rest einsteckte. Der Vater pressierte, aber die Großmutter konnte nicht aufhören, mich zu küssen und mir zu sagen, ich solle sie nicht vergessen, im Frühjahr wolle sie zu uns kommen. Der Großvater nahm mich auf die Arme und hatte ganz nasse Backen. Als ich endlich mit zur Stube hinaus mußte, trug mich die Großmutter bis zum Wagen, gab mir noch alles Geld, was sie in den Säcken hatte, bat auf das rührendste, man solle ihnen doch nicht zürnen, konnte mich gar nicht loslassen, und als endlich die Pferde anzogen, sie mich lassen mußte, setzte sie sich auf einen Baumstamm, hielt das Fürtuch vor das Gesicht und weinte, daß es sie über und über schüttelte. Ich schrie, so laut ich konnte: «Großmutterli, Großmutterli, ich will nicht fort, will dich nicht verlassen!» Allein umsonst, die Pferde zogen an, fort gings. Bald sah ich die weinende Großmutter nicht mehr, kannte ihr Haus nicht mehr und am Ende gar nichts mehr, in lautem Weinen fiel ich in einen tiefen Schlaf. Meine glückliche Zeit war dahin, sie hatte etwas mehr als fünf Jahre gedauert.

DRITTES KAPITEL

Das Leben

Am folgenden Morgen erst erwachte ich oder ward meiner mir bewußt, denn am Abend mag ich wohl auch die Augen offen gehabt haben, allein ich wußte doch eigentlich schlaftrunken von nichts. Am Morgen war mein Erstes, die Großmutter zu rufen; sie antwortete nicht, ich rief: «Großvater!», erhielt keine Antwort. Ich sah auf, mein Bruder lag neben mir, die Stube war mir fremd; nirgends ein Großvater, nirgends eine Großmutter! Ach, da wollte mein junges Herz brechen in namenlosem Schmerz; selbst die Schnitze, die ich in meinen Säcken vorfand, trösteten mich nicht. Erst als nach dem Morgenessen der Vater mich mit hinausnahm in den Stall und mir versprach, eine Kuh und ein Roß sollten mein sein und alle Schafe, vergaß ich mein Elend, das sich aber noch manchen Morgen und manchen Abend erneuerte.

Ich fing an mich umzusehen und fand uns in einem großen alten Hause auf einem Berge wieder. Neben dem Hause stand ein Stöcklein, rings um dasselbe ein großer Obstwachs, und in weiterem Kreise, größtenteils in steilen Halden bestehend, dehnte sich ein bedeutendes Heimwesen aus. Nur unterhalb des Hauses war ein Stück, das durch den Brunnen gewässert werden konnte, und ganz im Boden eine Lischenmatte.

Das Lehen hatte mein Vater von dem alten Bauern empfangen, der im Stöcklein wohnte. Zugleich gab ihm dieser Vieh, Haus und Feldgerät in die Schatzung, welche sogenannte achtbare Männer machten, die aber am gleichen Ort zuhause waren wo der Bauer.

Denn als mein Vater im Zorn fortgelaufen war, wollte er nicht eher zurück, als bis er etwas empfangen hatte. Nach mehreren Tagen vergeblichen Laufens wurde er immer hitziger, bis er endlich diesen Hof fand. Das viele Land gefiel ihm. Der Zins schien ihm klein dagegen. Er bedachte nicht, daß zwischen einem Bergheimwesen und einem Hof auf ebenem Boden ein großer Unterschied ist. Zudem war der Bauer ein alter Fuchs, der dem Vater den Mund recht wässerig zu machen wußte nach den Herrlichkeiten, die droben ihm warteten. In seinem Unmute über die eigenen Leute hielt er alle Andern für ehrlicher und bessere Freunde. Er gab daher gerne zu, daß zwei Vorgesetzte der Gemeinde, in welcher der Hof lag, die Schatzung machen sollten als unparteiische Männer. Er glaubte, ein Statthalter und ein Gemeindvorsteher würden sich nicht dafür halten, einen zu betrügen. Er hatte noch nicht erfahren, daß man einem zulieb reden nicht betrügen heißt.

Im Anfang war der Himmel voller Geigen. Der Mutter tat es bis in die Fußzehen wohl, selbst Meisterfrau zu sein und nicht bloß im Küherstöckli, sondern in einem großen Hause wohnen und mit Milch usw. schalten und walten zu können nach Belieben. Die Bäuerin kam fleißig zu ihr herüber und tat wie die Liebe selbst. Meine Mutter nahm das alles für bar Geld und merkte nicht, daß die Alte nur kam, um ihr recht auf die Eisen zu sehen und zu vernehmen, was alles vorging. Ebenso machte es der Bauer. Er trappete meinem Vater überall nach, war beim Heurüsten, beim Füttern, schien lauter Holdseligkeit zu sein, wußte aber nebenbei das Wasser auf seine Mühle zu reisen. So überredete er zum Beispiel gleich in den ersten Tagen meinen Vater, sein Holz im wüstesten Graben zu schlagen, wo man kaum mit ihm fort konnte, und wußte dem Vater das Stöcken so leicht und gar lieblich darzustellen, daß er einen schönen Haufen ausmachte, ehe die Feldarbeit anging. Ob diesen Dingen litten Wagen und Werkzeuge bedeutenden Schaden, aber was fragte der Bauer diesem nach, ging es ja über meines Vaters Buckel aus! Gegen das Frühjahr stellte sich ein Knecht und eine Magd ein, weil meine Eltern einsahen, daß sie den Hof nicht allein bearbeiten könnten. Noch ging zwar alles gut; die Mutter brauchte noch nicht recht frühe aufzustehen, hatte für wenig Leute und keine Schweine zu sorgen, und ob sie nebenbei viel oder wenig mache, sah ihr niemand nach. Die Kinder überließ sie freilich sich selbst, bekümmerte sich wenig darum, ob sie gewaschen und gestrählt seien oder nicht.

Nun kam das Frühjahr mit allen seinen Arbeiten: Mist führen, Land rüsten für Haber, Flachs, Bäunde usw. Am Morgen mußte früh aufgestanden werden, das tat meiner Mutter weh, das zMorge war nie zu rechter Zeit fertig. Die Magd sollte ihr helfen, wie sie meinte, und der Vater meinte nicht nur, die Magd solle ihr nicht helfen, sondern sie selbst solle machen, daß sie so früh als möglich zum Hause heraus aufs Land komme. Allenthalben fehlte es ihm an Händen, da das meiste Land steil war, Erde hinaufgeführt und der Mist in Bännen am Seil gezogen werden mußte, was viel mehr Zeit braucht, als man im ebenen Lande denkt. Zudem war auch der Zug schlecht, den er übernommen hatte. Alle benachbarten Leute, der Arbeit gewohnter, mit Leuten besser versehen, kamen dem Vater vor, erst um eine Woche, dann um zwei; endlich trampelte der Bauer heran und sagte: «Benz, du mußt Leut anstellen, so geht das nicht.» Und Benz stellte in der Tat Leute an; der Hausbrauch vermehrte sich dadurch, die Magd mußte nun doch der Mutter helfen, wenn man vormittag zMorge, vor Abend zMittag, vor Mitternacht ds Nachtessen bekommen wollte; den Leuten mußte der Taglohn bezahlt werden, und auf das alles hatte Benz nicht gerechnet.

Ja, Benz hatte noch auf gar viel nicht gerechnet. Benz hatte nur an den Zins gedacht, aber nicht an die Haus- und Arbeitskosten, hatte gedacht aus dem Stall viel zu lösen und nicht, daß er auch kosten könne, hatte nur an gute Jahre gedacht, nicht an mittelmäßige, noch viel weniger an schlechte. Das Geld, welches ihm der Großvater gegeben hatte, war im Genterli in einem Körbchen, und er und die Mutter nahmen daraus, wann sie etwas nötig hatten. Das erhaltene Geld hatte ihm unerschöpflich geschienen, sein Lebtag hatte er noch nie so viel beisammen gehabt; wie erschrak er daher, als er eines Tags Geld nehmen wollte, mit der Hand lange im Körbchen herumtappte, ehe er welches fand, und beim Herabnehmen den Schaden umsah, daß fast keins mehr darinnen war. Er stund da wie vom Himmel herabgefallen; er war außerstand zusammenzurechnen, was er ausgegeben, besonders nicht, was er Schmied und Wagner gegeben. Der alte Fuchs hatte es so eingerichtet, daß meinem Vater gleich anfangs eine Menge Reparaturen auffielen; dieser konnte nicht rechnen, wie viele Kleinigkeiten ins Haus angeschafft worden, konnte an der ganzen Sache nichts begreifen, bis ihm endlich in Sinn kam, die Mutter müsse unvernünftig viel darausgenommen haben und nichts dareingeliefert. Wahr war es, daß meine Mutter aus Hochmut manches angeschafft hatte, was hätte unterbleiben können; wahr war es, daß sie den Kaffee lieber ohne Schiggore trank, lieber stark als schwach; wahr war es, daß sie den Anken lieber selbst brauchte als verkaufte und nur dann eine Ankenballe zum Verkauf rüstete, wenn sie selbst damit zMärit gehen konnte. Sie bewies meinem Vater immer, daß es vorteilhafter sei, selbst auf den Märit zu gehen als den Anken dem Träger bei Hause zu verkaufen, denn sie löse immer wenigstens einen Kreuzer mehr; daß aber der Schoppen oder die Halbe, ein Bratwürstli oder Mehreres, das weiße Brötchen, das man nach Hause brachte, etwas kosteten, daran dachte man wieder nicht.

Nun gab es natürlich einen tüchtigen Lärm. Die Mutter sollte sagen, was sie mit dem Gelde angefangen; sie wollte nichts Apartes wissen, mein Vater es nicht glauben, mußte aber am Ende schweigen, denn der Mutter Zunge war weit geläufiger als die seine. Damit kam das Geld nicht wieder, kam auch die Klugheit nicht, die Ausgaben, wenn auch nur obenhin, aufzuzeichnen. Es kam aber die Ernte, freilich keine reichliche, denn der Bauer hatte den Samen gespart gehabt, aber man konnte dreschen und einige Mütt Korn verkaufen, also auch die Arbeiter bezahlen. Dieses Dreschen zur Unzeit versäumte wieder. Den gehäuften Arbeiten konnte man nur durch Anstellung mehrerer Leute begegnen. Nun, der Benz rechnete wieder auf schönen Erlös von Gespinnst und Obst, welche beide wohl zu geraten schienen. Vom Obst hatte er das Aufgelesene, nur die Hälfte des Geschüttelten oder Abgenommenen. Er arbeitete also getrost darauf los, stellte Leute an und rechnete, er könne alle Jahre seine Kinder mehr gebrauchen.

Wir fingen an Obst aufzulesen, sobald der Herbst kam, hatten aber mit Auflesen wenig zu tun. Wenn an einem Morgen ein halb Dutzend Äpfel unter einem Baume lagen, so trappete der Bauer heran und stellte auf Nachmittag das Schütteln an, weil er fürchtete, wir könnten zu viel bekommen. Ob die Äpfel reif seien, ob wir Zeit hätten, darum kümmerte er sich gar nicht. Mein Vater hatte nicht Zeit, sich dessen zu achten, die Mutter verstund es nicht, uns Kindern blieb es überlassen, das halbreife Obst in den Keller zu schleppen und aufzuschütten. Wie es da zuging, kann man sich denken! Süßes und saures kam untereinander, das Spätobst wurde eingekellert, ehe man das frühere weggeräumt hatte. Die Mutter kam mit der Haushaltung nicht zurecht, geschweige daß sie noch um das Obsterlesen im Keller sich viel hätte bekümmern können. Zwar rüstete man auch, kam aber mit dem Dörren auf den Öfen nirgendshin, weil man noch nicht heizte und einen einzigen Kunstofen hatte, und wenn man zuweilen auch eine Dörrete für den Backofen gerüstet hatte und am Morgen der Vater einheizen wollte, so fand er Schnitze vom Bauer darin, der nichts anderes zu tun hatte, als Äpfel zu rüsten, und das Holz nicht sparte, weil der Vater es ihm rüsten mußte. So faulte eine unendliche Menge Obst. Man suchte einzubeizen, dazu hatte man aber nur wenig Geschirr. Man gab den Schweinen so viel, daß sie endlich nichts anderes fressen wollten und auch nicht ausfielen, wie sie sollten. Verkaufen konnte man fast keins, wenn ein Käufer in den Keller kam, so verging ihm alle Lust. So schrumpfte der ganze geträumte Gewinn aus dem Obst zusammen auf einige Batzen, die man vom Brenner löste, einige Maß Bätziwasser und etwas dürre Schnitze, von denen aber fast die halben verbrannt waren.

Flachs und Werg hatten wir viel gemacht, allein der Flachs hatte auf der Rösti viel gelitten. Ob dem Vielzutun kam man zu den meisten Sachen nie zu rechter Zeit, so war das Kehren und Aufnehmen auch versäumt worden. Der Bauer merkte das alles, aber statt mit seinem Äpfelabnehmen inne zu halten oder zur Zeit zu mahnen, kam er, wenn der Schaden geschehen war, lächelte auf den Stockzähnen und sagte etwa: «Benz, du hest wohl lang gwartet», oder: «Es wäre vor acht Tagen guet gsi». Mutter stellte eine gewaltige Brechete an, und es tat ihr wohl bis in die Schuhe hinab, die Meisterfrau zu spielen; sie wollte gerühmt werden, tat zu viel an die Sache und bedachte nicht, daß man eben am meisten ausgeschult wird, wenn man sich groß machen will, ohne es zu vermögen.

Das kostete ordentlich Geld, den Hechler hatte man auch nicht umsonst; nur für diese Auslagen zu decken, mußte man manches Pfund verkaufen. Als nun alles fertig war und man nachsah, was zu verkaufen sei, so fanden sich Hemden nötig bei uns allen, Anzüge hatte man auch zu wenig, ebenso Tisch- und Bettücher, ja wenn man hätte wollen machen lassen, was die Mutter nötig glaubte, man hätte noch viel dazu kaufen müssen. Das tat man freilich nicht, sondern um die Hauptausgaben zu decken, sollte eine Portion verhandelt werden. Unter mehreren Malen schleppte die Mutter diese auf den Markt, und wenn man das Geld zusammengetan hätte, was sie heimbrachte, es würde keinen großen Haufen gegeben haben. Das Zurückbehaltene mußte gesponnen werden, aber wer sollte das tun? Die Mutter spann nur, wenn Besuch da war, sonst hatte sie mit der Haushaltung zu tun oder schnurpfte etwas. Die Magd mußte der Mutter helfen oder dem Knecht, kam nicht viel zum Spinnen. Meine Schwestern hätten altershalb gar gut spinnen können, aber niemand führte sie ordentlich dazu an, beim besten Willen verrichteten sie nicht viel. Es mußte also eine Spinnerin angestellt, dieser der Lohn gegeben werden; waren wieder Kosten, auf die man nicht gerechnet hatte. Die Eltern trösteten sich mit dem Erlös aus dem Gewächs. Über Hals und Kopf wurde gedroschen. Haber und Korn gaben, den Garben nach, wohl aus. Als man aber dem Bauer das Vorbehaltene ausgerichtet, dem Müller das Vorgegessene zurückgegeben, beiseite getan hatte, was man bis zur nächsten Ernte für den Hausbedarf bedurfte, blieb so viel nicht übrig. Doch löste der Vater noch ein ordentlich Stück Geld, aber als er dem Knecht und der Magd ihren Lohn bezahlt, verschiedene Ansprachen des Gerbers und Schneiders berichtet hatte, hatte er noch etwas, jedoch so wenig, daß er, der nun an die Hauskosten denken gelernt hatte, wohl einsah, daß davon für den Zins durchaus nichts bleibe. Man verkaufte noch Schweine, aber auch dieses Geld reichte nur dazu, den Vater instand zu setzen, den Stall ein wenig besser zu besetzen. Der Bauer hatte ihm vier Kühe und zwei Pferde in die Schatzung gegeben. Von den vier Kühen war eine einzige etwas wert, kurz es war schlechte Ware, die schlechte Nutzung gab. Der Vater wollte mit dem Bauer brummen, allein dieser wußte dem Vater alles von der besten Seite darzustellen und behauptete endlich, er habe deswegen immer altes Vieh gehabt, weil es weit bessern Mist gebe als das junge. So hatte der alte Kauz für Dünger sorgen wollen, aber ein ordentliches Mistloch machen zu lassen, dazu war er nicht zu bewegen. Um nun nicht gar viel an den Tieren zu verlieren, suchte mein Vater einige zu mästen. Zu diesem Zweck mußte er im allgemeinen besser füttern, mußte allerlei beisetzen: Erdäpfel, Korn usw., hatte dazu wenig oder keine Nutzung, und wenn er am Ende auch einige Franken mehr löste, als die Schatzung betragen hatte, so war er doch, wenn er alles rechnen wollte, in bedeutendem Verlust. Ein Lehenmann muß aber alles nehmen, muß aus allen Dingen einen Kreuzer zu lösen suchen, und nichts ist torrechter, als wenn er viele Dinge braucht, die Geld gelten, um eine Sache einige Batzen teurer verkaufen zu können. Aber ein Lehenmann, der fast Tag und Nacht arbeiten muß, hat nicht viel Zeit zum Nachsinnen, besonders wenn er des Sinnens so ungewohnt ist und es ihm so schwer geht wie meinem Vater. Der, welcher den Hof verleiht, der wenig oder nichts zu tun hat, der hat alle Zeit zum Nachsinnen, wie er das Wasser auf seine Mühle reisen, wie er den Lehenmann aussaugen will, wie der ihm den Hof verbessern müsse, damit, wenn das Lehen zu Ende gegangen, er ihn noch besser verleihen, neue Vorteile erlistelen und einen andern armen Teufel zugrunde richten könne.

So ging das Lehensjahr zu Ende, hatte viel Arbeit und Sorge gebracht, aber keinen Lohn dafür. Als man das Geld überzählte, fand es sich, daß nicht mehr so viel da war, als der Großvater beim Abschied mitgegeben hatte, und doch war kein Kreuzer am Lehenzins bezahlt. Freilich waren viel außerordentliche Ausgaben dagewesen, die hoffentlich sich nicht wiederholten, freilich war der Stall etwas besser besorgt, allein ein ganzer Lehenzins war zu bezahlen, und woher im folgenden Jahre zwei Zinse nehmen, da man im vergangenen, welches doch keins der schlechtesten gewesen, nicht einen aufbringen konnte?

Vater und Mutter begannen, als sie den Schaden einsahen, einander die Schuld gegenseitig zuzumessen. Der Vater hielt der Mutter vor, daß sie nicht die Großmutter sei, daß sie nichts verstehe, viel brauche, faul sei usw., die Mutter dem Vater dagegen vor allem eines: daß er in seiner Dummheit diesen Hof empfangen, sich habe hinters Licht führen lassen. Mit diesem Vorwurf war der Vater immer schon halb geschlagen, und wenn die Mutter dann noch einige mißratene Käufe und Verkäufe heranrücken ließ, war er froh zu schweigen, außer wenn er, was nicht oft geschah, getrunken hatte; dann fing er an zu poltern, zu fluchen, daß die Mutter sich kuschen mußte, wenn sie nicht Schläge erhalten wollte. Durch diese gegenseitigen Vorwürfe machten sie sich die Sache immer schwerer, ihre Lage drückender, ihre Herzen bitterer. Wo immer Keines an der Sache schuld sein will, sondern sie den Andern aufbürdet, da kann man auch keine gemeinsame Maßregeln treffen, um dem Schaden abzuhelfen, derselbe wird im Gegenteil immer größer. Oh, wenn die Leute wüßten, wie leicht sich alles machen, alles ertragen ließe, wenn man einig bliebe, wenn jeder auf die eigenen Fehler merkte, die der Andern mit Liebe bedeckte oder mit Sanftmut verbesserte, sie würden das leidige Verweisen und Vorhalten fahren lassen, wobei nichts herauskömmt als Bitterkeit, Mutlosigkeit und größere Not.

Alle diese Vorwürfe halfen also zu nichts, als daß sie den Vater in der Überzeugung bestärkten, daß er nicht nur die faulste, sondern auch die böseste Frau habe, daß die Mutter auf ihrer Seite nie an ihre Fehler glaubte, sondern den Vater und seine Beschränktheit als die Ursache alles Übels ansah.

Mit allen Vorwürfen war der Lehenzins nicht da, man mußte ihn schuldig bleiben und hatte kaum Geld genug vorrätig, um die laufenden Ausgaben in der Zeit zu bestreiten, in welcher man nichts verkaufen konnte.

Der Bauer mahnte nicht ans Zinsen, aber er wußte aus der Schuld seine tüchtigen Zinsen zu ziehen. Die Frau desselben brachte einen größeren Hafen für die ausbedungene Milch, als sie sollte; er mußte gefüllt werden. Was sollte man machen? Hätte man sich geweigert, so hätte das alte Ehepaar den Lehenzins eingefordert, den man ja nicht zahlen konnte. Der Bauer pflanzte mehr, als er sollte, wollte große Hanf- und Flachsplätze haben, den besten Mist, die beste Zeit mußte man dazu gebrauchen, wollte Land zu Erdäpfeln, obgleich keins im Akkord ausbedungen war. Der Ärger verzehrte die Eltern fast, allein sie durften nichts sagen, aus Furcht vor dem Zins. Der Bauer brauchte, ohne viel zu fragen, die Pferde des Vaters, besonders um zMärit zu fahren, ja er führte sogar auch Sachen ums Geld, führte dem Vater Pferde und Wagen ab, die er vergüten, von denen er den Zins zahlen mußte. Derselbe mischte sich immer mehr in alle Dinge hinein und fing an zu befehlen, als ob wir nicht Lehensleute, sondern Knechte wären. Wenn sie irgend wohin zu schicken hatten, so mußte eins von uns laufen. Im Anfang gab es hie und da einen halben Batzen, seit aber der Vater ihnen schuldig war, sagten sie nicht einmal «Vergelts Gott!»

Mit welcher Freude ein Lehenmann bei solchen Umständen arbeitet und mit welchen Augen er seinen Blutsauger, der ihm immer auf den Fersen ist, betrachtet, kann man sich leicht denken. Wer will den richten, der allen Mut verliert und am Ende sein Elend in Schnaps zu vergessen sucht! Das tat doch mein Vater nicht, er war zu sehr an Arbeit und Mäßigkeit von Jugend auf gewöhnt, als daß er durch seine Lage hätte anders gemacht werden können. Er war wie eine

Uhr, die man am Morgen aufzieht und die am Abend abläuft. Der Sommer kam wieder und mit ihm wieder das alte Lied. Immer war und blieb man im Hinterlig, immer hatte man sich verrechnet. Bei jeder neuen Arbeit oder jedem Werk rechnete mein Vater, dieses mit wenig oder keinen fremden Menschen machen zu können; war man nun mitten darin, so sah man, daß es nicht gehe, sondern daß man durchaus noch mehr Leute anstellen müsse. Nun mußte man links und rechts ausspringen, um Menschen zusammenzutreiben, versäumte damit auch viel Zeit und fand, wie der Knecht im Evangelium, nur Lahme und Krüppel, denn die guten Arbeiter warten nicht bis mitten in ein Werk, um sich anstellen zu lassen. Am Ende blieb man doch im Hinterlig und hatte mit vielen Leuten wenig ausgerichtet. Wenn die Not am größten war, so humpelte der Bauer mit seinem Pfeifchen im Munde irgend einem Wirtshause zu, seinen gewohnten Schoppen zu trinken, und richtete es so ein, daß er bei den Arbeitern vorbeikam, um ihnen mit schadenfrohem Gesicht irgend etwas Spöttisches sagen zu können. Der Bauer wußte im voraus, daß mein Vater nicht bestehen konnte, aber er hatte noch seine größte Freude daran, ihn so langsam nach und nach auszusaugen und verderben zu sehen. Ob wohl der Teufel an der Freude des Bauern auch seine Freude gehabt, wer sagt mir das?

So waren die Kosten nicht geringer geworden, wohl aber der Ertrag im Vergleich mit dem frühern. Es war ein sehr trockenes Jahr gewesen, natürlich also an den trockenen Seiten die Heuernte schlecht, und nicht nur schlecht, sondern auch bedeutend dadurch verringert, daß man große Stücke eingrasen mußte, welche man sonst geheuet hatte. Im allgemeinen war es wohl ein gutes Kornjahr, doch nicht für uns. Mein Vater hatte wenig Pflug gehalten und gesäet; das waren Arbeiten gewesen, welche der Großvater meist noch selbst verrichtete, und wenn auch zuweilen dieses an meinen Vater kam, so war es im ebenen Lande in fruchtbarem Boden. Hier auf der Höhe verstund er weder den Boden zu rüsten noch zu säen. Zum Rüsten des Bodens brauchte es so viele Zeit, zum Säen auf bergichtem, magerm Lande so viel Samen, und beides, Zeit und Samen, hatte mein Vater zu wenig. Er wollte mit beiden hausen, schadete sich aber dadurch gar sehr, denn natürlich wurde die Ernte um ein Bedeutendes geringer, als man an Samen und Zeit erspart hatte. So geht es armen oder bedrängten Leuten nur zu oft, sie wollen oder müssen am unrechten Ort sparen und verlieren dabei alles. Obst gab es keines, der Flachs war mißraten, zu verkaufen war also nichts als Korn, dabei aber vorauszusehen, daß man im Frühjahr entweder Ware abschaffen oder Futter kaufen müsse. Die Diensten- und Taglöhne mußten bestritten werden, die Hauskosten liefen fort. Woher nun einen Zins, woher zwei nehmen, da man voraussah, daß aller Erlös nicht einmal zu den laufenden Ausgaben hinreiche?

Unsere Lage wurde so immer trübseliger und die Eltern immer erbitterter gegen einander. Es verging kaum ein Tag, an dem sie nicht gezankt und aus dem hintersten Winkel Dinge hervorgerissen hätten, um sie sich vorzuhalten, und das ohne alle Scheu vor den Kindern. Da war es, wo ich alles vernommen, was ich bis dahin erzählt habe. Ich habe es auch behalten, weil das, was Eltern einander sagen, einen weit tiefern Eindruck macht auf Kinder, als die Eltern sich vorstellen. Doch war ich noch zu klein und auch zu gutmütig, um nach dem, was die Eltern einander gegenseitig vorhielten, sie zu beurteilen und dadurch Achtung und Liebe gegen sie zu verlieren. Meine Geschwister dagegen waren alt genug, hängten Vater und Mutter ein böses Maul an, wo sie nur konnten, und wenn sie allein waren, repetierten sie zusammen, was sie gehört hatten, und fügten dann noch bei, was ihnen in Sinn kam, und hechelten oft die Eltern ärger durch, als ihre größten Feinde es hätten tun können. Während so die Eltern gegen einander und mit ihrer Lage kämpften, verloren sie uns überhaupt aus den Augen, und wir konnten fast tun, was wir wollten; hie und da fiel eine Ohrfeige, gar oft aber ohne Erklärung, so daß man eigentlich nicht wußte, warum man sie bekam. Der Vater hatte im Kopf, was er der Mutter, was sie ihm gesagt, was er ihr ferner sagen wolle, die Mutter trug das Gleiche mit sich herum. Zwischendurch sannen sie vielleicht noch den zwei schuldigen Lehenzinsen und dem fast leeren Körbchen im Genterli nach, wie hätten sie da an ihre Kinder denken, auf ihr Betragen aufmerksam sein sollen?

Sie bekümmerten sich nicht, ob wir zur Schule gingen, was daher auch nicht geschah. Daß der Vater mich aber noch immer liebte, sah ich zuweilen. Während er fütterte des Abends, saß er meist auf einem Bänkli vor dem Futtergang, die Ellbogen auf die Knie gestützt und den Kopf in beiden Händen. Wenn ich nun da vorbeilief, so nahm er mich zwischen seine Knie, betrachtete mich und seufzte schwer auf, und wenn ich ihm flattierte und mit meinen Händchen seine Backen strich, war es, als ob seine Augen naß würden, er stund dann auf und ging in die Ställe. So kam, so verstrich der Winter, und während desselben war immer das alte Lied: Zank, Not und steigende Verlegenheit, woher man nun bald zwei Zinse nehmen wolle.

VIERTES KAPITEL

Der Großvater stirbt. Eine Teilung

Da klopfte es einst, als wir am Mittagessen saßen und die Mutter stichelte, wieviel dem Vater seine reichen Verwandten helfen, und der Vater immer röter wurde und zum Ausbruch einen Anlauf nahm, an die Türe. Die Mutter rief «Herein!» Da trat ein Mädchen ein mit schwarzem Fürtuch und aufgebundenen Züpfen und brachte die Nachricht, daß der Großvater gestern gestorben sei und wir übermorgen mit ihm zKilche kommen sollten. Die Nachricht kam so unerwartet, denn wir vernahmen nichts, was in unserer alten Heimat vorging; sie paßte auch so merkwürdig in das Gespräch, denn nun konnte der Vater erben, weil nach unserer Landessitte nach dem Tode des Mannes das Vermögen unter Kinder und Witwe geteilt wurde zu gleichen Teilen, daß wir alle verstummten. Endlich fing ich an zu weinen, die Mutter hieß die Botin mitessen, und allmählich ging das Fragen an.

Der Großvater war an einem Schlagflusse plötzlich gestorben. Man rede allerlei, setzte die Botin hinzu, was die Ursache dazu gewesen, wollte aber, solange der Knecht und die Magd da waren, nicht recht mit der Sprache heraus. Als diese endlich abgegessen und die Mutter noch Schnaps und weißes Brot extra aufgestellt hatte, denn sie wußte wohl, wie man die Leute redselig machen könne, da vernahm sie alles, was sie wollte. Das Mädchen erzählte, seine Mutter sei alle Tage in Großvaters oder vielmehr jetzigem Samis Hause und die beste Freundin von dessen Frau. Zum Zeichen davon erzählte es alles Böse, was sich nur von einer bösen Frau erzählen läßt, über Samis Frau, dem Elende der Großeltern, dem Zorne des Großvaters, an dem er erstickt, als seine Schwiegertochter seiner Frau ihr schlechtes Haushalten vorhielt und ihr gegenwärtiges Nichtstun, ihr vorhielt, sie täte nichts und fresse sie noch von Haus und Hof, wenn sie lange leben sollte usw. Solches sprach die Tochter der besten Freundin einer bösen Frau, die Freundin selbst hätte vielleicht noch mehr ausgekramt bei gutem Schnaps. Solche Freunde haben böse Leute, sie verdienen aber auch nicht bessere. Aber merkwürdig ist es, daß gar viele Weiber, die nicht schlecht sind, keine andere Freundinnen kennen als solche, die um einen Schnaps alles sagen, was man gerne hört, und um ein Kacheli Kaffee noch einmal so viel, als man will. Die Törinnen denken nicht, daß die gleiche Ware um den gleichen Preis allenthalben feil sei, daß dergleichen um einige Schlücke ihren ärgsten Feinden alles dankbar ausbriefen werden über die, die früher von ihnen in den dritten Himmel erhoben worden.

Meine Mutter hatte ihrer Lebtage keinem Pfarrer mit so großer Andacht zugehört wie diesem Mädchen. Als dasselbe aufbrechen wollte, machte sie ihm noch ein Kaffee, in der Hoffnung, von ihm in der alten Heimat recht gerühmt zu werden, wie sie eine ganz Andere sei als des Samis Frau. Die gute Mutter dachte nicht daran, daß es ihr gar nicht besser ergehen werde als Samis Frau und daß eine böse Zunge immer zuerst den verleumdet, bei dem man zuletzt gegessen. Aber die wenigsten Menschen sind so klug, zu denken, ein Dieb sei allenthalben ein Dieb, ein Verleumder sei allenthalben ein Verleumder, und ein jeglicher hätte das Gleiche von ihm zu erwarten. Mit einigen Schmeicheleien und Augendienereien sind die Meisten zu bestechen und glauben, der Verleumder werde sie nicht verleumden, der Dieb ihnen nicht stehlen, ja am Ende glauben sie, er sei kein Verleumder, kein Dieb, wenn er es ihnen recht zu treffen weiß, müssen es erst zu ihrem größten Schaden erfahren und werden doch nie klug.

Meine Mutter hatte über der Schadenfreude wegen Samis Frau selbst das Erbe vergessen und dachte erst wieder daran, als das Mädchen fort war. Die Hausbäuerin hatte das Mädchen auch gesehen, denn es konnte niemand zum Hause kommen, den sie nicht sah, hatte es nicht erkannt und war gwundrig, für wessen Leiche es gebeten. Um es zu vernehmen, kam sie die Milch zu holen, welche man ihr am Morgen ausgerichtet, in der Hoffnung, ein Wort werde das andere geben. Kaum sah meine Mutter sie, so fiel ihr das Erbe ein und der große Milchhafen und die tausend Plackereien, welche man sich wegen dem schuldigen Lehenzins mußte gefallen lassen, und wie sie das dachte, sagte sie auch der Bäuerin: «Eisi, bring doch das andermal wieder den alten Hafen zum Ausrichten, ich will Schweine kaufen und vermag es dann nicht an der Milch, dir alle Tage dr Gottswillen eine Halbe zu viel zu geben.»

Natürlich ging auf diese Rede hin das Feuer auf und Eisi sagte: «Du hast mir noch nichts dr Gottswillen gegeben, gib du mir zuerst die Zinse, die ihr schuldig seid!» Meine Mutter blieb nichts schuldig, und das Ende vom Liede war, daß die beiden Weiber ihre Herzen von Grund aus leerten und die Bäuerin merkte, meine Eltern müßten Geld erhalten oder zu erwarten haben. Kaum hatte die Bäuerin die Küche verlassen, als unsere Mutter uns schon unterrichtete, was wir ihr zuleid tun, ihr verderben müßten, ihr im Vorbeigehen zu sagen hätten. Zweimal ließen wir es uns nicht sagen; kein Tag verging, daß wir nicht irgend eine Bosheit an ihr verübt hätten, allemal zur größten Freude der Mutter. Nachdem diese ein so löblich Werk vollbracht, ging sie an das Mustern der Kleider, die sie übermorgen anziehen wollte. Da fand sie zu ihrem hellen Schrecken ihre schwarze Kleidung verdorben, die einen Stücke grau und schimmlicht, die andern von Schaben zerfressen. Sie war, seit wir da oben waren, nie zum Nachtmahl gewesen, hatte sie nie gelüftet, daher nun die Bescherung. Der Magd ihre Kleidung war ihr zu gering, neue machen zu lassen war keine Zeit, zu der Bäuerin durfte sie jetzt nicht gehen, um zu leihen; sie mußte sich entschließen, daheim zu bleiben und den Vater allein gehen zu lassen. Doch ich hielt so lange an, bis der Vater endlich versprach, Roß und Wägeli und mich mitzunehmen. Die ganze Sehnsucht nach der Großmutter, die ich seither nie gesehen, erwachte. Die ganze Nacht konnte ich wenig schlafen, fragte alle Augenblicke, ob es nicht bald Zeit sei, aufzubrechen, und saß schon lange im Wägeli, als der Vater das Roß einspannte. Es war ein schöner Morgen und ich war lauter Freude. Das Kind gibt sich dem stärkeren Eindruck hin, dieser war für mich das Wiedersehen der Großmutter; der Tod des Großvaters war vergessen, weil ich im Grunde wenig wußte, was tot sein bedeutete.

Schon stunden Menschen mit Mänteln unter dem Arm um das Haus herum, als wir ankamen; doch sah ich mich nicht lange unter ihnen um, sondern lief auf das Stübchen der Großeltern zu, riß es auf und rief: «Großmüetti, Großmüetti!» Und Großmüetti war da, aber ich kannte es anfangs gar nicht. Aus der stattlichen, resoluten Frau war ein zusammengefallenes, gebücktes Mütterchen geworden, das mühselig mir entgegenkam, freilich mich herzlich liebkoste, aber gleich wieder anfing: «O Ätti, warum hest mih verla, o chönnt ih der doch nah, aber ih maches nit meh lang; ih cha, wills Gott, bald o sterbe.» Und wenn ich dann fragte: «Aber Großmüetti, wo wottst hi, was ist das, sterbe?», so sagte sie: «Furt, furt us dr böse Welt, wo niemer eim ds Esse vergönnt, wo keiner böse Lüt meh si.» So jammerte sie ohne Unterbechung, ich weinte mit, aber es ärgerte mich doch, daß sie mehr um den Ätti weinte als sich über mich freute, daß sie nicht alsobald in den Spycher ging; überhaupt schien sie mir nicht mehr das Großmüetti zu sein, das ich verlassen hatte, und es ward mir unheimelig im Stübchen. Recht froh war ich, als jemand rief, wir sollten doch hinauskommen, der Schulmeister fange schon an zu beten. Von diesem Beten weiß ich nur so viel, daß der Großvater brav gerühmt wurde, aber noch mehr die Hinterlassenen, ganz besonders Sami und seine Frau, denen aller mögliche Segen gewünscht wurde in Haus und Hof. Gar schön, hieß es auch, sei es zu sterben, wenn man so treu für seine Kinder gesorgt habe und ihnen so viel hinterlasse; es solle nur jedermann ein Beispiel nehmen und es auch so machen. Die Leute hörten recht andächtig zu und meinten nachher: Dä chönns, er syg doch e Meister.

Man trug den Großvater zu Grabe, senkte ihn in die kühle Erde, und niemand weinte um ihn als die Großmutter aus Herzeleid und ich, weil die Großmutter weinte. Hätte er sein Gut verhudelt gehabt, acht Kinder hätten an seinem Grabe geweint, das heißt sie hätten geweint, daß der gestorbene Mann ihr schönes Gut verhudelt; um das Gut also, nicht um den Mann hätten sie geweint. Nun hatte er es nicht verhudelt, sondern sie konnten erben. Warum da weinen? Der Großvater hatte nichts Edleres auf Erden gekannt als «Husen», nichts Köstlicheres als Reichtum; demgemäß hatte er seine Kinder behandelt und erzogen, den gleichen Glauben ihnen eingebläut, ihre Liebe dahin gerichtet, wo die seine war, nach Geld und Gut. Ihre Liebe war also nicht beim Großvater, sondern bei seinem Gelde; warum nun weinen, wenn man es nicht verliert, sondern gewinnt? Man spricht oft von lachenden Erben, aber daran denkt man nicht, daß tausend Eltern ihre Kinder zu lachenden Erben erziehen, die ihnen am Ende für nichts danken als für ihren Tod.

Großmutter wollte anfangs nicht ans Leichenmahl, bis Sami ihr sagte, es wäre eine Schande für das ganze Haus, wenn sie nicht mit ins Wirtshaus käme. Sie, die sonst so resolute Frau, die alles regiert hatte, sie wußte jetzt nichts anders als Folgen, setzte sich jedoch mit mir so weit als möglich weg von Vreni. Dieser sah man die Schuld an Großvaters Tod nicht an; erst jetzt machte sie sich breit, räsonierte, rühmte, regierte mit einer Roheit, als ob sie an einer Hochzeit wäre und nicht an einer Gräbt. Die Brüder meines Vaters machten es wie sonst an den Fuhrungen, sie aßen und tranken, bis es obenausguckte, und versäumten keine Zeit mit Reden. Auch der Großmutter tat das lang entbehrte bessere Essen wohl, die Tränen versiegten, und sie fand wieder Teilnahme für das, was außer ihr vorging.

Nun hätte ich gar zu gerne gehabt, wenn die Großmutter sich mit mir allein abgegeben. Sie tat es auch zuerst und fragte gar vieles, aber sie mußte auch Andern Bescheid geben. Der Gwunder erwachte, sie vernahm dies und das, von dem sie noch nichts gehört, vergaß mich darüber, bis ich ungeduldig an ihr zupfte, was ich aber so oft wiederholen mußte, daß ich am Ende Langeweile bekam, die Großmutter auch nicht mehr recht liebte, den Vater suchte und heim wollte. Nachdem dieser noch den Tag der Teilung abgeredet hatte, brach er mit mir auf. Freilich war der Abschied von der Großmutter wieder zärtlich, sie sagte manchmal: «Miaßli, du gsehst mih nit meh» und drückte mir noch einige ihrer wenigen Batzen in die Hand. Gerne hätte sie mir noch vom Tische etwas eingesteckt, aber Vreni sah uns so scharf zu, daß sie es nicht wagte. Ich sah sie nicht mehr. Sie starb, als ich schon ein Güterbub geworden; ich vernahm es nicht einmal, denn einen Güterbuben heißt man nicht zGräbt kommen, nicht einmal mit der Großmutter. Ich sah überhaupt meine Verwandten nicht mehr, ausgenommen Sami zuweilen, wenn ich auf ein Gut verteilt oder verdinget wurde an den Mindestbietenden; allein er tat, als ob ich ihn nichts anginge. Seine Brüder heirateten alle nicht, blieben seine Knechte, und er erbte sie alle.

Auf der Heimreise hatte ich meinen Vater gar viel zu fragen, ganz besonders wollte ich von ihm wissen, was denn das Sterben sei und wo man da hingehe. «Sterben ist, wenn man stirbt», sagte er mir, «und da muß man alles verlassen, was man hat, Haus und Hof, und da tut man einen ins Grab, wie du gesehen hast.» So hatte ich meinen Bescheid, mit dem ich aber nicht viel zu machen wußte, als daß man beim Sterben weggehen und alles verlassen müsse, was man habe. So viel begriff ich aus Großmutters und Vaters Reden, daß man gerne sterbe, wenn man es bös und böse Leute habe. So wäre ich später auch gern oder ungern gestorben, je nachdem ich es gut oder bös hatte. Geht wohl bei vielen Leuten ihre Religion weiter?

Die Teilung ging vor sich und brachte zirka viertausend Pfund Geld ins Haus, aber nicht Frieden. Die Zwietracht hatte einmal Wurzel geschlagen, und da zanken sich die Menschen, wenn Geld da ist, über das Geld, und wenn keins da, über den Mangel desselben. Nur dann wurde Friede, wenn wir Kinder dem Bauern einen tüchtigen Streich gespielt oder die Mutter ein scharfes Wort ihm angeworfen hatte; dann lachte der Vater, und die Mutter konnte einen ganzen Tag machen, was sie wollte, sogar Geld nehmen, denn der Vater hatte des Bauern Kniffe und Schadenfreude nicht vergessen, wenn er selbst schon wenig sagte.

FÜNFTES KAPITEL

Der Vater stirbt

Dieses Jahr und ein Teil des Winters verstrich ungefähr wie die frühern, ich will mich nicht dabei aufhalten. Zu Ende März ging das Lehen aus und mein Vater suchte ein neues. Etwas Eigenes vermochte er nicht mehr. Das Lehen hatte ihn bereits fast zwei Drittel seines Erbteils gekostet.

Zwischendurch mußte er dem Hausbauer noch sein Holz rüsten, und dieser bestand aus Bosheit darauf, daß eine große Buche an einem steilen Abhang gefällt werden solle.

Es war kalt und hart gefroren, als mein Vater nach dem

zMorgenessen sich rüstete, mit dem Knecht in den Wald ans Holzen zu gehen. Die Mutter sagte noch: «Benz, ih wett nit gah, dä alt Schelm wird wohl warte.» Der Vater achtete auf diese Rede nicht, nahm noch etwas Werkzeug mit und machte sich fort.

Es war noch nicht Mittag, als der Knecht atemlos dahergelaufen kam und dem Stalle zustürzte, im Vorbeigehen uns zurief, es solle eins zum Doktor laufen, der Vater habe beide Beine gebrochen. Als sie die gefällte Buche schneiteten, war sie wahrscheinlich auf dem glatten Boden nicht genug verstellt; als mein Vater einen Ast abhieb, schoß sie den Berg ab, drehte sich an einem Stock und ergriff den Vater, ihm beide Beine zermalmend. Ach ich sehe ihn noch, wie man ihn auf dem Schlitten daherbrachte, blutig über und über und schmerzlich wimmernd, wir alle laut schreiend und kaum imstande, ihn in die Stube aufs Bett zu tragen, während der Bauer, dem er die Buche gefällt, tubakend aus dem Läufterli gwunderte. Ohnmächtig brachten wir ihn aufs Bett und wußten nichts anders zu machen als ihn einzudecken, damit er erwarme. Da kam er endlich zu sich und sagte leise: «Trinken!» Die Mutter brachte, was sie hatte, und wir freuten uns schon, es bessere, und sagten es ihm auch und wollten ihn trösten, der Doktor werde bald da sein und ihn ganz gesund machen. Allein er schüttelte den Kopf, stöhnte wieder, daß es uns durch Mark und Bein ging und ich es in der Stube vor Angst nicht mehr aushalten konnte. Ich stieg auf einen Haufen Holz, um zu sehen, ob der Doktor nicht kommen wollte, allein ich sah niemand. Es ging lange, unendlich lange, es kam niemand; ich erstarrte, ich merkte es nicht. Endlich, endlich kam meine Schwester daher allein und berichtete, der Doktor werde bald da sein, er sei nur noch da unten am Berge ins Wirtshaus gegangen, sagend, er hätte da etwas zu tun, wahrscheinlich werde er noch einen Schoppen trinken. Herrgott, einen Schoppen trinken, und ein Mann hat beide Beine gebrochen! Endlich, nach einer Ewigkeit, kam der Doktor; er schnitt dem Vater die Hosen vom Leibe und fand die Knochen fast bis an die Hüften zersplittert. Es schien ihm ein Wunder, daß er jetzt noch lebe, und prophezeite seinen baldigen Tod. Oh, wie wir da alle schrieen und jammerten, und die Mutter am meisten! Sie fühlte vielleicht, daß sie nicht gewesen war, wie sie sein sollte, sie jammerte immerfort: «Ach Benz, Benz, stirb nit, du darfst nicht sterben, denk o an dini Ching! O Benz, Benz, ih will ganz e Anderi werde, ih will der kei Verdruß meh mache!» Ach, zu spät! Benz hatte den Ausspruch des Doktors wohl vernommen, er sah uns wehmütig an und streckte der Mutter die Hand dar. Wir alle faßten sie und wimmerten: «O Ätti, stirb nit, o Ätti, du darfst nit sterbe!» Aber der Ätti hörte uns schon nicht mehr. Gott im Himmel hatte sich seiner Leiden erbarmt und ihn fortgenommen.

Nun war ein Herzenleid, das ich nicht beschreiben kann. Der Vater war, bei allen seinen Schwächen, uns doch lieb gewesen, besonders mir, und sein Tod war so unerwartet, so schrecklich! Wie der Tag verging, weiß ich nicht, und was in den darauf folgenden sich zutrug, weiß ich auch nicht. Nur das weiß ich, daß ich mich immer ins Stübchen schlich, wo er lag, und dann von neuem zu weinen anfing, daß mich niemand besänftigen konnte. Am vierten Tage wurde er begraben; von seinen Geschwistern begleitete ihn nur der dümmste der Brüder, und auch der Bauer, der bis dahin kein Lebenszeichen gegeben, ging mit, nachdem er tüchtig Käse, Brot und Wein, welches die Mutter aufgestellt, zu sich genommen hatte. So begrub man den Vater; wir waren nun Waisen und sollten es erfahren.

SECHSTES KAPITEL

Wie man, ohne zu erben, kann helfen teilen

Einige Tage nach des Vaters Begräbnis kamen viele Männer ins Haus. Einer hatte immer eine Feder hinter dem Ohr und eine in der Hand, man sagte ihm der Schreiber. Ein anderer war ein dicker Mann mit einem Maul, in welchem man einen vierspännigen Wagen kehren konnte, ohne ihn hinten herumzuheben, und Zähnen, welche gewiß die härteste Nuß aufbeißen konnten; er hieß der Gemeindsausgeschossene. Dieser Mann soll etwas Merkwürdiges an sich gehabt haben; sein Magen und sein Gewissen seien nämlich eins und imstande gewesen, alles ohne Magenweh zu verdauen, was zum Maul ein mochte und was die Zähne zerbeißen konnten. Man denke, wie kommod! Noch Andere waren da, den Einen sagte man Schätzer; es waren die Nämlichen, welche geschätzt hatten, was Vater selig übernommen hatte; den Andern sagte man, ich weiß nicht wie.

Diese brachen nun die angelegten Siegel auf, nisteten in allem herum, und ich dachte bei mir selbst: das müssen aparti gwundrig Leute sein, und schrieben noch gar alles auf, was sie in die Hände nahmen, und waren auch so uverschant und sagten, was es wert sei. Der Mutter kam das nicht so wunderlich vor, nur disputierte sie immer mit den Männern, die Sachen seien mehr wert, als sie aufschrieben. Dann sagte der Mann mit dem zusammengewachsenen Magen und Gewissen: «Fraueli, häb du nume nit Kummer, ih will scho zu der luege, es kostet dih nume minger.» Das konnte ich damals wieder nicht begreifen, daß diese Sachen alle noch etwas kosten sollten, waren sie doch die unserigen, und von manchem Stück hatte ich gesehen, wie es der Vater selbst ganz bezahlte.

Die Mutter kochete ihnen ein gutes Mittagessen und sparte das Fleisch nicht. Die Mannen ließen es sich auch gut schmecken, und als die Mutter alles aufgetragen hatte, fragte sie die Schätzer: Wie sie den Tod ihres Mannes so schnell vernommen, daß sie schon eine Stunde nachher zum Versiegeln dagewesen? Der Bauer sei gekommen und hätte sie geschickt, antworteten sie. Ein Vater war von vier Kindern weggestorben, der Bauer war zum Teil schuld an seinem Tode, sah ihn blutend, bewußtlos ins Haus tragen, und woran dachte er? An den bald verfallenen Lehenzins, an möglichen Verlust oder Vorteil, der aus diesem Tod ihm werden könnte. Hatte der Mann wohl ein Herz im Leibe oder nicht?

Endlich mahnte der Schreiber, wieder an die Arbeit zu gehen, der Ausgeschossene meinte aber: Sie welle emel no näh, der Tag sig no läng und was me hüt nit machi, chönn me morn mache; und mit aller möglichen Behaglichkeit zermalmte er ein Stück Fleisch nach dem andern. Das gefiel der Mutter schon nicht, und als der Bauer des Nachmittags sich auch herzuließ unter dem Vorwande, er müsse doch zusehen, daß man seine Sachen nicht auch schätze, und mit dem Ausgeschossenen besonders freundlich tat, gefiel es ihr noch weniger, sie wurde mißtrauisch. Als es nachtete, brach man mit Schätzen ab, der Schreiber ging seiner Wege. Die Andern hieß der Bauer in seinen Stock hinüberkommen unter dem Vorwande, ihnen den Lehnbrief zu zeigen und das Verzeichnis der in Schatzung gegebenen Dinge, die nur in einem Doppel ausgefertigt waren, den der Bauer hinter sich hatte, weil der Vater selig es halt nicht besser verstand. Als der Mann mit den guten Zähnen lange nicht wieder kommen wollte, das Kaffee zu nehmen, das ihm die Mutter gerüstet hatte, schöpfte sie Verdacht und schickte eines der

Kinder vor das Fenster, zu guggen, was man in der Stube mache. Es berichtete, man habe Papier auf dem Tische liegen, Hamme, Käs, eine große Strohflasche und Brot, neben dem Bauer liege auch ein Säckeli, was man aber rede, könne es nicht verstehen.

Das eben hätte die Mutter gerne gewußt, konnte es auch von dem Ausgeschossenen nicht vernehmen, so fein sie tat. Der war besonders freundlich, fast wie eine Katze, ehe sie die Kräuel einhängt, trank Kaffee, als ob er den ganzen Tag nichts gehabt, trank noch einen guten Schnaps vor dem zu Bette gehen, und am Morgen mußte man lange auf ihn warten, um an die Arbeit gehen zu können. Als man endlich mit unserer Sache fertig war, forderte der Bauer, daß man zugleich auch die Abschatzung der Sachen vornehme, die ihm gehören. Er brachte das Verzeichnis zur Hand. Stück für Stück wurde visitiert und Stück für Stück fast in Abgang gefunden, sogar Wägen, an welche der Vater selig vier neue Räder hatte machen lassen. Da fing meine Mutter doch an zu räsonieren und begehrte verzweifelt auf, aber der Ausgeschossene sagte: «Fraueli, das verstahst du nit, da dem Statthalter und dem Vorsteher mueß me glaube, es isch sih anere Frau nüt z'achte.» Dann fehlten eine Menge Sachen, die auf dem Verzeichnis standen, besonders am Ende desselben. Von den einen behauptete der Knecht, sie nie gesehen zu haben, von den andern, der Bauer hätte sie selbst weggenommen, er sei immer dagewesen und hätte genommen, ohne zu fragen, was ihm beliebte, es weitergeliehen und nur wieder gebracht, was er wollte. Da sagten die Mannen: «Bürschli, nimm dih in acht, wasd redst, chaschs bewise?» Und das Bürschli erschrak und schwieg. So wurde die Abschatzung gemacht und vom Ausgeschossenen gutgeheißen! Als endlich alles fertig war und die Mannen fort wollten, forderte meine Mutter in verbissener Wut noch Geld, um die Haushaltung zu führen, da sie alles vorhandene weggenommen hatten; der ganze Rest der Erbschaft war noch dagewesen, denn mein Vater selig hatte ans Anlegen nicht gedacht. Man spöttelte erst: Sie werde wohl Geld haben. Die Mutter verstand zwar damals nicht, was sie damit meinten, allein sie begehrte so tüchtig auf und sagte ihnen so derbe Wahrheiten ins Gesicht, daß man, um sie zu gschweigen, ihr einige Neutaler gab.

Dagegen schickte ihnen die Mutter Wünsche auf den Weg nach, die ich nicht nachsagen will.

Nun regierte die Mutter einige Wochen das Haus, das Lehen war in vierzehn Tagen zu Ende. Niemand sagte uns etwas, wir wußten nicht was anfangen, denn ob dem Streit hatte man jegliche Abrede vergessen. Da kamen eines Morgens wieder Mannen, wieder einer mit einer Feder hinter dem Ohr und einer in der Hand, wieder der Ausgeschossene und Andere mit ihnen, und dann noch einige Leute, aber nicht viele. Wir wußten nicht, was es geben sollte, und vernahmen endlich, es werde eine Versteigerung abgehalten über etwas Feldgeräte, Schafe, Schweine und ein Kalb und eine Kuh, welche uns gehörten.

Daß die Sachen versteigert wurden, war ganz recht, allein man hätte es uns doch kund tun können. Es war dafür gesorgt, daß so wenig Leute als möglich daseien; die Mutter machte ihre Bemerkungen, allein sie erhielt zur Antwort: Man könne nicht immer einen Expressen für sie auf der Straße haben, wäre sie übrigens gestern in der Kirche gewesen, so hätte sie es vernommen.

Was sollte man dagegen sagen? Man mußte es sich gefallen lassen, unsere Sachen unter die wenigen Leute, ich mag fast nicht sagen versteigern, sondern verteilen zu lassen. Dem Ausgeschossenen fiel die Kuh und das Kalb zu, der Bauer erhielt das meiste Feldgerät usw. Mutter sagte ihnen nun, sie merke wohl, warum sie wohlfeil geschatziget, allein was half es, ein guter Magen verdauet eben alles. Als die Steigerung aus war, wurde die Mutter angewiesen, auf einen bestimmten Tag vor dem Gemeindrat zu erscheinen, um den Erfolg des Benefiziums zu vernehmen und was mit ihr und den Kindern vorzunehmen sei. Mein Lebtag werde ich nie vergessen, in welchem Zustande die Mutter heimkam. Wut, Betrübnis wechselten mit einander ab, bald fluchte, bald weinte sie und rief dann dazwischen: «O Benz, das han ig a dir verdienet!» Endlich am andern Morgen konnten wir erst vernehmen, wie es ihr ergangen. Zuerst habe man da abgelesen, was für Schulden und was für Vermögen die Schreiberei aufgemacht. Es sei ihr fast gschmuchtet, als sie gehört, was der Bauer fordere an Abschatzung, dann noch für das Holzen, an welchem der Vater gestorben, und endlich noch den ganzen letzten Lehenzins, da sie doch bestimmt wisse, daß Benz hundert Kronen auf Rechnung daran bezahlt, jedoch sich nichts Schriftliches habe geben lassen. Aber zornig sei sie erst geworden, als sie die Kostennote des Ausgeschossenen hätte ablesen hören, für Läuf und Gäng und ausgegebenes Geld gerade so viel, als Kuh und Kalb gekostet, ja auf der Kostennote hätte er noch angesetzt gehabt vier Franken, für die versteigerte Kuh und das Kalb heimzutreiben. Doch hätte sie alles ablesen lassen bis ans Ende, wo es sich gefunden, daß auf solche Rechnungsweise die Schulden das Vermögen um einige zwanzig Kronen überstiegen.

Nun hätte man sie gefragt, ob sie Geld habe, den Überschuß gut zu machen, sonst müsse man den Geltstag ausrufen. Sie habe darauf gesagt, das sei eine Lumperechnig. Erstlich habe der Bauer keine ganze Abschatzig und nicht den ganzen Lehenzins zu fordern, sondern hundert Kronen weniger, zweitens sei es mit der Steigerig auch nicht recht zugegangen, und sie wisse gar nicht, was der Ausgeschossene denke, so viel anzusetzen; was er bei ihr gefressen und gesoffen, das müßte sie ihm jetzt noch dreifach bezahlen, und zwar hab er gfresse, daß er es wohl acht Tage habe machen können. Aber sie merke gar wohl, er und der Hausbauer seien einig zusammen geworden und hätten eine Teilig verabredet, als die Hamme auf dem Tisch gestanden und das Säckeli neben dem Bauern. Sie habe kein Geld, wolle aber auch keinen Geltstag, die ehrenden Gemeindsväter sollen die Rechnig besser untersuchen und daraus tun, was erlogen sei oder übertrieben; dem Ausgeschossenen wolle sie gerne einen Strick bezahlen und einen, der ihn daran führe, aber Kuh und Kalb wolle sie ihm nicht auf ihre Kosten in den Stall liefern. Auch seien die noch vorhandenen Vorräte und Effekten weit mehr wert, als da geschrieben stehe, allein man werde wieder teilen wollen an einer zweiten Steigerig. Sie habe wohl gemerkt, setzte sie hinzu, daß es Viele glächeret habe und man dem Ausgeschossenen ihre Sticheleien gegönnt, aber man habe ihr doch gesagt: «Frau, du hast ein böses Maul, das sehen wir jetzt und haben schon lange davon gehört. Du willst jetzt Andere hineinstoßen und wirst wohl selbst schuld sein, daß zu wenig Geld da ist. Die hundert Kronen hast wohl du geschwind auf die Seite gemacht und nicht der Bauer.» «Herr Jeses, jetzt erst merkte ich, daß ich verleumdet worden war, als hätte ich zwischen dem Tod meines Mannes und dem Versiegeln Geld auf die Seite gemacht. Da wurde ich erst recht böse. Wenn einer von euch einen guten Blutstropfen im Leibe hätte, sagte ich, so würde er mir so was nicht zumuten; wenn einer Frau auf solche Weise der Mann von vier Kindern wegstirbt, so sinnet sie nicht an solche Sachen, wenn ihr das Herz brechen will vor Jammer und Elend. Ich hätte noch viel mehr gesagt, aber man hieß mich schweigen und abtreten.

«Als ich wieder hineinkam, wurde mir eröffnet, die Gemeinde müsse den Geltstag anrufen; sie könne nicht prozedieren, wenn niemand das Fehlende oder den Prozeß übernehmen wolle oder die Gläubiger mit ihren Forderungen nachließen. Das Letztere werde nicht der Fall sein, ergänzte der Ausgeschossene, er habe zu viel versäumt zu Hause und noch großen Schaden; der Bauer werde auch nicht wollen, wir hätten ihm den ganzen Hof verderbt, und die Schreiberei habe ihr Bestimmtes. Dann, fuhr man fort, solle ich sagen, wo ich hin wolle und wie die Kinder unterzubringen seien; fänden sie keinen Platz, so könne ich einstweilen in den Spital, die Kinder wolle man auf die Güter tun. Ich sagte ihnen, sie sollen nur machen, was sie vor Gott verantworten können, kurz ich sagte so viel, daß ich nicht mehr alles weiß. Ich sah wohl, daß ich Einige erbarmte und daß sie wohl merkten, die Sache sei nicht richtig, allein sie hatten es, wie es im Sprichwort heißt: Was dich nicht beißt, das kratze nicht; was dich nicht brennt, das blase nicht.»

So erzählte die Mutter, wir hörten und weinten; von allem begriffen wir wenig, als daß wir auseinander zu fremden Leuten sollten, darüber konnten wir uns fast nicht trösten. Wir machten allerlei kindische Anschläge, um beisammenbleiben zu können, allein wir hatten nicht die Kräfte zur Ausführung und Mutter war nicht die Frau dazu.

Mutter machte sich darauf auf die Beine und lief zum Landvogt, ihm ihr Elend zu klagen. Sie schimpfte zuerst über den Bauern, über den Ausgeschossenen, über den Gemeinderat, in ihrem Eifer dann über das Benefizium, über das Aufschreibamt, das alles sei nur ersonnen, um arme Wittwyber zu kujinieren und um ihre Sache zu bringen. Der Landvogt war kein böser Mann, aber wer etwas über die Regierung sagte – und dazu rechnete er auch den Tadel irgend eines Gesetzes oder einer Verfügung –, der hatte es bei ihm verspielt, den nannte er einen übeldenkenden Menschen, der keine Religion habe, denn göttliche und oberkeitliche Gebote schienen ihm gleich wichtig. Er hatte auch den Verstand nicht, zu unterscheiden, daß ein Weib in vielen Dingen recht haben, in andern im Eifer zu weit geführt werden könne, weil es sich darauf nicht versteht, ohne geradezu ein schlechtes Mensch zu sein. Übrigens wußte eigentlich jedermann, daß man diesen Verstand dem Landvogt nicht zumuten dürfe, allein was vergißt ein zornig Weib nicht alles! Nun, mein Landvogt, der anfangs hören zu wollen schien, fuhr tüchtig zweg, als das Weib so redete: Wenn es nicht plötzlich schweige, so lasse er es acht Tage bei Wasser und Brot an Schatten tun; er wolle es lehren, so von seinen gnädigen Herren und Oberen zu sprechen, daraus sehe er am besten, daß alle ihre Reden nur Verleumdungen seien. Auch kenne er die Vorgesetzten gar wohl, das seien lauter gutgesinnte Leute und meiner gnädigen Herren getreue Untertanen, er wett wohl gerne, es wären alle Leute so gutdenkend wie der Ausgeschossene, dann wäre mehr Religion und mehr Respekt gegen die hohe Obrigkeit in der Welt. Wenn sie sich noch einmal unterstehe, ins Schloß zu kommen, so lasse er sie mit dem Landjäger der Gemeinde zuführen. «Und jetzt pack dih!» waren seine letzten gnädigen Worte.

Mutter machte sich wohl fort, aber nicht erschrocken, sondern vollends ertaubet. Schnurstracks lief sie zu einem Agenten, erzählte ihm ihre Not und wollte von ihm, daß er die Schelmen alle, die unter einer Decke lägen, verklage. Der Agent hörte aufmerksam zu, fragte nach vielen Dingen, nach den Schriften zum Beispiel, endlich so ganz nebenbei, sie werde Geld haben, um den Handel zu treiben. Die Mutter meinte, Schriften brauche sie keine, die werden schon zum Vorschein kommen, er solle nur klagen; wegen dem Gelde solle er nur ganz unbesorgt sein, sie werde ihn bezahlen, sobald der Handel gewonnen sei. Der Agent sagte nicht viel darauf als: Sie solle in einigen Tagen wieder kommen, er werde die Sache genauer untersuchen. Als die Mutter wieder kam, putzte er ihr tüchtig ab, daß sie mit Lügen zur Annahme eines Lumpenhandels ihn habe verführen wollen, die Sache sei keinen faulen Rappen wert. Da strich sich die Mutter ganz niedergeschlagen fort und glaubte die ganze Welt gegen sich verschworen. Als sie weinend ihrer Wege ging, traf sie eine alte Bekannte, diese fragte nach ihrem Elend. Mutter leerte ihr das Herz und was ihr jetzt der Agent gesagt, der ihre letzte Hoffnung gewesen sei.

«Ja», sagte die, «da kann ich dir wohl sagen, warum dä so gegen dich aufbegehrt. Ich war am letzten . . . Wochenmarkt und hatte im . . . Stübli für einen Batzen Suppe und einen halben Schoppen; dort war der Bauer, der Ausgeschossene und hatten eine Halbe. Da kam der Agent auch, sie brachten es ihm und er mußte zu ihnen sitzen. Sie redeten viel mit einander, aber süferli, ich konnte nichts verstehen, und ließen noch mehr Wein kommen, auch Essen auftragen, und der Agent aß und trank mit ihnen. Ich mußte nun fort, und als ich bei ihnen vorbeiging, hörte ich, daß der Bauer sagte: ‚He, uf enes paar Neutaler chunts de notti nit a.' Damals habe ich nicht gewußt, was das zu bedeuten habe, jetzt kommts mir zSinn; sie haben den Agent gspickt, daß er dich abputzen solle und fortjagen. Wenn ich dir guts Rats bin, so gib die Sach auf; es ist ein Donners Schelm wie der andere, und es kratzet keine Krähe der andern die Augen aus. Such du Platz für dich und die Kinder zur rechten Zeit, das ist das Beste, was du machen kannst. Komm, wir wollen da noch eine Halbe trinken, du vergissest dein Elend vielleicht darob und kannst dih öppe tröste.»

Bei der Halbi schwatzten die Weiber, wie Weiber bei einer Halbi schwatzen, das heißt noch einmal so viel als sonst. Die Freundin erzählte der Mutter, was der Ausgeschossene eigentlich sei, wie er seine eigenen Geschwister bestohlen, als ihr Vater gestorben, wie er sich auf das Bestechen gut verstehe, wie er bei dieser Gelegenheit es bewiesen usw. Da wollte meine Mutter über den Gemeindrat ausfahren, als ob derselbe mit den Andern gemeine Sache mache. «Nein, da mußt du nicht ungerecht sein», sagte die Freundin, «am Gemeindrat sitzen meistens brave Männer; ich will zwar nicht sagen, daß nicht auch drin sitzen, die machen, was sie können, wenn es sich ihnen schickt. Aber der Gemeindrat hat gar viel zu tun und große Verantwortung, und ein jeder sieht doch dann am Ende zu sich selbst, denn die Meisten müssen ihre Weiber daheim ein wenig fürchten, und da machen sie vor allem aus, daß sie ungeschlagen darauskommen. Am meisten fehlen sie freilich darin, daß sie solche Leute zu Ausgeschossenen machen, aber Keiner von ihnen tut es gerne, sie haben Schaden dabei, weil sie sich schämen, uverschant aufzumachen; da schießen sie oft die aus, welche es nicht ungern machen, weil sie einen Profit darin sehen. Freilich wissen sie wohl, daß nicht alles mit rechten Dingen zugeht, allein es scheut sich doch jeder von ihnen, öffentlich aufzutreten. Du weißt, man macht sich nicht gerne unwert. Verschmerz jetzt die Sache und gib den Mannen gute Worte in der Gemeindstube, und wenn du einen allein siehst von den Besseren, so erzähle ihm die Sache, du wirst sehen, er gibt dir recht und redet dir ein andermal, wenn du etwas willst, z'best.»

Die Mutter befolgte zum Teil die guten Räte. Sie fand für sich selbst Platz bei einem Bruder, der auch wieder Krämer war und seine Frau verloren hatte. Meine Geschwister wurden von Göttene oder Gotte genommen, mich allein wollte niemand. Ich hatte keine Götti mehr, Großvater und Vater waren gestorben. Meine Großmutter war ihrer Sohnsfrau selbst im Wege, geschweige daß sie mich hätte nehmen dürfen. Es blieb also der Mutter nichts übrig, als wieder in die

Gemeinde zu gehen und anzuhalten, daß man mich übernehmen möchte. Es ging ihr auch, wie die Freundin vorausgesagt hatte. Man erkannte das vielfache Unrecht, das sie erlitten, insgeheim an, gab ihr gute Worte und versprach, mich bis zur nächsten Bettlergemeinde gut zu versorgen.

Nun ging die Sache ihren raschen Lauf. Der Geltstag wurde angerufen, eine zweite Steigerung gehalten. Mit Angst und Not rettete die Mutter ein Bett, das sie in ihrer ledigen Zeit hatte machen lassen. Eine arme Familie war mehr in der Welt, die Großkinder eines reichen Bauern waren Bettler und warteten auf die Bettlergemeinde, um versorgt zu werden. Wer trägt die Schuld, daß sie Bettler wurden? Sind eigentlich die Armen allein schuld, daß so viele Arme sind? Woher die wachsende Zahl der Armen kommt, ist den meisten Menschen ein Rätsel! Haben denn die Menschen noch immer Augen und sehen nicht, Ohren und hören nicht, einen Verstand, schwer zum Begreifen?

Die Stunde der Trennung schlug. Wir Geschwister hatten einander geliebt; was wir fühlten, wie wir weinten, kann jeder denken, der selbst fühlen und weinen kann, beschreiben will ich es nicht. So wurde ich ein Güterbub und war acht Jahre alt.

SIEBENTES KAPITEL

Die Bettlergemeinde

Man würde mir unrecht tun, wenn man aus den letzten Worten des vorigen Kapitels den Schluß ziehen wollte, ich glaube, es seien keine Arme an ihrer Armut schuld. Ich weiß gar wohl, daß ein bedeutender Teil der Armen ihre Armut selbst verschulden und mutwillig ihre Kinder in ihrem Elend behalten; ich wollte nur sagen, daß auch gar viele Reiche ihre eigenen Nachkommen in die Armut bringen, gerade wie es mir erging, und will nun ferner zeigen, daß viele Arme nicht durch ihre Schuld arm bleiben, sondern deswegen, weil man gar nicht daran denkt, sie so zu erziehen, daß sie sich in der Welt mit Ehren forthelfen können.

Meine Mutter hatte bei ihrem Bruder die Gunst ausgewirkt, mich bei ihr behalten zu dürfen bis zur Bettlergemeinde, welche in wenig Wochen stattfinden sollte. Es war ein schöner Maimorgen, als wir uns aufmachten nach unserem Heimatsort. Schön blau war der Himmel, schön warm schien die Sonne, schön grün waren die Matten, die Bäume blühten schön, und die Vögelein sangen so lustig und spielten so frei und froh mit einander in den Bäumen und Zäunen, daß es eine Herzenslust war.

Und während die fröhlichen Vögelein so lustig sangen, so frei sich lustig machten an der warmen Sonne, unter dem lieben heitern Himmel, zogen viele, viele Kinder mit schwerem Herzen und trüben Gesichtern der Bettlergemeinde zu; sie fühlten die warme Sonne nicht, sie sahen den blauen Himmel nicht, ihnen wars wie den Vögelein, die man im lustigen Mai in die Kräze tut, in die Stube hängt und in einem Trögelein das Fressen ihnen sorgsam zumißt, welches sie früher unter Lust und Jubel nach Belieben selbst gesucht.

Mir freilich war so trübe nicht zumut, eher war ich fröhlich. Die Mutter trug einen großen Bündel Zeug, hatte mir ein neues schönes Halstuch eingebunden und erzählte gar viel, wie ich es gut haben, wieder zu Rossen, Kühen und Pferden kommen werde usw. So wars mir leicht ums Herz, fast wie den Vögelein ringsum, und wohlgemut kam ich am Orte unserer Bestimmung an.

Dort waren bereits viele Leute versammelt: Leute, welche Kinder brachten, Leute, die Kinder an Kost nehmen, Eltern, welche ihre Kinder der Gemeinde auf den Hals werfen wollten, denen man die heimliche Freude ansah, ihrem eigenen Fleisch und Blut bald loswerden zu können. In einer Ecke saß ein Weib, zwei schöne Mädchen neben sich, alle Drei weinten bitterlich und hielten einander immer wieder um den Hals. Es war eine Witwe, welche vor die Gemeinde mußte, um entscheiden zu lassen, ob man ihr lieber die Kinder verdingen oder den Hauszins geben wolle. Sie war verleumdet worden von einer guten Freundin, welche ein noch besseres Maul und Zutritt in viele Häuser hatte, eben ihres Maules wegen. Eine Frau Gemeindrätin hatte diese böse Nachrede aufgefaßt, sie ihrem Mann hinterbracht, dieser das arme Weib gar übel angefahren und ihr alle Hoffnung abgesprochen, die Kinder behalten zu dürfen. Zum Glück war er diesmal nicht allein Meister; die so deutlich an den Tag tretende Mutterliebe trug den Sieg davon, und die zwei schönen Mädchen blieben am Herzen der Mutter.

Es war fast wie an einem Markttag. Da ging man herum, betrachtete die Kinder von oben bis unten, die weinend oder verblüfft dastanden, betrachtete ihre Bündelchen und öffnete sie wohl auch und betastete die Kleidchen Stück für Stück, fragte nach, pries an, gerade wie an einem Markt. Vor allem ein Vater, der vier Kinder brachte, rief dieselben aus und jeden Vorübergehenden herzu, um ihm eines oder das andere aufzudringen, er machte es ärger als die Weckenfrau an ihrem Korbe mit ihrer Ware. Am meisten Menschen versammelten sich um einen brüllenden, fluchenden Mann und ein Kind, das herzzerreißend schrie. Es war ein Vater und sein Kind. Die Gemeinde hatte es verdinget und der Vater wollte es, und das Kind schrie immer: «Ach der tusig Gottswille, nume nit zum Vater, er schlat mih alli Tag halb zTod und git mr nüt z'esse!» Und der Vater fluchte dann seinem Kinde, wollte es schlagen, das Kind verbarg sich zwischen den Beinen der Umstehenden vor seinem Vater. Auch hier war die Gemein-

barmherzig. Der Vater verließ wie ein brüllend Tier den Ort, und auf diesen Vater schien auch Gottes liebe Sonne, aber er merkte es nicht.

Die Steigerung ging langsam vor sich; die Ersten auf dem Rodel kamen zuerst, die, welche neu zu verdingen waren, zuletzt. Der Mittag kam, die Sonne brannte heiß, die Kinder wurden hungrig, die kleinen besonders durstig; die einen hatten etwas gekauft, das machte die andern nur hungriger und durstiger, so daß nach und nach vor Weinen und Schreien man kaum sein eigenes Wort verstand, bis endlich ein guter Mann der Armen sich erbarmte und mit einigen Batzen den Jammer stillte.

Mir hatte die Mutter einen batzigen Wecken gekauft, diesen in der Hand stand ich nahe bei der Witfrau und ihren beiden Mädchen, denn sie gefielen mir gar wohl. Ihre Mutter hatte beiden zusammen auch einen halbbatzigen Wecken gekauft, sie selbst aß nichts davon und freute sich über die Freude der Kinder und sättigte sich an dieser. Allein die Freude war kurz, der Wecken war bald gegessen, der Hunger noch da, und die Mädchen baten gar dringend um noch einen, allein die Mutter hatte keinen Halbbatzen mehr und weinte und die Mädchen mit. Das griff mir ans Herz, ich brach Stücke von meinem Wecken ab und streckte sie den Mädchen dar; sie nahmen anfangs nicht, ich ließ aber nicht nach mit Anhalten; endlich nahm das jüngere, dann auch das ältere, und ich freute mich, wir aßen, ich setzte mich zu ihnen, und da plauderten wir und fragten einander und fingen an zu gvätterle, vergaßen Hunger und Jammer und alles andere. Bald hätte ich geweint, als man die Witwe in die Stube rief und unsere kaum geschlossene Freundschaft zerrissen wurde. Nach ihnen, die mit freudestrahlenden Augen zurückkehrten, kamen wir vor. «La gseh, wer wott dä Bueb, er ist gar e tolle un e muntere un ist guet gchleidet, er isch e halbe Knecht oder es ganzes Kingemeytschi!» so wurde ich ausgerufen. Ich wurde betrachtet, für und wider geredet, ein zerlumpter Mensch bot endlich auf mich, das heißt er erklärte, für einige Kronen mich zu nehmen. Wahrscheinlich rechnete er darauf, mit meinen Kleidern seine eigenen zerlumpten Kinder zu bedienen. Diesem wollte man jedoch mich nicht geben, man bot mich wieder aus und strich mich aus. Ich war allerdings ein wackerer Bube, groß, breit gewachsen, nur etwas blaß, und hatte viele Kleider, was nicht vergessen wurde. Man beschauete mich von neuem, redete hin und her, Einer nach dem Andern trat an mich heran; mir wurde bange, ich fing an zu weinen, hängte mich an die Mutter und wollte fort. Endlich beredete man einen noch ziemlich guten Bauer, mich zu nehmen, um bei ihm Kindemeitschi zu werden, da er ja eines nötig hätte, weil das frühere ihm abgehandelt worden sei. Er ließ sich dazu verstehen, nahm mich um zehn Kronen mit einer Mahnung, mich gut zu halten. Weil man mich jetzt so gut angebracht, wurden wir entlassen.

Um meinem neuen Meister gutes Blut zu machen, zahlte die Mutter ihm noch eine Halbe Wein, und er rühmte, wie ich es gut bei ihm haben werde, wenn ich folgen wolle; dann kam er überhaupt ins Rühmen hinein und strich alles, was ihm angehörte, heraus, von ihm selbst weg bis auf den schwarzen Hund, der ihm zwischen den Beinen saß, so daß ich voll guter Dinge mit ihm aufbrach und beim Abschied von der Mutter nicht besonders mich härmte.

ACHTES KAPITEL

Der Güterbub als Kindemeitschi

Mein Meister gehörte zu jener Klasse, die zu arbeiten und zu essen hat, aber allem aufbieten muß, um den Schulden zu begegnen, und nur in besonders günstigen Jahren einen Ruck vorwärts kommt. Sein Hof war groß, aber mager; ihm viel Aufzug zu geben oder ihn mit größeren Kosten zu bearbeiten, vermochte er nicht, daher verbesserte er sich fast gar nicht. Seine Frau verstand das Haushalten recht gut und war emsig von früh bis spät; viele Leute wollten behaupten, sie habe eigentlich die Hosen angehabt, doch gar sichtbar wurde es nicht. Sie hatten fünf Kinder, von denen das älteste ein Knabe und ein Jahr älter als ich, das jüngste, zu dem ich eigentlich sehen sollte, ein Jahr alt war. Die ersten Tage ließ man mich so ziemlich machen, was ich wollte, ohne mir viel zuzumuten, um mich ans Haus zu gewöhnen und das Heimweh zu verhüten. Auch war mir recht wohl; ich freute mich im Stall an Kühen und Rossen, nur eines ärgerte mich, daß man mir nämlich nie den Taufnamen gab, sondern daß ich nur der Bub hieß. Später erst merkte ich, daß ein auf ein Gut verdingtes Kind jeglichen Namen verliert, um Bub oder Güterbub zu heißen, das heißt um ein Mensch zu werden, der niemandem mehr auf der ganzen Welt angehört als dem Gut, auf welchem er verpflegt wird. Solche Dinge scheinen den meisten Menschen Kleinigkeiten, allein sie haben eine weit tiefere Bedeutung, als die Menge glaubt. Fragt nur euch selbst, was klingt lieblicher und Zutrauen erweckender: Johannesli, Peterli, Christeli oder Bueb? Auch beim Spielen mit den Kindern mußte ich fast immer nachgeben, allein ich war gutmütig und tat es gerne, freute es mich ja gar zu sehr, bei Kindern zu sein und spielen zu können. Doch am dritten Abend wurde mir eine Wunde ins Herz geschlagen, die, immer wieder aufgerissen, nie vernarbte und mich zu einem ganz eigenen Menschen machte. Schon war ich ganz einheimisch und wohlauf, als ich eben am dritten Abend den Bauern vor dem Stalle sitzen sah, gerade wie der Vater es auch zu tun pflegte; ich spielte nicht weit davon, und der nachälteste Knabe stand beim Vater. Der Anblick heimelte mich, ein unwillkürlicher Zug riß mich zum Bauern hin, ich kletterte auf seine Knie und fragte ihn: «Ätti, hesch mih o lieb?» Ehe dieser noch antworten konnte, riß mich der Knabe herunter, stieß mich weg und sagte: «Das ist nit dy Ätti, du bist nume dr Bueb», und die andern Kinder kamen auch herbei, umringten den Ätti, stießen mich weg, wiederholten: «Du bisch nume dr Bueb, das isch nit dy Ätti, du hesch kei Ätti.» Und der Bauer lachte herzlich über seine Kinder, die ihn so lieb hätten, daß er nicht auch mein Ätti sein sollte; er sah nicht, wie mein ganzes Wesen sich erschütterte und große Tränen die Backen herabströmten.

«Das isch nit dy Ätti, du hesch kei Ätti, du bisch nume dr Bueb!» Diese Worte tönten in meinem Herzen fort und fort, zerrissen es und rissen einen Vorhang von meinen Augen weg; nun kam mir zum Bewußtsein, daß ich hier keinen Ätti habe, kein Kind, sondern nume dr Bueb sei. Ich hatte ein Herz voll Liebe, hätte so gerne alle geliebt, aber meine Liebe wollte man nicht, Liebe gab man mir nicht, sondern glaubte mehr als genug zu tun, wenn man mir zu essen gab. Diese Liebe, die niemand wollte, schloß sich ein in das Herz und verschloß es; ich fühlte mich allein auf der Welt, wurde ernst, bitter, dachte über alles für mich selbst nach, schien unfreundlich, mürrisch, aber niemand sah, wie oft, wenn ich allein war, eine Wehmut über mich kam, die in einen Tränenstrom sich auflöste, der fast nicht versiegen wollte. Oh, die Menschen wissen nicht, wie schön es eigentlich in Kinderherzen aussieht, in denen die Liebe aufblüht; sie wissen aber auch nicht, wie zart diese Pflanze ist in ihrem Frühling und wie leicht ein Frost sie lähmt oder tötet. Mit eisiger Hand, frostig durch und durch, wühlen die meisten Menschen in den Kinderherzen, und unter ihren Händen erstarrt der schöne Frühling, die Pflänzchen der Liebe sterben und kühle, kalte, selbstsüchtige Menschheit nistet sich ein als tausendarmiges Unkraut in der Liebe verödetem Garten, und da, wo man der süßen Liebe süße Früchte hätte pflücken können, findet man nun die bitteren Galläpfel des Neides, der Engherzigkeit, der Gemeinheit.

Ich wußte also, daß ich auf dem Gut der Bueb war und nicht das Kind, und das sollte ich alle Tage fühlen. Nicht daß meine Meisterleute böse gewesen wären im eigentlichen Sinne; wenn sie keine Kinder gehabt hätten, so wäre mir recht wohl bei ihnen gewesen, ich hätte arbeiten müssen, aber unvernünftig wären sie mit mir nicht umgegangen. Sie gehörten aber zu den Eltern, die an ihren Kindern in der Jugend gar nichts sehen, die diese alles zwänge lassen aus dem Grundsatze: was well me, es syg ume es King, und die meinen, wenn der Verstand komme, so kommen alle Tugenden von selbst. Sie gehörten also auch unter die Eltern, bei denen die Kinder gegen andere Leute immer recht haben, wo immer andere Leute schuld sein müssen, wenn die Kinder etwas Dummes machen, immer Lügner sein müssen, wenn ihre Aussagen mit denen der Kinder nicht übereinstimmen, also zu den Eltern, die nie glauben wollen, daß ihre Kinder lügen, wenn diese es auch hundertmal in einem Tage tun.

Aus dieser Quelle entstanden meine Leiden. Ich sollte also Kindermeitschi sein; das jüngste Kind war ein, ein anderes drei Jahre alt, beide gewohnt zu tun, was sie wollten, bei jedem Anlaß geradeaus zu brüllen und mit diesem Gebrüll alles zu erzwingen. Ich war auch noch nie Kindermeitschi, sondern selbst das jüngste Kind gewesen und also gar nicht gewöhnt, kleine Kinder zu gaumen; sie waren mir freilich recht lieb, aber ich wußte doch nicht viel mit ihnen anzufangen. Nun mag es oft geschehen sein, daß ich nicht alle meine Aufmerksamkeit den Kleinen zuwandte und in ein dumpfes Hinbrüten versank, so daß sie Langeweile hatten, aber zuleid tat ich ihnen doch nichts und tat für sie, was in meinen Kräften stand. Sie aber waren, als ob sie es ordentlich darauf anlegten, meine Quälgeister zu sein. Wenn sie wußten, daß die Eltern nicht in der Nähe seien, so ging es noch an, sie fielen und standen auf, spielten mit mir ohne Geschrei. Sobald sie aber wußten, daß Vater und Mutter sie hören konnten, so schrien sie beim kleinsten Anlaß und auch ohne denselben fürchterlich. Dann kam eine Stimme der Alten über uns: «Bueb, was machst dKing aber z'brülle, we si nit bald schwyge, so will ders cho zeige.» Natürlich schwiegen die Kinder nicht, ich mochte tun was ich wollte, bis eins der Alten kerkam, das schreiende auf die Arme nahm und den wüsten Buben mit einer Ohrfeige oder einem Scheltworte traktierte. Fiel gar eines, nun dann schrie es, wie wenn ich es am Messer hielte, bis in Schrecken und Angst eines der Alten herlief, glaubend, wenigstens ein Hals und zwei Beine seien gebrochen. Und richtig, allemal kriegte ich meinen Teil ab und war schuld an allem, und obendrein drohte man mir noch, wenn ich nicht bessere Acht geben wolle, so schlage man mich das andere Mal halb tot.

So ging es den lieben langen Tag; bis sie eingeschlafen waren, hörten die Quälereien nicht auf. Mit dem dreijährigen Meitschi sollte ich im Bett noch beten, gewöhnlich wollte es nicht, ich hielt ihm an, allein es schrie, bis die Mutter kam, den wüsten Bueben fortjagte und dem Meitschi flattierte und über den Bueben schimpfte, bis es betete. Natürlich fühlte ich die ungerechte Handlung tief und dachte scharf darüber nach, warum es komme, daß die Kinder so bös und zwängisch seien und ob, wenn die Eltern anders wären, die Kinder nicht auch anders sein würden? Ich dachte, wenn sie die Prügel erhielten, welche ich abtun müßte, sie würden bei ihnen besser anschlagen als bei mir. Ich versuchte auch das Prügeln an ihnen, dadurch wurde das Zetergeschrei noch größer, und allemal hieß es: «Du Donners Bueb, du sosch mr mini King nit schla!» Allein wenn es sich mir schickte, so tat ich es doch, kam es doch im Grunde auf eines heraus, geprügelt oder geschimpft wurde ich allweg; es brachte nach und nach den Kindern eine Art Respekt vor mir bei, der sie mich weniger quälen ließ, weil sie wußten, später oder früher kriegten sie auch einen Teil von dem ab, was sie mir zugezogen.

Gleich geartet und gleich gezogen waren die älteren Kinder. Wurde einem dieser Kinder etwas befohlen, so antwortete es, wenn ich irgend in der Nähe war: «Dr Bueb chas mache!» «Wosch enanderna gah oder nit?» befahlen die Alten. Der älteste Knabe betete sonst vor Tisch. Ich war noch nicht lange da, so kam es ihm einmal, da wir böse über einander waren, in Sinn, das sei auch eine Bürde, die er auf mich abladen könne, und als der Vater sagte: «Johannesli, bet!», sagte Johannesli: «Vater, der Bueb cha bete!» «Bueb, bet!» hieß es. Das ärgerte mich nun, daß er mich strafen könne und beim Vater Recht erhalte, und ich konnte nichts hervorbringen; da hieß es lauter: «Bueb, wotsch bete oder nit!», aber der Bueb betete nicht; «du Donners Bueb, wotsch jetzt bete oder nit!» aber der Bueb betete nicht; «du Donners Bueb, wotsch jetzt bete?» schrie der Alte und faßte mich beim Haar. Unter Heulen betete ich, und Johannesli sagte spöttisch: «Gäll, du hesch müesse?»

Ob wohl über dieses Beten die Erbauung im Himmel tief, auf dem Tisch der Segen des gütigen himmlischen Vaters groß gewesen sei, wer sagt mir das?

Dieser Johannesli und ich lebten überhaupt zusammen wie Hund und Katze. Er war älter und größer als ich und glaubte sich auch stärker; im Anfang zwang er mich richtig mit der Faust nach seinem Willen, und alle Augenblicke, besonders wenn der Vater es sah, sollte ich mit ihm niedermachen; der

Alte hatte dann eine kindische Freude, wenn sein Bübchen mich überschlug und im Gras oder Kot herumtröhlte.

Allein das Blatt wandte sich. Ich erwachte am Ende und lernte das Niedermachen durch das Niedergemachtwerden. Ich war stärker als der Johannesli und auch gleitiger, und als ich aus Ärger den Mut erhielt, mich recht zu wehren, so kam ich meist obenauf und Johannesli lag im Kot oder im Grase. Das ärgerte den Johannesli, aber viel mehr noch den Vater, der es gar nicht ertragen mochte, daß der Bueb stärker sein sollte als das Söhnchen. Jetzt nun sah der Vater, wo Kot oder Gras war, wenn sein Sohn darin lag, jetzt wußte er, daß Kot die Kleider verderbe, jetzt mußte ich am Niedermachen schuld sein, jetzt war ich der Unerchanntisch von allen, jetzt hieß es schnell, solang er mich im Vorteil sah: «Wotsch ne la gah oder nit», während früher und noch immer, wenn das Söhnchen zufällig die Oberhand erhielt, dieses mich nie lange genug im Kot herumdrückte.

Unter diesen Geschichten kam allmählich der Winter heran, die Abende wurden länger, man mußte öfters in der Stube sein. Machten nun die Kinder der Mutter zu viel Lärm, so hieß es: «Syt still, susch müeßt dr zSchuel», und wenn sie dieses ungefähr dreimal gesagt hatte, so besserte es sicher. So wurde das Schulgehen einige Wochen lang als ein recht wirksamer Bölima gebraucht; endlich sagte eines Abends der Bauer: «Es wird doch müesse sy, mr werde dKing müesse i dSchuel schicke, s'isch wegem Verdruß, dr Pfarrer, dä Schueltüfel, kujiniert is susch.»

Und die Mutter sagte: «Dä het is nüt z'bifehle, dä cha mer blase, won ih schön bi, dä het is nüt a Hof zahlt u zahlt is nüt a de Zeyse.» Zuletzt wurde man rätig, man wolle die Kinder diese Woche noch nicht schicken, es sei ja nicht mehr dr wert, es sei ja schon Dienstag, die andere Woche, da wolle man anfangen. Ich freute mich auf die Schule, nicht des Lernens wegen, an das dachte ich gar nicht, sondern nur auf so lange des Kinderhütens los zu sein. Ich wußte auch eigentlich nicht, wie es in einer Schule zuging, weil ich kaum ein dutzendmal in einer gewesen war. Das Wenige, was ich konnte, hatte ich größtenteils noch bei der Mutter gelernt; die Mutter hatte eine gar große Meinung von meiner Gelehrsamkeit gehabt, als sie mich zum Buchstabieren aus dem Namenbuch ins Fragenbuch brachte. Weiter hatte ich es bei meinen Eltern nicht gebracht, sie hatten an andere Dinge zu denken als ihre Kinder lesen zu lehren; so fanden sich auch unter meinen mitgebrachten Sachen keine Bücher, weil die Mutter keinen Wert darauf setzte.

In Mitte Dezembers an einem kalten Morgen brachen nun unser Drei nach der Schule auf, ich mit einem versudelten Fragenbuche vom Johannesli, dem dafür ein gar schönes mit goldenen Tieren gekauft wurde, um welches ich ihn nicht wenig beneidete. Zugleich mußte ich das Säcklein tragen mit Speise, worin Milch, Brot und Äpfel waren, zu unserm Mittagessen, denn wir hatten eine halbe Stunde weit zum Schulhaus und sollten über Mittag dort bleiben. Ihre eigenen Säcke hatten die beiden Andern noch mit Äpfeln gefüllt, und zwar hatten sie dafür die Äpfel, welche die Mutter aus dem Keller heraufbrachte, erlesen, die schönsten für sich behalten, die schlechtern ins allgemeine Säcklein getan. Ich hatte auch zugreifen wollen, allein die Mutter meinte, sie wüßte gar nicht, warum ich noch apart Äpfel in Sack haben müsse, ich werde es noch manchmal machen müssen ohne Äpfel, man könne nicht immer alles haben, was Andere hätten.

Frischer Schnee war gefallen und eine lange Strecke keine Bahn. Ich mit dem Säcklein und mit dem versudelten Fragenbuch mußte vorangehen, die Andern konnten dann in meinen Tritten bequemer fortkommen; so wandelten wir zur Schule fort, wo wir nach neun Uhr morgens ankamen. Der

Schulmeister, mit einer Brille auf der Nase, las eben das Namensverzeichnis ab, als wir kamen, in das ich denn auch geziemend eingetragen wurde, wo man mich alsobald unter die sogenannten Fragenbüchler setzte, während meine beiden Gefährten ihre Füße auf dem Ofen trockneten, die kaum so naß waren als die meinigen. Nachdem abgelesen war, rief der Schulmeister: «Lehrit!», nahm eine starke Rute unter den Arm und spazierte in der Stube herum, hie und da stillestehend. Und wie er stillestand, erhoben sich eines oder mehrere Kinder und steckten Äpfel an die Spitze seiner Rute, und wie er es merkte, daß es geschehen war, kehrte er sich um und fragte: «Wele tusigs Büntel het mer das chönne mache? Wenn ihs wüßt, ih wett ihm!» Über diesen Zorn lachte man, und der Täter auf eine Weise, daß er kenntlich wurde; dann hieß es: «Für einist will ders schäyche, aber ds angermal sosch erfahre!» Die Äpfel wurden abgenommen und in ein Schäftchen in der Stube gelegt, dann steckte er die Rute wieder unter den Arm und schrie: «Lehrit!», spazierte wieder und erhielt zu allgemeinem Jubel wieder Äpfel, und wie waren glücklich die, welche Äpfel hatten an die Rute zu stecken! Ich aber hatte keine und hätte doch auch so gerne gegeben, ohne noch zu wissen, was für Nutzen es brachte. Ach, geben können ist gar schön, die meisten Menschen wissen nicht, wie schön, ein Kind aber fühlt es. Natürlich sah von den Kindern keines ins Buch, sondern hatten sämtlich ihre Lust am Spektakel und paßten begierig auf, wo der Schulmeister stillestehe und wer noch Äpfel habe, um die Lust zu verlängern. Nach und nach nahm der Äpfelvorrat ab, so wie das Schäftchen sich anfüllte, und wie der Schulmeister zweimal stillegestanden war, ohne etwas an die Rute zu bekommen, so hieß es: «Jetzt müßt ihr ufsäge.»

Die, welche Fragen gelernt hatten, mußten sie aufsagen, uns Kleinen wurde von Zeit zu Zeit, wenn das Geräusch zu stark wurde, zugerufen: «Lehrit!» Beim Aufsagen spielte die Rute eine andere Rolle; Einige wurden tüchtig mit derselben getroffen, entweder Aufsagende oder solche, die Lärm gemacht haben sollten. Es wurde nämlich bei allzu starkem Lärm immer eines dafür geprügelt, aber ohne langwierige Untersuchung, ob dasselbe wirklich das Schuldige sei. So erhielt auch ich am ersten Tag meine Tracht Schläge, ohne Mucks gemacht zu haben. Als ich darüber weinte, sagte mir eins: «Warum hast du keine Äpfel an die Rute gesteckt? Wer keine ansteckt, der kriegt sie.» Nun wußte ich, was ich zu tun hatte, aber woher Äpfel nehmen? Entbehrungen und Listen brachten mir zuweilen welche, aber das hatten des Meisters Kinder nicht gerne, sie hatten ihre besondere Lust daran, wenn der Schulmeister mich prügelte, und verklagten mich dann noch zu Hause, damit ich auch noch von den Alten durchgehudelt werde. Hatte ich durch Äpfel das Wetter abgewendet, so war ihnen der Spaß verdorben, aber sie verklagten mich nun, wenn es irgend tunlich war, daß ich irgendwo Äpfel gestohlen und dem Schulmeister gegeben, dann wurde ich in scharfes Verhör genommen, ob ich sie nicht ihnen entwendet, und wehe mir, wenn ich nicht nachweisen konnte, daß ich sie anderswo erhalten! So war ich übel daran, ich mochte es machen wie ich wollte, ich war überhaupt in der Schule noch übler daran als zu Hause, aus mehreren Gründen.

Vor allem aus hatte ich furchtbar Langeweile. Ich hatte den ganzen Tag das Fragenbuch vor mir, nicht aber um auswendig zu lernen, sondern um einige Zeilen durchzubuchstabieren, um sie dann einmal des Tages dem Schulmeister geläufig herstottern zu können; sah ich vom Fragenbuch weg und hatte ich keine Äpfel, so erhielt ich Schläge oder hörte wenigstens: «Lehrit, lehrit!»

Wie kann nun ein neunjähriger Knabe eine Stunde lang

an einen Ort hinsehen und stille sitzen und noch dazu an einen Ort, wo er nichts Lustigeres sieht und nichts, das er versteht, nur dumme Buchstaben und Worte, die für ihn keinen Sinn haben! Mir taten die Augen weh, es krabbelte mich in Händen und Füßen, es biß mich am Kopf, ich hatte beständig zu kratzen, konnte gar nicht stille sitzen aus der fürchterlichsten Langeweile, und hätte es den Kopf gekostet, ich mußte zuweilen aufsehen, dem Nachbar etwas sagen oder jemand beim Haar nehmen oder am Kleid zupfen; wenn ich auch ins Buch sah, so war es mir unmöglich, mehr als ein Wort zu buchstabieren für mich selbst; ich wußte nicht, ob es recht gewesen, so wie ich es gesagt, wußte nicht, was es bedeute. Es flimmerte mir bald vor den Augen, ich sah weder Buchstaben noch Worte mehr, guckte verstohlen herum und seufzte nach dem Ende der Schule oder gar nach dem Aufsagen; kriegte ich auch bisweilen Schläge dabei, so war es doch kurzweiliger. Im ganzen Fragenbuch war eine einzige Stelle, die mich anzog, aber mir auch oft Schläge zuzog, weil ich die Blätter umschlug, um zu ihr zu kommen, und dann nicht fortfahren konnte, wo mein Vordermann geblieben. Es war das zweite Gebot, wo es heißt: «Du sollst dir kein gegraben noch geschnitzt Bild machen, ja gar kein Bildnis noch Gleichnis, weder von Dingen, die im Himmel droben, noch denen, die unten auf Erden, noch denen, die unter der Erde im Wasser sind.» Was das für Dinge sein möchten da unten und da oben? Das beschäftigte mich gewaltig, und allemal, wenn ich diese Stelle durchbuchstabierte, kam eine Art Schauer über mich und ich verlor mich in tiefes Staunen. Ich hatte einmal ein lebendig Kamel gesehen, eine furchtbare Kreatur für mich, und da oben und da unten, was mußte nun erst da sein? Aber das sagte mir niemand, und wenn ich auch fragte, so hieß es: «Bueb, lehr du, das gaht dih nüt a.»

War endlich der Mittag da, so fing für mich eine andere

Plage an. Johannesli nahm das Säckli und teilte das Essen aus; daß ich nun zu kurz kam, war natürlich, aber das ärgerte mich doch am meisten, daß er mir das weiche Brot herauskratzte und hinwarf und den Rauft für sich behielt. Früher machte ich zwischen beiden keinen Unterschied, seit ich aber das Weiche essen mußte, den Rauft man mir vorenthielt, hatte ich einen ordentlichen Ekel vor dem ersten, Rauft aber kam mir süßer vor als Baslerleckerli. So wurde Meisterlosigkeit und Lüsternheit gepflanzt. Konnte ich einmal ein ordentlich Stück Brot aus der Tischtrucke erwischen, so kriegten Hund oder Katze den weichen Teil und ich erlabete mich an dem harten. Prügeln konnte ich mich mit dem Johannesli in der Schule nicht, er war ein Bauernsohn und ich nur e Bueb, er hatte Vettern und Nachbarn da, die ihn nicht im Stich gelassen hätten. Einmal versuchte ich es, aber ich kam übel an, und durch den Lärm geweckt kam endlich auch noch der Schulmeister dazu, und ich erhielt meine Heiligen aufgezählt, als Sündenbock für alle. In der langen Zwischenzeit von elf bis ein Uhr hätte ich so gerne mitgespielt und mitgehalten. Es waren Kinder da, die mir überaus wohl gefielen, zu denen es mich hinzog, aber entweder stieß man mich weg, oder wenn man mich mitmachen ließ, so war es eben, um der Sündenbock zu sein. Das tat mir weh, machte mich nur verschlossener und bitterer, ich zog mich nun zurück; neckte man mich dann, so wehrte ich mich so tüchtig in verbissenem Zorn, daß man mich allmählich ruhig ließ und eine Art Respekt vor mir bekam. Mir tat eine solche Prügelei allemal wohl, und ich fühlte mich nachher ordentlich erleichtert, doch suchte ich sie nicht. Der Nachmittag verstrich in der Schule wie der Morgen. Mit Beten wurde angefangen, dann folgte der Äpfelspektakel, dann das Aufsagen und nachher wieder das Beten. Mit diesem Beten ging es nun fast wie mit dem Lehre: ich konnte nicht stillehalten während demselben, denn es währte gar lang, bis die gewöhnlichen drei Gebete hinter einander hergesagt waren, fast eine halbe Viertelstunde; auch verstund ich von dem allen gar nichts und weiß nichts mehr davon, nur an folgenden Reim erinnere ich mich: «Höllenpein, schreien in den Himmel 'nein».

Bald hätte ich vergessen, daß Einige in der Woche noch zweimal rechneten und schrieben. Der Schulmeister hielt gar nicht darauf, er sagte: Pfarrer werde keiner werden, und Agenten habe man schon viel zu viel, das seien nur Leutverderber und Atheisten, von denen glaub keiner nüt, bis si einist der Tüfel bi de Hörnere heig. Es nähme ihn aber das nit wunder, dAgente lehres von den Aflikaten, die säge eim graduse, si heige nüt uf der Religion und nüt uf de Pfaffen; dafür aber syge das o alles Lüt, wie wenn si dm Tüfel abem Karre gheit wäre, und si meine, si hätte dWysheit alli allei gfresse, und wenn eine e anderi Meynig heig als si, so schnauze si ne ab, daß es kei Gattig heig, und er söll i kei Schue ine guet si. Sie syge no viel chutzlicher als e Landvogt, und das well viel säge, aber jeder von ihnen glaub o, er sei nit nume dr Papst, sondern dr Herrgott selber. So räsonierte der gute Schulmeister allemal, wenn das Rechnen oder Schreiben anging; er soll aus zwei Ursachen also geschimpft haben, wie ich später vernahm (es ist aber doch merkwürdig, wie ich so viel besser behielt, was geschimpft, als was gebetet wurde). In frühern Zeiten war er prozediererisch und viel bei Advokaten. Er prozedierte unglücklich und mag auch nach Erscheinungen beim Weine gesehen haben, wie vielleicht ein Aflikat im behaglichen Glauben, der Gescheuteste zu sein unter den Umsitzenden, mit Unglauben groß getan und mit leichtfertigem Spott um sich geworfen. Der gute Aflikat merkte nicht, wie nur die untergebenen Agenten seine Rede für Weisheit nahmen, die Andern aber insgeheim das Kreuz davor machten, wenn sie auch keine Einrede sich erlaubten, vielleicht gar noch einstimmten.

Weil der Schulmeister einen oder zwei ungeschickte Aflikaten als gemeine Spötter kannte, schimpfte er über alle, als wäre keiner von ihnen gut genug für Futtertuch in des Teufels Pantoffel. Das war nun ungerecht, aber er tat nur, was viele Aflikaten auch tun; man wird oft mit dem gestraft, mit welchem man sündigt. Absprechen über ganze Menschenklassen zeuget entweder von groben Vorurteilen oder grobem Selbstdünkel, von beiden war mein Schulmeister nicht frei, denn er räsonierte eigentlich deswegen über Schreiben oder Rechnen, weil er es gar nicht konnte, wie Viele behaupteten. So schimpft eben Mancher über Dinge und spottet darüber, weil er zu dumm ist, sie zu fassen, zu hölzig, um Sinn dafür zu haben. Wir in der Schule kamen natürlich nicht darüber, am wenigsten ich als Bueb, denn seit Noahs Zeiten hatte niemand daran gedacht, einen Bueb schreiben und rechnen zu lehren, allein auch Andere kamen nicht darüber. Er gab Vorschriften und gab Rechnungen aus einem Buche an; nun balgete er zuweilen über krumme Buchstaben, er selbst aber machte nie einen; er sagte, ob die Rechnungen gut seien, aber er machte wieder keine. Es war immer ein Schüler da, der anderswo etwas gelernt, oder ein Schüler, der es dem Ersten abgesehen hatte; die konntens den Andern zeigen, wenn sie wollten, er bekümmerte sich um nichts, als die Rechnungen anzugeben; wie sie gemacht würden, konnten die Schüler zusehen. Deswegen also besonders soll er über Rechnen und Schreiben geschimpft und behauptet haben, es mache in Mißkredit stehende, schlechte Menschen, Agenten und Aflikaten, weil er es selbsten nicht konnte und einige Hausväter doch darauf drangen, daß er diese Fächer in der Schule treibe.

War endlich das Beten zu Ende und die Schule aus, so kann man sich denken, mit welcher Hast wir aus dem Zwinger stürzten und in welcher Wildheit die so lang geschnürte jugendliche Lebhaftigkeit sich ergoß. Zwei Stunden waren wir geistig tot, körperlich gefesselt gewesen, eine Ewigkeit für ein Kind! Nun strömte das gehemmte Leben wieder in alle Glieder, und wie die Türen sich öffneten, erscholl durch dieselben ein weithin tönender Lärm; wie die wilde Jagd stürzte und purzelte man hinaus, selten ging es ohne einige geschundene Knie ab, und draußen, da mußte etwas herhalten, etwas mußte getrieben werden, je ärger je besser. Alle, überhaupt schwächere Leute, gingen uns schon von weitem aus dem Wege, und wenn das Tosen der ausgelassenen Schule heranscholl, trat mancher Hausvater vor die Türe, um seine Habe zu sichern und die Schüler vom Hause abzuhalten.

Das waren aber noch die guten alten Zeiten, wo man in der Schule Religion lernte und nur Religion und man vor lauter Religion nicht wußte, was Religion war, wo man vor lauter Bäumen den Wald nicht sah, wo man die Kinder mit dem Heidelberger und der Rute einbalsamierte, solange sie in der Schule waren, überzeugt, daß ihnen dann der Teufel nichts anhaben könne außer der Schule, sie mochten vornehmen und treiben, was sie wollten! Ach, das war eine fromme Zeit, wo man besonders Güterbuben und solche, die keine Äpfel hatten, mit der Rute durch und durch einsegnete, um sie zu behüten vor allem Bösen! Ach ja, das waren gottselige Zeiten, wo die Alten einen mit der Rute zur Schule prügelten, mit der Rute der Schulmeister einen empfing, wo man Hexen hatte statt Engel, in der Nacht vor Gespenstern bebte und vor dem Teufel zehnmal mehr Respekt hatte als vor Gott, wo man entweder selbst zitterte oder Andere zittern machte. So zogen wir von der Schule aus wie das wütende Heer, kamen aber nicht desto geschwinder nach Hause, denn bei jedem Scheidewege hatte man sich noch wenigstens zu necken, wenn nicht zu prügeln. War einer einmal ordentlich abgewalkt worden, so war es nicht selten, daß er den andern Tag seinen Vater bestellt hatte, um die, welche ihn geprügelt, wieder zu prügeln. Sah man einen solchen, dann gab alles Auszug so gut möglich, und wer die schlechtesten Schuhe hatte, die bei jedem Tritt die Ferse zeigten oder stecken bleiben wollten, der kriegte für die Andern die Schläge. Verständlich kam auch da die Reihe oft an mich, herzuhalten.

Kamen wir endlich heim, so mußte ich die Kinder wieder nehmen, sie zu Bette bringen und sie in der Wiege herumtreiben, bis sie endlich schliefen, nachdem sie mich auf ihre Weise noch gequält hatten. Nachher mußte ich rüsten helfen, wenn etwas für den folgenden Tag zu rüsten war, was ich recht gerne tat; aber dann sollte ich wieder lernen, sollte wieder mein Qualbuch vor mich nehmen und da eine oder zwei Stunden bis zum Bettegehen Worte buchstabieren oder lesen, von denen ich nichts verstund. Bald schlief ich darüber ein, bald buchstabierte ich darauf los, wie es mir in Sinn kam, ohne viel auf die Buchstaben zu achten, las ebenso; selten achtete jemand, ob ich die Worte richtig ausspreche, so lernte ich falsch lesen, und diese Lehrstunden schadeten mir weit mehr, als sie nützten. Zudem sah ich nicht einmal recht, was ich vor mir hatte. Zunächst dem Lichte saßen die Spinnenden, dann die Kinder; war auch noch der Bauer am Tisch und nicht auf dem Ofen, so kam ich so weit vom Lichte ab, daß es auf meinem Buche ganz dunkel war. Klagte ich darüber, so hieß es: «Meinst du, du ghörst obe a Tisch oder me söll für dih es aparti Liecht ha? Mr wey nit geltstage wie dy Vater usw.» Konnten wir endlich zu Bette gehen, so zankten Johannesli und ich zuerst um die Decke, die er mir gewöhnlich fast ganz nahm oder in der Mitte des Bettes liegen wollte, und erst wenn der Streit gewöhnlich zu meinen Ungunsten durch Vater oder Mutter geschlichtet war, kam der Schlaf, der mich den trübseligen Tag vergessen ließ.

So ging ein Tag wie der andere hin, ich lernte gar nichts und wurde immer unwerter und machte mir auch immer weniger daraus, je mehr ich fühlte, daß man mir unrecht tat. Die Lust an der Schule verging mir durchaus, besonders seit der Schulmeister bei uns an der Metzgete gewesen, wo man mich bei ihm tüchtig verklagt und zu besonderer Zucht empfohlen hatte. Dieser Mahnung, ohne ihre Richtigkeit zu untersuchen, kam er getreulich nach, und das war ein glücklicher Tag, an welchem er mich nur einmal prügelte. Kein Gefühl ist aber in Kindern lebendiger als das Gerechtigkeitsgefühl, und nichts macht sie verstockter, böser, unverbesserlicher als wiederholte verstockte Ungerechtigkeit. Strafe man sie dann auch gerecht wegen offenbaren Fehlern, es nützt nichts mehr, sie bessern sich nicht mehr, weil sie zum Strafenden das Zutrauen verloren haben, daß er gerecht sei. Nichts ist aber leichter, als gegen Kinder ungerecht zu sein, weil selten ein erwachsener Mensch mehr weiß, wie es in einem kindlichen Kopf, in einem kindlichen Herzen aussieht, sondern dasselbe nach sich beurteilt und also behandelt, weil selten ein erwachsener Mensch über die Quellen nachdenkt, aus denen die Fehler des Kindes kommen, sondern sie von vorneherein der Bosheit und Bösartigkeit zuschreibt, weil selten ein erwachsener Mensch aus Liebe straft, um zu bessern, sondern im Zorn, um Rache zu nehmen für gehabten Verdruß, oder aus Vorurteil, weil er bei einem Kinde eine böse Ursache voraussetzt, aber nicht untersucht, ob sie auch dasei.

So verstrich mir der Winter. Er war hart und kalt gewesen, aber gegen das Ende des Märzes wurde es milde, die Erde taute auf, Märzenglöcklein blühten, die Bachteln wuchsen wunderschnell empor. Oh, wie freute ich mich darüber, denn bald war Ostern, da hoffte ich auf Eier, hoffte sie recht schön zu sieden mit Brasilienholz, Bachtelnkraut und Zwiebelhülsen darum zu binden, daß sie geflammt würden und schöne weiße Kreuze erhielten. Ostereier waren im ganzen Jahr immer meine größte Freude gewesen, wochenlang vor Ostern konnte ich an nichts anderes sinnen als an das Halbdutzend Eier, welche ich erhielt, und wenn ein Huhn gaggelte, gaggelte ich jubelnd mit. Wie wohlfeil ist doch Kinderfreude und wie schön, und wie traurig, daß selten alte Leute sich nicht mehr recht freuen können, höchstens noch mit den Kindern; aber das Traurigste ist wohl, auch mit Kindern sich nicht mehr recht freuen zu können, an ihren Freuden sich zu ärgern und die unschuldigste zu verbittern. Nein, das ist noch nicht das Traurigste, sondern das ist es, daß man diese Herzensbitterkeit, diese Freudlosigkeit für Gottseligkeit des Alters ausgibt, welche über die Welt und die Gottlosigkeit der Jugend seufzt. Das ist wahrlich eine finstere Gottseligkeit, welche nicht für den heitern Himmel paßt, in welchem der liebe Heiland seinen Kindern Wohnung bereiten will.

Die Bäuerin hatte viel Eier bekommen; die vollen Krätten betrachtete ich mit großem Respekt und dann Ei um Ei, welches wohl das stärkste sein möchte. Am Ostersamstag machte man Vorbereitungen zum Sieden, die Kinder jubelten und brachten, was sie um die Eier gebunden wünschten. Ich dachte nichts anders, als auch welche zu erhalten. Sobald ich vom Kinderhüten entrinnen konnte, eilte ich auch und pflückte im grünenden Baumgarten, was mir schön schien, und über manchen Fund ganz glücklich, brachte ich eine Handvoll Blümchen und Kräuter aller Art der Bäuerin in die Küche.

Verwundert fragte die, was ich damit wolle, und als sie meine Meinung hörte, sagte sie: «Was bildist dir i, myni Hüener legge o für dih? Ohä, das wär e neui Mode, em Bueb no ga Eier z'siede u bsonders ame settige, dä dKing geng z'brülle macht, nit lehrt, nit folget u i der Schuel alli Tag Schläg übercho het! Nei, Bueb, sövli dumm si mr notti nit und settig Flause bild dr nit y!» Da war mir, als ob ich aus dem Himmel gefallen wäre: keine Eier an der Ostern, das war mir fast wie kein Ätti mehr; für Vorwürfe, Schläge war ich sonst ziemlich unempfindlich geworden, aber das griff tief ein, Ostern und keine Eier, das wollte mir fast das Herz brechen. Anhalten konnte und mochte ich nicht, ich war nicht mehr gewohnt zu flattieren, ich wurde auch nicht sowohl wehmütig als zornig, heulte mehr als ich weinte, und nach und nach bildete sich die Überzeugung in mir, daß ich Eier haben müsse in jedem Fall.

Nach langem Sinnen fiel mir endlich ein, daß ich noch einen neuen schönen Batzen hatte vom Examen her; an demselben hatte ich sonst meine große Freude gehabt, ein eigenes Säckeli für ihn gemacht und ihn oft betrachtet, wenn ich allein war, aber Eier waren mir doch noch lieber. Den holte ich, lief damit zu unserer Ghusmannsfrau und bat sie, mir um den Batzen Eier zu geben. Ich war glühend rot vor Zorn, konnte kaum reden, und die Tränen liefen mir noch immer über die Backen herunter, so daß die Frau wohl merkte, daß es etwas Besonderes gegeben haben müsse. Sie fragte mich, ich erzählte ihr mein Elend, wie es mir ergangen, wie ich jetzt Eier haben müsse und gerne den Batzen dafür gebe, wie lieb er mir auch wäre. Da sagte die gute Frau: «Los, Miaßli, bhalt du dy Batze, Eier verkauf ig dr keini, aber kumm i dStube, mr wei luege.» In der Stube erzählte sie ihren zwei Kindern, der Miaßli bekomme drüben keine Eier und hätte doch so gerne welche, er sei es arms Buebli, aber er habe ihnen doch nie etwas zuleid getan, im Gegenteil sie manchmal gegen den Johannesli in Schutz genommen; ob nun jedes ihm ein Ei geben wolle, eines behielte doch immer noch drei? Die gute Mutter hatte noch nicht ausgeredet, als ihre guten Kinder auf mich zusprangen und mir Eier gaben, nur das eine von ihnen fragte: «Gell Müetti, ds schönste bruch ig ihm doch nit z'gä?», und doch nach einigem Kampf gab es mir das, welches ihm am besten gefiel.

Da ward mir wohl und ich konnte wieder jemand freundlich ansehen, was lange nicht geschehen war, und recht von Herzen glücklich machten mich die Eier. Als der erste Eindruck vorüber war, fiel mir plötzlich ein, der Bäuerin nun zu zeigen, daß ich Eier bekommen auch ohne sie, und die erhaltenen ihr zu spienzeln, bis sie es merkte. Ich teilte meinen Einfall und meine Schadenfreude der Frau mit und wollte fort, die sagte aber: «Los Miaßli, mach nit dir un üs Verdruß; wenn di Frau weiß, daß mr dr Eier gä hei, so nimmt si dr se u mih zHaß; nei das wei mr nit mache. Versteck se wohl, oder wenn das nit chast, so la se da u chomm morn einisch mit mine Ching cho düpfe und gvätterle, de hesch notti Freud und machst niemer höhn.» Die gute Frau hatte mehr als recht. Den ganzen Abend konnte ich in stiller Freude dem Lärm der Kinder mit ihren Eiern zusehen. Ich hatte wieder alle lieb, hatte mich doch auch jemand lieb gehabt, gab über alles guten Bescheid und flattierte den kleinen mir Übergebenen so von Herzen, daß selbst die Bäuerin, die meiner sonst sich nur achtete, wenn ihre Kinder über mich brüllten, aufmerksam wurde, mir ein Ei brachte und sagte: «Lue da hest o eis, we ds ganze Johr so wärisch, su wärst eim o lieber u überchämist o meh.» Die Frau wußte auch nicht, daß ein Kind fast ist wie eine Orgel und die Töne hören läßt, welche man auf ihm anschlägt. Der Mensch kennt alle Dinge der Erde, aber den Menschen kennt er nicht, da scheint er aus lauter Dummheit zusammengesetzt zu sein. Was meint man, wenn einer in Holzschuhen mit Roßnägeln beschlagen auf einer Orgel herumtrampeln und dann dieselbe, wenn sie erbärmlich quickte und quackte, schlagen wollte, weil sie aus Bosheit kein schönes Lied spielen wolle, würde man einen solchen Menschen nicht einen Schöps heißen und in den Kalender tun? Wollte man aber die Menschen in Kalender tun, die mit Holzschuhen und Roßnägeln auf Menschenherzen herumstolpern und zürnen und prügeln, wenn diese Herzen nicht lauter Lust, Freude und Liebe sein wollen, so müßte man den lieben Gott bitten, daß er noch einen Blätz an unsere Erde setzen möchte, denn jetzt hätte ein solcher Kalender nicht Platz auf ihr, sie wäre zu klein dazu.

Das ging nun einige Tage recht ordentlich, und weil gerade in diese Zeit die Bettlergemeinde fiel, so entschloß der Meister sich, mich zu behalten, und nahm mich an dieselbe nicht mit. Er werde dort sagen müssen, wie bös und verdorben ich zu ihm gekommen sei, daß er mich aber rangiert habe, bis ich mich gebessert; er verstehe es aber auch, und ich sei nicht der Erste, den er zweggebracht, meinte er. Voll guter Meinung von sich ging er hin, mag dort also auch geredet haben, und viele Jahre lang galt sein Haus für das beste, um verdorbene Kinder zwegzubringen. So wohlfeil und so begründet kommt Mancher zu Ehren und Ruhm.

Bald war alles wieder im Alten und eine neue Sache kam noch dazu, die am Ende mich hier forttrieb. Des Ghusmes Frau und ihre Kinder waren mir begreiflich sehr lieb geworden, von ihnen bekam ich immer ein freundliches Wort, daher war ich auch gar gerne bei ihnen. Nun aber hatte meine Meistersfrau die Hausfrau auf der Mugge, aus mehreren Gründen. Sie kam nicht viel herüber und rühmte auch nicht viel, daher hieß sie hochmütig. Sie war sehr reinlich und an ihren Kindern sah man keine Löcher, weil sie behauptete, es sei viel wohlfeiler, Löcher zu rechter Zeit zu flicken als die Kleider verhudeln zu lassen; so weit rechnen konnte die Meistersfrau nicht, daher nannte sie die Hausfrau hoffärtig.

Manchmal, wenn die Meistersfrau über Andere loszog, wollte die Hausfrau abbrechen und z'best reden; daher hieß es, sie meine es nicht gut und halte es mit Andern. Kurz eine gewisse Überlegenheit der Andern erbitterte die Meistersfrau; kein Weib hat eine solche gerne, zudem waren jene nur Hausleute und sie die Bauern, u Uverschanters chas doch gwüß nit gä, as wenn Ghusmes Frau gschyder si wott as ds Bure Frau.

Es ging daher allemal übel an, wenn man mich mit jenen zusammen sah. «Du wirst aber si ga kläffele, was gang hie», hieß es, und allemal fand man, daß ich etwas versäumt habe oder einem Kind etwas zugestoßen sei, während ich dort war, und man sagte mir: «We mr dih no einist dert gseh, su gä mr dr eini zum Gring, daßd no morndrisch sturm bisch.» Solche Drohungen fürchtete ich nicht, sie kamen gegen mich und nun bereits auch gegen ihre Kinder, so wie sie größer, ungehorsamer, ungereimter wurden und das den Eltern lästig auffiel, alle Tage zu Hunderten vor, ohne daß von zehn eine ausgeführt wurde.

Aber eines Tages, anfangs Winters war es, küchelte die Meistersfrau und der Anken lief ihr ins Feuer, was ihr unbegreiflich vorkam, es war ihr sonst nie begegnet. Glücklicherweise konnte sie schnell die Pfanne decken, so daß kein Unglück entstund, unglücklicherweise aber ging in selbem Augenblick die Hausfrau vorbei und fragte: «Trini, was machst, soll ih dr helfe?» «Es ist guet, chunst grad, du Donners Hex, jetzt weiß ih, wer mr ds Für i Anke ghexet het!» scholl die Antwort aus der Küche, «aber ih will dr ds Hexe vertrybe!», und mit der Küchengabel wollte sie auf die Hausfrau los, stolperte aber in der Wut über die Saumelchtern, und als sie aufstand, sah sie die Hausfrau nirgends mehr.

Man kann sich nicht vorstellen, wie die Frau in der Küche turnierte, wie sie die Küchlein herumschlug und über die Hexe fluchte, die ihr den Streich gemacht. Daß sie selbst schuld an der Sache sei, konnte sie sich nicht vorstellen. Das sei ja der deutlichste Beweis, daß die Hausfrau eine Hexe sei und ihr den Teig verhexet habe, weil sie gerade dazugekommen, wie hätte sie es sonst gewußt oder wie hätte es sich ungefähr so treffen können, urteilte sie. Gegen diesen bündigen

Schluß war im ganzen Hause niemand imstande etwas einzuwenden. Man staunte nur, daß man die Hexe so lange nicht gemerkt, und pries die Geschicklichkeit der Bäuerin hoch, daß sie geschwind die Pfanne gedeckt, denn die Hexe hätte sicher das Haus verbrennen wollen; daß es noch stehe, habe man nur ihr zu verdanken. So wurde nun auch sie ganz stolz, und was sie sonst keinem Menschen gesagt hätte, daß ihr der Anken ins Feuer gelaufen sei, das erzählte sie nun, solange sie lebte, gewöhnlich alle Tage zweimal und extra einem jeden, der den Fuß über die Schwelle setzte, um sagen zu können, die Hausfrau sei eine Hexe, sie aber habe geschwind den Deckel auf die Pfanne getan, und daß das Haus noch stehe, habe man ihr zu verdanken.

Nun aber wurde das Verbot, mit diesen Leuten keinen Umgang zu haben, solange man sie noch da haben müsse, sehr ernst. Den Kindern sagte man, sie könnten von ihr verhext werden, daher sollten sie der Frau beileibe nicht zu nahe kommen, von weitem könnten sie ihr «Hex, Hex!» schreien, so viel sie wollten; mir aber wurde gesagt, wenn ich ein einzig Wort mit ihr oder den Kindern rede, so schlage man mir beide Beine ab und alle Zähne in den Hals. Das fruchtete alles nicht, ich mußte hinüber, und in meiner kindischen Unbefangenheit dachte ich nichts Arges dabei, alles wieder zu erzählen, was man über sie geredet hätte. Diesmal hörte die Hausfrau zu, ein andermal aber sagte sie: «Los Miaßli, schwyg lieber, ih begehre nit z'wüsse, was si däne säge, es treit nüt ab, als mih taub z'mache.» Es konnte nicht fehlen, daß man meinen Umgang merkte, wenn ich ihn auch noch so heimlich halten wollte, denn die Kinder lauerten mir auf; da gab es immer tüchtigere Schläge, immer gehässigere Worte, denn über wen die Meistersfrau böse war, den sollte die ganze Welt hassen, und wer mit einem Solchen redete, der war nun nicht besser als der Andere. Wenn sie mit der Frau ausgeschirret hatte oder mit dem Knecht tubelte, und der Mann gab zufällig dem Einen oder dem Andern ein gutes Wort, so hatte er das Wetter auf dem Hals und sie wurde nicht zufrieden, bis er sich bequemte, auch auszuschirren oder zu tubeln. Die Hausfrau bat mich endlich um meinetwillen, nicht mehr zu kommen, aber ein ungewohntes gutes Wort tat mir viel wohler als die gewohnten Schläge weh; so schlich ich um ihr Häuschen, bis ich von ihr oder den Kindern ein gutes Wort weghatte.

Ich hatte es aber nun alle Tage böser, und die Meistersfrau verfluchte sich, daß ich aus dem Hause müßte so bald als möglich, daß sie mich nicht mehr vor Augen haben könne, und sie dürfe mir kein Kind anvertrauen aus Furcht, ich tue ihm etwas an, das mir die Hausfrau angegeben. Ich wurde alle Tage unwirscher und stöckischer, so daß ich ganz sicher viele Ursachen zu Klagen gegeben haben mag. Dies Haus verließ ich gerne, nur tat es mir weh um meine guten Leute in dem kleinen Häuschen, und ich weinte bitterlich, als ich von ihnen Abschied nahm und die Hausfrau in meinen Vorschlag nicht eintrat, an die Bettlergemeinde zu kommen und mich zu verdingen. Wenn ich dann bei ihr wäre, so wollte ich dem Johannesli und den Andern das «Hex» schreien schon verleiden und sie alle Tage prügeln nach Herzenslust.

NEUNTES KAPITEL

Der Güterbub wird ein Gassenbub

Diesmal mußte ich mein Bündelchen selbst tragen. Es wurde mir auch nicht schwer, denn es war bedeutend kleiner geworden; man hatte mir nichts Neues angeschafft, manches war abgegangen, und was ich hatte, war großenteils verwachsen. Ich wußte nun schon, was «verdingen» heiße, und erwartete düster das Schicksal, das mir werden sollte.

Als meine Reihe kam, sagte der Bauer: «Es cha ne e Angere näh u o probiere, was das für eine isch.» Kein Zureden konnte ihn andern Sinnes machen, er wußte wohl warum; er hatte auch eine Frau daheim, die auch etwas Meister war, es schickte sich ihm aber nicht, das zu sagen. Nun sprach man auch mir zu, und das eben nicht auf die lieblichste Weise, und fragte mich endlich, ob ich mich gar nicht bessern wolle? Erbittert, daß ich alle Schuld tragen solle, antwortete ich: «Ih ha nüt Schlechts gmacht, mi het mih o nüt geng z'prügle gha.» «Da ghöret drs, wien er eine isch», sagte der Bauer; «was brauchen wir weiter Zeugnis?» dachten die Andern. Auf diese Verdammung hin, wobei sie jedoch ihre Kleider nicht zerrissen, wollte mich niemand freiwillig auf das Gut nehmen, und ich wurde zu denen gestellt, die ebenfalls niemand nehmen wollte, um dann auf die Güter verloset zu werden. Endlich gegen Abend, ganz erschöpft von Hunger und Durst, denn man hatte mir nichts mitgegeben und während dem ganzen Tag mir niemand etwas angeboten, fiel ich einem alten Bauern zu, der mich, sehr unwillig zwar, mit sich nach Hause nahm, mir aber beim Heimgehen unfreundlich erklärte, er werde mich nicht behalten, sondern weiterverdingen, so einen könne er nicht brauchen. Am andern Morgen ging er fort, um Platz zu suchen, und brachte am Abend die Nachricht, es werde am nächsten Morgen jemand mich abholen. Es war mir leid, bei ihm hätte es mir gefallen, und ich hätte gerne alles Gute versprochen, aber niemand machte durch freundliches Benehmen mir Mut dazu, und mir war es einmal nicht mehr gegeben, mich von der besten Seite zu zeigen; ich war verschüchtert und hartnäckig geworden, der Brunnen der Liebe war nicht mehr fließend, er war zurückgetreten, man mußte nachgraben, wenn man ihn finden wollte.

Am andern Morgen kam richtig ein alter, schlecht gekleideter Mann und holte mich ab. Wir gingen über Berge, durch Täler, mehrere Stunden weit in eine mir ganz unbekannte Gegend. Unterwegs fragte mich der Mann über alle meine Verhältnisse aus und über die Leute, bei denen ich gewesen war, ließ mich ordentlich reden, fiel mir nie über das Maul; durch Zwischenfragen brachte er noch mehr hervor, wenn ich schweigen wollte, so daß ich auf dem Wege recht kurze Zeit hatte und ordentlich zutraulich wurde. Endlich kamen wir in ein kleines Tal im ebenen Lande, durch welches ein stattlicher Bach floß. Über dem Tale auf der Abendseite lag ein großes, schönes Dorf, auf der Morgenseite ein mächtiger Eichenwald, und an der Spitze desselben, etwa hundert Schritte vom Bache, war eine kleine verfallene Hütte mit zerbrochenen, trüben Fenstern und unordentlichen, kotigen Umgebungen. Rings ums Haus lag der Mist von einigen Hühnern, einer Ziege und ihren Jungen, in demselben einiges Arbeitszeug zum Schnefeln und einige Spähne, welche den ganzen Holzvorrat ausmachten. Unter der kleinen, rauchigten Haustüre mit der ausgetretenen Schwelle stand eine alte, schmutzige Frau mit einer großen irdenen Kaffeekanne in der Hand, von welcher oben ein Stück ausgeschlagen war, und sagte uns, wir hätten Zeit zu kommen, sie hätte sonst allein zNacht gfresse und wir hätten dann sehen können, was wir bekommen.

In der Stube sah es nicht schöner aus als um das Haus. In einer Ecke ein ärmliches Bett ohne Vorhang, in der zweiten ein zerbrechlicher, unsauberer Tisch, in der dritten ein vielfach gespaltener Ofen und in der vierten endlich ein grober Trog, daneben ein Rad mit Kuder, auf dem verlöcherten Boden liefen Hühner herum und auf dem Tisch saß eine Katze. Mir wurde unheimelig zumute. Doch als die Alte den Kaffee brachte und den Tisch unterstellte, damit er nicht zu sehr wackele, als ein mächtiger Eiertätsch dazu kam und gutes Brot, da vergaß ich meine Umgebung, denn ich war hungrig und müde. Als wir gegessen hatten und ich einnicken wollte, schüttelte die Alte einen Laubsack auf dem Ofen zurecht, hieß mich darauf liegen, deckte mich mit Hudeln zu und hieß mich wohl schlafen. Das war mein neues Bett. Ich hätte fast darüber geweint, allein der Eiertätsch war gut gewesen, der Schlaf gar mächtig, er ließ die Betrübnis nicht aufkommen, nahm mich in seine Arme und hielt mich umfangen, bis am späten Morgen ein Huhn mich weckte, das auf mir herumspazierte. Nun wurde ich in meinen neuen Wirkungskreis eingesetzt. Daß ich keine Kinder zu hüten hatte, nahm mir eine schwere Bürde ab dem Herzen, Kindermeitschi zu sein, war mir verleidet; da sollte ich für die Ziege köhlen, den Hühnern nachsehen, daß sie die Eier nicht verlegen, zwischendurch Mist und Holz auflesen und herzutragen, was sie allfällig nicht herbeibringen konnten.

Das alles behagte mir so übel nicht, ein dunkles Gefühl versprach mir bei dieser Lebensweise eine Freiheit, welche für jedes Kind etwas unendlich Anziehendes hat. Wie gerne möchte manches geputzte Kind, das beständig unter Aufsicht an eine Beschäftigung gestellt ist, tauschen mit einem barfüßigen, das manchmal nur halb genug zu essen hat, aber laufen kann, wohin es will und wie es will! Oh, es war zu schön, wenn ich ausziehen konnte in den Wald, um Futter zu suchen, mein Bündelchen bald gefunden war und ich dann Stecken suchen und hauen konnte, einen schöner als den andern, oder Beeren suchen, zuerst Erdbeeren, dann Heiti, später Himbeeren und endlich Brombeeren, wenn ich immer schönere fand und reichlicher, daß ich nicht alle essen konnte, sondern Schalen von Rinden machte, sie heimbrachte, die Alte mich lobte, Ziegenmilch darübergoß und sogenannten Erdbeeristurm machte, oh, das war denn eine Herrlichkeit! Auch dünkte es mich gar schön, die Ziege weiden zu können unten am Bach in den Stauden. Dort band ich sie an und saß dann ans Wasser und sah den Fischlein zu, wie sie auf und ab fuhren auf dem hellen Grunde, das dunkle Kraut suchend, darein sich zu bergen, wie sie wieder heraufschossen wie Blitze und richtig eine Mücke oder einen Heusträffel erhaschten.

Manchen Heusträffel band ich an einen langen Faden und ließ ihn im Wasser schwimmen. Ein Fischlein hätte ich gar zu gerne gehabt, und ein Jubel ohne Ende wars, wenn zuweilen der Heusträffel mir abgebissen wurde, und alle mußten den Faden sehen und hören, wie ich einen großen, großen Fisch fast gehabt und das nächstemal ihn gewiß erwischen wolle. Wenn ich dann heimkam vom Bache, strich ich meinen Hühnern nach und den mir gezeigten Nestern, nahm die Eier aus, und als ich einmal ein unbekanntes Nest fand in dicker Haselstaude und den Alten einen ganzen Kratten voll einliefern konnte und ich gestreichelt und gerühmt wurde und noch einmal so viel Eiertätsch erhielt beim Abendessen, da war ich so stolz wie ein Feldherr nach einer gewonnenen Schlacht.

Mich drückte, daß ich meist ganze Tage allein sein mußte in meiner Hütte. Wenn gut Wetter war, so zogen am frühen Morgen Mann und Frau aus zu hausieren, sie mit einer Flasche Hofmannstropfen oder mit Nastüchern oder irgend etwas anderem Plunder, er mit einem Korbe oder Steinkratten oder irgend einer Schnefelarbeit, und kamen meist erst heim, wenn es dunkelte. Da wurde mir der Tag gar lang und das trockene Brot oder das Essen, das man mir für den Mittag anwies, genügte mir auch nicht recht, wenn ich schon wußte, daß es am Abend etwas Gutes absetzen würde und was die Mutter oder der Vater derlei heimbrachten. Es wunderte mich oft, wie viel Geld sie lösten aus den mitgenommenen Kleinigkeiten und wie aus diesen die Leckerbissen angeschafft werden konnten, welche sie aus fernen Dörfern heimbrachten; denn in dem nahen Dorfe, wo sie daheim waren und wo die Gemeinde ihnen den Hauszins zahlte, da wurde gar nichts gekauft.

Da gab es Speck, Würste, Braten, selbst kleine Hammen, weißes Brot, Wein, Schnaps aller Art, es war ein Herrenleben gewöhnlich am Abend bei uns.

Ich klagte den Alten einmal meine Langeweile und bat sie, sie möchten doch zu Hause bleiben oder mich mitnehmen. Sie lachten mich aus und sagten, ich sei selbst schuld daran, warum ich mit meinem Mistbännli bloß um das Haus herumfahre und nicht auf die Landstraße, hinüber ins Dorf, da hätte ich für einen ganzen Tag Kurzizyti genug, wo Herre und Künge sechsspännig führen. Das schlug ein bei mir, den ganzen Tag hatte ich keine Ruhe, das kam mir vor als ein Ausflug in die Welt, wichtiger als Manchem eine Reise nach Amerika. Ich rüstete meine Bänne und die bessern Schuhe, dachte über alles, was mir begegnen würde, was ich sehen, wie ich mich benehmen könnte, und mochte den Abend und mochte den Morgen nicht erwarten; ich sahe lauter Könige mit Kronen auf den Köpfen und schöne Königinnen in ganz güldenen Röcken. Mit klopfendem Herzen trat ich am andern Morgen meinen Ausflug an. «Lebe wohl, du dunkler, schöner Wald, bhüet dih Gott, du lieber klarer Bach, lebt wohl, ihr unschuldigen Freuden, die ihr botet, euch ergeht es nun auch wie vielen guten Freunden, die man vergißt im Treiben der Welt und ihren Genüssen!» Ich fuhr durchs Tälchen, die Höhe hinauf und war bald auf der mächtigen Heerstraße, an deren beiden Seiten das schöne Dorf lang sich hinstreckte.

Mit einem Auge sah ich nach Mist mich um, mit dem andern nach den Königen und Königinnen, ihren güldenen Kronen und güldenen Röcken. Mist fand ich wohl, aber die

Könige sah ich nicht, es wollte keiner kommen; statt deren aber kamen zwei verlumpete Buben, ebenfalls mit Mistbännen, und frugen mich, wer ich sei, was ich da mache, wer mir das Recht gegeben habe, hier Mist aufzulesen? Ich solle auf der Stelle nach Hause fahren und mich hier nicht mehr blicken lassen, sonst würde ich wüst abkommen.

Anfangs war ich verblüfft und in der fremden Umgebung schüchtern, und Mancher ist unter seinem Dache ein Held, einige hundert Schritte davon würde er vor jedem Hasen davonlaufen; allein ich hatte an gar vielen Orten mich schon prügeln müssen, war trotzig geworden und bot nun auch Trotz. Drei Tage hintereinander prügelten wir uns mit den nötigen Unterbrechungen, am vierten machten wir ein Bündnis zusammen: wir Drei wollten den Mist auf der Straße durch das Dorf allein sammeln, und wenn jemand anders in unser geprügeltes Recht eingriffe, ihn schlagen, bis ihm die Lust dazu verginge; und wir behaupteten dieses Recht, solange ich da war. Später erklärte man mir dieses Wort in der Kunstsprache: Legitimität.

Nun ging erst ein lustiges Leben für mich an, und ich wäre unglücklich gewesen, wenn ich einen Tag nicht auf der Landstrasse hätte sein können. Unsere Arbeit ließen wir uns nicht sauer werden und waren gar nicht der Meinung, daß wir den ganzen Tag unablässig dem Mist nachlaufen müßten. Jeder machte seinen bestimmten Kehr, einer wartete oben an dem Stutz, um zu spannen, und manchmal waren wir alle da und trieben Mutwillen und redeten Streiche ab. Ich stund besonders gerne vor dem Wirtshaus und sah da den Fremden zu. Freilich sah ich keine Könige, aber doch schöne geputzte Herren und Frauen und schöne Kutschen, und malte mir dabei aus, wie es so herrlich sein müßte, in einer solchen zu fahren, und machte mancherlei Pläne, dazu zu kommen, dachte dann auch an meine Hühner und den Haber, den die Pferde fraßen, und wenn ich eine Handvoll einstecken konnte in Augenblicken, wo niemand um die Pferde war, so fühlte ich mich überglücklich. Niemand hatte mich über die Pflichten gegen das Eigentum belehrt, ich hatte bis dahin aber nicht Anlaß, sie zu übertreten, gehabt, der Trieb war nicht geweckt worden, er erwachte und wurde genährt.

Die Alten waren sehr zufrieden mit mir geworden, denn mein Gewerbe brachte ihnen Geld ein. Den Mist begehrten sie nicht, sie sagten: «Miaßli, dr Mist bruche mr nüt, mr wette Narre sy öppis z'pflanze u dMüe ha, dBure cheu für is schwitze, u sy vermöge sauft is z'erhalte, verchauf du ne, wied chast!» Die beiden andern Buben hatten den gleichen Befehl von Haus aus, wir verkauften ihn so gut wir konnten, und lösten je nachdem wir Käufer hatten. Konnten wir zum Beispiel den Mist dem alten Pfarrer bringen, so waren wir zweg, er zahlte einen Batzen für einen Kratten, und wir machten ihn immer aparti für ihn zweg. Er sah nicht mehr ganz gut, so mischte man dann Sand, Kot und Staub darunter und hatte im Schwick einen Kratten voll, und in der ganzen Gemeinde sahen alle vom Statthalter bis zum Säuhirten dem Spiel lachend zu und hatten ihre Freude daran, da gab es gute Losig an solchen Lieferungstagen. Das Spannen trug auch etwas ab, jedoch kam es auf das Gfell ab; es gab Tage, wo Einer von uns nichts erhielt, ein Anderer viel, bis wir eine gemeinschaftliche Kasse versuchten, welche aber nicht lange bestand, da Keiner ehrlich sein und gehörig abliefern wollte. Lange wurde ich betrogen, merkte es endlich und betrog auch; sobald die Andern es merkten, fanden sie keinen Vorteil mehr bei einer gemeinschaftlichen Kasse und sie wurde aufgegeben. Etwas Gemeinsames besteht nur durch Gewalt oder durch Ehrlichkeit, die Letztere hatten wir nicht, die Erstere nur in unsern auswärtigen Angelegenheiten. Ein dritter Erwerbszweig war das Betteln. Wir liefen keinem Bauernwägeli nach, wir fürchteten die Peitsche; wenn aber eine fremde Herrschaft durchs Dorf rasselte und beim Wirtshause hielt (denn im Fahren erhielten wir nichts, besonders wenn es Engländer waren), versuchten wir ihnen beizukommen, nur mußte es der Wirt nicht sehen, der gönnte uns nichts, er wollte alles allein für sich.

Am liebsten liefen wir Chaisen nach, in denen ein junger Herr und eine junge Frau oder Tochter saßen, die gaben fast allemal, und jeder wollte es zwänge, um der Erste zu sein, und manchmal gaben deswegen Beide. Wo aber alte Weiber saßen und Herren mit Perücken oder Schnäuzen, da gaben wir uns keine Mühe. Eine vierte Quelle hätten wir noch sehr gerne aufgetan. Einer meiner Kameraden kam aus dem Lande her, wo es mehr Gänse und Schweine gibt als ordentliche Menschen, und erzählte uns, dort sei vor jedem Dorfe ein Türli, bei welchem viel zu verdienen sei, viel mehr als beim Spannen. Nun hatten wir lange Beratungen, wie ein solches zu errichten wäre. Wir versuchten den Bauern einzuschwatzen, ein Türli machen zu lassen, wir konnten ihnen aber den Nutzen davon nicht einleuchtend darstellen. Der Frau Ammännin waren eines Morgens alle ihre Gänse gestohlen worden. Da ordneten wir einen von uns ab, der ihr vorzustellen hatte, dieser Diebstahl wäre nicht geschehen, wenn ein Türli gewesen wäre, ein solches würden die Diebe scheuen. Sie glaubte es, gab dem Abgeordneten ein Stück Brot, und die Sache kam vor den Gemeindrat, doch umsonst; die Mehrzahl meinte, Diebe würden durch ein Türli noch weniger abgehalten als ehrliche Leute. Endlich beschlossen wir, eins auf unsere Kosten errichten zu lassen; wir lasen den Platz aus und bestellten einen Zimmermann, um es aufzurichten. Dieser glaubte aber, wir wollten ihn für einen Narren halten, und prügelte den, den er erwischen konnte, ordentlich durch.

So mußten wir unser Finanzprojekt mit Weinen und Heulen fahren lassen; dessen ungeachtet verdienten wir des Tages manchmal nur zwei, aber auch zehn Batzen. Daraus mußten wir uns aber beköstigen, denn meine Alten gaben mir nichts mit. Ich kaufte gewöhnlich weißes Brot und Käse, meine Kameraden aber Lebkuchen, Zuckerkandel, Bärendreck und solche Dinge bei einer Krämerin, welche von vielen Bettlern, aber auch von vielen Bauernweibern den Zulauf hatte, weil sie mit ihnen Tauschhandel führte. Den Bettlern kaufte sie gegen Schleckereien um einen Spottpreis ab, was sie erbettelt, den Bauernweibern um ähnliche Ware, was sie ihren Männern verflökt hatten. Die Leute wollten reich werden, und die da reich werden wollen, verfallen in Versuchungen und Strikke. Zu dem Gekauften verschafften wir uns aus den Baumgärten der Bauern und den Kirschbäumen an der Straße überflüssiges Obst. Wir kannten in jedem Hause an der Straße die Hausordnung, wußten, wenn sie aßen, ungefähr wie lange, kannten das Geräusch der Türe usw.; nach diesem allem richteten wir uns und kamen meist ungestraft davon. Wenn man uns schon von einem andern Haus aus sah, so hatten wir doch nichts zu besorgen; sobald es nicht über ihre eigene Sache aus ging, rührte sich kein Bauer vom Essen, sondern sah recht trostlich zu, wie wir seinem Nachbar und seinen Kirschen zusprachen.

Mein übriges Geld lieferte ich ordentlich zu Hause ab und erntete allemal Lob und Preis, und wenn ich schon einmal wenig oder nichts brachte, gab man mir auch gute Worte und den Trost auf bessere Tage. Damit lachten mich meine Bundesgenossen aus und meinten, ich solle einen Mutech machen, wie sie auch täten; sie verführten mich dazu, ich machte einige Batzen auf die Seite. Sobald sie dieses merkten, mußte ich mit ihnen etwas gwerbe oder mit andern Worten spielen, entweder stöckeln oder Kreuz und Bär machen; einmal brachte einer sogar ein altes Spiel mit, und wir spielten nach seiner Anweisung, Gott weiß was. Richtig verlor ich all mein Geld an sie, mein Hinterhalten brachte mir nur Verdruß, ich ließ es also bleiben. Nur hie und da behielt ich Einiges zu einem Messer oder etwas anderm, um damit zu händelen, denn wenn wir einen andern Buben zwischen uns bekommen konnten, so suchten wir ihn zum Händelen zu bringen; entweder sollte er uns etwas abkaufen oder verkaufen, und wollte er nicht, so wurde er gewöhnlich geprügelt oder wenigstens ausgeschimpft.

Als ich nun noch gar den Hühnern Hafer heimbrachte, ging den Alten ein neues Licht auf, sie lobten mich gar sehr, und auch die Hühner liefen mir das nächstemal entgegen und umgaggerten mich; das dünkte mich gar lustig, und es mußte nicht zu machen sein, oder ich brachte ihnen Hafer mit. Allein der Stallknecht war auch nicht blind, und nicht alle Tage fraßen Pferde vor dem Wirtshaus oder im Stalle, während niemand darin war; so kam ich traurig heim, da sagten mir die Alten: «Aber Miaßli, bis doch nit so dumm, ds Korn ist ja ryf und bald dr Haber o; wed übers Feld geyhst, so streipf ume ab, es merkts niemer, und we dBure afa drösche u wenn si zImbiß esse, su sy gschwind es paar Hampfele us em Tenn gno.» Das ließ ich mir nicht zweimal sagen und brachte fast alle Abende reichliche Beute für meine Hühner nach Hause, so daß ich einen ziemlichen Vorrat sammelte für den Winter und wir auch mehr Eiertätsch zu essen hatten als in keinem Herrenhause.

ZEHNTES KAPITEL

Die christlichen Zigeuner

Ich erlangte die volle Gunst der Alten, ihr ganzes Zutrauen, sie hatten ferner kein Hehl mehr vor mir mit dem, was sie eigentlich trieben. Ihr Handel mit dem Plunder, den Tropfen, Kratten und Körben war nur Nebensache und Vorwand, um in die Häuser zu kommen. Dort machten sie sich in weiter Runde umher mit allen Verhältnissen, allen Schwächen, allen Leidenschaften der Menschen bekannt und beuteten diese aus. Sie kannten alle eifersüchtigen Weiber, alle heiratslustigen Mädchen, alle Weiber, die, um irgend ein Bedürfnis zu befriedigen, hinter dem Rücken der Männer Geld haben mußten, alle Mädchenliebschaften, alle in fremde Gehege gehenden Männer, alle nach reichen Frauen lüsternen Knaben, alle geistlichen und abergläubischen Leute, alle Freundschaften und Feindschaften, alle Knechte und Mägde, die mit ihren Meisterleuten unzufrieden waren und andere Plätze suchten, auch wußte der Mann Bescheid über alle Kühe und Pferde im Revier; diese Kenntnis war ihnen die unerschöpfliche Fundgrube reichen Erwerbs. Sie trugen Nachrichten und Bestellungen hin und her, halfen verflöken und Sachen einschwärzen, rühmten und schimpften, kurierten, sagten wahr; nebenbei ließen sie alles mitlaufen, was sich ihnen schickte, oder merkten sich Dinge, um bei der Nacht sie abzuholen, doch dieses Letztere nur mit der größten Behutsamkeit, gleichsam bloß beiläufig, um ihren Kredit damit nicht auf das Spiel zu setzen, denn das Stehlen trug ihnen weit weniger ein als das Reden.

Um dieses recht anschaulich zu machen, will ich einige ihrer Tagwerke, wie sie sie selbst erzählten, anführen. Wer des Abends zuerst nach Hause kam, besorgte die häuslichen Geschäfte, molk die Ziege, machte Feuer an, bereitete den Kaffee, der ohne Cichorie getrunken wurde, machte einen Eiertätsch oder Eierbrot, wenn Sachen dazu da waren, und wartete dann, bis ein Anderes nach Hause kam. Diese Beiden warteten dem Dritten nicht lange, sondern ließen sich wohl sein, denn gar oft kam das Eine oder das Andere gar nicht nach Hause; kam es aber, so war an ihm zuerst die Reihe, Bericht zu erstatten über sein Tagewerk.

«La gseh, Alte, warum chunst hüt so spät?» hieß es eines Abends, als der Mann erst nach einbrechender Nacht erschien. Der pressierte sich aber nicht mit Reden, nahm ein Kacheli und ein tüchtig Stück zu essen, und erst dann fing er alsgemach, von beständigem Kauen unterbrochen, zu erzählen an.

«Heute habe ich einen mühseligen Tag gehabt. Als ich durch den Wald ging, nachdenkend, wo ich einkehren sollte, traf ich den R... an, dessen Lehnsleute dieses Frühjahr plötzlich fortgezogen, weil der Lehensmann nicht alles mit ihm gmeinen wollte; der fragte mich, ob ich ihm für einen halben Gulden etwas verrichten wolle. Ich tat nötlich, sprach von vielen Bestellungen, da gab er mir zehn Batzen, wenn ich nach R. gehen und seines Altlehnmanns Frau sagen wolle, er komme nächsten Markt nach S. und wollten sie sich am Morgen um zehn in S. Stübli finden, da hätte man sich gar nicht zu scheuchen und könnte aparte sein.

«Unterwegs gesellte sich eine Zeitlang der von Geiz und Dummheit halb verrückte Wagner G. mir bei, der seine Kinder vor Hunger fast verrebeln läßt, und erzählte mir ein Langes und Breites von einem Feinde, den er habe, der ihn plage auf alle Weise; töten wolle er ihn nun nicht selbst, aber wenn er machen könnte, daß er sonst abweg käme, so sollte ihn etwas Schönes nicht reuen. Ich ließ mich ein mit ihm und versprach endlich, Rustig zu erhalten von den Kapuzinern in Solothurn, aber er müsse mir vier Franken mitgeben, weil ich nicht Geld bei mir habe. Er gab mir sie recht gerne, lieber als einem, der ihm sein krankes Kind gesund gemacht hätte.

«Ich brachte zuerst dem Weibe meine Botschaft, konnte alles gar gut verrichten, da es allein zu Hause kochte. Es wurde ganz rot, weil es nicht recht traute, als es aber sah, daß es

Ernst war, versprach es zu kommen, wenn es der Mann wolle gehen lassen, hieß mich aber schnell fortgehen und steckte mir ein halbes Brot zu, das gut für die Geiß ist, denn wir essen es doch nicht, es ist alt und schwarz. Von da ging ich zu den Kapuzinern und trug ihnen mein Anliegen vor. Sie hatten große Freude daran und sagten: ‚Gellit ihr Ketzere, ihr syt äußter froh über eus, warum göht ihr nit zu eue Pfarrherre? Aber gellit, die cheu äußter nüt als Wyber näh, es gayht aber nit lang meh, so syt dr wieder alli katholisch.' Darauf gaben sie mir zwei kleine Fläschchen, den Inhalt davon solle man auf zwei Reisigburdene verbrennen, da werde ein Gestank entstehen, als ob ihn der Teufel selbst hinterlassen hätte, und der Gehaßte werde seinen Tod in der Luft einnehmen, krank werden und sterben. Mit allem Respekt nahm ich die zwei Fläschchen, zahlte zwei Franken dafür und bat noch obendrein um ein eingenähtes Bündelchen; sie behielten sich noch eine schöne Ankenballe vor, sonst könne der Wagner sich selbst in acht nehmen. Ich kenne die Schälke wohl, stinken wird ihre Sache gewiß wie Teufelsdreck, die zwei Franken werden sie vertun und uns auslachen, aber ich kann so gut lachen als sie, ich habe ob dem Handel auch zwei Franken gewonnen. Nun findest du in meinem Säcklein weißes Brot, ein Stück Käse und noch eine Flasche Bätziwasser, welches mir der Wagner als Lohn gegeben, da ich behauptete, der Dreck habe vier Franken gekostet, und hier, Alte, hast du den Resten Geld, der ist für morgen gut, aber jetzt erzähle auch!»

Diese räusperte sich und erzählte: Sie sei mit ihren Hofmannstropfen zu der alten Weiblin A. gekommen, die hätte ihr ins Stübli gerufen und geklagt, ihr Mann gehe immer andern Weibern nach, sie sei ihm nicht mehr gut genug, sie habe das schon lange gemerkt und allemal, wenn er nach Hause gekommen, ihn tüchtig ausgeschimpft; aber er habe sich nicht gebessert, im Gegenteil, er sei nur mehr fortgegangen und später heimgekommen. Doch das sei noch alles nichts gewesen, aber jetzt sei eine Frau in ihre Nähe gezogen, von der man wohl wisse, wie anläßig sie sei und daß sie etwas in ihrem Schnupf habe, womit sie es allen Männern antun könne; mit dieser Frau habe nun ihr Mann gestern auch geredet und gar freundlich, wie sie es wohl abgegugget, und da breche ihr nun fast das Herz über diese Mistmore und ihren Mann. «Ich tröstete sie nun gründlich, indem ich ihr ein Mittel versprach, welches alle Mannen, welchen man es eingebe, könne ihren Weibern auf immer treu machen. Man müsse nämlich Nachtmahlbrot nehmen, das eingesegnet worden sei in der Kirche, und wenn man machen könne, daß ein Mann von diesem Brot im Kaffee esse, so könne er mit keiner Andern mehr was zu tun haben. Des Pfarrers Köchin von S. sei meine beste Freundin und um ein gut Trinkgeld gebe sie mir gewiß einige Stängelchen, von diesen solle sie unter einem schicklichen Vorwand dem Manne einbrocken, und all ihrem Elend werde abgeholfen sein. Sie war ganz glücklich über mein Mittel, gab mir einen Schnaps und vier neue Fünfbätzler für mich und die Köchin, welche aber nichts davon erhalten wird; das Brot, das du gebracht hast, tut den Dienst auch.

«Als ich fortging, wartete mir hinter dem Hause die Sohnsfrau, klagte, wie man so wüst gegen sie sei. Obschon kaum dreiwöchige Kindbetterin, gebe man ihr nichts Apartigs, seit acht Tagen habe sie keinen Wein gesehen; und gab mir einen Kloben Reisten und ein seidenes Halstuch, dafür solle ich ihr eine Maß roten Wein bringen, den Überschuß für mich behalten.

«Den ganzen Morgen schaffete ich nichts mehr, als ich aber gegen L. kam, war Stockbures Trini im Bohneplätz und winkte mir. Wir stunden in die Bohnen hinein, und da fing es an zu weinen und sagte: Sie glaube schwanger zu sein, es sei ihr so und so, ob ich es nicht auch glaube? Da ich es bestätigen mußte, so klagte sie, der Vater sei sMüllers Sohn zu V., er hätte ihr alles Gute versprochen und bei allem Hohen beteuert, er lasse sie nicht stecken. Nun sei er aber schon zwei Monate nicht mehr gekommen, sie habe Nachricht, er gehe zu einer Andern. Den Eltern dürfe sie es nicht sagen, sie hätten ihr den Burschen immer gewehrt und vorausgesagt, er mache es ihr so. Ich solle doch zu ihm hingehen, bat sie, und ihn dort- und dorthin bestellen, wenn er nicht zu ihr kommen wolle, aber reden müsse sie allweg mit ihm, es drücke ihr sonst das Herz ab. Obgleich sie mir nichts geben konnte, sondern nur gute Belohnung versprach, so ging ich doch hin, sie erbarmte mich. Auf dem Wege kam ich bei der reichen Bäuerin auf dem Hoger vorbei, die so lästerlich trinkt. Die gab mir eine große Flasche, welche ich ihr solle füllen lassen und dann zu der Eiche stellen im Haselhag, denn wenn ich zurückkomme, werde ihr Mann wieder daheim sein, und wenn er mich antreffe oder etwas merke, so prügle er entweder sie oder mich, welche ihm zuerst in die Hände komme. Für meine Mühe gab sie mir sechs Kreuzer, einen Schluck aus der Flasche nahm ich ungeheißen.

«Den Müllerssohn fand ich im Mühlistübli alleine. Anfangs wollte er mit mir aufbegehren und mich fortjagen, allein ich erschrecke nicht vor jedem Müller. Ich sagte ihm, ich wolle es seinem Alten sagen, da wurde er zahm. Dann rühmte ich das Trini und sprach von Erbschaften, die es machen würde, und wie es die töllsti Müllere wäre, früh und spät, und Schweine mästen könne trotz einer Luzerner Säumutter. Er hörte mir immer andächtiger zu und ich merkte wohl, daß ihm Trini noch lieb sei, und wenn er nicht schon eine andere Kochete über habe, er Trini nehmen würde. Ich wußte wohl, wohin er seither gegangen war, fing an, dieselbe auszuführen, und wußte noch von Manchem zu erzählen, der zu ihr gehe, und wie sie an der letzten Musterung mit einem Offizier auf dem Läubli angetroffen worden sei. Das wirkte. Er versprach, wieder zu Trini zu gehen, gleich diese Nacht, und gab mir dieses Säcklein Mehl mit, und im andern Säckli habe ich eine Halbe Roten und hier noch eine Magenwurst, und wenn du nicht so müd wärest, so wüßte ich noch im Wald ein schönes Stück Holz, aber du kannst das die andere Nacht holen, sie werden es morgen nicht fortführen.»

Bei der Halbi Roten erzählte ich noch meine Geschichte. Dann schliefen wir alle Drei herrlich im schlechten Bett und auf dem Laubsack unter den Hudeln.

Ein andermal erzählte die Alte, sie sei nicht weit gewesen, da sei ihr der Strubpeter begegnet uf sim Bigger, wien e Schnyder, hätte angehalten und ihr gesagt: «Du weißt, Babeli, daß die Leute mich ins Geschrei bringen mit dere ob em Kreuzweg, daß meine Frau schrecklich schalus ist und ich dessetwegen es großes Lyde ha. Gehe nun zu ihr und sage ihr, wie sie doch im Geschrei sei mit irgend einem Nachbar, mit welchem du willst, und wie alle Leute davon sagen; da wird sie dann grüslich mache, denn die tut wüst, wenn sie abkömmt, und ich will es einrichten, daß ich dazukomme, will sie fragen, was sie habe, und wenn sie es mir sagt, so will ich antworten: Siehst du jetzt, was die Leute können; wenn ich jetzt auch alles glauben wollte, was glaubst du, wie führe ich mit dir aus? Aber nein, Fraueli, ich weiß, was die Leute können, aber glaube du es auch, daß wir einander nicht mehr so plagen! So will ich reden; gehe jetzt zu ihr, du mußt ein gutes Trinkgeld haben.» Ich ging zu der Frau, sie schnauzte mich anfangs an. Sie und das ganze Haus sahen so strub aus, daß ich jetzt wohl weiß, warum man ihnen Strubpeters sagt. Aber ich fing an ihre Meyen zu rühmen, das Eine und das

Andere, bis sie mir immer mehr zuhörte; dann fing ich an so nach und nach über die Welt zu seufzen, wie sie immer schlechter werde und es allbets nit so gange, wie keinem Menschen mehr zu trauen sei, auch dem besten Freund nicht, die Leute ließen niemand mehr rüehyg. Wenn ich auf dieser Saite spiele, so sind von hundert Weibern nicht zwei, welche nicht darnach tanzen. Sie tanzte auch, und nach mancher andern Geschichte, die ich nicht erzählen will, sagte ich: Wenn ich dir aber erst sagen wollte, was die Leute über dich sagen, da erst wüßtest du, wie schlecht sie sind, aber das sage ich dir nicht. Natürlich wollte sie es wissen; sie mußte mir zuerst versprechen, sie wolle nicht so höhn werden und es niemanden sagen, so richtete ich meinen Auftrag aus. Nun hättet ihr sehen sollen, wie das Weib zu heulen und zu wüten anfing; ihr Lebtag, seit sie verheuratet sei, habe sie mit Keinem zu tun gehabt als mit ihrem Manne, und jetzt gehe es ihr so! Als sie am besten daran war, kam ihr Mann, wie abgeredet, und das Ende vom Lied war lauter Eintracht und das Versprechen der Frau, nur keinem Menschen mehr zu glauben, was man über sie oder ihren Mann sage, und der Mann mußte das Gleiche versprechen – er tat es nicht ungern.

«Von da kam ich in ein Haus, wo eine schöne Tochter ist, die gerne einen reichen Mann hätte und an allen Märiten im höchsten Staat aufzieht, mit guldige Gufe, silbrige Hafte fast wie eine Hand so groß, Ringen an den halbgewaschenen Fingern und Kruselhaar an der Stirne, das sie eine halbe Nacht drehen muß, damit es gchruslet wird, und zweien Naselumpe, einen für die Hand und einen für die Nase, und einer gelben seidenen Scheube, die rauschet und glitzeret, daß man sie eine halbe Stunde weit merkt, und seidene Halstüchli und siebe Mänteli übereinander ufghogeret bis an das Kinn und kurzum Narrenwerch zringsetum und obe und unte. Am letzten B. Märit stund alles still, wenn sie vorbeiwackelte und rauschte. Am Mittag war ich unter der Türe, wo sie aß, da tat sie so zimperlich, sie büschelte das Maul, daß es war wie ein Spatzenschnabel, und redete so leisli, daß man nicht recht wußte, war es deutsch oder welsch; nachher beim Tanzen schüttelte sie den Kopf wie ein Kutschenroß im Winter, wenn es Schellen anhat, und tat ganz herrschelig. Ihr hättet hören sollen, wie die Buben sie ausgelacht und verspottet und einer sagte: ‚E settige Narr paßt gerade auf einen Baurenhof wie ein Gugger auf ein Nest voll Eier zum Brüten.' Soviel ich weiß, ist Keiner mit ihr heimgegangen, sie hat den Alten lassen heimfahren, Einer oder Zwei wollten mit ihr, aber Keiner war ihr gut genug gewesen; sie wartete immer noch auf einen Reichern und Vornehmern und mußte am Ende mit der Jungfrau allein heim. Nun sagte ich ihr nicht, was ich gehört und gesehen, sondern gerade das Gegenteil, wie alle Leute auf sie gesehen und gesagt hätten, das sei die Schönste auf dem ganzen Märit und geb die töllste Bäuerin, und wie die Herre gesagt, sie sei viel zu schön für einen Bauern, und wie alles gefraget, wie sie heiße und wo sie wohne, ob seither noch niemand gekommen sei, nicht etwa der und der? Der habe besonders nach ihr gefraget und auf sie glugt. Sie hörte das so andächtig, und wenn ich schon dreimal das Gleiche sagte, sie hörte es allemal lieber, aber ich habe mich nicht länger wollen säumen und pressierte fort. Da gab sie mir den Auftrag, ich sollte doch zu dem reichen Bauernsohn gehen und ihm sagen, so von ungefähr, wenn er mich etwa nach ihr frage, sie werde den nächsten Sonntag in dem und dem Bade sein, wo man tanze. Geld habe sie mir keins, sie hat nie viel, weil sie zu viel braucht, aber ein Rippstücki hat sie mir ins Säckli getan. Ich will es auch ausrichten, er geht sicher hin, um sie so recht für ne Narre z'ha.

«Auf dem Heimweg kehrte ich noch bei der geistlichen Frau ein, unten am Stein, wo in alli Versammlige lauft und in alle Kinderlehre seufzet und pläret; sie hatte auch wieder pläret, aber nicht wegen geistlichen Sachen. Ihr Hans sollte Eysin heuraten, dem ihr Mann Vogt ist und das fünftausend Pfund verfallenes Gut hat und noch mehr erben kann, wenn einist seine Mutter tot ist. Hans ging eine Zeitlang zu Eysin, jetzt geht er zu Bändelstüdis Tochter, ein braves Meitschi, halt o nit rych, aber doch auch nicht ganz blutt, und Eysin hat auch einen Andern, der ihr besser gefällt als Hans, der nicht e Lüftige ist und nicht gut tanzen kann. Das macht nun der Mutter grausamen Verdruß. Mit dem Geld hätte sie die Schulden zahlen können, welche sie noch auf dem Hof haben, dann hätten sie es können gut haben und desto besser den Versammlige nachlaufen. Sie schimpfte gar jämmerlich über Bändelstüdis Tochter und fragte mich: Ob ich nicht auch viel Schlechtes über sie gehört? Als ich es verneinte, sagte sie mir, sie aber habe das und das gehört, gar gräßliche Dinge, welche sie bestimmt selbst ersinnet. Aber sie möge sagen, was sie wolle, fuhr sie fort, der Sohn glaube ihr nicht, sie habe schon manchmal darüber vor Gott geseufzt und geklagt. Ich solle daher jetzt zu Hansen gehen, er verleg den Mist, und ihm alles sagen und ihm sagen, es rede das all Lüt, dKilchenlüt und dMäritlüt, und von da solle ich zu Eysin gehen und dieser sagen, wie ihr neuer Liebhaber einer sei, wie er spiele und saufe und Schulden habe und die Leut auf ihr Geld vertröste und sich rühme, er chönn mit Eysin mache, was er wolle. Sie könne mir jetzt nichts geben, der Mann habe den Schlüssel zum Gelde, er sei der wüstisch Hund gegen sie, wo nur sein könne, er habe ihr gesagt, es sei geistlicher, Zinse zu geben, als den verloffene Lumpenhunde alles az'häiche, aber sie wolle zu Gott beten, daß er mir ein so gutes Werk vergelten möge. Aber auf diesen Lohn hin ging ich nicht zu Hans und nicht zu Eysin; wenn unserein auch nicht geistlich ist, so ist er doch auch kein Heid nicht und hat auch einen Glauben. Hätte nicht der erbetene Lohn darin bestehen können, daß ich auf diesem Gang die Beine gebrochen? Und diese brauche ich zu viel. Die Menschen kann ich für einen Narren haben um ihr Geld, aber mit dem da oben probiere ich es nicht gerne.»

Der Mann hatte anderes zu berichten. «Lange war ich nicht», sagte er, «bei den vornehmen Leuten da äne, wo der Himmel ist für alle Bettler. Das sind Leute, die sind nicht Vogel, nicht Fisch, nicht Herre, nicht Bure, nicht ganz dumm, aber nicht halb gescheut, nicht glücklich, nicht unglücklich, halb geistlich, halb weltlich, so hochmütig im Herzen und so demütig in der Stimme. Ich war lange nicht dort, das letztemal ward ich böse. Da war der alte Adam auch dort, der Speisläufer mit der roten Nase, der unter seinem geistlichen Mantel alles macht, was er kann, und weit und breit den reichen Weibern nachläuft, um mit ihnen zu seufzen und für sich zu fressen; dem erwiesen sie alle Ehre und sprachen mit ihm von dem Verderben der Welt und dem Ende derselben usw. Es machte mir Langeweile, ich fing an von Heiraten zu reden, da putzte mir der Sohn ab, man müsse nicht immer so an weltliche Dinge denken, und doch ist er der Erste, der nach allen reichen Töchtern frägt im Oberland und im Aargau und frägt, wie manches Kind sei und wieviel die Eltern vermögen und ob ich nicht wüßte, ob sie noch mehr Kinder bekämen oder nicht; sinnet tagelang, wie er zu einer Reichen kommen könne, und vergißt dabei alle Geistlichkeit. Das machte mich böse und ich packte bald auf; die Frau kam mir noch nach und sagte, ich solle doch recht nit zürne und bald wieder kommen, aber ich habe es ihnen gereiset, sie haben mir zweimal müssen sagen lassen, warum ich nicht komme? Sie sterben fast vor Langeweile, vor lauter Müßiggang, und Bücher machen ihnen auch Langizyt; da buchstabiere sie halbe Tage in alte Zytige und denke all Augeblick, ob dMuetter ihnen nicht bald etwas zu essen bringe oder ob nicht bald ein Bettler kommen wolle, mit dem sie reden können. Sie führen ein Lebtig, daß ich um all ihr Gut nicht mit ihnen tauschen möchte. Sie bilden sich ein, auf der ganzen Welt habe es niemand wie sie, und doch sind sie nichts, wissen nichts und leben immer in tausend Ängsten, sie könnten sich verfehlen, und fürchten sich bei jedem Bettler, sie könnten sich auf irgend eine Weise vergehen.

«Heute nun ging ich wieder hin, kehrte unterwegs aber noch ein im Wirtshaus an der neuen Straße. Es hatte mir einer ein schön Trinkgeld versprochen, wenn ich machen könne, daß er dort Stallknecht werde. Der Wirt hat zwar einen guten und ist mit ihm zufrieden, aber es ist nichts Leichters, als einen Meister und einen Knecht von einander zu bringen. Man braucht nur den Knecht recht zu rühmen und zu sagen: ‚Hans oder Benz, es isch ke Settige wie du, du verdientist e größere Lohn, e bessere Platz, aber es düecht mih, dy Meister wüß nit, was er a der heig', so wird er prüßisch und ufbegehrisch. Und wenn man dann noch dem Meister sagt: ‚Es düecht mih, dy Knecht syg nüme, was er gsi syg; aber so geihts, we eine z'lang am e Ort isch, es wird ne nume z'wohl und si wei alles Meister sy; e wenig angers Brot esse schadti dem o nüt', so ist die Sache richtig. Der Meister wird nichts sagen als: ‚Es si all eso, 's isch kene besser als dr anger', aber eine Floh hinter dem Ohr hat er doch, und wenn der Knecht prüßisch wird, so wird der Meister puckt, und es geht nicht lang, so kommt der Meister und fragt, ob ich ihm keinen Andern wisse, der sei ihm entleidet, und dann auch der Knecht, ich solle ihm Platz suchen, der Meister müeß erfahre, was für einen er gehabt habe, und so erhalte ich von drei Seiten mein gut Trinkgeld. So machte ich dort Vorarbeit bei Wirt und Knecht, an beiden Orten hat es eingeschlagen und mein Löhnli wird mir nicht fehlen. Unserem

Bach nach ging ich weiter hinauf bei Plauderfridis Haus vorbei und kam endlich an, wo ich wollte. Dort hatte man eben zMorge gesse und tat gar freundlich. Man gab mir nicht bloß Kaffee, sondern ein anderes braunes, schmutziges Wasser, das aber süß war und mir gar wohl machte, sie sagten ihm Gaggeladig.

«Nachher führte mich der Sohn in den Stock und klagte mir, er sei krank und habe grausame Gsüchti. Es sei seine Pläsier gewesen, in der Ernte dem Garbenwagen nachzugehen und sich allemal, wenn er stillegehalten, in dessen Schatten zu setzen, das habe ihm gar wohl gefallen, allein ob dem habe er sich in dem kühlen Schatten des Wagens wahrscheinlich erkältet und jetzt gar grausam Rückenweh. Ich versprach ihm Heilung, gab ihm eins der von den Kapuzinern erhaltenen Bündelchen; dieses solle er unter Ausrufung der drei höchsten Namen ihrem schönsten Braunen unter den Steiß binden, dort es drei Nächte lassen und alle drei Nächte, ehe er ins Bett gehe, dreimal das Unser Vater beten und nach jedem Vaterunser ein Glas roten Wein trinken, dann werde es sicher schon bessern. Nachdem ich so seinen Leib getröstet, klagte er mir sein Seelenleiden. Er hätte fast gar geheiratet, eine einzige Tochter, und in den nächsten Sonntagen hätte er wollen verkünden lassen, da hätte er vernommen, sie hätte noch einen Bruder erhalten und sei jetzt nicht mehr halb so reich; so wäre er fast unglücklich geworden, wenn er einige Sonntage früher sich hätte verkünden lassen, nun sei es glücklicherweise noch Zeit gewesen, sich von der Tochter mit dem Bruder wegzumachen. Sein guter Freund habe ihm letzthin die reichsten und schönsten Mädchen in der ganzen Gegend nach W. ins Wirtshaus entboten, sie seien alle gekommen, acht an Zahl. Es seien schöne Meitscheni gewesen, aber reich genug seien sie ihm doch nicht, Keine hätte verfallene Mittel, von Keiner wisse man bestimmt, wieviel man bekomme; bei den Einen wären mehrere Geschwister, bei den Andern trinke der Vater, und der Vater einer Andern sei Witwer und man könne nicht wissen, ob er nicht noch etwa heirate. Er habe ihnen gar schön aufwarten lassen und sie hätten sich gar lustig gemacht, er sei geng zringsetum hinter ihre Seßle durch gegangen und habe einer jeden ein Kompliment gemacht und ihre Sache gerühmt und nach den Eltern gefraget; wo es dunkelt habe, seien sie fortgegangen und er habe drei Kronen zahlen können, und das habe ihn auch gereut, da er doch Keine möge von denen.

«Jetzt sei letzthin eine Frau gekommen und habe ihm eine angegeben, da weit inne, es solle eine gar Hübsche und Reiche sein. Es sei ihm aber erleidet, im ganze Land ume z'fahre, er sei schon im Oberland und im Aargau gewesen, im Seeland und am Berg äne, und das koste Geld, und in ein Wirtshaus hätte er sie nicht mögen kommen lassen, es gebe gleich viel Gered unter den Leuten und noch dazu eine Ürti, die er wieder bezahlen müßte; da hätte er sie heißen zu ihnen hinaufkommen, vielleicht komme sie gerade diesen Nachmittag. Es machte mich böse, daß hier ein Weib mir in mein Handwerk pfuschen wollen, und ich redete dem Meitschi z'böst, wie ich nur konnte, auch noch während dem Essen. Und gerade als wir fertig waren, siehe da kam das Mädchen, geputzt wie ein Pfau und Backe, so rot und glatt gerieben wie ein Karfunkelstein, und hatte einen Zuckerstock im Säckli und zwei Pfund Kaffee zum Chram, die es gleich auspackte, als man es hieß hereinkommen. Man war verblüfft und niemand redete viel mit ihm, auch führte man es nicht einmal in den Stock, wohin sonst jeder kommt, auf dem man etwas hält; man zeigte ihr nur die Kühe und die Chaise, und es merkte gleich, daß es nicht wert gekommen sei, und hat fast pläret. Am Ende dauerte es mich doch, aber ich lasse mir mein Handwerk nicht verpfuschen. Ich glaube, dere sei das Nachlaufe für einist verleidet und sie werde die ersten Tage nicht mehr auf die Gschaui gah, aber ganz geheilet ist sie doch nicht, sie müßte kein Meitschi sein. Es steckt einem wie dem andern das Heiraten im Kopf und alle gehen auf einen Mann aus, die einen stellen es etwas feiner an als die andern und könnens besser verbergen, aber das sind nicht allemal die reichsten und die vornehmsten, gerade die tun manchmal am nötlichsten, daß man sich fast für sie schämen möchte, und gehen einem jeden, wohin er sie bestellt, wenn sie ihn schon nicht begehren und einen Andern im Aug haben. Aber es gibt alleweil vergebe z'esse und z'trinke und vielleicht einen andern guten Schick. Ja, das ist mir es Volk!

«Nachdem die Gschauere ganz kaputt fort war, erhielt ich auch meine Aufträge. Dem Sohn sollte ich eine recht Reiche suchen, wo die Eltern keine Kinder mehr bekämen und von der ich glaube, sie bekomme auch nicht mehr als eins oder höchstens zwei; den Alten sollte ich mich nach einigen Kühen umsehen und einige Fläschchen Schmöckwasser bringen. Vollgegessen, ein Trinkgeld im Sack und mit Ermahnungen, nicht mehr so lange zu warten, kam ich endlich fort. Auf dem Heimwege gab mir noch der dicke Wittlig im Guggersnest den Auftrag, seiner Magd einen Mann zu suchen, sie vermöge zweihundert Kronen, aber es pressiere.»

Nun liefen aber auch viele Tage ab, wo es nicht so wohl ausgab, wo man nichts verdiente als das Essen, einige Stücke Brot und seine Kundschaft sich erhielt, Neuigkeiten herumtrug und des Rühmens viel machte. Wo man wußte, daß ein Haus das andere hasse, sagte man alles Böse nach, wie man glaube, die eine Tochter sei schwanger und der Sohn werde da und dort nicht mehr eingelassen, wie man aber allenthalben ihre Töchter rühme und wie man auf dem und dem Hof immer frage, wo ihre Söhne hingingen usw.

Zuweilen kamen Leute zu uns, die unserer Küche auch

wohl taten, nämlich Leute, um sich wahrsagen zu lassen. Die Alte kannte alle Verhältnisse, so wußte sie gleich, was man eigentlich wissen wolle: daß die Frau vernehmen möchte, ob ihr Mann noch lange leben werde oder ob sie bald zu einem Andern kommen könne, wußte, auf wen sie ihr Auge schon geworfen, wußte die Liebesangelegenheiten der jungen Mädchen, die neugierig waren zu vernehmen, was sie zuerst kriegen würden, ein Kind oder einen Mann? Da war ihr das Wahrsagen leicht, sie hatte dabei großen Ruhm und guten Verdienst, doch klagte sie, es nehme bedeutend ab.

Dann kamen, wenn sie sich einen lustigen Abend machen wollten, Leute, welche gewöhnlich nicht in Wirtshäusern übernachten, sondern bei den Bauern im Stall. Es waren Herumstreicher, welche die Polizei fürchten mußten; sie brachten allerhand gute Sachen mit, und dann ließ man es sich recht wohl sein. Auch sie erzählten ihre Streiche, schimpften vor allem auf die Polizei, vor welcher kein ehrlicher Mensch sicher sei. Die Landjäger, sagten sie, hätten den Teufel im Leibe, man sollte immer ein Vaterunser beten, wenn man einen von weitem sehe; es sei ihnen nur um den Lohn zu tun, wenn man ihnen etwas stecken wollte, so wäre man schon sicherer. Aber da wollte man wohl Narren sein; es seien die meisten Landvögte gar gute Leute, wenn man recht nötlich tun könne, so ließen sie einen nicht nur wieder gehen, sondern sie schenkten einem noch das Nachtquartier und die Suppe, und der Landjäger erhalte wohl noch gar einen Schnauz, besonders wenn er den Herrn in seinem Schläfchen oder in seinem Spielchen gestört.

Alle Winter einmal oder zweimal, wenn das Laufen ohnehin nicht lustig war, lag das Eine oder das Andere im Bett und stellte sich krank. Das Gesunde ging dann hinüber ins Dorf, jammerte über ihr Elend, über ihr Leid, die Gemeinde plagen zu müssen, streute unter dem Jammer allerlei interessante Neuigkeiten aus, um die Herzen zu gewinnen, und schlug so auf alle Fälle den Hauszins heraus, manchmal sogar eine Extrasteuer. Im ersten Winter ging ich nie in die Schule, im zweiten wurde der Alte daran gemahnt; er jammerte über seine Armut, sein Unvermögen, mich zu kleiden, er habe mich um dr Gottswille, weil ich seiner Frau weitläufig verwandt sei usw. Man glaubte es ihm und entließ ihn mit einer Mahnung, die nicht viel zu bedeuten hatte.

EILFTES KAPITEL

Meine Herrlichkeit geht zu Ende, und eine Gemeinde hat einen Einfall

So wäre ich noch lange geblieben, wenn nicht zufällig mein früherer Meister durchs Dorf gefahren wäre, mich erkannt und zur Rede gestellt hätte, was ich da mache? In meiner Straßenmajestät gab ich ihm trotzigen Bescheid: Ich sei jetzt nicht mehr sein Kindemeitschi, mich prügle niemand mehr alle Tage und weiter gehe es ihn nichts an.

Der Mann hielt im Wirtshause still, erkundigte sich dort nach mir und meinem Treiben. Der Wirt, dem ich schon lange ein Dorn im Auge war, mag mir nicht das beste Lob gegeben, der Meister das Vernommene nicht verkleinert in der Gemeinde berichtet haben, kurz es kam der Befehl, daß ich mich an der bald darauf stattfindenden Bettlergemeinde einzustellen und alle meine Sachen mitzubringen habe. In der Gemeinde hatte man sich zwei Jahre lang nicht um mich bekümmert, niemand den Bauern, der mich haben sollte, nach mir gefragt, dieser war auch nicht gwundrig gewesen über mein Schicksal. Die Gemeinde glaubte ihre Pflicht getan zu haben, wenn sie das versprochene Kostgeld richtig bezahlte, der Bauer, wenn er es annehme und daraufue oder das Überschießende in Sack stecke (ich glaube immer, er habe noch Profit gemacht und weniger für mich bezahlt, als er erhalten). Niemandem war ich zur Aufsicht empfohlen, der nachsehen sollte, daß ich als ein Christenkind christlich erzogen werde. Als ich einmal darüber klagte, sagte mir einer, der immer ein böses Maul hatte: Das sei eben das beste Zeichen, daß meine Gemeinde eine recht fromme sei, indem sie auf Gott vertraut und ihm mich überlassen, im Glauben, es sei genug, wenn er zu mir sehe. Ja ja, wenn es mit diesem Glauben gemacht wäre, es wäre noch manche Gemeinde fromm. Aber warum heißt es, daß Gott durch der Eltern oder Pflegeltern Hand die Kinder regieren will? Wo nun die Regierung schlecht ist, wird auch schlecht regiert, und wo schlecht regiert wird, geht viel zuschanden, manches Kind. Die schlechten Regierungen werden einst Rechenschaft geben müssen, aber auch die, die schlechte Regierungen eingesetzt.

Der liebe Gott sieht auch zum Vieh, aber wenn ein Meister einem schlechten Knecht sein Vieh anvertraut, nicht aufpaßt und das Vieh verdirbt, so gibt kein Mensch dem lieben Gott schuld, sondern dem Knecht, besonders aber dem schlechten Meister. Wenn ein Bauer seine Kuh auf den Berg tut, so weiß er doch, auf welchen Berg, und macht ihr im Sommer eine Visite, aber wo ein armes Kind ist, weiß manche Gemeinde nicht, geschweige dann, daß man ihm Visiten macht. Es soll zwar in der Gemeinde ein Reglement gewesen sein über solche Dinge, aber es ist an manchem Ort ein schönes Reglement, wenn es nur jemand handhabte und nicht jedermann taub würde, wenn man etwas davon sagt.

Man wird vielleicht meinen, ich hätte eine Mutter gehabt und die hätte zu mir sehen sollen, wird mich fragen, warum ich nichts von ihr sage? Aber mein Gott, das ist eine dumme

Rede und eine dumme Frage; weiß doch jedes Kind, daß von zehn Wittwybern neun halbe oder ganze Narren werden und sturm an der Lebere, bis sie wieder einen Mann haben, und dümmer tun als junge Meitscheni. An den jungen Witwen kann man es noch begreifen, man weiß, was sie wollen, aber da heißt es wohl: Alter schützt vor Torheit nicht, und die ältesten tun am narrochtigsten. Wer kennt nicht die alte reiche geizige Witwe, die, solange ihr Mann lebte, nie ins Wirtshaus ging, nie ganze Milch brauchte und die jetzt Abendsitze hat, jungen Bueben Brönz und Brot gibt, bis sie selbst keins mehr hat, und jüngst noch gar ins Wirtshaus ging, mit dem lahmen Schuhmacher tanzte, bis sie übereinanderpürzelten? Und das alte Fraueli, wer kennt das nicht, das schon lange Großmutter ist, fast nichts mehr hört, bei einem Witwer früher schon eine Probezeit von drei Tagen gemacht und letzthin seine letzten zehn Kreuzer dem Gyger gegeben hat?

Und dann meine Mutter, eine junge glustige Witwe, hätte an mich denken sollen! Ich dachte an sie und auch meine Alten, die schickten mich einmal an einem Sonntag hin zu ihr in der Hoffnung, ich bekomme vielleicht etwas von Kleidern. Ich kam nicht wert, sie war schon aufgezäumt, als ich ankam, und hatte eine Bestellung. Sie mochte nicht warten, bis ich etwas gegessen und sie mich wieder schicken konnte, aber ohne Gabe, sie hatte es für sich selbst zu brauchen. Bald darauf heiratete sie wieder und kam später im Elend um, ohne daß ich etwas von ihr oder sie etwas von mir hatte, denn ich vergaß sie nun auch, nachdem ich den ersten Schmerz überwunden, daß sie mich nicht lieber gesehen, und um keinen Lohn der Welt hätte man mich dahin gebracht, sie wieder zu besuchen. Daß ich von meinen Alten fort sollte, daß zerriß mich fast. Sie hatten mich im Ganzen liebreich behandelt, denn ich war ihnen nicht zum

Schaden; ich hatte ein gutes Leben, wenn ich auch auf einem Laubsack schlafen mußte; endlich bedeutete ich auf der Straße oben im Dorfe etwas, hatte dort bestimmte Rechte und bewegte mich mit dem Selbstgefühl des Eigentümers die Straße auf und ab. Sicher reisete mancher König nicht mit behaglicherem Gefühl in seinen Landen, als ich meine Mistbänne von einem Ende des Dorfes zum andern zog oder gar oben am Stutz auf der Leubank saß. Diesen Zustand der Freiheit, wo ich über meine Zeit und meine Person fast unbeschränkt verfügen konnte, sollte ich nun wieder hingeben, an einen Hof mich ketten und der Willkür des Besitzers preisgeben lassen? Was meiner wartete, nahm ich aus dem ab, was ich früher erlebt, und war zu jung, zu bedenken, daß ich als Gassenjunge an Leib und Seele verwahrlost werde, nicht arbeiten, nicht beten lerne. Ich wollte anfänglich nicht hingehen, mich krank stellen oder fortlaufen, allein meine Alten waren kluge Leute, sie vermieden alles Aufsehen, alles, was Nachforschungen herbeiführen konnte. So leid es ihnen tat, mich zu verlieren, predigten sie mir doch Gehorsam und überredeten mich, an der Bettlergemeinde mich einzustellen. Dort putzte man mir vor allem tüchtig ab, stellte mir vor, wie böse Nachricht von mir gekommen, welch Schlingel ich sei usw. Mit trotzigem Wesen hörte ich das alles an, weinte nicht und sagte nichts, wollte auch nichts Besseres versprechen. Ich wußte nicht, was ich gefehlt haben sollte, und mein Gerechtigkeitsgefühl sagte mir, man hätte gar kein Recht, mir abzuputzen, denn ich sei ja gar nicht freiwillig dorthin gegangen und hätte nichts gemacht, was mir verboten worden. Obgleich ich ein gesunder, starker Bursche war, so fanden sich doch keine Bauern, die mich wollten. Arme Leute hätten mich wohl verdinget, allein ich sollte auf einen Hof, um arbeiten zu lernen, denn wenn ich einmal gut täte, so gebe ich ein toller Knecht, hieß es. Endlich bewog man einen stattlichen alten Mann, mich mit ihm zu nehmen, und versprach ihm, mich für Zwei anzurechnen oder daß ein Jahr für zwei zählen solle; also wurde ich wieder köstlicher untergebracht, als es sonst meinem Alter nach bräuchlich war, zum Teil auch deswegen, weil ich keine guten Kleider mehr hatte, da mir nichts angeschafft worden.

ZWÖLFTES KAPITEL

Wie es mir unter braven Leuten übel geht

Der Mann führte mich das Tal hinauf, an der Talwand empor durch Weiden, Haberäcker der Egg zu. Er fragte mich ernst, aber nicht böse, nach meinem frühern Leben, versprach mir gute Tage, wenn ich folgsam sei und arbeitsam, und auf dem Wege noch klopfte er an einem Hause an und hieß den Schneider kommen, denn so verhudelt wollte er niemand in seinem Hause haben. Auf der Egg stunden zwei mächtige Bauernhäuser, umgeben von kleinern Gebäuden, beide blank gewaschen, umgürtet mit sorgfältig geschichteten Scheiterbygen, gewaltigen Einfahrten, aber kleinen Gärten, Gärten mit engen Weglein von großem Buchs eingefaßt, in welchen Kraut die Menge, auch einige Rosenstöcke und Pfingstnägeli waren; auf der Ladenwand und einer Bank unter einem der obern Fenster stunden Meienstöcke, wo der beliebte Rosmarin, die bedeutungsvolle Myrte nicht fehlten. Unter dem weit ausreichenden Dache sprudelte der reiche Brunnen, und im reinlichen Troge warf das Wasser seine Bläschen, Bürgen seiner Güte. In den vielen Fenstern spiegelte sich golden die Abendsonne, und vor den Häusern saßen Weiber, Kraut rüstend, und Mannen, das Pfeiflein rauchend, auf der hohen Terrasse spielten Kinder, und zum Brunnen gingen schwere Kühe, zuweilen einen schwerfälligen Satz versuchend, und wiehernde Rosse bäumten sich am Zügel. An dem ersten der Häuser schritten wir mit kaltem «Guten Abend» vorbei, dem zweiten zu, das etwa zweihundert Schritte davon lag, eines wie das andere hoch auf der Egg, überschauend die beiden Seiten des Berges und das an denselben in sanftem Abhang weithin sich dehnende Land, überschauend das schöne Tal und über demselben die weißen Berge mit den roten Backen in der Abendröte und auf der andern Seite hinaussehend in weite Ebenen, durch welche im weißen Bett ein trügerischer Strom sich schlängelt, bis an den blauen Berg hin, hinter welchem die wüsten Leute wohnen, die nie zufrieden sind und immer alles regieren wollen. Von dem zweiten Hause her sprangen Kinder uns entgegen, rufend: «Gueten Abig, Großätti, wo hest dr Chram?», und der Großätti packte aus, Weggen und Lebkuchen, und die Kinder jubelten und betrachteten mich mit großen Augen, bis wir am Hause waren. Dort saß auf der Bank die muntere, dicke Großmutter, die schönen, runden Arme, die am Handgelenk in einer tiefen Falte endigten, übereinander geschlagen, zwei große, schlanke Meitscheni wie Milch und Blut saßen neben ihr, beschäftigt, und wünschten guten Abend, und die Großmutter sagte: «Chumm hock, Ätti, und zell is, wies hüt gange syg u was da für ne Bueb hest, ih ha gmeint, du wellist kene meh?»

Aber aus der Haustür, hinter welcher die weite Küche sich öffnete mit zwei großen Feuerplatten zu beiden Seiten der Heli (des obern Teils der Küche, worin kein Rauchfang war), in welcher sechs lange und breite Speckseiten, Würste, Fleisch, Hamme freundlich saftig lächelten, klang eine helle, klare Stimme: «Dr Großätti soll zerst ychecho, ih han ihm ds Kaffee däne deckt!», und der Stimme nach guckte ein länglichtes schönes Gesicht mit heitern braunen Augen, es folgte eine schlanke Gestalt und wie alle Andern reinlich angezogen, mit blendend weißem Hemde und reinen Händen, die den Ätti willkommen hießen. Und der Großvater folgte gerne dem Söhniswyb in die große, reinliche Stube, vergaß aber doch den armen Bueben nicht, sondern sagte: «Mareili, hest dem Bueb nit o öppis z'esse, er ist hungerig u het hüt no nüt gha.» «Wohl fryli, Großätti», sagte Mareili, «aber chumm u nimm du afe!» Und emsig schenkte sie ihm ein und blies ihm vom geblümten Milchhafen das Dicke obenab in sein Chacheli, tat ihm Zucker hinein, wie er auch einredete, sie mache es ihm zu süß, stellte das kernichte Brot aus der Tischdrucke vor ihn und stellte neben dasselbe gelben Emmentalerkäs mit den großen, wässerigen Augen, wartete ihm dann ab, ging und kam immer zur rechten Zeit, daß Großvater auf nichts warten und nie selbst einschenken mußte. Und als er fertig war, rief sie: «Chumm Bueb und nimm o!» Ich erhielt nun auch meinen reichlichen Teil und zuweilen die Ermahnung: «Nimm bis gnue hesch!» Als ich fertig war, mußte ich vor das Haus und der Großmutter erzählen, wo ich gewesen, was ich getrieben, ob ich in die Schule gegangen, was ich arbeiten könne? Mareili fragte mich nur eine Sache: Ob ich etwa Läuse habe?

Es war ein großes Bauernwesen, das mich umfing, wie man keines außer der Schweiz und außer dem Kanton Bern selten sieht, ein Bauernwesen, in dem es nobler und reicher zuging als auf manchem Edelsitz. Der Großvater und seine Frau waren ein schönes altes Paar, die Töchter schöne Mädchen, der Sohn kränklich, nicht rüstig, seine drei Kinder Ebenbilder ihrer Mutter; vier Knechte und zwei Mägde bildeten das Gesinde, und von Taglöhnern und Handwerksleuten ward das Haus nie leer. Der Schneider löste den Schuhmacher ab, dieser den Sattler, nach diesem kam der herumziehende Schmied, der Korber, und die Nähterin wurde fast nie fertig. Im Stalle wieherten wenigstens sechs Pferde, brüllten acht bis zehn Kühe, und wenn der Küher kam, ein halbes Hundert und mehr. Das Gut war sehr groß, sein Ertrag bedeutend, und doch würde ohne Gülten der Bauer nicht haben bestehen können, oder er hätte den Ruhm seines Hauses einbüßen müssen. Geld wurde aus nichts gezogen als aus Korn, Futter und etwas aus dem Stall, Gespinnst und Anken; Milch wurde keine verkauft. Der Hausbrauch war ungeheuer. Bettler um Bettler klopften an ihre Türe, und jeder erhielt seine Gabe. Zur Zeit der ländlichen Feste, Sichleten, Fasnacht, kamen sie nicht einzeln, sondern in Scharen, Küchli zu betteln. Mit einer eigenen Maschine wurde ein ganzer Tag lang Teig gebrochen, ein ganzer Tag lang geküchelt; mächtige Ankenhafen wurden leer, und fast unter den Händen schwand den Schwitzenden die Frucht ihres Schweißes, und bis alle Hausbewohner sich satt gegessen, bis jeder Tauner noch etwas eingebunden hatte, um es heimzutragen, schwanden Berge der braunen, duftenden Küchlein.

Fast alle Nächte waren Bettler da über Nacht oder Hausierer, alle Sonntage kamen, durch den Fleischgeruch gelockt, Arme und aßen da zu Mittag, Kranken und Kindbetterinnen schickte man ins Haus, und selten eine Woche verging, daß nicht ein schlotternder Kindbettimann erschien, um Eins oder das Andere mit stammelndem Munde zu Gevatter zu bitten, und nie wurde die Bitte abgeschlagen. Wenn dann das Neujahr kam, so brauchte es ganze Stücke Tuch, um den Hoffnungen der Paten zu genügen. So war es gewesen in diesem Hause durch manches Geschlecht, und seinen Ruhm wollte das gegenwärtige ihm nicht nehmen. Aber wenn die Rede war, dem Schulmeister den Lohn zu verbessern, so konnte man wieder nicht begreifen, warum er sich nicht mit dem begnügen könne, was schon Vater und Großvater ihm gegeben. Es war allemal eine Freude, wenn er hinaufkam, und wenigstens ein Brot trug er allemal heim, aber zur Erhöhung seines Lohnes hätte man im Hause nie gesteuert. Kam man zu bitten um irgend eine gemeinnützige Sache, so fand man auch nicht geneigtes Gehör. Man könne nicht für alles geben, hieß es, man sei einem ohnehin alle Tage vor der Türe und man müsse die Hand immer im Sack haben. Nur wenn der andere Bauer bereits gegeben oder unterschrieben hatte, sagte man nicht ab, denn von diesem wollte man sich nicht übertreffen lassen. Diese Nachbarschaft war der Wermut in dem Becher ihres Glückes, aus ihr erstund eine Nebenbuhlerschaft, welche manchen Tag vergiftete. Brav war man an beiden Orten, reich auch, und offenen Streit gab es nie, man war einander sogar behülflich, und die Weiber brachten einander in allen Kindbettene Kram. Allein jedes Haus wollte das berühmtere sein und jede Frau die bessere Bäuerin, die tüchtigere Hausfrau. Es war recht lustig zu sehen, wie zuweilen an einem recht heißen Nachmittag das eine der dicken Weiber hinaus aufs Feld ging an irgend eine schwere Arbeit und da bystete und berstete, nur um der Andern zu zeigen, daß es die Rüstigere sei und nit son e fule Hung; wie die Andere, das zu Hause merkend, brummte, selbst fluchte über diesen Streich, sagend, sie sei nicht son e Donners Narr, und wie sie dann einige Tage darauf etwas Ähnliches machte und an die Andere das Brummen und Fluchen kam.

Gar mancher Bettler stund unten am Berge verlegen still, werweisend, bei welchem er übernachten solle, weil er fürchtete, die Übergangenen würden böse, nicht sowohl, weil er nicht zu ihnen gekommen, als weil er zu den Andern gegangen; so ging es manchem Hausierer und Manchem, der zu Gevatter bitten wollte, und gar viele Entschuldigungen wurden darüber angebracht und gewöhnlich etwas Spöttisches oder Tadelndes über den Nachbar. Man antwortete hierauf selten, aber hörte es nicht ungerne. Die Dienstboten beiderseitig konnten sich in acht nehmen, daß sie nicht bei einander sich stellten oder gar mit den Meisterleuten redend gesehen wurden. Es wurde als ein ordentlich unglückliches Ereignis betrachtet, wenn eine Magd oder ein Knecht den Dienst verließ, um in das Nachbarhaus überzugehen.

Hier nun sollte ich wohnen, zum Knecht mich bilden. Ich war stark genug dazu, wohlgewachsen und arbeitete mit Lust, denn ich war ehrgeizig und trachtete nach dem Lob meiner Meisterleute. Sie hatten mich sogleich doppelt kleiden lassen, gaben mir gut zu essen und redeten wohlwollend mit mir; der Großvater sagte manchmal: «Stell dih recht, so gisch wieder e Bueb.» Auch lernen mußte ich. Sie hatten mit Schrecken bemerkt, daß ich kaum noch buchstabieren konnte, und nun mußte ich, wenn es tunlich war, des Morgens und Abends ein Buch nehmen und lernen. Bald das Eine, bald das Andere war mein Lehrmeister, am liebsten hatte ich dabei Mareili, die Sohnsfrau. Sonst hielt man auch hier nicht viel auf großer Gelehrsamkeit. «Je gelehrter, desto verkehrter», sagte man oft, wenn von den Schulen die Rede war; aber Lesen, das hielten sie doch für notwendig und für eine Schande, einen so großen Buben im Hause zu haben, der es nicht konnte. Ich lernte auch mehr als früher. Ich war älter und wollte nun lesen lernen, zudem war gewöhnlich jemand da, der mich abhörte und verbesserte, das schützte mich vor Langerweile.

Sobald das Dreschen vorbei war, mußte ich in die Schule. In derselben ging es nun freilich etwas anders zu als in der frühern; Apfelgeschichten gab es keine, aber gar viel lernte man doch nicht. Der Schulmeister war Gemeindschreiber, und fast alle Tage wurde er mehrere Male aus der Schule gerufen oder mußte ganze Tage ausbleiben, er war der Allesmacher in der Gemeinde. In seiner Abwesenheit hielt sein dreizehnjähriger Bueb Schule, der sich mehr einbildete als ein Königssohn und wie ein türkischer Sultan nach Willkür regieren wollte mit seiner langen Rute. Die Ältern gehorchten aber nicht, sondern machten, was sie wollten, und weil er da nichts abbringen konnte, wandte er sich mit doppeltem Grimme an die Kleinen und tyrannisierte die, daß immer einige mit einander heulten. Da ich auch unter ihnen saß und nur ein Bueb war, so ließ er sich auch an mich, dafür prügelte ich ihn einmal tüchtig durch. Das klagte das gestrenge Söhnlein, und dessen Vater prügelte mich nun wieder unter Schein Rechtens und machte mir daheim auch nicht gut Spiel, da er bei jeder Gelegenheit anbrachte, ich sei ein böser, hartnäckiger Bueb, son e herte syg ihm nit bald i dFinger cho; er chönn nüt mit mer mache, wenn er scho der Finger ob mer zerschlöi, ih plär nit. Er hielt Rechnen und Schreiben für gar hohe Künste, denen selten ein Genie gewachsen sei. Von den Mädchen wurde selten eins in dieselben eingeweiht; etwa wenn der Ammann ein Töchterlein hatte oder der Statthalter, so kamen sie an den Schreibtisch.

Sobald eins die Buchstaben kannte und machen konnte, so schrieben sie ab aus der Kinderbibel, und wenn er es gar gut meinte, so diktierte er ihnen aus einem kleinen, von Fliegen punktierten Heftchen etwas über die Sprache. Alle halbe Stunden kam man eine Zeile weit, denn das erste und zweite Mal, wenn er etwas vorsagte, hörten die Buben gar nicht zu; dann schrieb keiner mehr als einen Buchstaben auf einmal und steckte den Kopf auf die Tafel seiner Nachbarn, zu sehen, was die gemacht, und sie sahen wieder auf die der Andern, und ob diesem Kopfzusammenstecken hatte man wieder vergessen, was man eigentlich schreiben sollte, und mußte wieder sagen: «Schumeister, lies no einisch.» War man endlich von einem Punkt zum andern gekommen, so wurde korrigiert. Entweder gab der Schulmeister ihnen das Büchlein in die Hände, um selbst zu korrigieren, oder sie mußten die Tafeln wechseln; der Schulmeister oder ein Anderer buchstabierte Wort für Wort vor, nach diesem sollte jeder verbessern, und angenommen war, es geschehe also, denn es wurde nie nachgesehen, ob denn wirklich alles verbessert sei oder nicht. Das nahm einen halben Tag ein, den andern Nachmittag hieß es: «Schrybet das Thema i eui Schrift», und das brauchte wieder einen halben Tag.

Mit dem Rechnen ging es ungefähr auch so. Der Schulmeister machte eine Rechnung vor, die Schüler machten sie nach, etwa vier oder fünf von der gleichen Sorte, bis sie das Nachmachen in Griff bekamen; das Zahlensystem kannte Keins. Am Examen rechneten sie immer Brüche und Heustöcke, und auf gleiche Weise wurden die Köpfe zusammengesteckt, Keiner wäre imstande gewesen, die kleinste Rechnung in einem Zuge, ohne zehnmal abzusetzen, zu machen. Alle Winter mußte man von vornen anfangen, und wenn man am Hintersten war, so wußte man das Vordere nicht mehr, ein Jahr nach dem Austritt aus der Schule war das Meiste ganz vergessen. Daher hieß es allgemein: Schreiben und Rechnen trage dem Bauer nichts ab, er vergesse es doch wieder, da ihm solche Dinge zu wenig zuhanden kämen. Und der Schulmeister bestätigte die Meinung mit großem Ernst und Nachdruck, er wußte wohl warum. Es ist nicht unvorteilhaft, in einer Gemeinde einzig rechnen und schreiben zu können, da fließt gar mancher Batzen und mancher Schoppen wird bezahlt.

Ich kam natürlich nicht zu Schreiben und zu Rechnen, das waren für Ärmere verbotene Künste, besonders für Güterbuben; aber ich lernte doch lesen und kam noch vor Ende des Winters in die Kinderbibel, von der ich wenig begriff. Mir kam es gar nicht mehr in Sinn, daß die Worte einen Sinn hatten, daß man etwas dabei denken könne, sondern ich meinte, sie stünden nur da, um buchstabiert, gelesen oder ausgesprochen zu werden; daher wußte ich nie, was ich gelesen, und der Schulmeister fragte auch nicht darnach. So las ich die Kinderbibel manchmal durch und wußte doch von Jesus gar nichts und nahm mich nichts wunder. Ungern ging ich nicht in die Schule, ich erwarb mir unter den Kameraden ein gewisses Ansehen, und die als Mistjunge erworbene Unerschrockenheit machte mich zum Anführer in vielen Streichen. Besonders aber hatte ich meine Lust an meinem Zimißsäckli. Mareili füllte es reichlich mit Milch, Brot und Äpfeln, ich wurde um dasselbe von Bauernkindern beneidet und konnte gar oft noch andern, ärmern, die kein Brot hatten, mitteilen, das tat mir gar zu wohl.

Aus diesem allem wird man schließen wollen, ich sei endlich doch an ein recht gutes Ort gekommen, werde es da recht gut gehabt und eine brave Erziehung erhalten haben, so daß ich nicht Ursache hätte, mit dem Verdinge oder Verteile so unzufrieden zu sein. Wartet nur, ihr guten Leute, es wird schon anders kommen! Habt ihr denn schon vergessen, daß vier Knechte und zwei Jungfern und manchmal gar noch zwei Spinnerinnen im Hause waren; wisset ihr nicht, daß viel Dienste viel Leiden den Meisterleuten bringen, und was glaubet ihr, wird der Bueb nicht noch viel mehr leiden müssen?

Wenn zuweilen ein Roman in ein Bauernhaus sich verirrt, der Sohn oder die Tochter ihn hinunterwürgen und dann der Mutter erzählen von einem Königshof, dem König und der Königin und den Fratzen allen, vom Minister und den Hofmarschällen bis zu dem Ofenheizer und dem Hühnermädchen, wie das alles so schlechte Leute seien, wie sie den König und die Königin betrügen, jedes das Andere auszubeißen suche und sie einander von oben bis unten die erbärmlichsten Streiche spielen und der Schlauste und Schlechteste gewöhnlich obenankomme, so sperret die gute Bäuerin

Mund und Nase tennstorweit auf, über den breiten Rücken lauft ihr ein ordentlicher Schauder auf, und sie seufzt andächtig: «Gottlob, so ists doch bei uns nicht, da sy mer doch ganz anderi Lüt.» Würde die gute Frau, statt die Nase aufzusperren, sie in ihr eigenes großes Hauswesen stecken, so würde sie mit noch größerem Erstaunen sehen, daß es in demselben akkurat gleich hergeht im Kleinen wie dort im Großen und daß da akkurat die gleichen Leute seien, mit dem Unterschied, daß sie dort Sterne auf der Brust und Diamanten auf den seidenen Kleidern haben, hier aber auf der Brust ein Heer von Suppen- und Milchtropfen und an den Zwilchhosen Kühdreck. So geht es, wenn man den Leuten immer eine andere Welt vormalt als die, in welcher sie leben, dann kennen sie jene und diese nicht, seufzen über jene und verbessern ihre eigene nicht, die nicht besser ist, kennen die Schliche an einem Königshof, aber die im eigenen Hause nicht, denn selbst sehen und erkennen können die meisten Menschen nicht, sie sind blind geboren, den Star muß man ihnen stechen. Mancher, im Unrat geboren, merkt ihn nicht, bis man ihm die Nase darauf stößt und ihm sagt: «Das stinkt»; dann sagt nur noch die Hälfte nach: «Ja, das stinkt», ein Viertel sagt: «Ich rieche nichts», und der andere Viertel behauptet gar: «Du lügst, das schmeckt wohl.» So geht es in der Welt. Aber jetzt will ich wieder von den vier Knechten und den zwei Mägden und den Taglöhnern allen reden, unter denen ich auf jenem, nicht Königshof, sondern Bauernhof lebte. Ihr werdet, wenn ihr nicht zu den zwei letzten Vierteln gehört, wohl merken, daß es auf den beiden Arten von Höfen nicht gar so verschieden zugeht, wie ihr glaubet.

Der Dienst auf unserm Hof war gut und gesucht, das Essen gut, die Arbeit nicht übertrieben, die Behandlung vernünftig, und in Krankheiten wurde Keines zum Hause hinausgestoßen, sondern ihm getreulich abgewartet. Das Betragen der Meisterleute war ernst und gesetzt, daher wurde ihnen auch die gebührende Achtung erwiesen und man war nie im Zweifel, welches Meister oder Knecht sei. Die Diensten wurden nie in die Geheimnisse des Hauses eingeweiht, nie geschah es, daß die Glieder der Familie vor den Diensten haderten, geschweige daß sie bei ihnen über das Eine oder das Andere geklagt, sie zu Vertrauten gemacht hätten (wie es an Orten, wo dieses geschieht, zugeht, könnte ich auch erzählen). Trotz diesem allem, trotz dem Respekt, den man den Meisterleuten äußerlich erwies, waren doch die sämtlichen Diensten eine Bande Verbündeter gegen die Meisterleute und dennoch wieder unter sich selbst in beständigem Streit, in nie ruhendem Krieg begriffen, und dieses alles meist so heimlich, daß die Meisterleute es selten oder nie merkten. Arbeiteten die Diensten alleine, so wurden vor allem die Meisterleute verhandelt, die Schwächen eines jeden hervorgerupft, besonders mußte Mareili, welches die Haushaltung führte, herhalten. Bald sollte es das Brot in der Suppe, bald den Schmutz im Kraut gespart haben; unter der alten Frau habe man es viel besser gehabt, aber die dürfe nichts mehr sagen, Mareili gelte jetzt beim Alten mehr als die eigene Frau, sie könne aber auch flattieren dafür. Ein Herrenfressen für die ganze Dienerschaft war, wenn man irgend einen kleinen Zwist unter der Familie bemerkte; da steckte man die Köpfe zusammen, und Eins fragte das Andere: «Hesch o ghört, hesch o gseh?» Wollte das Eine oder das Andere etwas mehr tun als gewöhnlich, besondern Fleiß anwenden zu einer Sache, so putzten ihm die Andern ab und hielten ihm vor, es wolle sich nur wert machen auf Kosten der Andern. Am meisten schimpften sie über die große Wohltätigkeit, weil sie wähnten, es gehe ihnen deswegen desto mehr ab, und soviel Küchelschnitte die Bettler bekämen, desto weniger erhielten sie. Daher aßen sie auch gewöhnlich an den Fleischtagen auf den

Geiz hin, daß ihnen fast die Bäuche zersprangen, und rühmten dann: Sie heiges em Mareili greiset, es heig nit dsDonners viel chönne i Kuchischaft trage.

Auch wurde den Töchtern regelmäßig aufgepaßt, was für Kilter sie hätten, und diese dann verhandelt; oder waren die Töchter mit bei der Arbeit, so wurden zweideutige Reden geführt, welche die Mädchen nicht ungerner hörten als die meisten Andern. War man auch einig gegen die Meisterleute, so war man wieder um so uneiniger unter sich. Erst glaubte ein jedes, ihm werde zu viel aufgeladen, die Andern hätten gut, es allein bös; jedem traute man zu, es suche den Meisterleuten sich besonders wert zu machen, was nach ihrem Glauben die größte Sünde war, und hatte man gar Ursache zu glauben, Eines verrätsche die Andern, so hatte es Ursache genug zum Beten. Endlich waren noch alle liebsüchtig und daher auch eifersüchtig. Die Meisterleute hatten die Liebschaften unter den Diensten nicht gerne; um so geheimer trieb man sie, und da sie nicht spionierten, so blieb ihnen manches geheim, was sonst allgemein bekannt war. Die Mägde glaubten, die Knechte seien für sie da, und wurden bitterböse, wenn sie weitergingen, und die Knechte duldeten nicht gerne fremde Kilter; aber wiederum wurden die Mägde unter sich uneinig, weil jede den haben wollte, der zu der Andern ging, und fast so die Knechte. Am meisten beneidet von allen aber war die Meisterjungfer, welche in der Küche helfen und besonders des Morgens für das Volk kochen mußte. Man mißgönnte ihr den Schatten der Küche, wenn die Andern an der Sonne sein mußten, und die Brosamen aus dem Kuchischaft, die ihr zufielen, aber deswegen suchten sie wieder die Knechte, weil sie solche Brosamen zuweilen als Lockvögel für ihre Kilter aufsparte und die Glücklichen mit einem Stück kalten Speck, einem Zopfen Wurst oder einem alten Küchli regalierte. Weil sie am Morgen am spätesten herauskam, so hatte man die beste Gelegenheit, sie auszumachen. Da hieß es dann: Mareili werd ihr wohl no es Kacheli Kaffee gä, man nähm o no eis, dErdöpfelbitzli, wo sie hütemorge gchochet heig, heige gchüehdreckelet, daß es eim ganz erschüttet heig, me heigs vo witem gschmöckt, daß der Melcher bi re gläge syg. Alle diese Reden vernahm die Meisterjungfer wieder, denn eben um einen Zopfen Wurst oder ein altes Küchlein gab es immer Verräter. Am bösesten über sie war natürlich die andere Magd, welche nicht solche Herrlichkeiten zu verteilen hatte und nur mit denen vorlieb nehmen mußte, welche die Andere nicht wollte. Sie kaufte, wenn ihre Verzweiflung am höchsten stieg, wohl zuweilen einen Schoppen oder eine Halbe Branntwein, um der eigenen Liebenswürdigkeit nachzuhelfen, und das Mittel half richtig, solange der Branntwein währte. Mit welcher Schlauheit die, welche es mit einander hielten, sich zu treffen wußten, um ein vertrautes Wort zu reden oder eine Abrede zu nehmen, bald beim Heurüsten oder bei den Schweinställen oder beim Betten in dem Knechtenstübchen, davon will ich nicht reden, ich würde zu weitläufig werden.

An allem diesem nahmen mehr oder weniger die Taglöhner teil und spielten die Mittelspersonen, doch suchten die meisten einen Mittelweg, um es mit niemand zu verderben. Regelmäßig wurde im Laufe des Jahres einer zum Sündenbock erwählet, manchmal hatte man deren auch zwei. Auf sie wurde alle Schuld geschoben, an ihnen rieb sich ein jedes, mit ihnen hatte man immer zu zanken, und doch an allem Zank sollten sie schuld sein. Durch alle möglichen Kunstgriffe, mehr als durch bestimmte Worte, lenkte man die Aufmerksamkeit der Meisterleute auf sie, brachte sie um deren Gunst, bis sie entlassen wurden, um Friede im Hause zu haben. Die Annahme neuer Diensten war für die Andern ein neuer Spielraum neuen Treibens, und ein jedes hatte jemand im Auge, den es gerne hergebracht hätte. Vettern und Basen wurden aufgestiefelt, sich zu melden, und gelegentlich sie angerühmt, aber auch Bekannte von den Tanzböden her, geheime Liebchen suchte man einzuschwärzen. Wider eine hübsche Nebenmagd wußte die Bleibende hunderterlei vorzubringen, und die Knechte machten auch das Mögliche, um Keinen hereinzulassen, der sie ausstechen konnte, und manch Trinken wurde deshalb, wie oben gemeldet, gespendet; das alles geschah mit einer Schlauheit, daß die Meisterleute es selten merkten.

Unter diesen Dienstboten sollte ich nun arbeiten lernen, um einmal wieder ein Bauer zu werden. Ich arbeitete gerne, ich war über mein Alter stark und anschlägig und wollte gerne den Meisterleuten gefallen. Daneben mußte ich posten, wenn es etwas zu posten gab und nicht etwa eines der Meisterleute zufällig oder gerne ins Dorf ging. Ich hatte eine Art Selbständigkeit, die sich nicht von jedem hudeln ließ, sondern Trotz entgegensetzte unverdienter und unbefugter Behandlung, und zurückgeschüchtert an meinem ersten Verdingort, konnte ich es nicht mehr zeigen, am allerwenigsten sagen, wie lieb mir Menschen waren. Das ist für jeden Menschen ein großes Unglück, besonders wenn er es recht gut sagen und zeigen kann, wenn er zornig ist und haßt. Aber das ist eine Merkwürdigkeit, daß echter Haß sich weit leichter zeigt als echte Liebe (ich rede hier nicht von unverdorbenen Kindern). Der Liebe schämt man sich, des Hasses nicht, eben kein Beweis für christliche Gesinnung.

Nun sollte ich auch der Diener von allen sechs Dienstboten sein. Dem Melcher sollte ich helfen beim Futterrüsten, Grasen, Melken, dem Karrer beim Striegeln und Misten, den beiden Andern beim Holzen oder Schnefeln, der Meisterjungfer sollte ich Wasser tragen und den Schweinen misten, der Andern Bschütti in den Garten stoßen, jäten und wischen. Ich hätte fast wie der liebe Gott allgegenwärtig sein sollen, denn half ich dem Einen, so rief mich der Andere; kam ich nicht, so war der Eine böse, ging ich, der Andere. Postete ich für die Meisterleute etwas, so hatte jedes der Diensten auch etwas zu verrichten. Die Meisterjungfer wollte Hofmannstropfen, von denen sie eine große Liebhaberin war, die Andere, wie gesagt, manchmal einen Schoppen Branntwein, der Melker Tabak und der Karrer Schuhnägel usw. Das Meiste sollte ich bringen, daß es niemand merke; oft konnte ich es nicht im Vorbeigang nehmen, sondern mußte einen Umweg machen oder warten, verspätete mich so und wurde gefragt, warum ich so lange wegbleibe? Natürlich wollte ich die Schuld nicht über mich nehmen, sondern sagte den Meisterleuten geradezu: «Ich mußte dem Stüdi Hofmannstropfen bringen, dem Lisi einen Schoppen Branntwein». Diese Entschuldigung rechtfertigte mich bei den Meisterleuten, erbitterte aber die Diensten, sie meinten, ich hätte alle Schuld auf mich nehmen und schweigen sollen. Oft sandten sie mich für sich selbsten weg; fand man mich denn lange nicht und stellte mich zur Rede, wo ich herumgelaufen, so sagte ich wieder die Wahrheit, wie sehr es mir verboten war; ich wußte nicht, warum ich um Melkers und Karrers willen die Gunst der Meisterleute verlieren sollte.

Wie gesagt waren beständige Parteiungen in unserm kleinen Hofstaate, Fraktionen wie in einem großen Reiche, die beständig wechselten. Die gegenseitige Rache ließ sich am meisten dadurch aus, daß man einander Sachen ausbrachte und vorhielt, die man lieber geheim gehalten hätte, und wenn man böse war, so suchte man diese Dinge bis vor die Ohren der Familie zu bringen. Nun sagten die Diensten einander diese Dinge nicht gerne selbst, aus Furcht, man halte ihnen Gegenrecht; da sollte ich dann alles vorbringen, was vorgebracht werden sollte, da lief mir Eins hier nach, das Andere dort. Die Meisterjungfer wollte, ich solle über Tisch dem Karrer vorhalten, er sei erst am Morgen um fünf Uhr heimgekommen usw. Anfangs tat ich es auch, erhielt aber Prügel zum Lohn, und zu gleicher Zeit hielten sie dafür, ich hinterbringe alles von freien Stücken den Meistersleuten, so daß sie mich plagten, wo sie nur konnten. Das hatte die Folge, daß ich nichts mehr von ihnen annehmen wollte. Ich sagte ihnen alles Posten geradezu ab, es sei denn, die Meistersleute hätten es ihnen erlaubt; ich sprang nicht von Einem zum Andern, und wenn ich an einer Arbeit war, konnte man mir lange rufen, ich sah mich nicht um, ich sagte jedem, was ich für gut fand, aber nicht mehr auf fremde Eingebung.

Sie wollten mich dressieren mit Schlägen und Schimpfen, allein umsonst. Mit aller Störrigkeit meines Charakters hielt ich ihnen entgegen, gegen Schläge wehrte ich mich, schimpfen vergalt ich; sie vermochten nichts bei mir abzubringen, während ich gegen jedes Glied der Familie die Dienstfertigkeit selber war. Da wandte sich der ungeteilte Haß der ganzen Kuppele mir zu, sie hielten mich für einen Augendiener, für den Judas im Hause, ich war ihnen überall im Wege und untauglich für die Stelle eines Buben in einem solchen Hause, der allen alles sein soll. Ich wurde der allgemeine Sündenbock, an allem sollte ich schuld sein, nicht nur an allem Streit, sondern war eine Arbeit nicht fertig, so hatte ich nichts getan, war eine Kuh lahm, so hatte ich sie beim Brunnen mit der Gabel gestochen, hatte die Untermagd Meienzeug im Garten für Unkraut angesehen und ausgerauft, so sollte ich es getan haben, hatte die Meisterjungfer angebräntet, so sollte ich in ihrer Abwesenheit geschaltet, neues Holz angelegt, ein zu starkes Feuer gemacht haben. So war kein Tag Friede, und so oft der Großvater heimkam, hörte er Klagen über mich. Und wenn er dann sagte, er könne das nicht begreifen, so oft er oder eins der Seinigen dabei sei, mache ich meine Sache recht gut, so hieß es, das sei eben das Böse, daß ich ein solcher Augendiener, Heuchler sei; sobald mich niemand von ihnen sehe, sei ich ein ganz Anderer, tue nichts, stelle nichts als Streit an, weise alle gegen einander auf und habe beständig über die Meisterleute zu räsonieren und sie auszuführen. Alles glaubte man nicht, allein etwas blieb immer haften, und das unaufhörliche Klagen machte am Ende doch maßleidig, denn es ist für einen Meister nichts Unlustigeres, wenn er abends müde nach Hause kömmt, als daheim ein Gekär zu finden, komme es nun von Weib, Kindern oder Diensten. Zudem war mein Unglück das, daß ich den Meisterleuten nicht zeigen und sagen konnte, wie lieb sie mir seien, daß meine Dienstfertigkeit nicht komme aus Augendienerei, sondern aus wahrer Liebe, was ein himmelweiter Unterschied ist, aber von Vielen nicht kann unterschieden werden und gerade auf dem Lande nicht, indem man auf Worte allzu viel hält und allzu viel hört und nicht Verstand genug hat, Werke zu deuten, das heißt zu begreifen, aus welcher Quelle sie hervorgehen. Mareili einzig ahndete den richtigen Zusammenhang und nahm mich in Schutz, so viel sie konnte; vielleicht hätte sie mich da erhalten, obgleich die Andern oft sagten, das beständige Zanken sei ihnen erleidet und ich müsse fort, damit man Ruhe habe, wenn nicht eine Begebenheit den Ausschlag gegeben hätte.

Mareili hatte ein Kind erhalten, an dem ich große Freude hatte, aber noch größere, als Mareili zum ersten Male wieder in die Küche kam und ich ihr «Guten Tag» sagen konnte. Die Taufmahlzeit wurde im Hause gehalten, und alle Hausgenossen erhielten ihren Teil davon und waren lustig. Eine der Töchtern und Mareilis Bruder waren zu Gevatter gestanden, wir vermuteten, er werde nach ländlicher Sitte bei ihr schlafen; zu ihrer Stube ging eine etwas steile Treppe außerhalb des Hauses hinauf. Es war in den kurzen Tagen;

wir wußten, der Gevattersmann wolle früh fort, und mußten sein Roß füttern. Man hatte eine allgemeine Neugierde gezeigt, wo er liegen werde, und geäußert, das sei leicht zu erfahren, wenn man gugge, ob er die Stege herabkomme. Ich schrieb mir dieses hinter das Ohr und strich am Morgen um die Treppe herum. Die Tür ging auf, ein Mensch kam heraus, die Tochter blieb unter der Türe; wie jener auf die Stege trat, fiel er mit großem Gepolter um und herunter. Nach allgemeiner Sitte lachte ich laut auf, schwieg aber sogleich, als der unten Liegende nicht aufstand, sondern schmerzlich stöhnte. Das Meitschi kam herab, ich lief herzu und es fand sich, daß der Gefallene einen Fuß verstaucht und sonst mehrere Quetschungen davongetragen hatte. Das ganze Haus kam auf die Beine, man trug ihn hinein und frug, sobald man zu sich selbst kam, warum er gefallen sei? Er behauptete, man habe ihm auf die Stege runde Hölzer gebeizt, als er auf sie getreten, sei er mit ihnen heruntergerollt und habe sich nicht mehr halten können. Man sah nach und fand allerdings noch zwei Mäßbstryche, die wahrscheinlich dazu gedient hatten.

Bösliche Absicht lag also am Tage, und als man werweisete über den Täter, erinnerte sich das Meitschi, daß es mich lachen gehört. In der ersten Hitze schien schon alles bewiesen. Ich wurde beschieden, und als ich gerufen wurde, zäpfelten die Knechte und Mägde mit einander. Meine Schandtat wurde mir vorgehalten, aber lange begriff ich nicht, was man eigentlich von mir wolle; als ich es endlich merkte, bekannte ich unverhohlen, was ich gewollt und getan, von Weiterem aber wollte ich nichts wissen. Die frühern beständigen Anklagen, die gegenwärtigen Verdachtsgründe machten mir böses Spiel. An manchem Ort hätte man mich geschlagen, bis ich zur Rettung des Rückens mich unschuldig als Täter bekannt, hier tat man es nicht, man sagte nur, man habe endlich genug und kenne meine Verstocktheit. Mein Gott, auf den Knien hätte ich bekannt, wenn ich es getan hätte! Mareilis Augen, welche dem Bruder Überschläge machte und die von Zeit zu Zeit wehmütig zu mir redeten: Hab ich das um dich verdient?, zerfleischten mir nicht nur den Rücken, sondern auch das Herz. Sie sprach kein Wort zu mir; hätte sie es getan, ich hätte ihr auf eine Weise meine Unschuld beteuert, daß sie mir gewiß geglaubt; zu den Andern aber sprach bei mir nicht die Liebe, sondern das beleidigte Gerechtigkeitsgefühl, das bittere Gefühl des Verkanntseins, und sie glaubten mir nicht und nahmen für Trotz, was gekränkte Unschuld war. Als ich aus dem Verhör kam, nahmen mich die Diensten in Empfang und behandelten mich mit mancher Stichelrede als den Täter, sie, von denen eines es selbst getan, entweder aus Bosheit, um Mareili zu kränken, oder bestochen von einem Nebenbuhler.

Es war also beschlossen, um Fried und Ruhs willen an der nächsten Bettlergemeinde mich wieder abzuliefern. Ich litt schwer in mir. Ich meinte es doch so gut, und niemand wollte es glauben, ich liebte so gerne, und man haßte mich, über mein Herz ging Frost um Frost; sie töteten die Liebe nicht, aber ihre Blüten, die offene muntere Freundlichkeit, und Sauersehen ward meine Freundlichkeit, ein größeres Unglück für die Sauersehenden, als die Meisten begreifen. In finsterm, stillem Ingrimm verstrich die Zeit meines Dortseins, und mancher Mitschüler mußte meine innere Bitterkeit durch tüchtige Schläge büßen.

Nur am Morgen meines Abgehens taute mein Herz auf. Man hatte mich noch brav kleiden lassen, denn das erforderte die Ehre des Hauses, und es rührte mich auch nicht, als ich den tüchtigen Bündel schnürte; ihn auf dem Rücken trat ich in die Wohnstube, um den Großvater abzuholen, und sagte ein kaltes «Bhüet ech Gott», nicht einmal «Vergelts Gott». Da kam Mareili aus der Nebenstube. Plötzlich übermannte mich eine innere Wallung, aus den Augen stürzten Bäche von Tränen, schluchzend ergriff ich seine Hand und stammelte: «Zürn doch recht nüt!», aber mehr konnte ich nicht sagen, und weinend aus Herzensgrund strauchelte ich fort.

Und meine Erschütterung hielt man für Bekenntnis!

DREIZEHNTES KAPITEL

Wie ein pfiffiger Bauer und eine noch pfiffigere Bäuerin aussehen

So stand ich nun zum vierten Male vor der Bettlergemeinde, wieder gut gekleidet, wieder trotzig, als ein kräftiger Bursche, dem man es ansah, daß er mehr als ein halber Knecht zu rechnen sei. Der gute alte Bauer verklagte mich nicht hart. Er gab mir das Zeugnis, daß ich gut arbeiten könne, sie über mich nichts zu klagen hätten, aber doch der beständigen Händel mit dem Gesinde müde seien, mit dem ich mich nicht vertragen, nichts von ihm annehmen könne. Ein vierzehn Jahr alter, doppelt gekleideter, starker Bursche, dem man keinen Lohn zu geben braucht, sondern für den man noch erhält, wenn man es schlau anzufangen weiß, ist ein Schleck, nach dem Vielen der Mund wässert. Man beobachtet daher denn doch eine gewisse Zurückhaltung und Manierlichkeit, man tut gar nicht, als ob einem viel daran gelegen wäre, und man beobachtet eine gewisse Reihenfolge im Verteilen solcher wohlfeilen Knechte, nach dem Sprichwort: Heute mir, morgen dir. Freilich erstreckt sich diese Reihenfolge nicht durch die ganze Gemeinde, sondern es gibt da auch eine Art Vorrechtler, die entweder am Gemeindrat selbst sitzen oder treue Klienten desselben oder Verwandte sind. Ein solcher treuer Anhänger erhielt mich jetzt, doch unter dem ausdrücklichen

Vorbehalt, daß ihm noch Lohn für mich gegeben werde, indem er mich zuerst in die Schule schicken müsse, wie es üblich und bräuchlich sei, und dann noch in die Unterweisungen. Auf den Weg gab man mir noch recht schöne Ermahnungen, und mein früherer Meister drückte mir noch einige Batzen in die Hand. Ich hätte wieder weinen mögen, allein ich überwand mich, und mit einer Art ruhigen Selbstgefühls, bewußt, daß ich mich gegen Ungebühr zu wehren wisse, trat ich den Weg nach meinem neuen Diensthause an.

Dasselbe lag in einem fruchtbaren Boden, etwa eine halbe Stunde von der Kirche, und war ein sogenanntes altes und doch neues Haus. Der Bauer hatte nämlich das Recht, zu allen Reparaturen aus einem obrigkeitlichen Wald das Holz zu nehmen; nun baute er in einem Jahre das Stubenwerk neu, im andern das Stallwerk, das hieß dann Reparieren. Ein Baumeister wäre nur ein Narr gegen den Bauern gewesen, wenn es darauf ankommen sollte, aus einem alten Ofenhaus ein neues zu bauen und doch den Schein bloßer Reparatur zu behalten.

Überhaupt war er ein gar pfiffiger Kerl. Er wußte wie Keiner das Wasser auf seine Mühle zu reisen und doch den Schein der Ehrlichkeit zu bewahren; mit keinem Menschen meinte er es gut als mit sich selbst, und doch hielt man ihn für einen aufrichtigen, guten Mann; er wußte wie Keiner Würste nach Speckseiten zu werfen, und selten mißlang ihm ein Wurf. Er widersprach selten oder niemals, sondern sagte überall Ja, rühmte alles so weit er konnte, sogar Bettelbuben auf den Straßen; so machte er sich nirgends unwert, und der Landvogt und der Pfarrer hielten große Stücke auf ihn. Wem er am meisten scharwenzelt hatte, den konnte er dann auch zu Hause am besten ausführen und durchhecheln. Er flattierte, um ein Beispiel zu geben, dem Schulmeister ganz besonders, schickte ihm manche Flasche Milch, die aber nie ganz gut, sondern immer halb abgenommen war, und ermahnte ihn, seine Kinder ja recht scharf zu halten, ihnen nicht zu borgen. Daheim führte er ihn aus vor den Kindern, und wenn eins in der Schule geschlagen worden war, so begehrte er auf und polterte, wie er es dem Schulmeister sagen wolle. So erleidete er den Kindern Schulmeister und Schule, daß sie fast nicht hinzubringen waren, sie daher auch sehr selten besuchten und zu Hause arbeiteten. Ihm wurde die Schuld nie beigemessen, sondern z'best geredet, weil er der Kinder Unfleiß gar wehmütig zu bedauern und einer eigentümlichen Verstocktheit zuzuschreiben wußte vor dem Schulmeister und ihn noch mehr zur Schärfe ermahnte. Vor dem Pfarrer redete er anders. Freilich nicht geradeaus, aber verblümt gab er zu verstehen, wie der Schulmeister allzu scharf sei und er trotz alles Zusprechens seine Kinder nicht in die Schule bringen könne.

Seine Frau schickte sich ganz besonders gut zu ihm. Sie war geizig und selbstsüchtig wie er und verstand sich auch recht gut auf das Bemänteln ihrer Fehler; sie konnte vorwärts schmeicheln und lächeln und hinterrücks den Talpen geben wie er, nur war sie heftiger, ließ sich zuweilen vom Zorn hinreißen und brachte sich selbst in diesem Zustande manches aus, was sie später nicht gerne hatte. Sie wollte nicht die sein, welche ihren Leuten das Essen nicht gönne, und doch tat ihr jeder Bissen weh, den man aß. Brot war immer für jedermann in der Tischdrucke, allein es war meist steinhart oder grau, denn man backte aufs Kürzeste alle drei Wochen, und obgleich es auf dem Tische lag, wußte doch jedermann, daß man keines nehmen solle, besonders wenn auch Erdäpfel da waren. Darum sagte sie einmal, als die Schneider auf der Stör bei uns waren: «Schnyder, näht Brot, we mer Herdöpfel hei, näh mer kes.»

Am lustigsten trieb sie es mit dem Fleisch, welches sie selbst besonders gerne aß; sie hatte zwei Manieren, es zu sparen, und wechselte damit ab, damit man keine merke.

Den einen Sonntag, wenn alles aus der Kirche zurück und ordentlich hungrig war, so rief man zum Essen und stellte die Suppe auf den Tisch. War die gegessen, so mußte man ein wenig warten, dann kam das Gchöch. Man fing ganz hübschli an zuzugreifen, aß ein paar Gableten, und das Fleisch kam noch nicht, man aß noch ein paar und so fort, bis die Meistersfrau glaubte, man habe fast genug; dann kam eine ganze Bigete Fleisch, und man konnte nehmen, so viel man nur mochte, ja sie sagte manchmal noch: «Näht doch, es isch gnue da.» Allein man brachte nicht viel mehr ab, weil man sich doch auch nicht dafür hielt, nur bloßes Fleisch zu essen.

Den andern Sonntag kam es alsobald mit dem Gchöch auf den Tisch, allein es war nur halb gekocht und so hart, daß man einander hätte Löcher in den Kopf schlagen können damit. Natürlich wurde man müde mit Kauen und griff zu dem, was leichter zu schlucken war, und das Meiste blieb übrig. Nachmittags, wenn die Jungfer irgend einem Schatz nachlief, tat die Meisterin alles wieder in den Hafen und kochte es, bis es lind genug war. Das aß sie die Woche durch vermeukt selbst, denn auch ihr Mann erhielt wenig davon, so daß es bei uns war fast wie bei jener Witwe, welche zwei Schweine schlachtete und mit welcher ihre fünf Kinder also teilen wollten: sie, die Witwe, sollte ein ganzes Schwein für sich behalten, das zweite aber gemeinsam mit den Kindern essen, die aber nicht eintreten wollte in diesen Vorschlag, weil er sie verkürze. Ja, selber essen macht feist, doch das finden nicht nur die Weiber, sondern auch die Männer, zum Beispiel auch jener reiche kinderlose Kauz, der die meisten Würste und viel Fleisch auf die Seite packte und verschloß, und wenn es ihm gefiel, Würste oder Fleisch in den Hafen aufs Gchöch legte, kochen ließ und wegnahm, ohne seiner Frau je einen Mundvoll davon anzubieten.

Unsere Meisterfrau gönnte von Natur niemand was als sich selbst, also auch ihrem Manne nicht, denn zwei selbstsüchtige Leute werden nie eins, gegen Andere wohl, aber nie unter sich selbst, der Pfarrer mag sie zusammengeben, wie er will. Übrigens glaubte sie volles Recht auf das Fleisch im Hause zu haben, weil der Mann außer dem Hause so oft nicht nur zu Fleisch, sondern auch zu Wein kam. Nicht daß er viel vertat aus seinem Sack, allein er kam als Schätzer und auch als Ausgeschossener öfters dazu. Es wollte der Frau oft das Herz abdrücken und niemand konnte es vor Hässigi um sie ertragen, wenn sie wußte, ihr Mann sitze nun hinterm Tische und könne sich bei Voresse und Datere wohl sein lassen; da war ihr einziger Trost eine tüchtige Hammeschnitte und ein braver Schluck Bätziwasser. Aber solche Mähler, von denen sie nichts erhielt, mußte er oft sich vorhalten hören. Er ließ es sich dafür aber auch wohl sein und war imstande, von mittags zwölf bis abends spät immer zu essen, freilich nur langsam, aber ohne Unterbrechung. Der Wirt sah ihn daher auch ungern bei Mählern, wo er um seinetwillen nicht mehr fordern durfte, und wenn es vom Wirte abgehangen wäre, mein Meister wäre noch nicht Gerichtsäß geworden, aber glücklicherweise war der Wirt nicht Landvogt. Essen war ihm die Hauptsache, den Wein nahm er eigentlich nur, um desto mehr essen zu können; auch mußte er sich hüten, denn wenn er einen Stüber heimbrachte, so mißgönnte ihm seine Frau diesen ganz besonders und hätte ihn lieber selbst gehabt. Einmal vergaß er sich oder der Wirt spielte ihm einen Possen und tat ihm Branntwein in den Wein, kurz er lud über Ort, kam gar lange nicht heim, und die Frau sandte mich, nachzusehen, wo er bleibe. Große Wasserpfützen waren auf dem Wege, aber die Sterne schienen und auf dem halben Wege sah ich etwas am Boden, vor dem ich mich fast gefürchtet hätte; bald lag es ganz am Boden, dann hob es sich auf und wimmerte auf das kläglichste. Ich ging endlich näher und fand meinen Meister in den Pfützen kratzen und dann auf die Knie sich heben und dr tusig Gottswille bete: Der liebe Gott söll en doch nit da vor em Himmel la hange, sondern ihm z'völlig uechehelfe. Er konnte nicht mehr gehen, sah in den Pfützen die Sterne ganz nahe vor Augen, glaubte nun da vor dem Himmel zu hangen und doch nicht hinein zu können. Ich führte ihn heim, und da vertrieb ihm die Frau die Himmelsgedanken.

Als er endlich Gerichtsäß worden war, kam er am Abend seiner Wahl auch spät heim. Wir erwarteten ein Wetter und horchten. Die Frau lag im Bette und rührte sich nicht, er legte sich auch hin, und stille war es einige Zeit. Da fing er von der Gemeind, von diesem und jenem an, keine Antwort; endlich sagte er: «Mädeli, wüßtesch du, nebe wem du lyst!» «Das weiß ih öppe nume z'guet, du Donners Hudelhund, nebe wem ig ligge; schämst dih nit, ga z'versufe, was ig erhuse? Wenn der Tüfel öppis nutz wär, er hätt dih scho längste gno!» «He he, Mädi, ume hübschli, du weischt nit, zu wem de so redst.» «Zu mim Donners Challi red ig so, mit dem mih üse Herrgott gstraft het!» «Nei, mit emene Gerichtsäß redsch so, mit emene Huupt vo der Gmeend.» «We du es Huupt vo dr Gmeend bisch, su nähms mih de wunger, es Füdle dervo z'gseh, das müeßt es arigs Ding sy.» Aber allmählich legte sich der Sturm. Doch wie die Meereswellen sich auch nicht auf einmal legen und der Spiegel sich glättet, so auch des Weibes Zunge. Noch manche Spitzrede rollte über ihren Zungenspitz, bis das Ehepaar sich gemeinsam der Ehre freute, sich besonders freute, wie dieser und diese schalus sein werden, und am nächsten heiligen Sonntag werden die Leute guggen, wenn er im Chor sitze und den Mantel trage.

Da meinte die Frau, sie wolle auch einmal wieder zum Nachtmahl gehen, um dieses zu sehen, aber der Schneider müsse zuerst kommen, der Mann müsse neu gekleidet sein, und sie wolle auch einen neuen Kittel machen lassen und ein neu seiden Fürtuch kaufen, auch wolle sie ihre Göllerketteli zum Gürtler tragen, um sie ausputzen zu lassen. Nun wurde eine lange Beratung angestellt, ob er sich in Halblein oder Guttuch aufputzen solle. Für einen Gerichtsäß, meinten endlich Beide, wäre Halblein noch gut genug, aber man wisse denn doch nicht, was kommen könne. Der Statthalter sei alt und mache es nicht lange mehr, und der Statthalter habe noch die Salzbütte, und beides trage auch gar schön ein, und wenn er einisch Statthalter werden könnte und Salzauswäger, so komme er viel zu den Herren und werde da gut bekannt mit ihnen, und da könne ihm nicht fehlen, Amtsrichter zu werden, das trage noch viel mehr ein. Er könne freilich nicht recht Gschriebnigs lese, aber seinen Namen könne er gut schreiben, und der Landvogt kenne auch nichts von der Sache, das mache aber alles nichts, dem Junker Landvogt sein Schreiber sei gar grusam eGschickte, der mach alles. Die Hauptsache von der Sache sei doch immer die, daß man den Lohn bekomme, das Andere gebe sich von selbsten und gang niemer nüt a. Und am Ende gehören ihm die Stellen, und es wäre verflucht schlecht, wenn er sie nicht erhielte. Er sei doch der Regierung immer treu gewesen, er habe dem Landvogt manche Anzeige gemacht, an welcher dieser Freude gehabt, und dem Pfarrer gehe er auch immer zPredig, obgleich es ihm verflucht Langeweile mache. Schade, daß der Mann nicht später gelebt, er wäre wenigstens Regierungsstatthalter oder gar Schultheiß geworden, oder schade, daß er nicht ein Patrizier war, er wäre Ratsherr geworden, so gut als der, welcher sein und das kaiserlich österreichische Wappen in seinen Misthaufen flechten und mit Mistkränzen verbinden ließ und von welchem man gar nichts wußte, das ihn hätte empfehlen können, als gerade dieses. Und das Ehepaar sah sich schon als Amtsrichter und als Amtsrichterin und gedachte endlich auch seiner Kinder, und der Mann meinte: «DMeitscheni seü o nit meh en iedere ychela, es werde jetzt scho Fürnemi gnue cho.» Und die Mutter meinte, es sei letzthin schon e grusam Fürneme bei Eisin gewesen, allein als es ihm gesagt, er solle bald wieder kommen, hab er geklagt, er könne nicht in einer deutschen Bettstatt liegen, er sei an eine französische gewohnt, und seitdem sei er ausgeblieben.

Und der Herr Amtsrichter im Bette befahl alsobald der Frau Amtsrichterin, sie solle gleich am Morgen zwei französische Bettstatte bestellen, für Eisin eine und für Anni eine, und solle ihnen eine Halbe Bätziwasser ins Gaden hinaufgeben und solle ihnen die Schaubhütlin ausputzen und die Gloschli schön neu blegen lassen; das möge alles etwas bringen und koste doch nicht viel, besonders wenn man dem Tischmacher die Laden gebe, und deren habe man ja noch genug aus dem oberkeitlichen Wald; und die französischen Bettstatten seien doch nichts anders als reparierte deutsche, so könne man eigentlich einen Baum Laden von Rechts wegen dazu fordern und hätte dabei noch einen schönen Gewinn. Nachdem sie also schön elterlich für Gegenwart und Zukunft gesorgt, schliefen Beide schön einig ein und träumten vom nahen Glück.

Mein Meister war eigentlich noch nicht Meister; sein Vater lebte noch und war rechtmäßiger Besitzer des Hofes, aber er hatte nichts mehr zu befehlen, über nichts zu schalten, das Heft war ihm durchaus aus den Händen gewunden. Er hatte nicht Geld, worüber er verfügen konnte, und mußte durchaus vorlieb nehmen mit dem, was seine Kinder, wie aus Gnaden, ihm zukommen ließen. Wann und wie er so um all seine Sachen gekommen, das wußte er nicht zu sagen, aber beklagte es oft. Er dauerte mich am meisten an den Sonntagen, wo das harte Fleisch aufgestellt wurde. Er hatte keine Zähne mehr und hätte so gerne ein bißchen Fleisch gegessen, aber seine alten Kinnbacken ermatteten am ersten Bissen. Sagen durfte er nichts darüber, höchstens seufzen, und von dem Fleisch der Meisterin, das sie für sich lind gekocht, sah er nie etwas.

Einmal bat er seine Sohnsfrau um einen Tropfen gute Milch, seine Alte hätte ihm früher alle Tage in einem Kacheli beiseitegestellt. Aber die Sohnsfrau sagte, sie müsse die gute Milch denen geben, die arbeiten, er mache nichts mehr; abgenommene tue es ihm wohl und sei ihm noch gesünder. Ein andermal bat er seinen Sohn, er möchte ihm doch einmal eine Halbe Wein heimbringen, er komme jetzt so oft zum Wein. Aber der Sohn sagte dem übelhörenden Vater laut: Der Wein sei ihm nicht gesund, er mache ihm nur zu husten, und leiser fügte er noch bei, der Alte habe lang gesoffen und ihm auch keinen heimgebracht, er wüßte nicht, warum er ihm jetzt heimbringen sollte. Nebenbei sollte er denn doch arbeiten, und bald dieses, bald jenes mutete man ihm zu, und das, was er am liebsten machte, das Wässern, hatte der Sohn übernommen, und wenn einmal der Vater sich vom alten Gelusten übernehmen ließ und mit der Wässerschaufel wieder hantierte, so gab es Händel, weil er es dem Sohne nicht recht machte.

Endlich starb der Alte, und der Gerichtsäß speiste seiner verstorbenen Schwester Kinder mit dem ab, was sein guter Wille war. Von dem Vermögen, das er jahrelang in Händen gehabt und genutzet hatte, gab er keine Rechnung und niemand forderte sie; mit dem Vermögen, welches er zeigen wollte, war man zufrieden, um Waisen willen mochte eben niemand sich unwert machen.

Mir ward es so unwohl dort nicht. Der Bauer war eben ein

listiger Kauz und verstand sich auf alle Vörtel. Er hatte gewöhnlich einen Knecht und einen Güterbueb zwischen vierzehn bis sechzehn Jahren; den Güterbueb rühmte er nun ganz besonders und sagte, derselbe mache so viel oder mehr als der Knecht. Damit reizte er den Knaben allerdings zur Arbeit, der strengte sich an über Vermögen und gab zu gleicher Zeit dem Bauer Gelegenheit, dem Knechte so wenig Lohn als möglich zu geben, ihn demütig zu behalten, weil er doch ja nicht viel mehr mache als der Bueb. Das war auch so eine Wurst, die er nach einer Speckseite benggelte.

Man kann sich leicht denken, daß ich nach vorhergegangenen Geschichten beim frühern Meister eben nicht der größte Freund von Knechten und Mägden war, daß es mir daher ganz besonders wohltat, bei jeder Gelegenheit mich auf Kosten des Knechts rühmen zu hören, daß es mich auch zu einem Fleiße trieb, der über meine Jahre hinausging. So stund ich des Morgens ungeweckt und meist vor dem Knecht auf, weil ich es einmal an einem Sonntage, wo der Knecht die Nacht durchgeschwärmt hatte, getan und dafür gerühmt worden war. Ich gab mich besonders gerne mit den Tieren, mit Futtern, Fahren ab. Da mir die Tiere lieb waren, so vertraute der Meister sie mir auch immer mehr an und lehrte mich melken. Der Knecht war natürlich mit dem allem nicht zufrieden und sah mich scheel an und hätte mich gerne wieder heruntergebracht, in dem Maße als der Meister mich erhob. Allein er war zu schwach dazu und ich zu stark. Er versuchte es nur einmal, mich zu prügeln, weil ich auf seine Kosten gerühmt worden war; da leistete ich ihm so kräftigen Widerstand, erwiderte seine Ohrfeigen so munter, daß er froh war, von mir abzulassen, und nachher den Versuch nie mehr wiederholte.

VIERZEHNTES KAPITEL

Von einem berühmten Schulmeister und einem berühmten Pfarrer, die mich unterweisen, und wie!

Ich mußte mich nun in den Unterweisungen einschreiben lassen und auch die Kinderlehren besuchen, welche im Sommer vom Pfarrer, im Winter vom Schulmeister gehalten wurden. Der Letztere war berühmt für das Kinderlehrhalten, und weit und breit strömten ihm die Menschen zu, besonders das Weibervolk, und das aus zweien Gründen. Er war noch ledig und hatte vierzig Kronen Lohn, und gar manches Mädchen wäre gerne Frau Schulmeisterin geworden und träumte sich bei ihm ein Leben voller Leberwürste, und sie meinten ihm den Hof zu machen, wenn sie zKinderlehr gingen, und nach der Kinderlehr orgelte er dann noch so schön, und die Mädchen standen so eng um ihn herum, und mit dem Kopfe nickte er den Takt so bedächtlich, und die Mädchen guckten ihm auf den Kopf so andächtiglich, und die Arme streckte er so lang, so schön und steif vom Leibe weg, und die Mädchen streckten ihre Hälse so hoch und schön empor, Eine über die Andere weg, daß es recht rührsam anzuschauen war. Oh, das sind die goldenen Zeiten für einen jungen Schulmeister, wenn so Kopf an Kopf sich um ihn reiht und Dutzende von Augen ihm zuflüstern: «Du, du, komm doch heute nacht zu mir!» Aber diese Zeiten schwinden gerne mit einer Frau und noch manches andere mit, wenn es nämlich einer nicht versteht, auf eine rührhafte Weise die Herzen der Weiber anzurühren. Das verstand unser Schulmeister aber trefflich. Er jammerte so herzbrechend über die Sündhaftigkeit, hatte aber dann auch wieder so viel Gnade und Vergebung zu verheißen, wußte vom Himmel und besonders von der Hölle weit mehr als Christus, daß die Weiblein gar nicht aufhören konnten zu weinen aus Schrecken und Erbarmen, dann aus Freude und Wonne. Oh, man glaubt gar nicht, wie wohl solche Tränen einer muntern Bäuerin des Sonntagsnachmittags tun, wenn sie ein Pfund Fleisch und anderthalb Pfund Speck im Leibe und Langeweile in allen Gliedern hat. Das geht über schwarzen Kaffee! Katechisieren konnte er auch gar schön, das ging an einem fort wie am Schnürchen, und man brauchte nicht lange zu warten, bis die Kinder antworten konnten. Er fragte sie entweder so, daß sie Ja oder Nein antworten mußten, und dann sagte er noch «Ja» oder «Nnee»; oder wenn es zur Seltenheit andere Worte waren, welche er zur Antwort wollte, zum Beispiel Seligkeit oder Gott, so sagte er «Selig! Seligk! Seligkei!», dann war das mangelnde t nicht schwer zu finden, oder «Go! Go! Got!», wo ebenfalls das zweite t einem in den Mund fallen mußte.

Er war aber auch weit und breit berühmt, daß er so geschickte Kinder hätte, die ihm keine Antwort schuldig blieben. Wir gingen auch nicht ungerne zu ihm in die Kinderlehre, wir brauchten unsere Köpfe nicht besonders anzustrengen, konnten frischweg antworten, wenn die Reihe an uns kam, und nebenbei dann denken oder machen, fast was wir wollten.

Der Pfarrer war ein strenger Herr im besten Alter, bei ihm mußte alles am Schnürchen gehen, eine Woche wie die andere. Seine Predigten waren alle auf die Minute gleich lang und alle in drei Teile geteilt, sie waren furchtbar streng und dem Teufel und dem Unglauben und der Aufklärung ging er schauderhaft zu Leibe und dann auch zuweilen den Sünden, besonders der Hurerei und der Abgötterei. Und seine Predigten taten seinen Bauern gar unsäglich wohl, wohl bis in die Schuhe hinunter; sie waren ihnen eigentliche Abwaschungen ihrer Sünden, und ihnen ward es gerade, wenn sie aus der Kirche kamen, wie den Türken, wenn sie tüchtig gerieben, gebürstet, gewalket, aber auch neu belebt aus ihrem Bade treten. Er predigte ihnen mit gewaltiger Stimme, und alles, was er ihnen sagte, klang bekannt und heimelig; wenn sie daher schon mitunter einnickten, so wußten sie beim Erwachen doch gleich wieder, woran der Herr jetzt war. Sie hielten daher große Stücke auf ihn als Prediger und schlugen in allen Wirtshäusern auf den Tisch und begehrten auf: «Wie üse Herr chas bim Donner kene!»

In den Unterweisungen und Kinderlehren war er ebenfalls ein strenger Herr, doch konnten wir machen, was wir wollten. Wenn ein Kind ihm zufällig nicht antworten konnte, so putzte er ihm wütend ab, oder wenn es nicht wußte, wo man war, oder wenn man zu spät kam. Aber das Antworten war eben nicht schwer, und das Wissen, wo man war, auch nicht. Er fragte immer der Reihe nach, immer Vier in einer Stunde, und wenn man in der folgenden Unterweisung nur die letzte Erklärung wußte aus der vorhergehenden, so wußte man genug; um das Frühere, den Zusammenhang, bekümmerte man sich durchaus nicht weiter. Alle Erklärungen, kurz die ganze Unterweisung, waren Jahr für Jahr durchaus gleich, gleich viel Stunden und gleich viel Worte; Jahr für Jahr die gleichen gleichgestellten Fragen wollten buchstäblich die gleichen Antworten. Wenn zum Beispiel einer sagte: «Die Allmacht ist diejenige Eigenschaft Gottes, mit welcher er alles machen kann», so erregte das sehr große Unzufriedenheit und dem Kinde wurde über seine Ungeschicklichkeit tüchtig der Kopf gewaschen; es sollte sagen: «Die Allmacht ist diejenige Eigenschaft in Gott, durch welche er alles schaffen kann, was er will.» Man hätte glauben sollen, das wäre furchtbar schwer gewesen vom Kinde herauszubringen, denn wie kann man aus einem Kinde, das keine Sprachkenntnis hat, solche Stempeneien herauskatechisieren? Und der Pfarrer sagte die Antwort nicht vor bis an den letzten Buchstaben, sondern fragte kurzweg. Allerdings mag es das erste und zweite Jahr, nachdem der Pfarrer in die Gemeinde gezogen war, schwer zugegangen sein, allein nachher, eben weil er sich so buchstäblich gleich blieb, erleichterte das die Sache. Ältere Geschwister konnten ihren jüngern sagen, was sie noch wußten, und wer etwas wußte, konnte es dem Andern flismen, chüschele, flüstern, wobei auch der Schulmeister treulich mithalf, der gewöhnlich zugegen war, und in den Kinderlehren half die ganze Gemeinde ein, und man meinte sich gar sehr mit seiner Geschicklichkeit, wenn man den Kindern einhelfen und zeigen konnte, wie man fast so geschickt sei wie der Pfarrer selbst.

So konnte es Kinder, und deren recht viele, geben, die am Ende sagen durften, sie hätten dem Pfarrer auf alles antworten können. Von diesem Geflüster merkte der Pfarrer gar nichts, sobald man es trieb, während er selbsten sprach, denn wenn er redete, so sah'er nicht und hörte er nicht. Auf diese Weise kam er selten in den Fall, Kinder zurückstellen zu müssen. Er hatte meist auch sehr geschickte Kinder, die antworten konnten wie auf der Geisle gchlöpft, und doch wußten sie eigentlich nicht, was sie sagten, sie begriffen ihre Antworten so wenig als das Fragenbuch selbst. Wenn sie zum Beispiel das Reich Gottes in das Reich der Gnade und das Reich der Natur teilen mußten, so sagte ihnen kein Mensch, was Reich, Gnade, Natur bedeuten; so wie diese Wörter jedermann bekannt waren, so setzte man voraus, jedes Kind kenne ihre Bedeutung, was aber durchaus irrig ist. So bekamen die Kinder eine Menge Formeln in die Köpfe, aber keine richtigen Vorstellungen, und ihre Herzen wurden nie erwärmt. Man kann einen ganzen Haufen Scheiter in einen Ofen tun, sie machen denselben nicht warm, die Scheiter bleiben Scheiter und der Ofen bleibt kalt. Man muß Feuer anmachen unter die Scheiter und dieselben müssen aufgehen in Flammen, müssen leuchten und spretzeln nach allen Seiten, dann gibt es einen warmen Ofen. Das ist eine Gleichnisrede, deutet mir sie!

Der Pfarrer predigte und kinderlehrte aber nicht bloß, er führte sonst noch das große Wort in der Gemeinde. Man brauchte ihn viel, und darum regierte er auch viel, und wenn er einmal gesagt hatte: «Ohä, dSach ist die», so hätte ich niemand raten wollen, andere Meinung zu haben. Aber eigentlich regierte doch nicht er selbst, sondern einige pfiffige Käuze in der Gemeinde kamen öfters zu ihm und wußten das, was sie wollten, ihm so fein unter den Fuß zu geben, daß er glaubte, es sei seine eigene Meinung oder Erfindung, und sie durchsetzte. Er hielt viel auf Achtung und Respekt, und nach dem Sprüchwort: Was du willst, das dir die Menschen tun sollen, das tue du auch ihnen, zog er vor dem Landvogt gar tief den Hut und sagte nie zu viel: «Hochgeachteter Junker Landvogt»; aber seine Bauern mußten ihm dann ihre Bücklinge auch machen, und mancher vernahm: «Zieh den Pflegel ab!» Das schadete ihm aber bei der Bauernsami nichts; weil er viel bei dem Landvogt galt, so galt er bei den Bauern desto mehr, denn ein Wort von ihm konnte gut oder bös Wetter machen. Wer ihm widersprach, den hielt er für einen bösen, unruhigen Kopf. Er liebte das Ja Ja sagen und merkte nie die Schalkheit, die Ja Ja sagte und hinterwärts das Gegenteil; er hatte überhaupt keinen Begriff davon, daß man ihn zum Besten haben könne, sondern nahm alles, jedes Kompliment usw. als bar Geld auf. So wurde er zum Beispiel oft eingeladen, mit seiner Familie zDorf zu kommen. Keiner oder die Wenigsten taten es im Ernst, sein und seiner Familie Besuch war ihnen lästig; höchstens war es ihnen nicht recht, wenn der Pfarrer zu Einem ging und nicht zu ihnen auch, weil sie sich dadurch unter die Andern herabgesetzt glaubten. Der Pfarrer aber glaubte, er erweise mit seinem Besuch eine Ehre, seine Frau war natürlich auch seiner Meinung, und die Kinder, an denen die Eltern blind waren (der Pfarrer glaubte, alles sei gut, was von ihm käme), aßen gar zu gern Küchli; er nahm daher solche Einladungen oft an und zottelte an schönen, besonders Sonntagsnachmittagen, irgend einem Hofe zu.

Seitdem nun mein Bauer Statthalter, Salzauswäger und Amtsrichter werden wollte, fand das Ehepaar auch notwendig, den Pfarrer dringend einzuladen (sie hatten bis dahin nicht zu den Auserwählten gehört). Die Frau tröstete sich damit, er komme nicht, es sei ihm zu weit und etwas Neues, aber man müsse ihm doch die Ehre erzeigen.

An einem schönen Sonntag nachmittags war es und ich lag am Schatten im Baumgarten, da sah ich oben aus dem Hölzchen, das am Rande des Hügels lag und aus welchem ein Fußweg zu uns hinunter sich schlängelte, einen Knaben und zwei Mädchen hervorspringen, mitten durch jungen Klee und über eine Spreiti Flachs weg. Ich dachte bei mir selbst, es nähme mich doch wunder, wer sie seien, daß sie nicht wüßten, die Wege seien da zum Laufen, den Klee vertrappe, den Flachs verhürsche man nicht. Doch hatte ich noch nicht ausgedacht, so kam die rundliche Gestalt des Herrn Pfarrers hintendrein und hinter ihm die etwas spitznasige Frau Pfarrerin, und das alles wälzte sich allmählich unserm Hause zu. Ich merkte gleich, die vor uns verhandelte Einladung sei für Ernst aufgenommen worden und der Besuch gelte uns, lief hinein ins Haus und schrie aus Leibeskräften: «Ds Pfarrers, ds Pfarrers!» Die Frau streckte den Kopf zur Stubentüre heraus und fragte: «Was hesch z'brülle, Bueb?» «He, ds Pfarrers kömme!» «Das wär dr Tüfel! Herr Jeses, Ma, stang uf, du Donners Kalb, du wirst z'nötli ta ha, du Lümmel! Leg dSchue a, ghörst, si dopple scho, lue, da sy ihri Bursch scho uf der

Schytterbige und luege zum Fäister iche; nu, bisch nit bal fertig, du Dreyhung, chast dKappe morn alegge, muest se doch ab ha vor em Predikant.» Endlich stolperte der Gerichtsäß hinaus zum Empfang der werten Gäste. «Mr hei gmeint, es sig niemer daheim, mr hei scho zweimal gchlopfet», sagte der ungeduldige Pfarrer. Das sei ihm doch leid, meinte der Gerichtsäß, der sich vollkommen erholt hatte, sie seien in der Hinterstube gewesen, heige zäme betet, da sehe und höre man nichts; aber der Herr Pfarrer hätte auch nicht brauchen zu klopfen in seinem Hause, sondern nur gerade hereinkommen sollen, und jetzt wollten sie nicht länger da außen stehen, sondern hinein in die Stube. Das wollte nun der Pfarrer und seine Frau nicht, sie wären daheim genug in der Stube und es sei viel hübscher und kühler da auf der Laube. Das ließ sich der Bauer nach einigem Sträuben gefallen, denn seine Frau hatte drinnen vielleicht noch nicht abgeräumt, hatte allweg noch kein Fürtuch umgebunden und die rechte Kappe nicht auf dem Kopfe. Diese hausierte drinnen etwas unsäuberlich, gab mir Geld, um eine Maß Wein zu holen, jagte ihre Töchter auf die Beine und fluchte dazwischen gar jämmerlich auf das hungrig Predikantenpack, das an allen Orten seine Nase haben müsse, wo es etwas z'fresse schmöcki. Da ich mich anders anziehen mußte, um den Wein zu holen, so sah ich sie noch hinausgehen, gar freundlich tun und die Hand geben und sagen, wie sie sich freue, daß ds Herrn Pfarrers ihnen auch einmal die Ehre gegönnt hätten und zu ihnen gekommen wären. Und des Herrn Pfarrers versicherten, das wäre schon längst geschehen, wenn es nicht so weit wäre, übrigens hätten sie es schon lange im Sinne gehabt, aber es sei ihnen immer etwas dazwischengekommen, und die Frau Pfarrerin versicherte absonderlich, ihr Mann hätte gar viel zu tun, er wisse oft nicht, wo ihm der Kopf stehe, und daß sie nicht begreife, wie er alles machen könne, und die Bäurin versicherte, er sei aber auch ein Herr, wie es im ganzen Kanton keinen gebe, sie und ihr Mann sagen das alle Tage zu einander.

Als ich wieder heimkam, war neuer Lärm in der Küche und in der Stube und ein halbleises Fluchen in allen Ecken. Ds Pfarrers wollten durchaus draußen zAbe trinken und nicht in die Stube hinein und merkten nicht, daß es auf der einen Seite Geringschätzung war, nicht ins Haus gehen zu wollen, auf der andern Seite aber gegen alle Bauernsitte, vor dem Hause aufzuwarten mit Kaffee, Küchlene, Zimmettee und Wein. Sie wußten nicht, daß man solche Dinge gewöhnlich nur im Hinterstübli in aller Stille zu sich nimmt, höchstens in der Stube; vor dem Hause, wo jeder Bettler, der vorbeiging, sehen konnte, was auf dem Tische stund, und es weiter erzählen, war es eine unerhörte Sache, aber nun auch eine unabänderliche; der Pfarrer hatte es einmal gesagt, und somit hatte sie ihren Weg.

Es war recht drollig, wie die Meistersfrau ein besonderes Gesicht machte vor dem Hause und im Hause. Draußen war lauter «Näht doch! Näht doch! Dr näht nüt!» und drinnen dann: «E Predikantesack het ke Bode, die Freßhüng, si tüe, wie we si e Wuche lang nüt gha hätte!»

Nach dem lange zAbetrinke gingen die Weiber noch in die Plätze, und endlich nahm man Abschied. Die Bäurin dankte für den Besuch, bat gar dringend, nüt zu zürnen, wenn sie etwa gefehlt, daß sie so schlecht aufgewartet hätte, und doch recht bald wieder zu kommen, sie wolle es dannzumal besser machen, und man gab ihr recht holdselige Worte und der Pfarrer versicherte, sie habe gar nicht zu danken, er sei gar gerne einmal gekommen, und die Frau Pfarrerin lud die Bäurin ein, auch einmal zu kommen, und endlich gab man sich die Hände. Der Meister ging aber noch mit der Kappe in der Hand ein Stück Wegs mit. Als er heimkam, zog er den Atem tief herauf und seufzte: «Ja, Specksiti si mr doch lieber als Visiti!»

Nun ging es in Wechselrede los über die Visite. Das seien die uverschanteste Lüt, wo man nur sehen könne, sie hätten da gegessen, getrunken und zugegriffen, als ob es ihre Sache gewesen wäre. Die Kinder hätten zuerst Äpfel von einem Baume geschlagen, seien im Gras herumgelaufen und niemand habe ihnen abgewehrt, sie seien ungeheißen zum Tisch gesessen und hätten genommen, was ihnen anständig gewesen wäre, und bald der Pfarrer, bald die Frau hätten gesagt: «Wotsch nit no meh, nimm nume, wennd no meh masch», und der Pfarrer hätte ihnen noch Wein eingeschenkt und gesagt: «Trinket nume, we dr möget.» Wenn das nicht uverschant sei, so verstehe man sich auf nichts mehr. Die Kinder hätten gefressen, es nähme sie nicht wunder, wenn sie die ganze Nacht kotze müßten. Ds Pfarrers hätten sie auch geheißen zu ihnen zu kommen, aber das sei ihnen nur den Verstand gemacht, daß sie ihnen etwas brächten, wohl gar eine Hamme, aber da könnten sie lange warten. Nicht einmal die Plätze hätte die Frau gerühmt, und doch seien weit und breit keine solchen, sondern sie hätte immer nur von den ihrigen geredet und gesagt, was sie alles habe, aber was sollte ein solcher Stadttotsch für Plätze haben! Der Pfarrer trinke den Wein auch gerne, wenn er nichts koste, er wäre sonst nicht hinter dem Tische sitzen geblieben, aber er habe nur gefürchtet, es entrinne ihm ein Schluck; es hätte ihm auch sauft getan, ums Haus herumzugehen und zu sehen, was in den Ställen sei. Das alles wurde vor mir verhandelt, der ich in die Unterweisung ging, das machte eben nicht großen Respekt. Überhaupt wurde mir die Unterweisung erleidet dadurch, daß mir der Bauer immer den Mund wässrig machte, welchen Lohn ich verdienen könnte, wenn ich nicht gehen müßte. «Ist die Donners Unterwisig scho wieder da?» hieß es, wenn ich am Morgen von der Arbeit gehen mußte.

Ich konnte mir kein größeres Glück denken, als einmal frei

zu sein und machen zu können, was mir beliebte, denn unter Erlaubnis verstund ich eben nichts anders, als los zu sein vom Pfarrer und Schulmeister und ungestört verdienen zu können, ohne verdinget zu sein. Der Bauer brauchte mich darum gar nicht zu ermahnen, ja zu machen, daß ich die Erlaubnis erhalte, es war mir selbst alles daran gelegen, dem Pfarrer aus den Händen zu kommen. Ich konnte gar nicht begreifen, was die Unterweisungen aparti nützen sollten; ob ich das alles wüßte, was man da konnte, oder nicht, schien mir durchaus gleichgültig. Ich wußte nichts anzufangen mit den paar Wörtern, die mir blieben und die ich so wenig begriff als das Fragenbuch; ich hielt dafür, das Unterwysiggehen sei eine alte Üebig, die nichts abtrage, welche von der Regierung dem Pfarrer zulieb eingesetzt worden sei. Ich glaubte daher, meine ganze Aufgabe bestehe darin, den Pfarrer nicht höhne zu machen, darum gab ich auch Achtung, wenn die Reihe an mich kam, daß ich die bekannten Antworten hersagen konnte. In der Zwischenzeit bekümmerte ich mich um das, was katechisiert wurde, nichts, geschweige daß ich zu Hause oder auf dem Wege an etwas zur Unterweisung Gehörendes gedacht hätte. Man trieb während den Unterweisungen, um die Langeweile zu vertreiben, allerlei. Man kneipte sich, rupfte sich an den Röcken, an den Haaren, band den Mädchen die Haarschnüre zusammen, tat ihnen die Züpfen auf oder steckte Knebel hinein. Der größte Spaß bestund darin, daß Keines aufschreien oder auffallend unruhig werden durfte, so daß es der Pfarrer gemerkt hätte, es wäre von allen Andern verfolgt worden.

Auf dem Wege zur Unterweisung und zurück waren wir wie eine losgelassene Herde mutwilliges junges Vieh. Kein Begegnender kam ohne Schlemperlig durch, kein Hund ungeneckt, und hatten wir niemand sonst, so plagten, warfen, prügelten wir uns unter einander oder die Meitschene mußten umeha. Alle schmutzigen Reden, die man von Eltern, Geschwistern, Knechten oder Mägden gehört, wurden da gewechselt und den Mädchen die abscheulichsten Dinge vorgehalten, von denen wir oft selbst nicht wußten, was sie bedeuteten. Einige antworteten tapfer und blieben nichts schuldig, andere weinten oder drohten es dem Pfarrer zu sagen, was aber die Sache nur ärger machte, denn wir wußten wohl, daß dieses nicht geschah. Nur ein Mädchen antwortete nicht mit gleicher Rede und weinte doch auch nicht, es war eine gewaltige, handfeste Küherstochter. Sobald einer ihr etwas sagte, so suchte sie seiner habhaft zu werden und prügelte ihn weidlich durch, ja sie prügelte Drei bis Vier auf einmal. Ich prügelte mich mit ihr nur einmal. An Kraft war ich ihr wohl überlegen, denn ich war der Stärkste in der ganzen Unterweisung, aber eine gewisse Scham hinderte mich, alle meine Kraft gegen ein Mädchen zu gebrauchen; sie aber schlug nur um so entschlossener auf mich los, so daß ich ausgelacht und zerzaust aus dem Kampfe kam, mich schämte und künftig Respekt vor dem Mädchen hatte.

Am meisten Schläge von ihm, ohne sich dadurch bessern zu lassen, erhielt ein nichtsnutziger Bube, der in Bern erzogen und von der Gemeinde dort weggenommen worden war, um zur Arbeit angehalten zu werden. In Frechheit, Schamlosigkeit fand er Keinen seinesgleichen. Tierquälereien waren seine größte Freude, Unflätigkeiten brachte er vor, von denen wir nie etwas gehört, Streiche führte er aus, vor denen wir uns schämten und sie ihm abstecken mußten, was doch viel gesagt ist. Er lachte uns nur aus, sagte, wir seien nur dumme Dorfteufel, in Bern gehe das ganz anders zu, und erzählte dann, was sie getrieben hätten auf der Schützenmatt, besonders aber in Bremgarten beim Holzauflesen, wo ganze Truppen Mädchen und Knaben tagelang unbeaufsichtigt im bequemen Waldesdunkel umherziehen, was sie getrieben in den

Häusern, daß uns die Haare zu Berge stunden. Er erzählte uns, wie lustig es darum in Bern sei, wie man da gut leben könne, ohne viel zu arbeiten. Da esse man nicht so schwarzes altes Brot wie auf dem Lande, sondern lauter frisches weißes. Habe man nichts, so finde man Leute genug, die einem geben, Geld, Kleider, Essen. Am besten komme man fort, wenn die Mutter die Fromme mache und vor dummen Weibern den Kopf chiere, dann habe man, was man wolle. In die Schule brauche man noch viel weniger als hier, die Herren hätten da nicht der Zeit nachzusehen, und begehre auch ein Fürwitziger einmal auf, so jammere man über Not und Elend, bettle Unterstützung, da helfe man einem zuerst und lasse einen dann hintendrein machen, was man wolle. Auch vor den Alten habe man sich nicht zu fürchten, da gehe jedes seiner Wege und tagelang könne man sich lustig machen, wie man wolle, ohne daß Vater und Mutter es wüßten. Nebenbei erzählte er uns, wie er seinen Bauern plage, ins Bett, in die Hosen mache und nichts Sehnlicheres wünsche, als daß er ihn fortjage, damit er von dem verfluchten Bauernvolke wieder wegkomme, wo man von nichts als von Prügeln und Arbeiten wisse. Er brachte es auch richtig dahin. Was aus ihm geworden, weiß ich nicht, aber das weiß ich, daß auch die schlechtesten Kerls in unserm Regimente in Bern aufgewachsen waren. Es muß dort unter diesen Menschen furchtbar aussehen und niemand in der Ordnung zusehen.

Endlich nahte die Zeit, wo ich der langweiligen Unterweisung zu entrinnen hoffte, es entstund ein neues Leben in und unter uns. Jedes beschäftigte sich bei sich selbst mit dem Gedanken, was ihm wohl Eltern oder Meisterleute für Kleider anschaffen würden. Die, welche eigenes Geld hatten, rechneten nach, fragten verblümt dieses und jenes, um ausfindig zu machen, wie weit es wohl reichen würde. Wessen das Herz voll ist, dessen läuft der Mund über; unsere Hoffnungen, unsere Kümmernisse, unsere Wünsche, unsere Erwartungen teilten wir einander mit und nahmen sie auch mit in unsern sogenannten Unterricht, und die, welche an der Reihe zu antworten waren, schwitzten fast Blut, weil sie alle Augenblicke aufzupassen vergaßen, indem ihnen etwas vom Schneider oder der Näherin, von einem Hut oder einem Kuttli durch den Sinn fuhr und sich in demselben einnisten wollte. Alle Tage brachte eines die wichtige Nachricht, was Vater und Mutter endlich beschlossen und bei welchem Krämer sie das Beschlossene zu nehmen gedächten; dann wurde die Sache erwogen und auch vom Krämer gesagt, was man wußte, und manches von schlechter Elle, dunklem Laden, hohen Preisen gemunkelt, und in stiller Hoffnung, noch etwas Besseres und von einem noch bessern Krämer zu erhalten, gingen die heim, welche noch nichts wußten. Aber um so größer war dann auch ihr Verlangen, bald zu wissen, woran sie seien, und geradezu oder hintenum suchten sie es zu vernehmen. Und als es endlich alle wußten, gingen die bangen Sorgen wegen den Schneidern an und bei den Mädchen auch die noch wegen den Näherinnen, und manche halbe Nacht wurde aus Kummer schlaflos hingebracht, der Schneider möchte, nach seiner gewohnten Art, nicht Wort halten.

So kam der Tag der Erlaubnis, an welchem wir noch in unsern alten Kleidern aufzogen, heran, wir wußten nicht wie. Wir zitterten und bebten, denn wer an diesem Tage eine Antwort fehlte, erhielt die Erlaubnis nicht; doch ging alles recht gut, wir schlüpften durch, und wie viele Zentnersteine fiel es mir vom Herzen, es schien mir fast, als hätte ich Fecken bekommen, so leicht ward mir. Der Pfarrer sprach nun freilich seine gewohnte Rede, in welcher die Hölle neben dem Himmel und die Teufel neben den Engeln gar gewaltig aufmarschierten, die einen ließ er selig singen, die andern brennend heulen und zähneklappern. Und er redete lauter und immer lauter, bis ein Mädchen sein Nastuch nahm und schluchzte, da nahmen alle nach einander die Nastücher und schluchzten, und die andern Weiber taten ebenso und auch lauter und immer lauter, und die Tränen rannen häufiger und die Herzen pochten heftiger und der Pfarrer donnerte mächtiger, und vor den meisten Augen verschwammen Himmel und Hölle furchtbarlich ineinander, Zittern und Beben erfüllte die Glieder, von dem jüngsten Gericht glaubte sich alles verschlungen. Da pickte des Pfarrers Uhr die bestimmte Minute. Es schwieg der Pfarrer, es verrannen die Bilder, es trockneten die Tränen, es verhallte das Schluchzen, und der Pfarrer nahm eine Prise Tabak mit Zufriedenheit, und die Weiber boten einander ihre Schnupfdrucken mit Behaglichkeit und sprachen: «Das war doch schön, dä chas!»

Mir flirrte und summste es mächtig um die Ohren, und noch tagelang war es mir, als ob es in den Bäumen sause hoch oben; aber nicht tiefer hinein, nicht einmal in die Augen drang es mir.

Ich hatte einen schwarzen Wollhut, den Gegenstand meines tiefsten Sehnens, erhalten und konnte nicht satt werden, ihn zu betrachten, stund sogar des Nachts auf, um ihn zu probieren, und konnte den Tag nicht erwarten, an welchem ich meinen Kopf zur Kirche tragen konnte; zudem hatte ich noch ein ganz neues Gilet mit gelben Knöpfen, ein rotes, seidenes Halstuch; aus den Sonntagskleidern des verstorbenen Vaters hatte man mir, wie ich meinte und wie man mir sagte, recht schöne Hosen und Rock machen lassen. Der Bauer und seine Frau unterließen nicht, ihre Freigebigkeit zu preisen, und ich war ihnen nicht wenig dankbar. Eines plagte mich noch wie alle Andern: wir möchten vielleicht etwas unrecht machen, entweder zu früh oder zu spät aus dem Stuhle zum Tische gehen oder den Hut unter den unrechten Arm nehmen oder das Brot zu essen vergessen, und wir repetierten alles unzählige Male; glücklicherweise ging auch es recht gut, ich vergaß nichts, stolperte nirgends, und beim schönen Wetter brachte ich meinen schönen Wollhut wieder unversehrt in den Schaft. Am Nachmittag lag ich im Baumgarten im grünen Grase, mit einem Glück in der Brust, das ich nicht beschreiben kann. Ich glaubte mich frei, die Welt stund mir offen, Kraft brauste in meinen Gliedern, Selbstgefühl blitzte aus meinen Augen, Mut schwellte das Herz; als ob ich an einem hellen Maitag mein Lebensschifflein vom Ufer stieße und ein nahes Gestade, glühend in schöner Gottespracht, mir würde, wars mir im Gemüte. Ach, ich kannte trügerische Riffe nicht, wußte nichts von verborgenen Klippen, und was Schiffbruch sei, ahnte ich nicht.

FÜNFZEHNTES KAPITEL

Wie ich ein Knecht ward

So war nun zu Ende meine Verdingzeit, die Zeit meiner ägyptischen Dienstbarkeit, und wenn ich gerecht sein will, so hatte ich es während derselben besser gehabt als hundert Andere. Am schlimmsten ging es mir beim ersten Meister als sogenanntes Kindemeitschi, doch hatte ich zu essen genug. Recht lustig hatte ich es bei den Alten am Bach, ein freies Leben, wie ich es nur wünschen konnte, und fast Fischeli zMorgen und Krebseli zNacht. Bei dem stattlichen Bauer hoch oben auf dem Berge wurde ich freilich von den Diensten gequält und mußte der Sündenbock sein, aber das ging doch so übel nicht, weil die Meisterleute vernünftig waren. Beim letzten Meister behagte es mir und ich wußte nichts anderes, ich wurde gerühmt, man schien etwas auf mir zu halten, ich konnte fahren und melken, so daß es mir wohl zumute war.

Nein, wenn ich seitdem Andere erzählen hörte, wie es ihnen ergangen, so muß ich dem lieben Gott danken, daß er mich nicht so bittere Wege geführt. Ich glaubte manchmal viel ausgestanden zu haben und war von Herzen unglücklich und so ganz verlassen, eine Art Heimweh zerriß mir fast das Herz, und Heimweh und keine Heimat, ist das nicht traurig? Freilich war mein Herz verhärtet worden, und der Knabe war ich nicht mehr, dem die Liebe zu den Augen aus sah und der deshalb auch allenthalben geliebt wurde. Die Liebe war zurückgetreten, und zurückgetretene Liebe erzeugt einen wüsten Ausschlag, Bitterkeit und Trotz, unwirsches Wesen; aber die Liebe war nicht getötet, empfänglich blieb ich für alles, was wie Liebe aussah, nur vermochte ich einfältiger Bube nicht zu unterscheiden die eigennützige von der reinen und nahm die falsche Münze meiner gegenwärtigen Meisterleute für echt an. Das ist aber einem einfältigen Buben nicht zu verargen, können doch dieses die wenigsten Leute, wenige Mädchen, die nach Bräutigams fischen gehen, und je älter um so weniger, noch weniger grauhaarige Witwer und Witwen, die ihre schlotternden Hände nach jungen, warmen Herzen ausstrecken, am allerwenigsten aber ein lediger Schulmeister, ein Pfarrer, der beim Landvogt z'best reden, ein Landvogt, der Statthalter, Salzauswäger, Amtsrichter machen kann, und eine Betschwester, die Fleisch im Kämi, Wein im Keller, Schnaps im Gänterli und Geld im Trögli hat.

Gelernt hatte ich in der Schule so viel als nichts. Lesen konnte ich, aber was ich gelesen, schwatzte ich nie aus, denn ich verstund es nicht. Wenn man recht nachsinnet, so ist das doch eine der größten Merkwürdigkeiten in der Welt, daß man Tausende und Tausende quält jahrelang mit Erkennen und Zusammensetzen der Zeichen, durch welche die Menschen ihre Gedanken ausdrücken, aber in den Zeichen die Gedanken dann auch finden, das lehrt man nicht. Man lehrt Millionen die Zeichen selbst machen, aber wieder nicht in die Zeichen hinein die eigenen Gedanken legen; so kennen wir Zeichen, machen Zeichen, vermögen aber weder etwas aus ihnen heraus-, noch etwas in sie hineinzubringen. Beim sichtbaren Zeichen bleiben wir stehen, es ist uns alles in allem, bei ihm steht unser Verstand still wie ein Ochse am Berge; das Unsichtbare im Zeichen, der Gedanke, findet kein Auge in uns, das ihn sieht, keine Kraft, die ihn erkennt, auffaßt und lebendig wiedergibt. Wer wundert sich dann noch, wenn man die eigene Seele nicht erkennt im eigenen Leibe und Gott nicht in seinem Weltenkleide, wenn wir weder in Worte noch in Taten Geist zu legen vermögen, nicht zu finden vermögen in jedem sichtbaren Begebnis die unsichtbar waltende Liebe! Wer wundert sich dann noch, wenn wir in der Bibel nur Buchstaben finden, aber nicht Gott, im Fragenbuch nur lange Fragen, aber keine Erkenntnis, in der Kirche einen Pfarrer, aber kein Leben, in geistlichen Versammlungen viel Leibliches, aber nichts Geistliches, vielen Unsinn, aber keinen Sinn! Wer will sich wundern, wenn auch ich Einfältiger den höchsten Gedanken im Buchstaben nicht faßte, daß Worte und Erklärungen unverdaut in mir lagen und kein religiöses Gefühl in mir erzeugten, daß ich wohl die Gebote kannte: Nicht töten, nicht ehebrechen, nicht stehlen, aber von einem freudigen Dienste in der Liebe nichts wußte, daß ich wohl den sichtbaren Landvogt vor Augen hatte, aber nicht den unsichtbaren Gott!

Freilich waren damit unsere gnädigen Herren zufrieden, und die werden es wohl bei Gott versprochen haben, wenn es ihm so vielleicht nicht ganz anständig gewesen.

Übrigens muß ich doch sagen, daß ich kein böser Bube war, sondern treu, redlich, unverdorben, und wenn ich zuweilen einen Fluch oder ein schmutziges Wort fahren ließ, was aber nicht oft geschah, da ich überhaupt nicht viel redete, so wußte ich eigentlich nicht, was ich sagte.

So frei und froh ich mich nun nach erhaltener Erlaubnis auch fühlte, so fest ich im Sinne hatte, wieder ein Bauer zu werden, so fiel mir doch nicht ein, Anstalten dazu zu treffen. Es lag mir eine gewisse Unbehülflichkeit in allen Gliedern, ich wußte nichts weiters anzukehren, sondern dachte nicht sowohl als tat vielmehr, als ob das sich so von selbst machen würde und ich nichts anders zu tun hätte, als aufzupassen, bis der Bauernhof mir in den Mund flöge. Dieser Mangel an Rührsamkeit und Selbstbestimmung, dieses Stehenbleiben auf dem Punkte, auf den man zu stehen kommt, dann aber auch diese Klugheit, Anschlägigkeit, Ausdauer auf diesem Punkt, der ein Grundton im Charakter des Bernervolks ist, kann in einem Volke, dessen Glieder geistig geläutert und gekräftigt werden, der Grundpfeiler eines soliden Glückes werden.

Ein Handwerk zu lernen, daran dachte ich gar nicht; ich glaube, wenn es mir vorgeschlagen worden wäre, ich hätte mich geschämt vor jedem Handwerk. Ich war gewohnt, die Handwerker als eine untere Klasse Menschen anzusehen, zu sehen, wie jeder Bauernknecht auf den Handwerksmann von oben herabsah, sich besser dünkte und ihm befahl, wo es sich nur tun ließ. Ich sah keinen Bauernsohn, und wenn ihrer sieben auf einem magern Hofe waren, ein Handwerk lernen, viel lieber als Lehnsleute von nimmersatten Bauern sich schinden lassen. Ich sah, wie jeder Handwerker, sobald er zu einem Kreuzer Geld kam, sich Land kaufte, ein Bauer zu werden strebte und das Handwerk an den Nagel hängte. Ich sah eine Menge verlumpter Handwerksleute, Schuhmacher, die nicht für sechs Kreuzer Leder kaufen konnten, Schneider im Spital oder auf der Gemeinde, Schmiede im Umgang, Schlosser als Diebsgesindel, Tischmacher ohne Arbeit, Maurer in Hudeln, Wagner die Schrecken aller Bauern, die ein schönes Öschli oder ein gerades Buchli hatten, Bäcker ohne

Mehl, aber mit roten Nasen, Weber mit hungrigen Augen und kurzem Atem, das sah ich, darum hätte ich mich eines Handwerks geschämt; daß die Schuld von allem dem nicht an dem Handwerk, sondern ganz anderswo liege, das ging über meinen Verstand.

Ich blieb also bei dem Bauer, ein anderer Güterbub trat ein und ich wurde Knecht, ohne den Lohn zu bestimmen. Er sagte mir, erstlich hätte er viel Kosten wegen meiner Kleidung gehabt, da seis doch nur billig, wenn ich das abverdiene; das fand ich auch. Ferner sagte er mir, er wolle mir noch mehr Kleider machen lassen und mir dann so viel Lohn auch geben, als ich verdiene und bis ich zufrieden sei; übrigens sobald ich etwas Geld notwendig habe, so solle ich es ihm nur sagen, er wolle mir auf Rechnung geben. Das glaubte ich alles, und da er mir nach einem Jahr noch ein Schaf zu halten erlaubte, sich nur die Wolle vorbehielt, sah ich in Gedanken schon einen Stall voll Kühe und Rosse als mein Eigentum und war überglücklich.

Ich lebte und webte in meinem Dienste, und mein Meister, der Fuchs, ließ mich machen und lähmte mich nicht dadurch, daß er mir nichts überließ. Mir ward der Stall übergeben, und wenn der Meister nicht zu Hause war, so konnte ich befehlen. Ohne es zu wissen, bildete sich bei mir im Futterrüsten, beim Futtern, bei der Behandlung des Viehs ein bestimmter Gang aus, von dem ich nur in der höchsten Not abwich; daher konnte es mir auch niemand recht machen, daher versäumte ich auch nie eine Futterungszeit, weder des Morgens noch des Abends, daher war mein Vieh auch schön, selten eine Krankheit im Stall und alle Augenblicke etwas für den Metzger zweg. Und wenn ich dann ein Trinkgeldlein bekam und ein Metzger, auf Antrieb des Meisters wahrscheinlich, mich rühmte, so ward ich stolzer als Hans oben im Dorfe. Meinen Pferden borgete ich mehr als mir selbst, und oft zankte ich mit dem Meister, wenn er überladen wollte; ich fuhr lieber zweimal, als daß ich das Schinden der Tiere zugab.

Während dieser Zeit war ich nicht nur recht glücklich, sondern ich führte mich auch sehr brav auf. Ich lief lieber Kühen als Mädchen nach, mistete lieber, als daß ich tanzte, tränkte lieber, als daß ich soff, schüttelte lieber Heu, als daß ich Karten mischelte, striegelte lieber ein Pferd als einen Menschen. Ich weiß nicht, was man mir hätte geben müssen, um eine Nacht außer dem Hause zuzubringen, hätte ja eine Kuh abkommen, ein Pferd sich verwickeln, großen Schaden anrichten können, wenn niemand es gehört, und wer anders sollte es hören als gerade ich, dem sie anvertraut waren und der sie lieb hatte? Ich hätte auch gar nicht gewußt, warum ich Sachen treiben sollte, zu denen mich nichts zog, und anderes darüber vernachlässigen, an dem ich Freude hatte. Ein Interesse füllte meine Seele, und für mehrere hat selten eine Menschenseele Platz. Kameraden lachten und spotteten mich aus, daß ich nicht mitmachen wollte, fragten mich oft, ob ich fromm geworden sei, daß ich keine Freude haben wolle? Die Narren wußten nicht, daß man an gar vielen Dingen und nicht nur an einem Freude haben kann. Freude ist Freude, aber es sind gar viele Gegenstände, durch die sie erzeugt werden kann. Nun ist es aber doch wirklich die schönste Sache, wenn man Freude hat an dem, was man eigentlich tun soll in der Welt. Nun leben wir leider in einer verkehrten Welt, die leider Gottes aus Bauern und Herren, aus Ättene und Papas, Müettene und Mamas, aus Primar- und Sekundarlehrern, aus Pfarrern und Wirten, aus Frommen und Gottlosen besteht, und diese verkehrte Welt sorgt recht absichtlich dafür, daß es sie bei allen Haaren hinzieht dahin, wo sie nichts als Schaden haben, daß sie nur da ihre Freude finden, wo sie sich hinstehlen müssen, und das ihnen eine unerträgliche Last wird, was ihre tägliche Beschäftigung sein sollte.

So verderben Knechte und Mägde, weil sie kein Interesse an ihrem Dienste finden, so versinken Bauernsöhne und -töchter ins Luderleben, weil in ihren Köpfen anderes steckt als Freude an der Arbeit, so gibt es beim Studieren mehr Sauniggels als Gelehrte, aus Herrensöhnchen gibt es Sündensöhnchen, aus Schreibern Böcke, und am Ende was gibt es aus allen? Eins von beiden, entweder mißvergnügte, stättige Bastesel oder stinkende Äser bei lebendigem Leibe, auf alle Fälle nicht munter-fröhliche Christen, deren Gesichter und Leben freudige Loblieder Gottes sind. Nehmt die Hüte ab, ihr Gelehrten, vor meinem Bauern, den brachte sein Eigennutz viel weiter als euch eure Kunst; aber seid ihr nicht zu vornehm, so lernet eines: in jedem Menschen ist ein Trieb zu irgend einer Arbeit zu erwecken auf verschiedene Weise, ohne diesen Trieb ist jede Arbeit eine Bürde, der man sich zu entziehen sucht; diesen Trieb erwecket, die ihm entsprechende Arbeit oder Beschäftigung suchet auf, sonst wachsen als Unkraut andere Triebe und werden die Tyrannen des Menschen. Doch ich versteige mich und verdiene darum billig ausgelacht zu werden als ein Schuster, der über seinen Leisten will. Lachet nur, aber verzeiht mir, wenn ich in meiner Einfalt über die Schnur haue und von Dingen rede, die ich nicht verstehe, und so auf ein Gutdünken hin. Ich bin ja weder ein Landvogt noch ein Großrat, die das Recht dazu haben, sondern nur ein armer Teufel; aber ich rede denn doch nicht für meinen Sack, sondern aus einem warmen, guten Herzen und möchte gar zu gerne jedem das Gute gönnen, das mir ward, und vor jedem Bösen sicherstellen, welches ich erfuhr.

Nun, ich trank wohl auch zuweilen einen Schoppen Wein Sonntags, und wenn ich mit einem Stück Vieh auf den Markt gefahren war, ein Trinkgeld erhalten hatte, steckte ich die Nase in den Tanzsaal und gwunderte, war aber um vier oder höchstens fünf Uhr bestimmt daheim, und mir war viel heimeliger im Stall als dort, woher ich kam. So war ich über vier Jahre Knecht und hatte noch wenig eigentlichen Lohn eingezogen; die Trinkgelder und mein Schafhandel hatten mir für meine wenigen Bedürfnisse das Meiste geliefert, nur an eine Sackuhr mußte mir der Meister steuern. An dieser hatte ich noch größere Freude als an dem Wollhut, und wie manchmal des Tages ich sie anfangs herauszog, hätte niemand zählen können. Kleiden ließ mich der Meister und das recht brav, und wenn ich in meiner neuen halbleinenen Kleidung einherschritt, so war ich der stattlichsten Bursche einer. Ich maß über sechs Schuh Bernermaß, war breit in den Achseln und stark gebaut, ich leerte ein Maß Roggen über die Hand aus, nahm einen Sack Roggen vom Boden auf usw.

Von mehreren Seiten her wollte man mich bei meinem Meister weglocken. Wenn unser Wirt in den Stall kam, so sprach er oft ein verlornes Wort zu mir, das der Meister nicht hören konnte. Kam ich zufällig ins Wirtshaus, so war auch seine Frau besonders freundlich mit mir und frug mich aus, wieviel Lohn ich habe und ob ich nicht einmal fort wolle? Man müsse doch nicht immer an einem Orte bleiben, man lerne nichts. Sie war eine gar gwundrige Frau und kannte den Grundsatz nicht: Was du willst, daß dir die Leute tun, das tue auch ihnen. So konnte sie Diensten den Kopf groß machen meisterlich, und wer zu den ihrigen nur ein Wort sagte, dem bekam es übel. Sie machte, was ihr durch den Kopf fuhr, sprach, was ihr in den Mund kam, frug nach keinem Menschen etwas, niemand war ihr zulieb für etwas, und doch war sie gegen Andere besonders empfindlich und forderte für sich alle möglichen Rücksichten; man hatte gegen sie gefehlt, man wußte nicht wie, und dann gnade Gott einem! Auch unseres Müllers Sohn flattierte mir und strich um mich herum, er war auch ein ganz feiner Kauz und ein ganzer Müller in allen Teilen.

Alle wollten mich auf verblümte Weise aufweisen, mein Meister werde mich übervorteilen, allein ich ließ mich nicht mit ihnen ein. Ich war kein Redi, mir war wohl da und ich hatte keine Ursache, dem Meister zu mißtrauen. Ich wußte gar wohl, daß er an niemand sonst treu war, daß er gerne betrog, sobald er konnte, allein ich dachte nicht von ferne daran, daß er an mir nicht treu sein würde, er gab mir doch immer so gute Worte. Ich wußte damals noch nicht, daß ein eigennütziger, hundshäriger Bauer keinen Unterschied macht zwischen den Menschen und zum Übervorteilen ihm niemand zu gut ist, am allerwenigsten ein Knechtlein, das auf Erden so wenig zu bedeuten hat, daß kein Mensch einem Betrüger trauen kann, und zeigt er sich auch als den besten Freund. Das wußte ich nicht, darum traute ich meinem Meister, er werde mich nicht zu kurz kommen lassen und mir zu seiner Zeit, sobald ich es bedürfe, das Geld herausgeben. An Zinsen dachte ich nicht, und Sparkassen waren damals noch nicht. Gerne freilich hätte ich mein Geld einmal beisammen gesehen und in Händen gehabt, aber dann dachte ich wieder, es könnte mir wohl gestohlen werden, was ich dann davon hätte? Oft rechnete ich nach, wie hoch mein Vermögen sich belaufen möchte und was sich damit anfangen ließe. Für das erste Jahr erwartete ich nicht viel, wegen der Admissionskleidung, dem zweiten Jahr rechnete ich doch wenigstens fünfzehn Kronen und den beiden andern zwanzig Kronen, natürlich über die Kleidung aus, also schon fünfundfünfzig Kronen. Es schien mir wohl zuweilen etwas viel, allein dafür war ich dann auch ein Knecht, der oft für Zwei arbeitete und dem der Meister getrost die Aufsicht überlassen konnte, der aus dem Stalle viel herausschlug. Mit dem Meister redete ich nicht darüber, er aber sagte mir von Zeit zu Zeit: «Meiß, du muest zfriede mit mr sy.» Wenn ich noch zehn Jahre diente, rechnete ich ferner, und mir der Meister, wie billig, fünfundzwanzig Kronen gebe, dann hätte ich tausend Pfund und somit den Satz, etwas Eigenes anzufangen und wieder ein Bauer zu werden. Der Mensch denkt und Gott lenkt.

SECHZEHNTES KAPITEL

Fürio, das Haus brennt!

Einmal, im Emdet war es, hatte ich mich spät und müde zu Bette gelegt. Lange war unbeständig Wetter gewesen, viel Emd war abgemäht, und als die Sonne wieder warm schien zwei Tage hinter einander, hatten wir alle Hände voll zu tun gehabt; besonders am letzten Tage hatten wir heimgeführt, solange es heiter war, alle Wagen stunden unabgeladen unter der Einfahrt und vor derselben. Als alle ins Bett gingen, hatte ich noch meine Pferde zu besorgen; nachdem sie über Nacht erhalten hatten, legte ich mich auch endlich nieder.

Wie lange ich geschlafen, weiß ich nicht, als es wie Feuer in meine Augen drang, das Haus erbebte und ein Getöse, als ob man einige tausend Körbe mit Glasscherben über das Dach ausleere, mir alle Nerven erschütterte. Ich fuhr auf, und aus schwarzer Nacht war blutroter Tag geworden; ich fuhr nach meinen Kleidern und fand mit Mühe die Hosen, kam aber zweimal verkehrt hinein, die Schuhe aber wußte ich nirgends, sprang hinunter und sah das ganze Scheuerwerk unseres Hauses bereits in hellen Flammen. In den Ställen brüllte das Vieh, und dorthin stürzte ich, meine Sachen ganz vergessend, nur an meine lieben Rosse, an meine lieben Kühe denkend. Ich sprengte in der Angst, da ich das Schloß nicht fand, die Türe in einem Tritt und schnitt die Halftern durch, lockte und trieb in wilder Angst die Tiere zur Türe und brachte glücklich alle heraus bis an ein Pferd, das wir erst gekauft, und eine Kuh, deren Kalb noch im Stalle stand und kein Bein machen wollte. Das arme Tier wollte sein Junges nicht verlassen und fand in seiner Mutterliebe den Tod. Ich beinahe damit; über meinem Zerren vergaß ich, daß ich in einem hölzernen Hause sei, bis plötzlich das Feuer in den Stall brach, auf allen Seiten es krachte, die Wagen auf der Einfahrt ins Tenn stürzten; da trieb mich Feuer und Rauch hinaus, und durch wallende Glut und unter stürzenden Balken weg sprang ich ins Freie. Nun im Hause vornen Geschrei und ein wirres Austragen dessen, was man in der Angst ergriff. Der Meister rief um Hülfe, um sein Bureau zum Fenster hinauszuheben, und meine Kraft trug die schwere Bürde federleicht hinaus in die dunkle Hofstatt. Aber auch das Vorderhaus mußte verlassen werden, nun dachte man an die Rettung der nahe herumliegenden Nebengebäude, besonders des Spychers und des Stockes.

Die Flammen wirbelten in wildem Feuer weit hinauf in das dunkle Himmelsgewölbe, in weitem Kreise fiel nieder der Feuerregen und bedeckte die Dächer der Gebäude, aber auch der Regen schlug prasselnd nieder und hinderte ein schnelles Feuerfassen. Aber die wachsende Hitze trocknete mehr, als der Regen netzte, und hie und da fing eine Ecke an zu rauchen, und niederfallende Schindeln und Holzsplitter glimmten auf den Dächern.

Wir versuchten, was wir konnten, aber betäubt vom Schrekken faßten wir alles verkehrt an, fanden nichts, was wir bedurften. Niemand kam uns zu Hülfe, und doch donnerte es nicht mehr, das Gewitter schien in einem einzigen Schlag sich entladen zu haben. Eine unendliche Zeit, ja Stunden schienen zu verschleichen, bis Schritte durch die Nacht hallten, bis eine Rundelle sich zeigte, bis das schauerliche Rasseln einer Spritze vernehmbar ward, und doch war innerhalb zwanzig Minuten die erste auf der Stelle. Niemand weiß, als wer es selbst erfahren, wie in solchen Augenblicken Minuten zu Stunden werden. Endlich mehrten sich die helfenden Hände. Die Stimmen kundiger Führer ertönten, der wilden Naturgewalt setzte die umsichtige Kraft der Menschen sich entgegen, und zorniger schien die Glut zu zischen, und gewaltiger wälzten sich die Feuergarben zum Himmel, als sie des Feindes nasses Nahen fühlten. Aber der Mensch bebte nicht, auf den Dächern ringsum setzte er sich fest und schirmte mit nassen Tüchern, kühne Rohrführer drangen ein zwischen den Brand und die zu schirmenden Gebäude, die Meister reihten die verworrene Menge, durch ihre Hände flog der Eimer, es hoben und streckten rasch die Spritzen ihre Arme, und in hohem Bogen stürzten Wasserwogen auf die Dächer nieder, und wie des Bogens straffe Sehne strömten die nächsten Röhren ihre blinkenden Wasserstrahlen an die rauchenden Wände.

Und wie Ordnung geschaffen und ein geregelter Widerstand eingerichtet war, da erwachte das Bewußtsein überlegener Kraft, und mit demselben trat Ruhe unter die Kämpfenden und beinahe stille ward es unter ihnen; nur hie und da erscholl der Ruf der Leitenden, nur hie und da wurde eine übermütige, unnütze Schneiderseele laut, die lieber regieren als arbeiten wollte, aber kräftige Fäuste schoben sie bald wieder dahin, wohin sie gehörte. Wohl rasselten von allen Seiten Spritzen heran und die Menge der Helfenden strömte herbei, aber sie traten ein in die Ordnung und ihr Geist kam alsbald auch über sie; nur schüchtern sah man herumschleichen oder an Bäumen stehen ein vornehmes Bauernsöhnchen, das nicht arbeiten wollte, oder ein Schreiberlein, das seine Höschen schonen mußte. Zurückgedrängt in sich selbst, wurde das losgebundene Element immer wütender, wirbelte sich aus den Heu- und Garbenstöcken immer gewaltiger herauf, und jede einstürzende Wand oder Diele erzeugte neuen Ausfall, neue

Feuerströme auf Menschen und Häuser. Aber die Menschen wankten nicht, Tücher deckten die Kühnsten, es stürzten die Garben und Heustober herunter, ein Flammenmeer bedeckte alles, aber die Menschen wankten nicht, gegen des Elementes Wut setzten sie des Menschen Ruhe, und des Elementes Wut verzehrte um so schneller seine Nahrung, und schwächer schlugen seine Flammen auf, und kürzer wurden seine feurigen Zungen, und matter leckten sie an den schwarzen Hölzern hinauf. Da nun drangen die Menschen, die vorher dem ungestümen Feinde nur das Weiterdringen gewehrt hatten, auf den Ermattenden ein zu seiner Vertilgung. Die Wasserzüge wurden länger, die Spritzen rückten vor, die Röhren wurden gewendet, zischend griffen die Wasserströme das Feuer über seiner Beute an, und muntere Bursche drangen nach, bewaffnet mit ihren tüchtigen Haken, und rissen dem Feuer aus den Zähnen seinen Fraß und schleppten ihn aus dessen Bereich. Ohnmächtiger wurde es immer mehr, aber darum auch listiger, es barg sich unter die Trümmer, versteckte sich in die Tiefen des Heues und hoffte auf die Schwäche des Siegers, der sich in der Siegerfreude berauscht und die Wachsamkeit vergißt, ehe die Niederlage vollendet ist. Doch umsonst, es war diesmal nicht im Solothurner Gebiet.

Nach alter schöner Sitte stattete der Pfarrer der nun überflüssigen Menge den gebührenden Dank ab, nur merkte man ihm sichtbarlich die Verlegenheit an, wie lange er diese Abdankung machen sollte. Er hatte noch keine gehalten; er schien sich für eine halbe Stunde entschieden zu haben, aber ein erneuerter Regenguß kürzte den dritten Teil bedeutend ab. Er hatte nämlich glücklich diese drei gefunden: erstens, vom Feuer überhaupt und vom Blitz insbesondere, zweitens, vom Schaden und Nutzen des Feuers und Blitzes, drittens, vom Dank gegen Gott, daß er vom Schaden wenigstens Menschenleben behütet, und vom Dank gegen die Menschen, daß sie ihren Brüdern geholfen. Nach ihm bat der Statthalter um Dableiben der nächsten Spritzen und Mannschaft, wies auf Brotwagen hin, welche vernünftige Nachbarn herbeigeführt, den Hunger der Arbeitenden zu stillen. Während die Menge sich verlief, ordneten sich die Zurückgebliebenen zu neuer Arbeit, und wo das Feuer auch nur mit einem Auge guckte, prasselten ihm Wasserstrahlen entgegen.

Da wurde es helle über der Brandstätte. Den Wechsel der Feuershelle mit der Tageshelle hatte man nicht bemerkt, bis auf einmal die Sonne über die Hügel sich hob und ihr goldnes Auge durch dunkle Wolken niedersah auf die schwarze Brandstätte. Da erst kam man wieder zum Bewußtsein. Die ganze Nacht hatte ich gearbeitet, wo es am härtesten zuging, war im Feuer und Wasser gewesen und hatte weder an mich noch Andere gedacht. Nun sah ich auch den Meister wieder, wie er schluchzend bei dem Einen und dem Andern stand und seinen Verlust beschrieb, wie er bei jedem Teile seines Hauses in neue Tränen ausbrach, an eine andere Einbuße sich erinnernd, sah die Frau heulend auf der Spycherlaube sich wälzen, keines vernünftigen Wortes mächtig, sah die Töchter über die Fetzen ihrer Kittel jammern und nach ihren Göllerketteli schreien, und ich stand barfuß in Hemd und Hosen an der Brandstätte, all meine andere Habe war verbrannt, aber ich weinte nicht über mein sauer Verdientes, ich weinte erst, als man neben dem Kalbe meinen schönen Kleb fand, der den Tod der Treue gestorben.

Nun suchte ich auch das gerettete Vieh wieder zusammen, machte in einem Schopfe Platz, so gut ich konnte, molk in Eimer die Kühe aus und brachte sie der Meistersfrau. Sie fing an neu zu heulen, heulte besonders mich an: Was sie doch mit der Milch machen solle? Indessen behielt sie sie, trank davon, gab ihren Töchtern; ob ich auch gehabt, darnach fragte mich niemand. Ich hatte nicht daran gedacht, und erst als ich Andere trinken sah, dünkte es mich, ich hätte die Kühe gerettet, gemolken und auch Milch trinken mögen. Ich arbeitete wieder beim Schuttabräumen und Löschen, barfuß in Hemd und Hosen, und aß ein Stück Brot, das mir ein Bekannter reichte. Es kamen nach und nach Wägeli mit Betten und Hausrat für den Abgebrannten, ich half abladen, die Rosse halten; es kam Eßware aller Art, es kamen Kleider für die Töchter, Einladungen, Kinder nahm man in den leeren Wagen weg, aber niemand sah den geschwärzten Knecht ohne Schuhe und ohne Kittel.

«Ja, Meiß, es isch mr viel z'übel gange, u no der Kleb verbrunne, hescht dä de nit chönne usebringe?» war alles, was mir der Meister sagte. Als ich auf dem heißen Schutt endlich nicht mehr gehen konnte mit meinen verbrannten und wunden Füßen, so brachte mir ein armer Knecht aus der Nachbarschaft ein Paar alte Holzschuhe. Mit diesen setzte ich mein Tagewerk fort und half besonders dem Bauer seine Geschenke an Scherm bringen. Da kam der Wirt und der Müller, sogar mein Onkel Sami, aber nicht aus Gutherzigkeit, sondern aus Hochmut; doch für den armen Knecht, der zwar nur seines Bruders Sohn, während der Bauer ihm nichts verwandt, sondern nur wie er Gerichtsäß war, hatte er nichts. Ich dachte damals eigentlich gar nicht daran, was mir geschah, gar nicht an die Ungerechtigkeit der Welt, gedachte nicht, daß ich dem Bauer viel mehr gerettet, als ich verloren, ich daher billig Ersatz von ihm zu erwarten hätte, daß er sehr viel gerettet und ich gar nichts, daß es mir am übelsten gegangen, daß meine Mitchristen mich zuerst zu bedenken hätten für meine Notdurft, ehe sie dem Bauern für seinen Überfluß sorgen hülfen. Gedachte nicht daran, wie in solchen Fällen für treue Dienstboten gesorget sei, gerade so, daß sie allemal, wenn sie für den Meister gesorget und nicht für sich, reuig werden mußten. Damals waren noch keine Mobiliarassekuranzen, sonst hätte ich sicher auch nicht daran gedacht, wie unklug es von den Meisterleuten sei, ihrer Dienstboten Armseligkeiten nicht auch in ihre Versicherungen aufzunehmen und die Kleinigkeit für sie zu bezahlen, damit die Diensten, die Ersten in solchen Fällen, die günstigsten Augenblicke zum allgemeinen Besten verwenden und nicht ein jedes zuerst nach seinen Hüdlene laufen möchte. An dieses alles dachte ich nicht, aber ich ward so von ganzem Herzen unglücklich, wie seit langem nicht. Mein Körper ermüdet, voll Schlaf, nicht gehörig genährt; in die schlechte Nahrung einige Gläschen Branntwein, vernachlässigt von allen, bei allen meinen Anstrengungen unbemerkt, bei meinem Verluste unbeklagt, bei meiner Treue unbelobt; es kam ein Gefühl der Verlassenheit, des Alleinseins über mich, das mir das Herz zusammenschnürte.

SIEBENZEHNTES KAPITEL

Fürio, es brennt auch im Herzen!

Endlich kam der Abend. Mir schien, als ob seit gestern ein ganzes Jahr verlaufen wäre, eine unendlich große Kluft dehnte sich mir zwischen gestern und heute. Als ich fertig war mit Füttern und ein Lager mir bereitet hatte zwischen meinen Tieren, lehnte ich mich noch traurigen, schweren Gemütes an einen Baum und blickte hin auf das öde Grab so vieler Dinge. Ich war nicht nur einsam hier im dunkeln Abend, sondern ich fühlte mich allein auf der Welt. Niemand hatte sich heute um mich bekümmert als ein armer Knecht und einige Neugierige, die wissen wollten, wie es zu- und hergegangen. Meine nächsten Verwandten hatten mich verleugnet, mein Meister, vom Eigennutz überwältigt, nur an sich denkend, hatte seine Rolle gegen mich zu spielen vergessen, mich übersehen, nicht erkannt, was ich für ihn getan; manches, das ich lieb hatte, war dahin, mein Hut, meine Uhr, meine Hemder und meine Kleider, ein Büscheli Geld lag in der Asche. Niemand hatte mich darum bedauert, mit mir mein Leid geteilt oder mir guten Mut gemacht. Das alles dachte ich nicht, aber ich fühlte dessen Wirkung. Matt und mutlos an Vater und Großmutter denkend, die unter der Erde lagen und mit denen ich reden mochte, versank ich in stummes Sinnen und merkte nicht, daß es Nacht um mich ward und ein kühler Wind durch das Hemd mir strich. Da legte sich von hinten eine Hand mir auf die Schulter, eine Stimme sprach: «Meiß, sä da hescht neuis!», ein Mädchen drückte mir etwas in die Hand und sprang durch die Bäume hin. Also jemand hatte doch an mich gedacht, und das war des Nachbars Jungfrau, das Anneli, etwa einen Scheibenschuß von uns. Es war kein Mädchen, um das man sich riß, um das die Buben kutterten. Groß war es wohl, aber nicht vierschrötig, hatte auch keinen Kopf wie eine rotangestrichene Kegelkugel, sondern ein länglichtes, schmales Gesicht; es machte keinen Staat, lief weder den Tanzplätzen noch den Märkten nach und galt für dumm, das heißt es hatte kein schlimmes Maul, das heißt auf unzüchtige Reden und Neckereien wußte es nicht zu antworten, sondern wurde rot.

Ich hatte das Mädchen viel gesehen, aber nicht viel mit ihm geredet als ihm Zeit gewünscht, mich seiner nicht besonders geachtet, wie ich überhaupt um Mädchen mich nicht bekümmerte. Nun hatte ich von Anneli ein seidenes Tuch in der Hand, und in eine Ecke desselben waren zehn Batzen eingebunden. Ich kann nicht sagen, es sei mir gewesen, als ob ein zweiter Blitz bei mir eingeschlagen, ein elektrischer Schlag mich durchzuckt hätte. Aber wissen möchte ich, wie es der Erde zumute ist, wenn in ihren winterkalten Schoß der erste Frühlingsregen fällt, der erste Tau sie tränket, wenn da die

Würzlein sich alle regen zum freudigen Leben und die Blümlein gebären, die Augenweide der Menschen. So, denke ich, sei mir zumute geworden. Eine sanfte Wärme glomm in mir auf, ein süßer Schauer rieselte mir aus der Kammer des Herzens hinaus durch die Brust, ein immer wachsendes Sehnen wurde geboren, dem Mädchen zu danken, bei dem Mädchen zu sein, und wonnige Gefühle, deren Namen ich nicht kannte, knospeten in mir, und die Knospen hoben leise ihre Köpflein auf aus dem kalten Sarge des Herzens, in dem so manches schon begraben, wo nur Moder, Verwesung und starre Totengebeine waren, und die Knospen blühten schüchtern auf, und Blümlein hold und lieblich ohne Zahl wärmten sich im Sonnenlicht aufgehender Liebe, verschämt noch die Gesichtchen in rosigem Taue verschleiert, und aus dem Sarge war ein blühend Brautbett geworden. Was in der Erde Tage, Wochen bedarf, das vollbringt ein Menschenherz, wenn die Stunde günstig ist, in Augenblicken. Lange stund ich still am Baume, das Tuch betrachtend in der Hand, und immer dunkler wurde es um mich her, aber immer heller und heiterer in mir. Die Trostlosigkeit war geschwunden. Die Wehmut, das Sehnen nach denen im Grabe war fort, Heiterkeit, Freude, Lust woben sich in mir rasch durcheinander, und aus diesem Chaos trat immer deutlicher und immer lieblicher die Gestalt Annelis hervor mit seinen verschämten Augen; ich fühlte ordentlich warm auf der Schulter seine Hand, und wie Orgelton klang es mir immerfort: «Meiß, sä da hescht neuis!» Und ich hatte ihm nicht gedankt! Da ergoß es sich brennend über mein Gesicht, ich hätte mich verbergen mögen in der Erde tiefste Gründe und schalt mich mit allen möglichen Namen.

Und hin wollte ich, das Versäumte gut zu machen, aber der aufgehobene Fuß wurde durch manche Bedenklichkeit wieder niedergezogen: wo war es jetzt, war es nicht böse, durfte ich von meinem Vieh weg, was sollte ich ihm eigentlich sagen? Dann trieb es mich doch wieder hin, sehen wollte ich es wenigstens, in seiner Nähe einen Augenblick sein, mich auf irgend eine Weise künden. Endlich zog es mich noch widerstrebend fort, bald schlich, bald lief ich dem Nachbarhause zu, je nachdem ein Gefühl mich bewegte. Vorsichtig umstrich ich das Haus, hoffend, Anneli noch beim Brunnen zu sehen, aber alles war stille und schien zu Bette. Ich wußte nicht was anfangen, bis mir einfiel, der Hausmeister und sein Knecht hülfen an der Brandstätte wachen, Anneli sei gewiß in seinem Gaden und niemand werde mich stören, wenn ich ihm vors Fenster schleiche. Leise stieg ich hinauf, aber oben durfte ich nichts sagen, nicht klopfen, wind und bange wurde mir, viel hätte ich gegeben, wenn ich wieder hinunter gewesen wäre; da mußte ich plötzlich niesen, ein-, zwei-, dreimal, über mir öffnete sich das Fensterlein und Annelis Stimme sagte: «Wer isch da?»

Daß auch das Mädchen in banger Unruhe war, bald sich Vorwürfe machte, sich vorhielt, was ich von ihm denken müßte, dann wieder doch sich freute und leise hoffte, ich werde doch noch kommen oder doch seiner gedenken, vernahm ich erst nachher. Erschrocken sagte ich: «Nume ih» und stotterte verlegen meinen Dank und die Versicherung, ich wolle es ihm mein Lebtag nicht vergessen. Anneli meinte, ich hätte ihm gar nichts zu danken und es hätte gerne mehr gegeben, wenn es mehr gehabt, ich hätte ihm ja einist auch gegeben, als ich mehr gehabt als es.

Ich wußte gar nicht, was Anneli damit meinte, und behauptete, ihm nie etwas gegeben zu haben, und mir wurde fast angst, es hätte einmal einen Andern für mich genommen. Anneli sagte: «Eh Meiß, chennst mih de wäger nit ume? Es het mih scho lang duret, daß nüt zu mr gseit hesch als guete Tag u guet Nacht, ih ha gmeint, du sigisch z'hochmüetig worde. Bsinnst dih de nüt meh, vor zwölf Jahre a dr Bettlergmeind hesch mr Wegge gä, wo mr hei briegget us Hunger? U das han ih dr nie vergesse, un ih ha großi Freud gha, won ih dih wieder gseh ha, ih ha dih grad umekennt, un ih ha mih gfreut, daß mr so nach binenangere si, aber du hesch mih nit welle chenne, u das het mih mengisch duret.»

Das konnte ich nun nicht begreifen. Ich hatte die ganze Geschichte, geschweige denn des kleinen Mädchens Gesichtszüge, rein vergessen; ich wußte nicht, daß in einer Art von Mädchenherzen eine eigene Kraft herrscht, festzuhalten, was je einen Eindruck auf sie gemacht, je reichere Herzen, desto tiefern Eindruck, besonders die Eindrücke der Liebe und Anhänglichkeit. Aber auch Mädchen mit reichen Herzen, um die Reichtum oder Schönheit sich schlingen oder die im Taumel der Welt sich baden, können die Tiefen eines armen Mädchenherzens nicht ergründen, das in armseliger Einsamkeit hinter dem Spinnrade oder in harten, dienstbaren Verhältnissen lebt, das vielleicht nur einmal in seinem Leben Zeichen der Liebe, wenn auch nur der Gutherzigkeit, empfangen, können nicht begreifen, wie tief diese Zeichen sich eingraben, weil sie in so manchen trüben Stunden der einzige Balsam für das verlassene, sehnende oder verwundete Herz werden müssen. Wie mich dieses Erkennen freute, kann ich niemand sagen, konnte es Anneli auch nicht sagen; hatte ich doch nicht geglaubt, daß jemand auf der Welt meiner gedächte, und ein dankbar erkenntlich Herz war mir so nahe! Ich versprach mich über mein Vergessen so gut mir möglich, versicherte, daß ich es nicht mehr vergessen wolle. Unser Gespräch fing bald an zu stocken, mich fror es entsetzlich in meinem luftigen Kleid, Anneli wurde ängstlich, die Meistersfrau könnte unser Geplauder hören. Ich wäre so gerne im Gaden gewesen, um noch manches zu sagen, für das ich nicht Worte finden konnte, und Anneli hätte mich so gerne hinein gehabt aus Erbarmen mit meinem Schlottern und weil auch es gerne länger bei mir gewesen wäre, allein ich durfte nicht darum fragen, meinte, es sollte mich hineinkommen heißen, und Anneli hielt sich nicht dafür, mir es anzubieten, weil es sich ohnehin schämte und fürchtete, ich möchte es für anlässig halten. Darüber wird nun vielleicht manche Bauerntochter lachen und manches Knechtlein sich aufblähen und meinen, so dumm wie ich sei er doch nicht, und mancher Erfahrene wird glauben, ich lüge, das sei alles nicht so gegangen, indem ja der Brauch allgemein sei, daß wo die Buben den Verstand nicht hätten, die Mädchen ihnen denselben machten.

Aber lacht nur, meinet nur, es ist doch so. Ich weiß gar wohl, daß es Schnuderbuben gibt, die noch während der Unterweisung oder gleich nach derselben, wenn sie vielleicht noch nicht sechs Kreuzer verdienen oder nicht über drei Mäß Krüsch wegsehen können, in allen Gaden herumschnausen, sich den Eingang erzwingen durch wüstes Tun, das Mädchen mag sie wollen oder nicht, sich überall blähen wie Kröten auf den Dünkeln. Ich weiß es gar wohl, daß es Mädchen gibt, die keine Schamhaftigkeit kennen, die nicht geschwind genug das Fenster öffnen können, die nur auf dem Ellenbogen schlafen, damit ja kein Geräusch ihnen entgehe, Mädchen, die hineinkommen heißen, ehe man sie darum frägt, die an Märkten und Tanzeten bitten und betteln, ja sich förmlich an die Kuttenfecken hängen, damit man mit ihnen heimkomme, daß es Bauerntöchter gibt, welche die Knechte locken, wenn sie nichts Besseres kriegen können. Das alles weiß ich gar wohl, aber solcher Art waren weder ich noch Anneli.

Freilich ging ich zweispältigen Herzens fort, und ich warf mir vor, daß ich nicht gefragt ums Hineingehen, und war wieder froh darüber, weil ich gar zu ungerne gehabt, wenn es mir abgeschlagen worden wäre. Die erschöpfte Natur machte jedoch diesem bald ein Ende, und ich erwachte erst wieder, als meine hungrigen Kühe mich aus süßen Träumen brüllten. Auch träumerisch verrichtete ich mein Tagewerk. Bald vergaß ich, was ich machen wollte, staunte lange, hörte nicht, wenn man mich rief, lächelte wieder für mich selbst, lief in den Schopf, um mein Halstuch zu betrachten, das ich dort verborgen hatte. Ohne Neid konnte ich sehen, wie reichlich man meinem Meister Steuern brachte, und nicht einmal recht dankbar freute ich mich, als ich von einem alten, ehrlichen Bauern eine Kleidung und zwei fast neue Hemden erhielt. Was war dies gegen das Halstuch! Ja mehr und mehr erwachte in mir die Längizyti nach Anneli, alle Augenblicke meinte ich, es müsse aus dem Hölzli hervorkommen, und als seine Meistersfrau selbst ihrem Manne Essen brachte, zürnte ich recht über Anneli, daß es nicht auf irgend eine Weise seiner Frau den Auftrag abgeschwatzt. Dann verzieh ich ihm wieder und nahm mir vor, am Abend selbst hinzugehen, nur um es zu sehen, um ein Wort mit ihm zu wechseln. Dieser Entschluß erhob mich, rasch förderte ich meine Abendgeschäfte, und schon glaubte ich gehen zu können, als es eine Kuh blähte; nun war meine Freude aus. Die Blähung war hartnäckig, sie hielt uns einen großen Teil der Nacht hin, ich mußte mich auf den folgenden Abend trösten. Nach einem langen langen Tage kam wieder der Abend, und die ungeduldige Freude zappelte mir in allen Gliedern. Da fing es an zu blitzen, schwarze Wolken stiegen rings um uns empor, uns alle faßte ein tiefer Schrecken, jedes Rollen des Donners ließ uns erbeben bis ins tiefste Mark hinein. Lange schien es, als sei das Gewitter über unser Haupt gebannt und wolle betrachten, was seine Macht zerstört. Als es vorbeigezogen war und wir wieder Atem schöpften und ein Gottlob nach dem andern von unsern bleichen Lippen kam, eilte es mit erneuerter Gewalt auf wechselndem Winde zurück, als ob ihm eingefallen wäre, noch zu zerstören, was der Menschen Anstrengung ihm entrissen. Doch unsere Angst fand droben Erbarmen und eine mächtigere Hand bannte den zuckenden Strahl in den Wolken. Aber es dämmerte bereits der Morgen und Anneli hatte ich nicht gesehen, und der Kummer: was wird Anneli sagen, was wird es von dir denken, daß du nicht kömmst, dich nicht zeigst? quälte mein Herz.

Sollte vielleicht ein vornehm Herrlein oder Fräulein in einer langweiligen Stunde sich herablassen, dieses zu lesen, so werden auch sie ungläubig spotten und sagen, das hätte ich in einem Roman gelesen, denn so etwas erlebe und fühle ein Bauernknecht nicht. Und warum denn nicht? Es gibt verschiedene Kleider in der Welt, seidene und zwilchene, aber nur ein Menschenherz, in des Bettlers und in des Königs Brust ist es für Freuden und Leiden empfänglich. Der Königssohn und das Bettlerkind haben das gleiche Herz für Liebessehnen und Liebesbangen, und wie oft die Sonne untergeht in grausige Wolken, so geht Beiden meist unter die Liebe in wüster Sinnlichkeit. Unter Seiden und Zwilchen stürmen die Wogen der Liebe, und ihre Stürme tönen in den Herzen in ähnlichen Akkorden; aber im Seidenkleide weiß man schön darüber zu reden, läßt Tränen funkeln, Seufzer knallen, Schwüre rollen, im Zwilchenkleide bleibt man stumm und streicht still und wild durchs Feld. Aber das ist eben das Unglück, daß man allen denen, die unter einem sind, keine Gefühle zutraut, also auch keine Gefühle berücksichtigt, sondern auf ihnen herumtrampelt wie eine Herde Elefanten auf einem Reisfelde, daß man glaubt, der Knecht sei nur eben Knecht, die Magd nichts als Magd, der Bauer bloß ein Bauer, der Bürger Bürger und nicht alle Menschen vom Schöpfer aus dem gleichen Teige geformt, daß man nicht aus jeglichem Kleide den Menschen herauszuwickeln versteht und nach der Liebe Gesetz ihn betrachtet, behandelt.

Am dritten Abend endlich hielt weder etwas auf Erden noch am Himmel mich ab; lange noch ehe das Licht erlosch, strich ich um des Nachbars Haus herum; der Bauer, der noch in den Stall zündete, schien mir nicht heraus zu wollen, und als endlich alles still ward, wagte ich mich noch lange nicht vor das Gaden, aus Furcht, mich merke jemand. Doch die letzte Gewitternacht gab allen einen gesunden Schlaf, auch Anneli. Ich klopfte mehrere Male, umsonst; glaubend, es wolle mich nicht hören, war ich im Begriff, betrübt zu gehen, als es unters Fenster kam und überrascht fragte: «Meiß, bisch dus, was wotscht?» «Wetsch mih nit e wenig ichela?» fragte ich endlich stotternd und zagend. Anneli sagte nichts, öffnete schweigend das Fenster, und zum erstenmale in meinem Leben war ich allein mit einem Mädchen in stiller, dunkler Kammer.

Lange fand ich Worte nicht. Am Ende fing ich an, ihm noch einmal zu danken, fing allgemach an erzählen zu können, wie seine Gabe mich gefreut, weil ich mich von aller Welt verlassen geglaubt, niemand an meine Not gedacht, wie ich längi Zyt gehabt, bis ich ihm das sagen konnte, aber daran gehindert worden wäre und nun fast gefürchtet, es möchte böse über mich sein. Anneli freute sich, daß ich seiner gedacht; es hätte sich fast geschämt und geglaubt, ich müßte es für eins jener Meitschene halten, die den Buben Wein zahlen und Kram bringen, und doch sei das wahrhaftig nicht der Fall, es hätte mit keinem Buben etwas. Als es mich aber nach der Brunst so entblößt gesehen und gehört, daß mir alles verbrannt, hätte es weinen müssen, sei nach Hause gegangen, brütend, wie es mir etwas geben könne. Endlich sei ihm das Halstuch, das ihm früher eine Gotte gegeben, in die Hände gefallen, als das einzige unter seinen Kleidungsstücken, das ich brauchen konnte; das sei auch gar zu wenig gewesen, darum habe es noch Geld eingebunden, damit ich mir selbst etwas kaufen könne. Als es mir die Sachen gegeben, sei ihm plötzlich eine Angst angekommen, daß es habe davonlaufen müssen; es hätte mich schon damals fragen wollen, ob ich es nicht kenne? Ein Wort gab das andere, eine Offenherzigkeit kam über mich, die ich nicht kannte. In herzlicher Traulichkeit erzählten wir zwei Waisen einander unsere Schicksale. Anneli hatte viel mehr gelitten als ich, da ihm seine Mutter, bald nachdem ich es gesehen, gestorben. Verwandte und Meisterleute hatten es vielfach mißhandelt, und bei aller Arbeitsamkeit konnte es ihnen nicht genug machen, hatte noch andere Sachen auszustehen gehabt, Nachstellungen des Meisters, eifersüchtige Mißhandlungen der Frau und nirgends Schutz, nirgends Trost und nicht den Trotz in der Brust, der mir durchhalf. Wenn es nicht hätte beten können und auf den lieben Gott vertrauen, es würde sein Leid nicht ausgehalten haben, aber seine Mutter habe es an Gott gewiesen, der werde es nicht verlassen, solange es brav und fromm sei, und hier habe es seine Kraft gefunden. Ich begriff das Letztere nicht recht, denn bei Gott Trost und Kraft suchen hatte ich nicht gelernt; wohl hatte man mich zuweilen zum Beten gehalten, aber daß dies das Gleiche sei, wußte ich nicht; ich meinte, Beten sei halt Beten, und weiter dachte ich mir nichts darunter.

Mit Anneli hatte ich ein inniges Erbarmen, fühlte heftigen Zorn über alle, welche ihm wehe getan. In den Fäusten juckte es mich, jenen begehrlichen Meister abzubläuen, und endlich frug ich, ob sein gegenwärtiger Meister oder der Knecht Ähnliches sich zu Sinne steigen ließen? Und auf die Versicherung, daß dies nicht geschehe, mußte es mir versprechen, es mir alsobald zu sagen, wenn es sich einer einfallen ließe, damit ich dem Donner die Beine abschlagen könne.

Unter solchen Gesprächen verstrich die Nacht wie ein Augenblick, und Anneli mahnte mich ans Weggehen, bittend, ich solle doch ja hübscheli machen, es hätte gar zu ungerne, wenn man wüßte, daß es einen Kilter gehabt. Ich ging ungern, versicherte ihm noch, mein Lebtag werde ich es ihm nicht vergessen, und wenn ich ihm etwas tun könne, Tag oder Nacht, so werde es meine größte Freude sein. Ich frug noch ums Wiederkommen, und Anneli erlaubte es mir, doch bat es mich, nicht mehr als einmal in der Woche zu kommen, damit die Leute es nicht merken und uns ausführen. Das schien mir gar lange, ich wäre gerne schon morgen wieder dagewesen, allein Anneli war vernünftiger als ich. Es stellte mir frei, in der Woche zu kommen, welche Nacht ich wolle, denn ich würde nie einen Andern antreffen, allein mehr wolle es nicht; übrigens gebe es immer Anlaß die Woche durch, daß man sich sehen und ein Wort mit einander wechseln könne, schon wenn man sich nur guten Tag sagen könne, so tue es einem wohl. Wir hatten nichts von Heirat, nichts von Liebe gesprochen, nicht ein unzüchtig Wort, nicht einen unzüchtigen Gedanken gehabt, nicht einmal einen Kuß gewechselt, aber unsere Herzen lagen offen vor einander, und ob wir es gleich nicht wußten, daß wir es waren, nahmen wir doch Abrede gerade wie zwei Verliebte. Ich habe seither erzählen hören, es habe Menschen gegeben, die in großer Herzensangst in einer Nacht grau geworden. Ob es wahr ist, weiß ich nicht, allein daß in kurzer Zeit eine große Veränderung mit einem ergehen kann, das habe ich erfahren. Stolz schritt ich durch die Bäume hin, ich war mir bewußt, nicht mehr allein auf der Welt zu sein. Anneli konnte ich vielleicht helfen, wenn es gequält würde, konnte jemand unter meinen Schutz nehmen, konnte wieder zu Anneli gehen, wenn ich Längizyti hatte, konnte ihm wenigstens, wenn ich es traf, ansehen an seinen lieben Augen, daß es mich kenne; das alles machte sich mir nicht klar im Kopfe, aber das Gefühl davon hob meine Brust, strömte Freude in mein Herz, strahlte mir aus den Augen. Ich trat viel mannlicher daher als früher, hatte eine innere Lustigkeit, die manchmal ausbrach zu großer Verwunderung derer, die dies sonst nicht an mir gewohnt waren, doch war ich am liebsten allein, pfiff ein Liedchen und sann an Anneli.

ACHTZEHNTES KAPITEL

Wie man lieben und arbeiten kann

Es kam nun für mich eine gar strenge Zeit, denn unser Haus sollte noch vor Winter wieder aufgerichtet werden. Da waren die Arbeiten auf dem Lande zu besorgen, auf dem Bauplatz war immer zu tun, und eine Menge Steine sollten geführt werden. Freilich waren die Leute mehr als gut; Holz brachten sie genug und unentgeltlich zur Stelle, wer einen Tag entübrigen konnte, half Mist oder Steine führen und fahren usw. Allein am Ende blieb uns doch viel übrig allein zu schaffen. Das Mühseligste von allem war, daß uns alles Schiff und Gschirr verbrannt war; von allem, was wir brauchen wollten, hatten wir nichts und mußten erst hier aus und dort aus springen, um es zu entlehnen. Wollte ich Steine führen, so fehlten mir Ketten, Schleiftröge, Knittel, wollte ich Mist führen, so hatte ich weder Mistbretter noch Haken, und mein Bauer war zu geizig, um gleich das Erforderliche anzuschaffen, obgleich er reich genug war dazu, allein er war nicht dumm. Er rechnete: beim Bauen gehe der Werkzeug am meisten ab, gehe am meisten verloren. Niemand hielte sich dafür, ihm nicht zu leihen. So gehe es am Werkzeuge des Nachbars ab, gehe dieses verloren, bleibe vielleicht noch manches vergessen bei ihm, und was er dann endlich anschaffen müsse, habe er neu und gut. Mir war die Sache freilich am lästigsten, am Ende aber auch am liebsten. Ich mußte fast alle Tage um etwas aus oder etwas zurückbringen zu einem Nachbar; da nun kam kein Nachbar so oft an die Reihe als Annelis Meister, und wenn es sich tun ließ, brachte ich alle Abende das Geliehene zurück, während das der andern Nachbarsleute ruhig tage- und wochenlang herumliegen konnte.

Annelis Meister rühmte mich dann, wie ich ein Exakte sei, und hieß mich wiederkommen, so oft ich etwas nötig hätte, er sehe, ich trüge ihm Sorge zu seiner Sache; er hieß mich auch oft in die Stube kommen und ich mußte erzählen, was ich treibe, und er rühmte mich wieder, wie ich für son e Junge e Tolle sei. Aber deswegen kam ich nicht, ich sah fast allemal Anneli, bald in der Stube, bald in der Küche oder beim Brunnen. Wir sprachen nie lange mit einander, aber unsere Augen verstunden sich und sagten sich alles, und wenn ich seinen Kittel streifen konnte oder zufällig, wenn es mir etwas abnahm, seine Hand berühren, so drang durch mich ein gar ein wonnigliches Gefühl und ich ging überselig heim. Kein Mensch merkte von weitem, daß Anneli und ich näher mit einander bekannt seien, wir hüteten unser Geheimnis mit der größten Sorgfalt und waren um so glücklicher dabei. Erst jetzt merkte ich, wie klug Anneli gewesen war, mir nicht mehr als eine Nacht in der Woche zu erlauben, welche ich manchmal gar nicht oder nur zu einer Stunde benutzen konnte, wann ich ein treuer Knecht sein wollte. Alle Tage waren meine Rosse im Kommet früh und spät, des Morgens um vier mußte ich fort und kam abends um acht oder neun heim. Sollten nun die Tiere nicht abfallen zum Erbarmen, so mußte ich ihrer warten, mußte ihnen Zeit lassen zum Fressen, mußte abpassen und da sein, damit sie es mit aller Muße tun konnten. So mußte ich ganze Nächte meist wachend zubringen, in andern nachschlafen, wenn ich tauglich zur Arbeit oder ein wachsamer Fuhrmann bleiben wollte. So erzwang ich es, daß meine Tiere munter blieben, alle Menschen über ihr Aussehen sich verwunderten und mir nie ein Unglück widerfuhr, zum Beispiel im Schlafe nebenaus zu fahren usw. Es gibt aber auch nichts Schändlicheres als Fuhrleute, welche stundenlang in Wirtshäusern liegen und ihre armen Rosse den Fliegen preisgeben oder der Kälte, nichts Schändlicheres als Karrer, welche ihre Rosse, wenn sie heimkommen, in Stall stellen, tränken, Futter aufschütten, dann einem Meitschi nachlaufen, dort bleiben, bis sie bald anspannen sollten, dann die noch von gestern hungrigen Rosse wieder nur halb abfüttern in aller Eile, nun auf dem Wagen schlafen, die Rosse herumblampen, Blätter von allen Bäumen reißen lassen, endlich auffahren, mit der Peitsche auf die armen Tiere einfahren und in schnellem Trott das Versäumte nachholen wollen. Solche Karrer gibt es viele, man sieht es den Rossen an; solche Schlingel sind ärger als ein Tier und sie verdienten, daß der liebe Gott sie auch in ein Tier verwandeln und einige Jahre einem Tierschinder, etwa einem V..., in die Hände und unter die Peitsche geben würde.

Anneli freute sich dessen, daß sein Meister mich so rühmte, auch wenn ich nicht da war, denn es lebte nur in mir. Ich hatte mich neu kleiden lassen, und Anneli machte mir Vorwürfe, daß ich so schlechtes Zeug genommen, das gebe nicht warm und halte nicht dar; wenn ich nicht Lohn gehabt zum Einziehen, so hätte ich es ihm sagen sollen, sein Meister sei ihm noch den letzten Lohn ganz schuldig. Da wurde ich fast böse, daß Anneli meinte, ich zöge so vorweg ein und verhudle mein Geld. Ich erzählte ihm, was ich bei meinem Meister zugut zu haben glaube, aber er habe, wie er sage, mir jetzt nicht mehr geben können, weil er so viel anschaffen müsse und Geld ihm mitverbrannt sei, wie er behaupte.

Das gefiel Anneli gar nicht, daß ich mit meinem Meister nicht einen bestimmten Lohn ausgemacht; so sei man immer betrogen, meinte es, es habe es erfahren. Zwei Jahre hätte es gedient unter lauter schönen Versprechungen und von Zeit zu Zeit ein Nastuch oder ein Mänteli auf Abschlag erhalten oder ein paar Batzen zum Schuhflicken. Als der Platz aus mehreren Gründen ihm nicht mehr anständig gewesen, es ihn aufgesagt und seinen Lohn gewollt, da hätte man ihm alle Versprechungen abgeleugnet, alles Gegebene hoch angeschlagen, noch viel dazu gelogen, seine Arbeit klein gemacht, und unter lauter Streit und Zank hätte es ein Almosen bekommen und nicht einen Lohn. Anneli meinte, mein Bauer sei der Rechte, es auch so zu machen, er habe in der Gemeinde nicht das beste Lob; ich solle daher mit ihm rechnen so bald als möglich und einen festen Lohn bestimmen, so bös, wie ich es habe, schienen ihm dreißig Kronen nicht zu viel, bei weniger Arbeit könnte ich an andern Orten vierzig bekommen.

Daß mein Bauer so schlecht sein könnte, das glaubte ich nicht, er wußte ja, was er mir gesagt und was ich ihm verdienet; auch fand ich es nicht recht, wenn ich in diesem Augenblick, wo er schon Schaden genug hatte, ihm noch mit dem Lohn aufschlagen, ihn drücken würde. Aber gerne hätte ich gewußt, wieviel ich bei ihm zugut und wieviel ich in Zukunft bestimmt zu erwarten hätte. Als ich ihm einmal Geld forderte, um Winterstrümpfe zu kaufen, und er mich abschnauzte, er habe sein Geld nicht bloß für mich, so sagte ich ihm, in diesem Falle sei es besser, wir hätten unser Geld besonders, somit wollten wir mit einander rechnen, damit ich wisse, was mein Geld sei, denn von seinem Geld brauche ich nichts. Verblüfft sah er mich an, konnte nicht begreifen, was in mich gefahren und wer da aus mir rede; aber wie gesagt, er war ein schlauer Fuchs, daher faßte er sich bald und sagte mit aller Freundlichkeit: «Meiß, es isch nit so bös gmeent, het dr neuer dr Gring große gmacht? Ih will scho mit dr rechne, sobald ih dr Zit ha und dKalender gfunge, won ih ufgschribe ha, was ih der gä ha. Aber du mußt nit grad ufbigehre, wenn ih allbeneenisch uwirsche bi, we du so viel z'sinne hättisch, du werischs o. Du hesch nüt Kummer z'ha, für sövli bin ih notti geng guet gnue, u weesch wohl, was ih dr mengisch gseet ha, u wed Geld manglisch, su chumm ume ungschoche, wenn ih ha, su muesch o ha.» Was sollte ich machen? Ich wußte darauf nichts zu antworten und ließ mich begütigen.

Anneli war nicht mit dem Meister zufrieden, nicht mit mir: «Meiß, du bisch viel zun e Ufrichtige, du wirsch gseh, wies dr gaht», warnte es, und es hatte recht; aber das war nicht recht, daß es meine Schuld büßen mußte.

Doch ich will niemand Langeweile machen, indem ich unsern Liebeshandel beschreibe, wie er fortlief, will auch alte Wunden mir nicht aufreißen dadurch, daß ich zu lange bei jener glücklichen Zeit verweile. Nur das will ich sagen, daß unsere Liebe züchtig blieb und immer inniger wurde. Wir sprachen freilich nicht von Liebe oder Freundschaft, nicht von Teufel nehmen, erschießen, ins Wasser springen, nicht von Königin des Herzens und Licht der Seele, aber wir fühlten, daß Eins dem Andern alles war, und jede Falte des Herzens lag vor dem Andern offen, und jeder Gedanke war Gemeingut, und jedes fand sein Glück darin, daß es nicht mehr allein stund auf Erden. Wir liefen auch nicht mit einander im Lande herum und bestellten uns nicht auf alle Tanzplätze und Märkte. Ich bat zwar Anneli mehrere Male, mit mir zum Wein zu kommen; es hätte mich gar zu prächtig gedünkt, mit ihm vor der Welt zu erscheinen und an seiner Seite zu stehen oder zu sitzen. Aber Anneli wollte nicht, es sagte, das trage gar nichts ab, wir seien Beide arm, müßten unser Geld sauer verdienen, da solle man es nicht so leichtsinnig ausgeben und an einem Sonntag vertun, für was man eine ganze Woche geschwitzt, ohne daß man am Montag etwas anders davon hätte als einen sturmen Kopf und Unlust zur Arbeit. Ferner würden dadurch die Leute aufmerksam auf uns Beide, hätten zu räsonieren, ließen uns nicht mehr ruhig, sondern würden Eins gegen das Andere aufreisen und uns auf alle Weise Verdruß machen. Ich gab nach, wiewohl ungern, und ein Jahr verstrich im stillen Glück, da wurde es anders, und durch meine Schuld.

NEUNZEHNTES KAPITEL

Wie böser Wein Hochzeit macht

Ich mußte eine Kuh zu Markte führen, dann lange warten, bis ich sie abgeben konnte. Hungrig und durstig ging ich mit meinem Meister einen Schoppen zu trinken und fand am gleichen Orte Anneli mit seiner Meisterfrau, die Garn und Anken zu Markte getragen hatten.

Mein Meister meinte, ich solle nun auch einmal einem Meitschi eine Halbe zahlen und eine mit ihm ha, es tüen is wohl, und die Meisterin sagte: Anneli hätte es auch verdient, sie hätte gar manchmal das Werkzeug noch putzen müssen, das ich zurückgebracht. Das war mir angeholfen; Anneli wehrte sich, wurde ausgelacht und mußte endlich, da ich anfing böse zu werden, nachgeben. Der Meister rief mir noch nach, als wir in den Tanzsaal gingen: Ich brauche nicht zu pressieren, er wolle diesmal schon füttern. Mein Lebtag hatte ich noch nicht getanzt und stolperte ungeschickt genug im Saale herum, so daß es mir bald erleidete und ich mit Anneli zu Tische ging. Wir saßen in einer dunkeln Ecke und plauderten traulich mit einander, nachdem die ersten Vorwürfe über mein Betragen vorbei waren. Eine Halbe zog die zweite nach, und wir redeten schon von Heimgehen, als ein übermütiger Bursche Anneli zum Tanz einlud. Anneli schlug es ab, er fing an zu zerren an Arm und Fürtuch; da trieb mir der ungewohnte Wein das Blut in Kopf, ich stieß ihn weg und sagte, ich wolle selbsten tanzen. Tanzete ich vorher tölpisch, schoß an allen Ecken an, an allen tanzenden Paaren, so geschah es nun noch mehr. Anneli schämte sich, wollte aufhören, bat mich, heimzukommen, es gebe sonst noch Streit, und wie sie das sagte, wurde ihr der Fuß vorgehalten, daß wir Beide beinahe umfielen. Jetzt schlug bei mir das Feuer zum Dache heraus; vom Wein halb, vom Tanze halb, also ganz berauscht, ließ ich das Mädchen fahren, ergriff den Fußsteller bei der Brust, warf ihn, wie wenn er aus einer Kanone abgeschossen worden wäre, durch einen Ring von Leuten durch an die Wand. Das war das Zeichen zu einer furchtbaren Prügelei. Die Stuhlbeine krachten, Gläser, Flaschen flogen, die Mädchen sprangen auf die Tische, die Lichter wurden bald ausgelöscht, bald angezündet. Auf mich hatten sich alle Bekannten jenes an der Wand Klebenden geworfen, aber wie ein wütend Tier schlug ich rings um mich, fühlte am Kopf zersplitternde Flaschen nicht, zerschlagene Stuhlbeine nicht, fühlte Anneli nicht, das mich am Rocke hielt und aus dem Getümmel reißen wollte, trieb vor mir her und warf unter mich, was mir widerstand, kämpfte, ohne zu wissen wo ich war, mich zur Türe hinaus im Gang herum; da gelang es endlich Anneli, die mich nicht lassen wollte, mich festzuhalten und in einen Winkel zu ziehen. Nun rang ich mit ihm und war auf dem Punkte, meine erregte Wut gegen ihns zu kehren, als ein Lichtschein auf sein Gesicht fiel, das weinend und ängstlich zu mir aufsah. Der Anblick lähmte mich; es gelang ihm, mich aus dem Hause herauszubringen, aber nicht ohne alle zehn Schritte erneuerten Kampf, denn ich wollte immer wieder umkehren und meine Wunden rächen, denn damals lief man noch nicht wegen jeder Laus, die einem auf dem Kopfe totgeschlagen wurde, zum Richter. Das

Blut lief mir stromweis herunter, kühlte aber meine Hitze nicht. Anneli wusch mich, so gut sie konnte, verband mich, wollte mich besänftigen, aber alles umsonst. Ich zankte, fluchte fort und fort, warf ihr immer vor, daß sie mich verleitet, unehrlich aus dem Streite zu gehen, gehindert, diesem oder jenem erhaltene Schläge wiederzugeben. Beim Scheidewege gegen unsere Häuser wollte es mich heimsenden, damit unsere gegenseitigen Meisterleute nichts merkten, wie es sagte, vorzüglich aber, weil ein geheimes Gefühl ihm vor meinem Zustande bange machte. Neuer Zorn von meiner Seite, endlich Nachgeben Annelis; und am Morgen weinte Anneli, und unzufrieden, betrübt schlich ich nach Hause.

Es folgten trübe Tage, denn ich schämte mich hinzugehen, Anneli zu sehen, zudem wurde ich nicht auf die zarteste Weise von meinen Hausgenossen geneckt. Natürlich hatte mein Meister erzählt, wo er mich gelassen, natürlich wurde mir aufgepaßt, ob ich heimkomme, natürlich war ich nun wegen meinem, wie sie meinten, ersten Kiltgang der Gegenstand handgreiflicher Neckereien tagelang. In unserem Hause waren solche Gespräche an der Tagesordnung. Bis dahin mußten sonst die Töchter herhalten oder die Magd, und der Bauer selbst sprach am liebsten davon, ungescheut vor allen seinen Kindern. Er erzählte Geschichten aus seiner Jugendzeit von seinen Kiltgängen, daß einem die Haare zu Berge stunden. Auch seine Frau kannte keine Geheimnisse in derlei Dingen, sondern kramte alles aus, was sie gehört, gesehen, erfahren hatte. Sie erzählte manchmal sogar, was ihr von ihrem Hansli ertraumt sei und was eigentlich den Traum verursacht, daß man blinzen mußte.

An Anneli durfte und mochte ich fast nicht denken und wurde doch alle Augenblicke daran erinnert, bald durch mein Gewissen, bald durch andere Leute. Ich ging mehrere Tage nicht hin, und zweimal kehrte ich auf halbem Wege um. Ich wußte nicht, was ihm sagen, durfte nicht denken, was es mir sagen werde. Endlich siegte doch mein Sehnen nach ihm. Ich kündete mich auf die gewohnte Art. Anneli zögerte nicht, fing aber gleich an zu weinen und sagte: «Gell du verachtisch mih, drum bisch so lang nüt cho, du hesch recht, ih bi es schlechts Meitli worde, es gscheht mr recht, warum han ih dih la mitcho, wod voll Wy u voll Zorn gsi bisch!» Das gute Mädchen warf keine Schuld auf mich, klagte nur sich an, während doch ich allein Vorwürfe verdiente. Dieses rührte mich unendlich; es ist aber auch so etwas Seltenes, jemand zu hören, der den Splitter im eigenen Auge findet und nicht den Balken im Auge der Andern, daß es um so tiefern Eindruck macht.

Ich weinte mit Anneli, tröstete es und versprach nun Treue im Leben und Tod, und dieses Aussprechen dessen, was eigentlich schon lange unter uns bestund, dieses Aussprechen, daß wir uns für immer angehören wollten, gab uns Trost. Doch jammerte Anneli noch lange, es habe seiner Mutter auf dem Todbette versprochen, brav zu sein, und habe es nun vergessen, das bringe keinen Segen, und es möge nun kommen wie es wolle, so komme es nicht gut. Eine trübe Ahnung wollte es nicht verlassen, und wenn es schon meiner Treuherzigkeit sich freute, so überschattete doch die Wolke eines geheimen Schmerzes bald wieder sein liebes Gesicht. Anneli hatte in einer andern Sache auch recht gehabt. Nun fing man an uns aufzulauern, wir wurden geneckt, ich hatte Prügelten, Anneli zerbrochene Fenster, zerschlagene Türen; bald hie, bald da schlich sich eine giftige Schlange zu und suchte Zwietracht auszustreuen zwischen uns. Mir sprach man bald vom Knecht, bald vom Meister, welche Anneli lieber sähen, als nötig wäre, ihm sprach man von des Meisters Töchtern, die mir allenthalben zwegstünden, und von noch allerlei anderem.

Unterdessen kränkelte Anneli, wurde blässer, wechselte öfters die Farbe und klagte mir endlich, es glaube sich in andern Umständen. Daran hatte ich nicht gedacht. Ich war anfangs ganz verdutzt und gab dem armen, geängstigten Mädchen Grund zu glauben, ich suche Ausflüchte und möchte es vielleicht gar im Stiche lassen. Das war aber gar nicht so; sobald ich von meiner Überraschung zu mir selbst kam, entstund eine unbändige Freude in mir. Mir leuchtete plötzlich ein, ich müsse nun Anneli heiraten, Anneli alsobald meine Frau werden; dann brauchten wir uns nicht mehr über einander zu schämen, uns verstohlen zu besuchen, uns necken zu lassen. Anneli war mein und ich sein, wir waren nicht mehr Waisen, sondern Mann und Frau. Das kam mir ganz prächtig vor. Freilich ging es anders, als ich gedacht, aber was machte das! Konnte ich doch gut verdienen, hatte stehenden Lohn, Anneli war geschickt, reinlich, haushälterisch, fromm, da machte mir unser Fortkommen mit keinem Gedanken bange. Anneli war sorgenvoller für die Zukunft, jedoch beruhigt über meine Denkungsart und konnte sich mit mir herzlich freuen über unsere Vereinigung. «Meiß, es isch mer ke Mönsch so lieb gsi uf der Welt wie du, nit emal mi Muetter, u du bisch mr geng im Sinn gsi, we dih scho nume en Augeblick u du zwölf Jahr lang nüt gseh ha, un ih ha nit dörfe dra däiche, daß du einisch mi Ma werdisch. Ach, es ist doch e schöni Sach, we me neuerem aghört. Ih wett gern diene, dArbeit macht mer nüt; aber niemerem sy, niemer ha, der ein lieb het, dem me ufrichtig chlage cha, das isch e herti Sach. Witziger wärs, mr chönnte no zehe Jahr warte, aber mr müesse üsi Süng büeße und böser ha; wenn is der lieb Gott gsung lat, su macht das nüt. Es ist besser hie büeße weder im Himmel obe.» Wir hatten so viel zu reden, daß eine Nacht in der Woche nicht mehr genügte. Vor allem aus überschlugen wir unser mutmaßliches Vermögen, und Anneli drang in mich, unverzüglich mit meinem Meister zu rechnen, damit wir wüßten, woran wir wären, dann wollten wir uns alsobald verkünden lassen. Allein mein Meister hatte allerlei Ausflüchte, bald nicht Zeit, bald die Papiere nicht bei der Hand, so daß ich ihm endlich erklären mußte: Nächsten Sonntag werde ich mich mit Anneli verkünden lassen, und da müsse dann doch gerechnet sein, ich wolle wissen, woran ich wäre. Da gab es große Augen. «Du wirsch doch nit e Narr si, Meiß», meinte der Bauer.

Er wollte mir die Sache auf alle Weise ausschwatzen, Anneli verdächtigen, andeuten, ich müßte für einen Andern ausfressen, ich sollte es zum Eid kommen lassen, oder wenn eines sein müsse, nur das Kind nehmen; Anneli sei umen e son e Spinnele, es Wespi, aus dem gebe es nie eine gute Frau. Seine Frau, seine Töchtern wußten nun auf einmal Sachen von meinem Meitschi, daß ich, wenn ich nur den geringsten Anlaß zum Verdacht je hätte haben können, unfehlbar aufgewiesen und von seiner Schlechtigkeit überzeugt worden wäre, nun aber war ihre Mühe umsonst. Eines Freitagsabends bei einbrechender Dunkelheit bestellten wir uns hinter des Pfarrers Scheune, gingen Beide dann mit klopfendem Herzen an die Türe zum Pfarrhause zu klopfen. Anneli stund hinter mir, so daß sie des Pfarrers Magd, so sehr sie mit dem Licht herumfuhr, denn dPfarrersmägde sind gar gwundrig, nicht sehen konnte. Die Antwort kam, der Pfarrer studiere jetzt, man dürfe uns ihm nicht anmelden, wenn unsere Sache aber pressiere, so könne es die Frau vielleicht auch machen. Wir liefen nicht gerne mehrere Male herum, hatten auch nicht wohl Zeit dazu und ließen uns daher zu der Frau führen. Da erhielt nun die Magd endlich Gelegenheit, uns Beide ordentlich zu sehen, und während die Frau Pfarrerin uns fragte, in alles einzureden und zu necken, zu tun, als ob sie in diese Stube und zu diesem Geschäft gehöre, so daß meinem Mädchen ganz bang und angst wurde und es froh war, als die etwas unbehülfliche Frau Pfarrerin endlich zu Ende kam und die Magd (sie hieß auch Anni und war wüst) uns hinauszündete.

Wir hatten Beide eine kindische Freude, zu denken, was die Leute sagen würden, wenn sie des Sonntags uns von der Kanzel herabtrohlen hörten! Wir bildeten uns ein, das werde gar großes Aufsehen machen und der ganzen Welt zu reden geben. Es ist merkwürdig, welche Wichtigkeit auch der unbedeutendste Mensch zu haben glaubt, wie jener neu angestellte Stallknecht, der glaubte, jeder Engländer werde in England von ihm reden, und jeden zurückkehrenden Kutscher frug, was die Herrschaft über ihn gesagt habe.

ZWANZIGSTES KAPITEL

Wie ein Pfarrer einen kann aus dem Himmel fallen lassen

Wir waren fröhlich und guter Dinge, nur mein Bauer und ich sahen einander scheel an, da hieß es eines Abends, ich solle morgen zum Pfarrer gehen. Ich dachte nichts Böses dabei, sondern meinte, die Frau hätte etwas Unrechtes aufgeschrieben und er wolle jetzt bessere Auskunft. Nachdem Feierabend gemacht war, ging ich hin. Als ich in die Nähe des Pfarrhauses kam, sah ich, daß der Herr Pfarrer zwei Herren, wahrscheinlich auch Pfarrer, vom Hause wegbegleitete. Auf dem schmalen Wege ging er voran, achtete sich nicht genug und sah hinter sich, stolperte, stürchlete lang und fiel endlich doch zu Boden, Hut und Tabakspfeife eines hierhin, das andere dorthin rollend. Die hintern Herren wollten sich fast totlachen, aber nur ganz leise, da sie ihn stolpern und fallen sahen, dann eilten sie mit gar bedauerlichen Mienen herbei, halfen ihm auf die Füße und putzten hinten und vornen an ihm ab, recht rührend.

Ich mußte warten. Endlich kam der Herr und ich sagte ihm gar schön «Guten Abend, Herr Kammerer» (er hatte es ungern und wurde hässig, wenn man ihm nicht Herr Kammerer sagte). Mein Herr Kammerer putzte mir vor allem aus ab, daß wir schon ans Heiraten dächten und kaum unterwiesen seien, aber das sei heutzutage so, die Einen seien zu faul zu dienen, die Andern dünkten sich zu vornehm dazu; da wolle jeder für sich selbsten sein, und jede Magd sage, das Dienen sei ihr erleidet, und suche einen Mann zu kriegen, sie meine es besser zu machen und mache es zehnmal schlechter und komme in die bitterste Armut. Früher habe sie ungesorget Brot gehabt, nun müsse sie für einen Haufen Kinder sorgen, die sich mehrten wie die Küngeli, und wüßte nirgends, wo nehmen, als am Ende zu stehlen oder zu betteln.

Ja, ja, der Herr Pfarrer hatte, so wie er die Sache ansah, ganz recht, ganz recht darin, daß auf diese Weise, durch ein unbesonnenes Heiraten, eine Menge Menschen Bettler oder Schelmen werden, allein der Herr Pfarrer konnte sich denn doch nicht an dieser Leute Platz stellen, und darin hatte er unrecht. Stelle man sich aber an Platz eines armen Jungfraueli bei einer bösen Meistersfrau oder nur bei einer etwas scharfen, wo es hie und da seinen Schnauz erhält, und das Mädchen hat weiter niemand auf der Welt, auf den es sich verlassen könnte, der im Fall der Not sich seiner annähme, und wenn es am Abend sich zu Bette legt und am Morgen aufsteht, niemand, an den es mit Freuden denken kann, nicht einmal an Gott, weil man ihm denselben nicht in seiner holdseligen Lieblichkeit gezeigt. Und wenn man nun so recht an diesen Platz sich gesetzt, so lege man sein Ohr an sein Herz und lausche, was sich da unwillkürlich aus der Tiefe der von dem Schöpfer gebauten Natur zu regen beginnt. Es ist das Gefühl des Verlassenseins, ein Gefühl, das dem des Wanderers gleicht, der in fremder Welt in dunklem Walde bei einbrechender Nacht allein sich sieht. Schaurig wird es ihm zumute; wäre nur ein Hund bei ihm, Lieb und Leid zu teilen, ihm würde wohler sein, und ein Sehnen nach dem Ende seiner Einsamkeit überwältigt ihn. Ein düster Lichtlein, das ihm durch die Nacht winket, wird ihm zur Sonne, die gebrechlichste Hütte, die ihn aufnimmt, ein Palast, ein runzlicht Gesicht, das ihn freundlich empfängt, freut ihn besser als das schönste an einer Kilbi, und schlechtes Brot schmeckt ihm besser als Küchli und Bratis im Märitgewimmel. So kommt ein Blangen über viele arme Mädchenherzen, dem sie keine Worte geben können und von dem die meisten Menschen keinen Begriff haben und welches sich nicht legt, bis sie ihr Herz an ein anderes gelegt, in dem sie Schutz und Schirm, Liebe und Trost, in diesem Augenblick den Himmel zu finden hoffen.

Und wer will nun den Stein aufheben und ihn werfen auf das arme Mädchen, in dem von Jugend auf die Schamhaftigkeit erstickt wurde, das in jüngern Jahren bei ältern Mädchen lag und in alle Geheimnisse des Kiltgangs eingeweiht wurde, das an seines Herrn Tische alle Tage die nütnutzigsten Reden hört, das Kilter zu haben manchmal fast gezwungen wird, wer will ihn werfen auf das Mädchen, wenn mit diesem Blangen auch die Sinnlichkeit sich paart und die Seele eine Beute böser Lust, der Leib ein Werkzeug der Sünde wird und Zeugen seiner Schande gebärt? Oder wenn das Mädchen, in reinerer Jugend erwachsen, bei der Gott versuchenden Sitte des Kiltganges in Liebe und Angst fremder Sinnlichkeit und Bestialität unterliegt, wer will da den ersten Stein werfen, ich frage noch einmal? Bewahret junge Herzen vor dem giftigen Mehltau der Lust, erwecket in jeder Brust das Gefühl der Menschenwürde, verletzet weder Augen noch Ohren der

Reinen, behandelt jeden Menschen mit der Bruderliebe, die nicht nur nicht schlägt und beißt, sondern die mitfühlt jede Lage, jede innere Regung, daß unter euch keiner sich verlassen glaubt; machet eure Häuser nicht zu Höhlen, in welcher der Versucher alle Nächte umgeht; und dann, wenn das alles geschehen ist, dann richtet über gefallene Menschen, wenn ihr nicht vorzieht, Gott das Gericht zu überlassen. Mein Pfarrer nun stund nicht auf diesem Standpunkte, sondern er pülverte tüchtig über die jetzige Jugend, ihren Leichtsinn und wie sie der Gemeinde Lasten aufbürde, die unerschwinglich seien, und kaum habe die Gemeinde jemand erzogen und er sei aus den Kosten, so mache er Kinder, welche der Gemeinde wieder auffielen. Gerade so täten auch wir, aber noch sei die Frage, ob wir heiraten könnten; ich sei der Gemeinde viel schuldig, und das müsse wieder bezahlt sein, ehe er mich ausverkünden könne.

Ja, da war ich wie vom Himmel gefallen und konnte den Herrn lange nicht begreifen, konnte nicht begreifen, daß ich aparti etwas schuldig sei, und noch weniger, daß ich etwas wiedergeben solle. Daß ich vom achten Jahre weg durch die Gemeinde auferzogen worden sei, daß sie für mich bezahlt habe, das wußte ich wohl, aber daß ich das wiederzugeben hätte und wie hoch meine Schuld sich belaufe, das hatte kein Mensch mir gesagt, und so etwas erträumt einem nicht. Hätte man mir was gesagt, mir die Summe genannt, mich besonders mein Bauer darauf aufmerksam gemacht, so würde ich ganz sicher für die Abbezahlung der Schuld gesorgt haben. Allein mein Meister wußte wohl, warum er mich nicht aufmerksam machte auf meine Schuld. Natürlich hätte ich nach Lohn gestrebt, er hätte mir einen bestimmten verheißen, ausbezahlen müssen oder ich wäre weiter einem sichereren und größeren nachgegangen, darum hütete der alte Schelm sich wohl, mir etwas davon merken zu lassen. Das alles stieg mir zu Kopf, und ich sagte dem Pfarrer etwas grob, das sei doch keine Manier, daß wenn man einem schuldig sei, der einem nichts davon sage, bis man sein Geld anderswo brauchen sollte; ich hätte Lust, gar nichts zu zahlen, und zwingen werde man mich kaum können. Ich sagte ihm noch mehr, was mir mein heißes Blut eingab, und polterte besonders über meinen Meister, der das sicher gewußt. Der Pfarrer ließ mich aber nicht lange reden. Mein Bauer sei ein braver Mann, hieß es, man hätte viel zu tun, wenn man jedem Hudelbuben mit einer Rechnung nachlaufen wollte, und nützen würde es doch nichts. Art lasse nicht von Art, ans Zahlen dächten die Wenigsten, sondern nur ans Saufen und Huren. Ich werde auch nicht einer der Besten sein, räsonieren könne ich, werde einen bösen Kopf haben, was er schon lange geglaubt, darum solle ich machen, daß ich fortkomme und bezahle, sonst kriege ich den Verkündschein nicht. Trotzig frug ich noch, ehe ich zahlen könne, müßte ich doch wissen, wieviel ich schuldig sei. Der Pfarrer sagte mir aber, das sei seine Sache nicht, der Gemeindschreiber werde es mir sagen, wenn ich zahlen wolle.

EINUNDZWANZIGSTES KAPITEL

Wie ein Bauer und eine Gemeinde mit einem armen Knechtlein rechnen

In aller Hitze lief ich zu dem Gemeindschreiber. Derselbe suchte mühselig in manchem Buche herum, fand etwas, wie er sagte, aber nicht alles, unter anderem aber doch den Wollhut, mit dem der Meister als ein Zeichen seiner Freigebigkeit so groß getan, und da es spät war, hieß er mich am Morgen wiederkommen. Nun wollte ich meinem Meister über den Hals und zuerst mit ihm ausgschirren, dann mit ihm rechnen; der war aber schon zu Bette und gab mir auf mein Rufen keinen Bescheid. Mit der quälenden Ungewißheit im Herzen, was ich zu zahlen, wieviel zu ziehen hatte, mußte ich zu Anneli und lud dort meinen Zorn aus und sprach den Vorsatz aus, morgen keinen Streich zu arbeiten, bis alles im Reinen sei. Anneli weinte aber und sagte, das komme ganz anders, als ich glaube. Lohn werde ich wenig oder keinen heraus erhalten, meine Schuld größer sein, als ich denke, und heiraten würden wir uns nicht können; sie müsse ein unehlich Kind haben, die Schande ertragen, das habe sie aber verdient an ihrer Mutter. Es drücke ihr fast das Herz ab, um ihres Kindes willen, das nun die Schuld seiner Mutter mittragen müsse. Das gute Anneli klagte mich nie mit einem Worte an, obgleich ich an allem schuld war. Ich wollte anfangs gar nicht glauben, daß es also gehen werde, allein es behauptete, die Welt besser zu kennen als ich und schon lange gefürchtet zu haben, was geschehen werde. Auf alle Fälle erklärte ich, nicht von ihm lassen zu wollen; könne ich jetzt auch nicht alles zahlen, das Geld werde wohl zu leihen sein, meinte ich. Auch das widerlegte mir Anneli. Niemand würde uns trauen, indem es allerdings viele schlechte Leute gebe, die Geliehenes nie wiederzugeben begehren und dadurch dem Redlichern böses Spiel machen.

Und wenn die ganze Welt uns verlasse, erklärte ich, so wollte ich Anneli doch nicht verlassen, und wenn wir die Heirat jetzt auch nicht zustande brächten, so wolle ich Tag und Nacht arbeiten wie ein Roß, bis ich das Nötige herausgeschlagen. Das Bewußtsein gegenseitiger Treue gab uns Trost, und ziemlich gefaßt konnte ich am Morgen meinem Meister sagen, mit mir in sein Stüblein zu kommen, ich hätte mit ihm zu reden. Er wollte erst nicht Zeit dazu machen, sondern Ausflüchte, als er aber hörte, daß ich keinen Streich arbeiten werde, bequemte er sich. Ich warf ihm vor, daß er mich auf meine Schuld nicht aufmerksam gemacht, und wollte wissen, wieviel ich für fünf Jahre Dienst bei ihm zugut habe. Er wollte mich wieder auftagen, indem er noch nicht alles zusammengetragen; er wollte mich nicht als Knecht verlieren und wollte mir doch nichts geben. So ein Stockbauer ließe sich eher schinden, als daß er einem Knecht einen ordentlichen Lohn geben würde, er hat lieber das schlechteste Gesindel; denn ein solcher Stockbauer kennt nur den Unterschied zwischen zehn und zwanzig Kronen, aber nicht den Unterschied zwischen Menschen und Menschen, und wenn er schon die bessere Arbeit des bessern Knechtes gerne hätte, so bringt er es doch nicht über seine hundshärige Natur, sie zu bezahlen. Endlich sagte er, wenn ich es zwängen wolle, so werde die Rechnung wohl bald gemacht sein. Die ersten vier Jahre sei ich noch ein Bube gewesen, der nicht viel anders verdient als Kleider und Speise; er aber habe mir noch viel Geld zwischendurch gegeben, einmal drei Neutaler für eine Sackuhr auf einmal, er habe mir alle Trinkgelder zukommen lassen, welche eigentlich seinen Kindern gehört; somit glaube er, für diese vier Jahre habe ich nur zu viel erhalten, übrigens könne er mir alles zeigen, er habe es aufgeschrieben. Was half mir aber das, konnte ich es doch nicht lesen! Was aber das letzte Jahr anbetreffe, da habe ich mich gut gestellt und er wolle mir für dasselbe achtzehn Kronen geben; daran habe ich nun bereits zwölf Kronen empfangen, so daß er mir noch sechs Kronen schuldig sei, die könne ich haben, wann ich wolle, ich werde aber nicht weit damit springen.

So hatte ich mir die Sache denn doch nicht gedacht, mir nicht vorgestellt, daß er mich so scham- und herzlos behandeln würde. Ich begehrte auf, erinnerte ihn an meine Dienste, an seine Worte. Und der Bauer verleugnete den Fuchs nicht, sondern gab mir gute Worte, erinnerte an sein Brandunglück, an die übliche Sitte, daß Güterbuben noch einige Jahre auf den Höfen blieben, auf denen sie erzogen worden, versprach für die Zukunft viel, nur solle ich das Mensch fahren lassen, das habe mir einen bösen Kopf gemacht, mich hineingesprengt und sei nichts wert und verderbe mich.

Er hatte aber das unrechte Trom ergriffen, denn in bitterstem Zorn loderte ich auf. Er und seine Frau, die dazukam, mußten Dinge hören, wie sie mir in den Mund kamen, und wenig fehlte, ich hätte mich schier damals an ihm vergriffen oder an seinem schäumenden Weibe, das auch nicht ungerne seine Nägel an mir versucht hätte. Ich packte auf der Stelle meine Kleider zusammen und ging hinüber zu Annelis Meister, noch zitternd und kochend in aufgeregter Wut. Derselbe hörte mit Schadenfreude meine Erzählung. Er wußte mir eine Menge Ähnliches zu erzählen von der Verdrehtheit des saubern Gerichtsäßen und hieß mich da essen. Nach dem Essen sagte er mir alsobald, nun solle ich um einen Platz aus, er könne und wolle mich nicht behalten, mein alter Meister würde es an ihm sonst zürnen, und er möchte es nicht mit ihm verderben, er sei sein nächster Nachbar und er möchte nicht, daß er etwas gegen ihn zu zürnen hätte. So geht es: um eines Knechtleins willen, das Unrecht leidet, verderbt ein Bauer es nicht gerne mit dem andern, es sei denn, er hätte seinen baren Nutzen davon; und wie die Bauern sind, sind auch viele Herren. Ich ging nun zum Müller und suchte Platz. Der tat nicht mehr halb so nötlich mit mir; entweder meinte er, weil ich diesen Augenblick keinen Meister habe, so müßte ich mich drehen lassen, oder er wollte es mit meinem alten Meister nur in dem Fall verderben, wenn er mich um den halben Lohn haben konnte; so konnte ich nichts mit ihm machen, denn ich wollte großen Lohn haben. Gerade so ging es mir auch bei dem Wirte, es war, wie wenn sie es mit einander abgeredet hätten. Ich wollte nicht anbeißen und wurde böse, holte bei dem Gemeindschreiber noch meine Rechnung, die sich auf sechzig Kronen belief, während andere Kinder in der gleichen Zeit nicht die Hälfte kosteten. Bei meinem ersten Kostmeister mußte man zehn Kronen geben, weil mich sonst niemand wollte. Dieser verleidete mich so, daß man beim gleichen Lohn bleiben mußte. Bei meinem dritten Herrn kostete ich ein Unbedeutendes, nur eine kleine Entschädigung für die ersten mir angeschafften Kleider, hingegen bei dem letzten war die Summe fast so groß wie im Anfang. Er hatte es einzurichten gewußt, daß er für die Nachtmahlskleider Geld bekam. Dann hatte er noch Lohn, und drittens waren Arzneikosten ordentlich viel für mich bezahlt worden. Ich konnte gar nicht begreifen woher, denn ich war nie krank gewesen. Endlich erinnerte ich mich, daß wenn eins von der Familie einen Trank trinken mußte, ich den Rest davon bekam oder den zweiten Aufguß, es mochte nun eine Purgaz oder eine Laxierig, ich gesund oder krank sein; aber man wußte mir dieses Schlucken so schön vorzustellen, daß ich mich gern dazu verstehen ließ, denn ich erhielt zugleich immer Birnenschnitze oder dürre Kirschen. Wahrscheinlich gingen alle diese Tränke auf meine Rechnung, und damit man doch behaupten konnte, ich hätte sie genommen, kriegte ich den Rest. Der Doktor, dem dieses hätte auffallen sollen, indem er mich immer kerngesund sah, fragte diesem wenig nach, sobald er nur etwas brauchen konnte; und wer weiß, ob ers nicht auch gewußt, er wäre gewissenlos genug gewesen, solche Streiche zugunsten eines reichen Bauern auf Kosten eines armen Kindes zu machen.

Man kann sich denken, mit welcher Erbitterung ich den Gemeindschreiber verließ. Ich wußte nicht, ging ich über die Bäume oder unter dem Boden weg. Ich hatte geglaubt, wenigstens fünfzig Kronen ausstehenden Lohn zu besitzen, und nun war mein Glaube ein Traum, dagegen wies man mir eine

Schuld von sechzig Kronen, von welchen ich nichts gewußt, und diese Schuld war kein Traum. Sollte ich sie ganz bezahlen und noch dazu Anneli mit einem Kinde erhalten, so konnte es Jahre gehen, ehe wir zwei Eheleute wurden. Da wallte es wieder in mir auf wie aus einer siedenden Quelle ein heißer Brunnen; ich sah nichts mehr als den, der mich um fünf Jahre meines Lebens betrogen hatte, und meine Hände griffen aus, als wollten sie seine Gurgel packen, und wahrscheinlich sprach ich noch laut dazu. Da redete mich eine bekannte liebliche Stimme an: „Meiß, was isch dir, chennst mih nümme? Herr Jeses wie gsehsch us, und was wosch ga mache?» Ich brauchte lange, bis ich wußte, wo ich war und wer vor mir stand. Endlich erkannte ich Mareili, die mir so lieb gewesene Schwiegertochter auf jenem Hofe, mit welcher ich seither nie geredet, wohl aber sie in der Kirche gesehen hatte.

Sie drang in mich, zu sagen, was es sei, das mich so aus dem Hüsli herausbringe, daß ich tue, als wolle ich jemand ermorden. Ehe sie mich erkannt, hätte sie geglaubt, es gelte ihr, nun wisse sie wohl, werde ich ihr nichts tun, obgleich ich ihr früher auch nicht geborget hätte; aber sie habe mich anreden müssen, weil sie fürchte, ich mache ein Unglück, und wolle jetzt wissen, was ich habe. Ich erklärte ihr, wenn sie noch glaube und glauben könne, daß ich jenen Streich begangen, so brauche sie auch nicht zu wissen, was ich habe. Sie wäre mir vor allem lieb gewesen, und das habe mich am meisten gedauert, daß auch sie mir ihn zugetrauet; das sei nicht recht von ihr gewesen, sie hätte doch sehen sollen, daß ich ihr alles getan, was ich ihr an den Augen abgesehen.

Auf mehrere Hin- und Herreden versicherte sie, mich für unschuldig zu halten, aber ich solle jetzt reden, sie könnte nicht den ganzen Abend bei mir stehen. Ich erzählte ihr den ganzen Hergang der Geschichte und erweckte wirklich ihr ganzes Mitleiden, und sie sagte mir: «Meiß, chumm morn zun is u säg ne de, du heigisch äys nit gmacht, u häb em Großvater a, er müeß dr helfe!» «Nee nadisch, Mareili, zun ech chumm ih nit u dm Großvater häb ih nit a, ih wott nit no einisch ga anekneue; wer weiß, obs öppis hulf u si mih nit notti sur aluegte. Es meents niemere guet mit mir als Anneli und vielicht du, susch isch alles unger eir Dechi und eis Dreckpack, der Pfarrer, dVorgsetzte u di angere Bure, und ke Schelm verklagt der anger u ke Kräye chratzet der angere dAuge us.» Mareili bat vergebens, sagte endlich, ich habe noch immer den gleichen bösen Kopf wie vorhin, der werde mich nicht weit bringen; hätte sie Zeit, so wollte sie noch mit Anneli reden, die müßte mich anders brichten, aber mit dem Großvater wolle sie doch reden, daß mir geschenket werde, und wenn ich einen guten Platz wolle, so solle ich nur zu ihres Vaters Bruder nach Y. gehen und sagen, sie hätte mich geschickt, und wenn ich dann eine Gotte mangle, so solle ich nur zu ihr kommen, sie sage es mir nicht ab, wenn ich nicht zu hochmütig dazu sei.

Mareilis Güte hatte mich gerührt und erweicht. Also einen guten Menschen hatte ich doch noch auf der Welt! Diese Botschaft versüßte auch Anneli das Bittere des andern. Anneli war nicht ganz mit mir zufrieden, daß ich Mareilis Einladung ausgeschlagen; sie meinte, das sei noch lange nicht anegchneuet, wenn man den Sachverhalt erzähle; einmal seien die Menschen da, um einander zu helfen, und wenn man eines Menschen Hülfe in rechten Dingen nötig habe, so müsse man ihn dafür ansprechen, das sei der Weltbrauch und heiße noch lange nicht betteln. Die Menschen seien gar selten, welche Freundschaftsdienste aufrichtig anerbieten, wie Mareili es getan. Nun, Anneli hatte recht, aber überzeugen ließ ich mich doch nicht. Möglich, daß der wackere Alte sich für mich verbürget hätte oder mir Geld vorgeschossen, wenn ich meine Sache ordentlich vorgebracht, aber das, was ich eigentlich wünschte, hätte er nicht getan. Er hätte meinem Meister seine Schlechtigkeit nicht vorgehalten, hätte der Gemeinde ihr eigen Unrecht nicht dargestellt und das Übertriebene der Rechnung. Man sieht das Unrecht wohl ein, aber wenn es von einem angesehenen Menschen gegen einen unangesehenen begangen wird, so muckelt man davon im Stillen und im Rücken, aber öffentlich ins Gesicht und am rechten Orte rügt es selten einer. Ihr Herren und Bauern, solche Muckelmeister sind hier zu Stadt und Land, aber schämt euch dessen und bessert euch! Wohl gibt es hie und da einen Menschen, der eure Schande nicht teilen, kein Muckelmeister sein will, sondern am rechten Orte, auf den grünen oder hölzernen Bänken, seine Sache vorbringt, der dem Unrecht Unrecht sagt, wo er es findet im engen oder weitern Kreise, bei den von der Gemeinde Besteuerten oder den die Gemeinde Regierenden. Aber es steht dieser Mensch allein, es verläßt ihn die Feigheit, es finden ihn lästig die Männchen mit den breiten Rücken voll Rücksichten, es belächelt ihn spießbürgerlich die Spießbürgerlichkeit, es verfolgt ihn die schlechtgenannte Schlechtigkeit. Er steht allein, und die ihm gegenüberstehende Masse drückt dem Verlassenen das Herz ab!

Auch begehrte ich, nachdem ich einmal wußte, daß die Auferziehungskosten erstattet werden müssen, gar nicht, daß mit mir eine Ausnahme gemacht werde; aber das drückte mich ganz besonders, daß mich niemand auf meine Schuld aufmerksam gemacht, niemand mich zu rechter Zeit an das Abzahlen gemahnt. Auch finde ich es an sich nicht unrecht, daß denen, die aus ihren Säcken zur Erziehung eines fremden Kindes Geld zusammenlegen, dieses Geld zurückerstattet werde, wenn es möglich wird. Aber unrecht finde ich es hingegen, wenn in Städten wie Bern, Burgdorf, Büren, Biel ein aus Armengütern erzogenes armes Kind das Empfangene zurückerstatten soll, während die Erwachsenen, Arme und

Reiche, aus dem Stadtgut alle Jahre einseckeln. Da ist die Gewalt Meister und nicht das Recht.

Aber wo die Gemeinden aus ihrem Sack fremde Kinder erhalten, mit dem Rechte, die Schuld einst zurückzufordern, da sollte denn doch Gewissenhaftigkeit bei ihr wohnen; sie sollte bedenken, daß sie einem Kinde eine Schuld entstehen läßt, von welcher es nichts weiß, daß sie also die doppelte Pflicht habe, jeden Kreuzer, um den sie seine Schuld vergrößert, auf das Gewissenhafteste zu verwenden, so anzulegen, daß er dem Kinde Zinsen trägt, mit welchen es die Schuld leicht zu bezahlen imstande ist, und keinen Kreuzer auf Rechnung zu bringen, bei welchem nicht genau untersucht worden, ob er hieher gehöre, und keinen leichtfertig auszugeben. Und der Staat sollte das Recht haben, jede Anforderung einer Gemeinde niederzuschlagen, wenn die Erziehung eines Kindes körperlich oder geistig vernachlässigt worden, wenn erweislich wäre, daß man nur Kostgelder erkennt, ausgerichtet, aufgeschrieben hätte, ohne um das Kind sich weiter zu bekümmern. Das würde mancher Gemeinde Verstand machen, die bis dahin keinen hat, wenigstens gegen arme Kinder nicht.

Obgleich ich nun nicht hinaufgehen wollte, hielt doch Mareili Wort und ich vernahm, daß auf ihres Schwähers Verwendung mir ein Dritteil geschenkt worden sei. Freilich war dieses das Gewöhnliche, welches denen, die darum baten, geschenkt wurde, allein darum war es viel für mich, weil mich niemand dazu gebracht hätte, die Gemeinde darum zu bitten. Was auch besser war, denn einige Witzbeutel, vielleicht gar mein alter Meister, hätten sich nicht enthalten können, mir Lehren, Ermahnungen, Stichwörter zu geben; da wäre sicherlich ein Wetter ausgebrochen, das vielleicht mit zerschlagenen Köpfen geendet, und es wäre nicht das erstemal gewesen, daß man sich an einer Gemeinde geprügelt.

ZWEIUNDZWANZIGSTES KAPITEL

Wie ich und Anneli rechnen

Anneli und ich faßten frischen Trost; wir sahen das Ende unserer Trennung näher, als wir anfangs gefürchtet, und faßten dadurch Mut, sie zu ertragen. Wir legten unser Geld zusammen; ich besaß acht, sie zwölf Kronen, zusammen also zwanzig Kronen. Sie konnte ihr Jahr noch gut ausmachen, vielleicht noch länger dienen, denn wir hatten nicht gewartet, die Hochzeit anzugeben, bis Anneli seine Füße nicht mehr sehen konnte, und der Jahrlohn machte auch achtzehn Kronen. Ich hoffte durch Mareilis Verwendung auch etwas zu verdienen und bequeme Zeit zu finden, mich nach einem guten Platze umzusehen. Freilich brauchte die Kindbette wieder Geld. Wir rechneten, Anneli brauche, um sich ein Vierteljahr lang zu verdingen mit dem Kinde, wohl zwölf Kronen, einige Anschaffungen berechneten wir auf drei Kronen, als Windeln und dergleichen, das Kindbettimahl auf sechzig Batzen wenigstens. Was ich Anneli über die Kindbetti kramen wollte an Brot, Wein, Fleisch, Lebkuchen, rechnete ich nicht, sondern gedachte es aus meinem Verdienste anzuschaffen, so daß wir bei zwanzig Kronen übrig zu behalten hofften zum ersten Jahreslohn für das Kind. Im Laufe desselben Jahres glaubten Anneli und ich von unsern Löhnen, wenn wir Beide gesund blieben, so viel entübrigen zu können, um die Gemeinde zu befriedigen. Dann wollten wir glücklich sein, wenn wir schon nichts hätten, hätten wir doch uns und zwischen uns unser Kind. Und in Gedanken an die Zukunft waren wir bereits glücklich. Die geschlagenen Wunden schmerzten weniger, vor uns schwebte eine neue glückliche Zeit, und sie fesselte nicht unsere Gedanken nur, sondern beherrschte auch unsere Empfindung.

Ich suchte den mir angewiesenen Platz und fand dort eine bereits vorbereitete Aufnahme, fand viel Arbeit, aber einen schönen Lohn von zweiunddreißig Kronen, fand gute, billige Meisterleute, die mir mit Zutrauen entgegenkamen. Darum arbeitete ich auch mit Lust, schaffte für Zwei, und mein neuer Meister, ein Greis, hatte seine kindliche Freude daran, wie in kurzer Zeit Pferde und Kühe spiegelhell und glatt wurden, einige wie Hündchen mir nachliefen und die Ställe sauberer waren als manche Bauernstube.

Die ganze Woche wartete ich treulich meines Dienstes, bei aller Längizyti, aber des Sonntags hätte mich niemand halten können, weder Wetter noch Meister, die zwei Stunden zu Anneli zu machen. Es wurde alle Tage runder und man sah ihm deutlich an, daß das Gehen ihm Beschwerde mache, allein es überwand sich, tat nicht nur seinen Dienst wie sonst, sondern des Abends spät, des Morgens früh und des Sonntags arbeitete es, nicht für sich, sondern für die Zukunft.

Ich machte ihm oft Vorwürfe darüber und wünschte, daß es den Dienst verlassen, wenigstens nicht so viel nebenbei machen möchte. Allein es rühmte seine Meistersfrau gar sehr, die ihm borge, wie sie könne, und machte mir Vorwürfe, daß ich es nur wünschen könne, weil dadurch die Zeit unserer Vereinigung verzögert würde. Sie hatte eine recht kindliche Freude daran, als sie mir eines Sonntags drei kleine Kinderkäppli zeigen konnte, die sie aus einer alten Scheuben gemacht, zeigte mir, wie sie so gut geförmt seien und sicher dem Kleinen gut stehen müßten. Wie aber eine häßliche, neidische Näherin, welche sie um ein Muster gebeten, sie hätte anführen wollen, erzählte sie mir auch, wie diese ihr ein alt, schlecht Muster gegeben, welches aber glücklicherweise ihre Meistersfrau gesehen und ihr ein besseres verschafft. Kann wohl etwas trauriger sein als solcher Neid, besonders wenn man mit demselben einer werdenden Mutter ihre arme Freude verdirbt?

Ein anderes Mal führte sie mich geheimnisvoll in ihr Kämmerlein, schloß ihr Schäftchen auf, zeigte mir ein Byglein weißes Zeug und sagte: «Meiß, weisch was das isch?» Aber Meiß wußte es nicht. Es waren acht Windeln, deren Anneli gar sehr sich freute; sie waren aus einem alten Lylachen und einigen alten Hemden gemacht, welche die Meistersfrau ihr geschenkt. Ein altes Tschöpli zeigte es mir noch, das sollte zwei Nachtärmeli geben; dann habe sie alles, was nötig, mehr als manche Bäuerin, die nur vier Windeln habe. Ein großer Teil der drei Kronen waren also erspart. Wir betrachteten mit einer ganz eigen sich regenden Freude unsern kleinen Schatz, und gewiß manche Mutter, die ganze Schubladen voll Sachen hat von Seide und lauter ganze Sachen, nicht aus alten Lylachen und Scheuben gemachte, hatte nicht so innige Freude dabei als wir. Ach, ihr reichen Leute, ihr seid wohl reicher an Geld, aber deswegen nicht reicher an Freuden; reich zu sein an Freuden hängt nicht von Reichtum, nicht von Armut ab, sondern von einem genügsamen, zufriedenen Herzen erstlich, und zweitens freuen Sachen, die man mit saurer Mühe sich errungen, die man gleichsam aus den Steinen herausgeschlagen, auf alle Fälle mehr als die, zu welchen man mit Geld auf die leichteste Weise gekommen ist.

Und ein andermal kam Anneli mir schon entgegen, hatte sehnlichst mich erwartet, mochte nicht erwarten, bis es mich im Kämmerlein hatte, und da lagen auf dem Tische, schön ausgebreitet, wieder Windeln, wieder Käppeli, wieder Tschöpeli, aber viel schöner, als Anneli sie bereitet hatte. Anneli gab mir ein Stück nach dem andern in die Hand und rühmte Stück für Stück, und auf seinem Gesichte glänzte die innigste Freude, und in seinem ganzen Wesen sprach sich das Bewußtsein aus, reich zu sein, viel zu besitzen, das reinste Gefühl der Befriedigung. Aber jetzt wachte doch der Gwunder in mir auf, zu wissen, woher das alles gekommen sei. Anneli, gegen seine gewohnte Weise, neckte mich erst lange, ich sollte raten, gab mir falsche Geber an, bis es endlich mit den Andeutungen näher und näher herausrückte, daß ich Mareili raten müßte. Mareili war selbst dagewesen und hatte die Sachen gebracht. Sie hätte gedacht, sagte sie, wir würden dafür Geld ausgeben, was wir so nötig hätten; dergleichen Dinge besäße sie aber im Überfluß und sie verschlügen ihr nur Platz, darum sie recht froh wäre, ihrer auf so gute Weise los zu werden. Mareili hatte aber auch Anneli examiniert und war, wie es schien, recht zufrieden mit ihr fortgegangen, indem sie alle Hülfe für die Zukunft versprochen. Mareili hatte nicht gewartet, um zu geben, bis man bettelte, sondern mit Nachdenken und Umsicht gegeben, hatte den Weg nicht gescheut; ist das nicht eine so seltene Sache, daß Viele glauben werden, ich lüge? Anneli war wider ihre Gewohnheit recht mutwillig, schraubte mich mit Mareili, ließ sich merken, daß es gar allerlei von mir vernommen, stellte sich dann wieder, als ob es auf Mareili schalus sei, indem ich dasselbe lieber habe. Als ich dann eine Halbe Wein herauszog, die ich gekramt, schmollte Anneli wieder, daß ich so unnütz Geld ausgebe, dankte mir aber bald für meine Liebe, ward nach und nach noch mutwilliger, und wir verbrachten in fröhlicher Traulichkeit den schönsten Nachmittag, dessen Andenken mir noch immer Wasser zieht in den Augen und Heimweh nach Anneli im Herzen.

Annelis Stunde nahte. Wir hatten Platz für sie gesucht bei einer braven Witfrau, die etwas näher bei mir wohnte, doch immer noch über anderthalb Stunden. Anneli verließ den Dienst, richtete sich in dem kleinen Häuschen ein, machte ihre Kleider zurecht, bereitete einen Korb, füllte ihn mit einem Spreuersäcklein – das kleine Deckbett lieh ihr die Witwe – und erwartete so getrost, was der Herr über sie verhängen werde.

DREIUNDZWANZIGSTES KAPITEL

Wie Gott mir Anneli nimmt

Spät kam ich einmal aus dem Walde heim und fand die Nachricht vor, ich solle so bald möglich zu Anneli gehen. Natürlich eilte ich, so sehr ich konnte, mußte vorerst aber noch ausschirren, füttern usw. Als ich hinkam, fand ich es in gar schweren Leiden, doch mein Kommen freute es und es meinte, alles werde nun schon gut gehen. Aber die Frau schüttelte den Kopf und sagte, das währe schon gar zu lang, das sei nicht alles gut, es wäre am besten, wenn man so geschwind als möglich den Doktor holen würde. Ich wollte gehen, aber Anneli sagte: «Blyb bi mr, Meiß, ih la dih nit furt, es isch mr e Trost, we dih nume cha aluege, mir cheu ja dä Bueb schicke, wo drs isch cho säge.» Der lief, und wie wir auf ihn und den Doktor blangten, kann ich niemand sagen; oh, so ein Warten ist eine der erschrecklichsten Sachen im Leben! Endlich kam der Bube zurück, aber ohne Doktor, der ließ sagen: Er komme nicht, er wisse nicht, wer ihn da zahlen würde, wir werden es wohl machen können ohne ihn. Es war der gleiche Arzt, welcher, als man ihn zu einem in einen Weiher gefallenen Knaben rufen wollte, weil er der Nächste war, sagen ließ, das sei nicht sein Haus, sie sollen jetzt auch den rufen, den sie gewöhnlich brauchten. Der Knabe, der nur wenige Minuten im Wasser gelegen, blieb tot. In meiner Seelenangst wurde ich nicht einmal zornig, sondern dachte nur daran, den Doktor zu versichern, daß er bezahlt werden solle. Ich verließ Anneli, das mir gar wehmütig nachsah in seinen Schmerzen, fand den Doktor, sprach gut, und als er mir endlich glaubte, daß ich zahlen könne und wolle, begleitete er mich, lief mir aber zu langsam und sagte alle Augenblicke: «He, das wird öppe nit sövli pressiere.»

Über das, was jetzt kam, muß ich schweigen. Endlich sah ich die Stücke meines Kindes, endlich sank Anneli verblutet zurück; seine Hand hatte die meine krampfhaft noch gefaßt, und seines brechenden Auges letzter Strahl leuchtete in unaussprechlicher Liebe in mein Auge. Einige Worte wollte es noch sagen, aber sie wurden nur zum letzten Hauche seines Leibes, auf dem seine reine Seele sich emporschwang, dahin wo die reinen Geister wohnen, und seinen Mund umzog ein Lächeln, als ob der ihm nun erschiene, der gesagt hat: Kommt her zu mir alle, die ihr mühselig und beladen seid. Versunken in Jammer und Elend stund ich zu seinen Häupten, glaubte nicht an sein Sterben, rief: «Anneli, Anneli!» Aber Anneli antwortete nicht mehr. Annelis Mund blieb stumm. Da sagte der Doktor: «Was witt doch? Das ist jetzt tot, es isch ihm wohl gange u dir, u we dr Gschicktisch vo Bärn cho wär, er hätt ihm nit chönne helfe, da isch alles ineangere iche verlyret gsi. Aber ih wott furt. Wed mih jetzt zahle witt, su chast, ih will dr ume e Dublone heusche, en Angere müeßt sechs Neutaler gä.» Ich weiß nicht, ob es Sitte ist, daß man die Schinder noch im Angesicht ihrer Henkerarbeit zahlt, ich wenigstens konnte es nicht, aber ich wurde nicht in Ruhe gelassen, bis ich das Versprechen mehr als einmal abgelegt, sobald ich zum Pfarrer gang 's ga agä, das Geld zu bringen. Ach, ich kann nicht beschreiben, wie es mir zumute war, daß ich Anneli nicht mehr haben, daß ich wieder alleine auf Erden, daß ich wieder niemerem sein sollte. Alle meine Pläne, alle meine Träume über die Zukunft, alle meine gehofften Freuden sanken mit Anneli ins Grab; es war der Mittelpunkt von allem gewesen, es war hinausgerissen, mit ihm alles zerstört, und es war mir, als ob ein weiter, schwarzer, unergründlicher Abgrund sich vor mir öffne, in den ich mich durchaus stürzen müßte, es war mir, als locke und ziehe es mich aus diesem Leben hinein in den bodenlosen Todesschlund.

Ich erfuhr es da, wie der Mensch nicht in der Gegenwart lebt, oder um es besser zu sagen, wie das Leben in der Gegenwart ihm eigentlich nur Nebensache, das Leben, das er in Zukunft hofft, die Hauptsache ist. Nun baut ein jeglicher Mensch sich ein Leben in die blaue Zukunft hinaus auf luftigem Gerüste und immer weiter und weiter hinaus, je jünger er ist. Und was ihm im Leben das Liebste ist, das wird ihm zum Hauptpfeiler dieses Gerüstes, zum Mittelpunkte dieses Lebens; an das und um das reiht alles andere sich. Wenn nun schon nach und nach, aber in rastlosem Fluge, ein Tag um den andern anders kommt, als man ihn erwartet, so merkt man es entweder nicht oder hofft auf den folgenden, und gewöhnlich erst, wenn unsere Augen vor sich in der Zukunft kein Leben mehr sehen können, sondern nur den Tod, wenn sie, um Leben zu sehen, rückwärts schauen müssen auf das Vergangene, erst dann sehen wir, daß unsere Träume eitel waren und das Leben freilich auch ein Traum, aber ein ganz anderer, als wir geträumt. Aber das ermattete Herz schickt sich hinein mit einem Seufzer, schließt die Augen und wirft sich wieder hoffend in die Arme dessen, der jenseits des Todes ewiges Leben geben soll. Aber wie anders wird es einem, wenn eine höhere Gewalt den Hauptpfeiler unseres zukünftigen irdischen Lebens zertrümmert, wenn mit ihm das ganze geträumte Leben auf einmal zertrümmert zusammensinkt, die ganze von Träumen angebaute Zukunft vor unsern Augen bis dicht zu unsern Füßen verschlungen wird! Dann geht uns ein Leben unter, und wir leben doch, aber dieses Leben ist nichts anderes als das Bewußtsein, daß unser eigentliches

Leben dahin sei. Als schwarzer, schauerlicher Abgrund gähnt die Zukunft uns an, den mit fortdauerndem Bewußtsein zu betreten unser ganzes Wesen sich empört. Wohl uns, wenn der Rest unserer Kraft noch so groß ist, die eigene Hand zu hemmen, die so gerne in solchen Augenblicken auch das Bewußtsein zerstört und diesem Schlunde nur seinen Leichnam hinwirft. Wohl uns, wenn wir es vermögen. Der Schlund wird allmählich das Schauerliche verlieren, aus ihm taucht wieder auf ein neues Feld, vielleicht wachsen auch auf diesem einige Blümlein, aber die alte Kraft, die dieses Feld bebaute, ist dahin, und die erste Frische und Schönheit erhält es nimmer. Nun tröstet, ihr guten Leute, mit allem eurem geistlichen und leiblichen Troste; solange ihr keine blühende, dem Gemüte befreundete Zukunft heraufzaubern könnet, ist all eure Mühe eitel.

Wohl aber dem, der einen Hauptpfeiler setzet, den keine Gewalt zertrümmern, kein Tod in Staub verwandeln kann.

Ach mein Gott, ich hatte mich oft bedauert, wenn ich als Knecht nie Zeit hatte, krank zu sein, wenn ich mit einem fürchterlichen Husten beim Rönnle sein oder gar die Ryttere ziehen, im Fieberfrost in tiefem Schnee Holz führen und in dünnen Zwilchhosen vom Bysluft mich durchziehen lassen mußte; hatte oft gedacht, wie schön es wäre, zu Hause zu bleiben, auf dem warmen Ofen, im weichen Bette, und sich döselen zu können.

An meines Annelis Leiche saß ich, hielt seine Hand, sah auf sein Auge, hoffend, es werde noch einmal sich öffnen; mein Herz siedete mir Ströme heißer Tränen, die nur in einzelnen Tropfen den verfallenen Weg zu meinem Auge fanden. So hätte ich bleiben mögen, hätte mich dann mit Anneli mögen hinaustragen lassen, im dunkeln Hause, ins dunkle Grab, aber nur nicht von Anneli weg, nur nicht unter Menschen, die nicht mit mir um Anneli weinten. Aber da mahnte mich die Witwe, ich müsse zum Tischmacher, zum Schulmeister, zum Pfarrer, da kamen Boten vom Meister, ich möchte doch heimkommen, da kamen gwundrige Weiber, die alles wissen wollten, wie es zugegangen, jede eine eigene Meinung hatte, wie es hätte gehen sollen, jede einen Trost, der mir fast das Herz abdrückte, wenn ich zufällig darauf hörte. Man störte mich bei Anneli, man trieb mich von ihm fort; was war Schnee, Bysluft bei Fieberfrost gegen diese Marter!

Der Tischmacher fragte mich, wer ihn bezahle. Der Schulmeister meinte, es sei nur ein unehlich Kind weniger. Der Pfarrer las mir ein Kapitel über die zeitlichen Strafen der Sünde. Niemand begriff meinen Schmerz, niemand teilte ihn, ein jeder vergrößerte ihn mit tölpischer Hand. Oh, ich litt schwer, um so schwerer, da das tiefe Leid sich noch nicht auf meine starre Oberfläche herausringen, da verdünsten konnte, sondern in mir verschlossen wühlte und kochte. Ich litt schwer, aber noch schwerer ward mir, als zum ersten Gefühl des Verlustes sich allmählich auch das Gefühl meiner Schuld gesellte, als ich mich erinnerte des Vergangenen und wie oft Anneli in düsterer Ahnung ein trauriges Ende vorausgesehen, wie oft es sich, aber nie mich, angeklagt, der doch allein die Schuld trug. Und als die Anklage meines Gewissens so recht deutlich vor mir stund: Du hast Anneli getötet, da hätte ich sagen mögen: Ihr Berge, fallet über mich zusammen, ihr Hügel, decket mich!, da wachten Skorpionen und Schlangen in mir auf, und wie glühende Feuerbrände brannte es mir im Herzen, und über mir hätten zusammengeschlagen die Fluten der Verzweiflung, wäre mir nicht in meinen Augen haften geblieben Annelis scheidender Liebesblick. In ihm lag Vergebung, in ihm mein Trost, in ihm die Kraft, nicht dahin fahren zu wollen, von wo aus keine Brücke zu Anneli führt. Ich schwankte umher wie eine Pappel, von heftigem Winde bewegt, ich hatte nirgends Ruhe als an Annelis Seite, meinen Kopf auf seinem Kissen. Als aber der Totenbaum kam, Anneli dareingelegt wurde, der Deckel mir seinen Anblick nahm, Nägel hart den Sarg verschlossen, da wurde mir schwarz vor den Augen, und was der Schulmeister in seiner kurzen Leichenpredigt (es waren ihm zu wenig Leute da, um sich zu einer langen die Mühe zu geben) sagte und wie ich auf den Kirchhof kam, das wußte ich nicht.

Aber als der Sarg dumpf am Boden widerstieß, als die Erde niederrasselte auf den widerhallenden Deckel, als nun die Zwischenwand sich erhob zwischen der besseren Hälfte meiner selbst und mir, die Zwischenwand, die nur Gottes Hand nach dem Tode einzureißen vermag, da durchschauerte es meinen ganzen Körper und die Wellen meines Schmerzes erhoben sich, schlugen über das Ufer und ergossen sich in Fluten über mein Gesicht. Da erst begriffen die wenigen Menschen, die sich die Mühe genommen, ein armes Mägdlein zur Kirche zu begleiten, daß dasselbe mir so recht lieb gewesen, denn das Plären ist das Barometer, nach welchem man an Leichenzügen die begleitende Liebe mißt. Eine knochigte Frau meinte: «Er isch doch e brave Bursch und het Anni lieb gha, meh weder Menge si Frau; emel Mine pläreti nit halb eso, wenn er mih scho hüt ungeretue müeßt.» Es war mir, als ob ich nicht vom Kirchhof könnte und als ob ich, wenn ich einmal ginge, dann für immer von Anneli getrennt sein würde. Und doch mußte ich gehen. Ich mußte den Begleitenden noch einige Halbe Wein zahlen, mußte dem Doktor seine Dublone bringen, dem Tischmacher seinen Lohn, mußte noch manchem dummen Fragenden Rede stehen, ehe ich in meine Kammer kam und da mich so recht ausweinen konnte. Aber damit besserte es mir doch nicht, ich hatte es nicht wie viele Weiber, denen eine tüchtige Plärete viel besser tut als eine Purgierig, und sollte sie selbst vom Seppli sein. Versunken war der Liebesgarten, den Annelis Liebe in meinem Herzen hervorgelockt, erhalten hatte, er war erdrückt vom Gewichte des Schmerzes, verschwunden war er mit seiner Schöpferin. Nachdem ich sattsam mich selbst angeklagt, da fing eine Stimme in mir an zu fragen: Ist denn an dem allem niemand schuld als du? An Gott frevelte ich nicht, aber ich vermochte doch auch nicht zu denken, daß ohne seine Hand kein Haar von unserm Haupte falle, daß denen, die ihn lieben, alle Dinge zur Seligkeit gereichen müßten.

VIERUNDZWANZIGSTES KAPITEL

Wie ich an den Menschen mich zu rächen suche

Ich suchte unter den Menschen auf diejenigen, die schuld haben konnten an meinem Verlust. Ich fand den Arzt zunächst, der nicht dem Rufe alsobald gefolgt war, der sich dann gebärdet hatte wie ein Metzger und nicht wie ein Arzt. Dann glaubte ich wieder den Bauer an allem schuld; hätte er mich nicht um meinen verdienten Lohn betrogen, so würden wir Eheleute gewesen sein, und ich wäre sicher näher bei der Hand gewesen. Und wieder warf ich der Gemeinde die Schuld zu, die mich an meine Schuld nicht gemahnt, die da auf Kosten eines armen Kindes habe aufmachen lassen, was jedem gefallen. Und am Ende dachte ich noch an die Regierung, warum die so schlechte Ärzte nicht nur dulde, sondern sogar bestelle, die einen um Geld und Leben brächten, und warum sie die Gemeinden also es treiben ließen? Und eine unendliche Bitterkeit quoll in mir auf, und eine Rachsucht glühte in meinen Adern, die mir keine Ruhe ließ. Hatte ich den Arzt im Auge, so wollte ich ihm einmal alle Knochen entzweischlagen und ihm mit seiner Zange auch abreißen an seinem Leibe, was lassen wollte. Dem Bauer, der nun wirklich Statthalter geworden, wollte ich bald öffentlich vorhalten, welch Duckenmäuser und Schelm er sei, oder ihm das Haus abbrennen oder aber einmal ihm Hanf und Flachs abmähen. Der Gemeinde wollte ich antun, was ich konnte, sann darüber nach, wie ich mich aufzuführen hätte, daß ich sie in viele Schande und Kosten brächte; namentlich schien mir recht gut, wenn ich ihr eine Menge unehlicher Kinder aufladen würde, die sie dann zu erhalten hätte. Der Regierung wollte ich nicht gehorsam sein, aber ich sann umsonst über Streiche, die ich ihr spielen könnte, der wußte ich nicht recht beizukommen. Solche Gedanken brütend, strich ich umher des Nachts, und ohne daß ich daran dachte, führten mich alle Wege auf Annelis Grab. Dort lag ich stundenlang in Liebe und Zorn, und allgemein ging das Gerücht, es sei wieder unghürig auf dem Kirchhof, und niemand hätte ihn nach zehn Uhr betreten, auch nicht der Pfarrer, nicht einmal nach einem kräftigen Gebet, wie der Pfarrer zu G. den Kirchturm.

Als Knecht war ich immer weniger wert. Nicht mein Dienst nahm nun meine Seele ein, sondern mein Schmerz und meine Rache, und das ist ein himmelweiter Unterschied, ob man bei etwas nur mit dem Leibe oder auch mit der Seele ist. Da liegt der Grund der Überzahl schlechter Arbeiter, der Welt voll Pfuscharbeit, vom Niedrigsten bis zum Höchsten, von der Kühmagd bis zum ordentlichen Professor oder gar bis zum erblichen König, von einem Gartenbeet, einer Kochete Sauerkabis, einem Paar Schuhe bis zu einem Chuchbüechli, einem Polizeiministerium oder gar einer Zeitungsredaktion. Wären die Leute mehr mit ihrem Geiste bei der Arbeit, so wäre auch mehr Geist in der Arbeit und mehr Leben dabei, denn im Geiste ist das Leben. Freilich haben viele Menschen wenig Geist, nur aus überflüssigen Abschnitzeln

Anderer scheint er zu bestehen, aber wenn sie noch den brauchten, den sie hätten, so wäre es besser als gar keinen. Darum lehret von Jugend auf die Menschen mit ganzer Seele und von ganzem Gemüte bei dem sein, was sie machen, dann kriegt ihr ganz andere Menschen: andere Wäscherweiber, andere Professoren, andere Kindermägde, andere Räte, andere Stubenmädchen und andere Stallknechte. Wohlverstanden, von Baumeistern, Forstmeistern und andern Meistern, die weder mit dem Leibe noch mit der Seele bei ihrer Arbeit sind, rede ich gar nicht. Aber dafür müßt ihr eben mit Geist bei dieser Arbeit, diesem Lehren sein können.

Ich vergaß mein Vorhaben unter den Händen, ließ manche Arbeit halbgemacht liegen, lief davon weg, sah nicht mehr, was zu machen war, sah kein Werkholz mehr, das am Wetter lag, hörte nicht, wenn man mich rief; ich schien den ganzen Tag zu machen und machte doch nur halb so viel als sonst. Mein Meister hatte Geduld mit mir und Erbarmen, und wenn ich bei dem leisesten Vorwurf auffuhr, so schwieg er. Immer mehr brütete ich über meine Rache, sie wurde mir zum festen Vorsatze, immer wilder sah es aus in meinem Gemüte und immer zorniger sahen meine Augen auf alle Menschen.

Es ist merkwürdig, wie viel Unglück, wie viele Übeltaten der liebe Gott verhütet. Die Menschen jammern über viele Unglücksfälle, über viele böse Taten; sie wissen nicht, was sie tun, sie wissen nicht (sie würden erstaunen, wenn sie es wüßten), wie viele böse Folgen menschlicher Leichtsinn haben könnte, wenn Gott sie nicht verhütete. Wenn alle verleichtsinnigten Häuser abbrennen würden, die Sturmglocken würden nie schweigen, Strohhütten hätten wir bald keine mehr im Lande, und der Statthalter X., der herumgeht wie ein brüllender Löwe, der seine Besoldung zieht, den Eid geschworen hat und doch mit Aufruhr droht, wenn das Gesetz über die Dachungen auch auf seine Verwandten soll ausgedehnt werden, würde die Pfeife einziehen. Wenn sie wüßten, wie viele Vorsätze keimen in der Menschenbrust, die nie zur Tat werden, wie viele böse Anschläge böser Menschen gegen Leben und Eigentum ihrer Brüder nie zur Ausführung kommen, weil der sie verhütet, der nie schläft, sie würden des Morgens inbrünstiger beten und mehr Vertrauen zu dem lieben Vater im Himmel haben.

Diese Wahrheit gibt sich mir kund, wenn ich nachdenke, wie viele böse Vorsätze ich in jener traurigen Zeit faßte und sie nie zur Ausführung bringen konnte. Wenn ich dem Doktor auflauerte, Wut und Rache voll, und ihn nicht geschont hätte, so kam er nicht des Weges oder jemand anders war bei ihm, und wenn ich ein andermal ihm begegnete, so schickte es sich mir nicht oder meine Seele hatte in diesem Augenblicke nicht die gehörige Spannung, die Tat zu vollbringen. Wenn ich dem Bauer zu schaden ging, so wurde ich entweder nicht einig in mir, auf welche Weise es geschehen solle, oder ich sah Licht im Hause, oder ich wollte warten, bis das Haus mit Früchten angefüllt sei, um es abzubrennen, den Flachs schöner werden lassen, um die Kränkung zu verstärken; so war immer etwas, das mir im Wege stund, gerade wie man von Gespenstern faselt, die Reitern, welche ihrem Unglück entgegenreiten, mitten auf ihren Weg sich stellen und sie nicht durchlassen wollen. Und wenn ich ausging, die Gemeinde zu kränken, wenn ich Mädchen verführen, unschuldige Kinder in die Welt bringen wollte, damit sie als Plagegeister, verwünscht von der Geburt an, der Gemeinde auf dem Halse lägen, wenn ich damit das furchtbarste Verbrechen begehen wollte, das der Mensch gegen den Menschen vollbringen kann, so trug mein Fuß mich nie zu einer Gadentüre, sondern auf Annelis Grab fand ich mich wieder, und von dort trieben die Geister des Morgens mich nach Hause.

Auch ins Wirtshaus ging ich, um da Bekanntschaft zu knüpfen und am Tage anzubahnen oder zu vollbringen, was ich des Nachts nicht konnte. Aber wie viele der Mädchen auch waren, wie lockend sie nach mir hinsahen, wie nahe sie an mir vorbeistrichen, wie holdselig sie auch mir untereguckten und liebliche Reden führten mit zärtlichen Augen in deutlicher Manier, und wenn ich schon in ähnlichem Tone mit ihnen reden wollte: es war etwas im Halse, das mir die Stimme brach und die Worte verhauchte. Und wenn ich schon nach ihnen die Hand ausstrecken wollte, zwischen mir und ihnen war etwas, durch das ich nicht kommen konnte, und dann fing es mir an zu grauen, von den Mädchen floh ich weg, floh, wenn die Wehmut Meister wurde, weit weg, wo Menschen mich nicht störten. Wallte aber die Bitterkeit obenauf, dann konnte ich die Menschen nicht verlassen, denen ich Böses mit Bösem vergelten wollte. Hinter eine Flasche Wein pflanzte ich mich und sah mit giftigen Augen ins Menschengewühl, sehnte mich nach einer Gelegenheit, den innern Groll loszulassen von seinen Fesseln, Lärm und Unglück anzustellen und Köpfe zu zerschlagen. Wo mir dann nur ein uneben Wort fiel, mich einer nur ansah, daß es mir nicht gefiel, da hatte ich Streit und Kampf. Weil ich nun keine Kameradschaft hatte, hingegen nach und nach viel Feindschaft, so stund ich gewöhnlich einzig, und wenn ich auch nur mit einem anfing, so hatte der gleich Viele, die ihm halfen. So gab es richtig eine Schlägerei, besonders wenn ein gewisser Landjäger da war, der solche an allen Orten einzurichten wußte, um klagen, Buße ziehen zu können. Sobald Schläge fielen, wars mir weit ums Herz und wohl; geprügelt wurde ich allemal tüchtig, blutete immer, wurde aber doch nie besiegt, räumte oft in der ganzen Stube auf. Als bekannten Händelmacher hatten mich die Landjäger nicht besonders auf der Mugge, ich wurde daher von ihnen nie so verklagt, daß ich entfernt worden wäre, und weil ich meist gegen einen ganzen Haufen stritt, so schämten sie sich, mich zu verklagen, und wenn sie auch klagten, so hatte ich mehr Wunden aufzuweisen als ein Einzelner von ihnen, erschien somit als die unterliegende Partei und kam meist vor dem Richter fast ungeschlagen durch, schlief aber nie wohler als mit einem halben Dutzend Löcher im Kopfe, wie ein Vollblütiger nach einem Aderlasse.

Mein Meister hatte zum Teil Freude daran, einen so starken Knecht zu haben, aber doch Erfahrung genug, zu wissen, daß das nicht immer so ablaufen werde. Er warnte mich öfters, doch umsonst. Er reisete Mareili, als sie einmal zDorf kam, hinter mich, und Mareili war so teilnehmend und freundlich; wäre ich bei ihnen gewesen, es hätte mich geheilt, allein trotz mehreren Anerbieten, trotzdem daß es mich hinzog, zog doch der Trotz vor und ich ging nicht. Es war, als fürchtete ich ordentlich, aus meinem heillosen Zustande gezogen zu werden, als wären Haß, Bitterkeit, Gram, Rache, Zorn lauter wohltätige Gefühle, ein wahres Seelenglück. Wenn sie auch abnehmen wollten, so steifte ich sie aufs neue wieder.

FÜNFUNDZWANZIGSTES KAPITEL

Die Rache und ihre Folgen

An einem Schnittersonntag war es, als ich wieder auf solche Weise hinter meiner Flasche saß, heiß von Wein und Wut. Durch die Nebentüre sah ich die Tanzenden und unter ihnen auch meines alten Meisters, des Statthalters, Töchter, wie sie gar schön aufgeputzt daherrauschten, und wenn sie keine vornehmen Tänzer fanden, auch mit andern vorlieb nahmen. Männer hätten sie wohl schon haben können, allein die Einen waren ihnen nicht reich oder vornehm genug, und den Andern wollte der Statthalter zu wenig Ehesteuer geben, so daß sie des Märtens nicht einig wurden. Natürlich richtete sich mein Groll nun auf einen bestimmten Gegenstand, und ich konnte den Augenblick nicht erwarten, bis ihre Tänzer sie zum Weine brächten, um erst mit den Töchtern einen Wortwechsel anzufangen und dann mit ihren Burschen eine Prügelte.

Sobald sie da waren, fing ich an zu fragen: Wie manchem Knecht ihr Alter seither den Lohn abgeleugnet hätte? So einer gehörte an einen andern Ort als ins Chor und verdiente nicht einen Mantel, sondern eine apartige Kutte; es sei aber auch eine Regierung, zu welcher ein solcher Statthalter sich gar wohl schicke. Dann hielt ich ihnen vor, ihre französischen Bettstatten hätten ihnen auch nicht viel genützt, und wie manche Halbe Bätziwasser sie gebraucht hätten, ohne noch einen Mann zu bekommen. Dann frug ich, wie man jetzt das Fleisch bei ihnen koche und auf den Tisch gebe, und ich wolle wetten, wenn einist ihre Mutter gestorben sei, so werde es unghürig im Hause, die müsse alle Nächte wiederkommen, Fleisch zu kochen und anzurichten. Da sollen sie machen, daß sie vorher Männer kriegten, ehe ihre Mutter stürbe, man habe sich bei ihr bei lebendigem Leibe gefürchtet, und wenn sie dann gar ein Gspenst sei, so käme kein Kilter mehr, nicht einmal solche Lümmel, wie da zwei neben ihnen sitzen.

Die Töchter hatten mir lange die Stange gehalten, die ganze Stube uns zugehört und das Feuer immer frisch angeblasen, ihre Begleiter auch dareingeredet und gedroht, waren aber doch hübsch still sitzen geblieben. Auf das Letzte hin fing eine der Töchter zu weinen an, die Leute lachten laut auf, und die Bursche konnten nichts machen als die gesuchten Händel anfangen. Ich schlug sie tüchtig ab, wobei des Statthalters Töchter auch noch einige blaue Mosen bekamen, prügelte noch manch Andern dazu, erhielt auch meine

Wackern wieder, sang im Heimgehen ein lustig Lied wie seit langem langem nie und schlief so fest und wohl, daß der Meister mich wecken mußte. Bald nach ihm erschien ein Landjäger und beschied mich nach dem Schlosse. Ich frug, welchen Tag ich erscheinen solle, glaubend, es gehe wie andere Male, aber der Landjäger verdeutete mir, ich hätte gleich mit ihm zu kommen. Das verwunderte mich gar sehr, war doch die Prügelte nicht halb so arg gewesen wie manch früher Mal. Ich wußte damals noch nicht, daß alle Vergehen wegen irgend etwas, das zur Regierung gehörte, nicht nur doppelt und dreifach, sondern auch von Amts wegen ohne bestimmte Kläger gezüchtigt würden; ich wußte nicht, daß zu diesen Menschen, für die das Gesetz von Rechts wegen, während es für Andere nur aus Gnaden da war, nicht nur der Statthalter, sondern auch seine Töchter, und nicht nur diese, sondern auch ihre Kilter gehörten; ich wußte nicht, daß es an den Hals ging, wenn man solche Begünstigte nur mit einem Finger berührte, und der Rücken darhalten müsse, wenn man einem von ihnen nur in seinen Schatten trappe. Aber sobald ich in die Audienzstube trat, sah ich, daß da ander Wetter sei als sonst. Wie gewohnt, saß die Frau Landvögtin mit der Lismete da, aber diesmal lismete sie nicht, sondern hörte mit angestrengter Aufmerksamkeit zu. Der Herr fuhr mich zornig an, kam aber im Reden gar nicht fort, man konnte ihn nicht verstehen, was er meine. Endlich winkte die Frau dem Landjäger, der führte mich in die Wartstube, bis wieder geklingelt wurde. Der Herr hatte sich gefaßt und fing ein zwar langsames, aber verständliches Verhör an. Die Prügelte war nur die Nebensache, meine Reden die Hauptsache.

Ich sollte Rede stehen, was ich gestern über die Regierung gesagt habe, über die Scheltungen, die ich gestern gegen den Statthalter ausgestoßen. Ich wollte nun erzählen, wie der Statthalter mich behandelt, um meine Reden zu erläutern gegen denselben. Aber die Frau winkte mit dem Finger wieder, und ich wurde abgeführt, bis es klingelte. Nun legte der Herr mir bestimmte Fragen vor: Ob ich nicht gesagt, die Regierung bestehe aus lauter schlechten Leuten, sie verdienten alle apartige Kutten zu tragen usw. Als ich einige beantwortet hatte, aber nicht, wie man wollte, so winkte es abermals; aus meinen Worten zog die Frau neue Fragen und diktierte sie dem Herrn, so bis die Köchin kam und sagte: Ds Herr Landvogts chönni cho esse, dSuppe syg uf em Tisch. Ich wurde ins Gefängnis geführt mit dem Bedeuten, daß ich nachmittags besser die Wahrheit sagen solle, erhielt aber doch ordentlich zu essen. Nachmittags die gleiche Geschichte. Neue Beschuldigungen kamen zum Vorschein, allgemeine und gegen den Statthalter insbesondere. Lange dauerte diesmal das Verhör, ohne Unterbrechung. Während dem Essen hatte die gestrenge Frau Zeit gehabt, den Herrn Gemahl gehörig zu instruieren. Endlich wurde zwischen den zwei Ehehälften und dem Schreiber eine lange Unterhaltung gepflogen, deren Resultat war, daß man mir ankündigte, man werde am Morgen Zeugen gegen mich aufführen und abhören, und wenn ich dann nicht eingestehen wolle meine Lästerungen gegen die gnädigen Herren und ihre getreuen Beamteten, so habe man Haselstöcke genug im Schloß, um mir das Maul aufzutun; das sei schlecht von mir, von der Regierung, welcher ich so viele Wohltaten zu verdanken hätte, so zu reden und ihr dann nicht einmal Treu und Wahrheit zu leisten, wie es in der heiligen Schrift geboten sei. Worin die erhaltenen Wohltaten, die man mir vorhielt, bestanden, sagte man mir nicht, und ich hatte nicht Zeit, darnach zu fragen; der Landjäger, der wahrscheinlich durstig war, pressierte, mich abzuführen. Hätte ich fragen können, so hätte ich wahrscheinlich vernommen, ich sei ein uverschante Kerli und man werde mir das Räsonieren schon vertreiben.

Des andern Morgens sah ich eine Menge Leute nach dem Schlosse kommen: des Statthalters Töchter, ihre Kilter, den Wirt, Geprügelte und Ungeprügelte durcheinander, und als ich endlich in die Audienzstube geführt wurde, fand ich dieselbe halb voll sogenannter Zeugen aller Art, die Frau Landvögtin aber nicht darin. In der Nebenstube hinter der Türe saß sie und lismete, und dort ging der Herr zuweilen Atem oder Rat zu schöpfen, ich weiß nicht was. Diese Zwischentüre soll noch heutzutage sehr kommod sein. Der Herr begann nun sein Verhör, ohne irgend jemand abtreten zu lassen, und billigermaßen mit den Töchtern, die zuhinterst am Schwanze der Familie hingen, deren Landgut das ganze Land war. Es handelte sich über mein Verbrechen gegen die Regierung und ihre Beamtete, und da sollten nun alle als Zeugen aufgeführt werden, die anwesend gewesen. Die erste Tochter wurde gefragt: Was ich denn gegen die gnädigen Herren gesprochen? Sie antwortete: Ich hätte ihr die französische Bettstatt vorgeworfen und noch viele andere wüste Sachen und am Ende sie noch gar geschlagen, sie hätte noch jetzt große Mosen und wolle sie dem Junker Landvogt gerne zeigen, er könne dann sehen, was ich für einer sei. Der gute Herr kam in Verlegenheit, seine Frau hinter der Türe verstund nicht Spaß; da ihm aber in der Verlegenheit das Reden schwer war, so gelang es ihm fast gar nicht, nicht sehen zu müssen, was er nicht sehen sollte, und durchaus nicht, das Mädchen von seinen Mosen auf das andere Kapitel zu bringen. Die andere Tochter merkte, daß das nicht recht sei, wußte aber auch das Rechte nicht zu fassen, sondern meinte: Ich hätte gesagt, ihr Vater habe mich um den Lohn betrogen und die Regierung verdiene einen solchen Schelmen nicht, ihre Mutter sei eine Hexe und werde einist ein Gespenst, weil sie niemerem Fleisch gönni, aber das wisse doch die Frau Junker Landvögtin wohl, daß das nicht wahr sei, und auch der Schreiber könne es sagen, daß sie andern Leuten etwas gönnten, sie hätte ihm erst gestern so gute Nidle gebracht, die er so gerne schlecke.

Da hustete es sehr laut in der Nebenstube, und ich vernahm, daß die Junker Landvögtin ihrem Herrn, der nicht ganz leicht hörte, sagte: «Das chunt nüt nutz, du mußt eis nam andere näh!» Das geschah nun, aber das Verhör ging verzweifelt lang, wurde unterbrochen durch die Köchin und fortgesetzt, ohne daß der Herr auf dem Ohr gewesen wäre. Am Abend endlich ging der letzte Zeuge fort und ich wurde hineingerufen. Der Herr Landvogt wollte mir nun das Verhör ablesen und das meinige beginnen, allein der Schreiber bemerkte: Es sei dazu doch wohl spät, man solle mir nur zu bedenken geben, daß ich morgen bei jeder Frage, die ich nicht bejahe, Prügel erhalten würde, denn alles sei bewiesen. Das sollte also ein noch weit bequemeres Verhör geben als das jenes Junkers, dem sein Schreiber (nicht die Frau) ein Verhör aufgesetzt mit der Bemerkung unter jeder Frage: Antwortet Delinquent das, so wird so gefragt, antwortet er aber so, das, der mit den verschiedenen Antworten und Fragen dann das Ganze hintereinander dem armen Sünder ablas, es von ihm bestätigt wissen wollte, und als derselbe nichts davon begriff und nicht wollte, sagte: «Da gseht ihr, Herr Amtschreiber, wie das eine ist! Landjäger, tue mr dä Säubueb wieder hintere!»

In meinem Gefängnis überlegte ich das Verhör und die Prügel; was ich nicht gesagt, wollte ich nicht eingestehen, Prügel wollte ich auch nicht. Ich merkte wohl, daß der Statthalter, der Fuchs, meiner gern los sein wollte, und um dieses desto leichter zu bewerkstelligen, mich als einen unzufriedenen, aufrührerischen Kopf recht schwarz angemalt, und daß eine solche Geschichte für den Junker Landvogt ein seltenes Herrenfressen sei, an dem er sich selbst erlaben und höhern Orts mit Hülfe seiner Frau wichtig und berühmt machen wolle. Ich gedachte, es sei schon Mancher aus seinem Gefängnis entronnen und zum Glück sei ich nicht im Burgdorfer Schloß, wo man seit Menschengedenken Keinen habe entrinnen lassen. Ich brauchte List und Kraft, und obgleich ich kein Z...er war, die im Entwischen eine besondere Gewandtheit besitzen sollen, auch kein Maurer von Profession, befand ich mich doch in wenig Stunden im Freien und lachte über die langen Nasen, die man morgen im Schlosse haben werde.

SECHSUNDZWANZIGSTES KAPITEL

Wie ich Rekrut werde und allerlei Betrachtungen mache. Mein Aufenthalt in französischen Diensten

Nur daran hatte ich gedacht, den Prügeln zu entkommen, einen weitern Plan nicht entworfen. So viel war mir klar, daß man mich zuerst bei meinem Meister suchen, diesen zur Rede stellen werde, ob ich nicht dagewesen und wohin ich mich gewendet. Ich schlug daher den entgegengesetzten Weg ein, ohne zu bedenken, wohin er führe und was ich jetzt beginnen wolle. Es ward Tag, ich mäßigte meinen Schritt, ich zog meine Gedanken ab von meiner Schadenfreude, wie sie luegen werden, wenn sie das Nest leer fänden, und begann doch mich umzusehen, wohin mein Weg mich bringen und was ich vorzunehmen hätte. Da trat aus einem Wirtshause am Wege ein Mann heraus, gesellte sich zu mir und betrachtete mich von oben bis unten.

Das kam mir verdächtig vor, zudem hatte er etwas in Postur und Kleidung, das einem verkleideten Landjäger ähnelte. Auf seine üblichen Fragen, woher und wohin, gab ich daher ausweichenden Bescheid oder gar keinen, denn im Ersinnen von Lügen war ich nicht bewandert. Der Mann, welcher in der Welt herumgekommen, merkte bald, daß bei mir etwas nicht richtig war, daß ich etwas zu verhehlen habe, was aber doch nicht gar zu arg sein müsse, da ich am hellen Tage auf der Landstraße mich zeigte. Gerade diese Gemütsstimmung war ihm die rechte, um meines Körpers sich zu bemächtigen, den er immer sehr wohlgefällig betrachtete.

Er gab sich als Werber in französischen Diensten zu erkennen, erzählte von dem Wohlsein der Soldaten und wie sie in Paris ein lustiges Leben hätten und wie man dort von dummen Bauern nicht mehr geplagt werde um einen elenden Lohn. Da könne man wie Herren leben und zeitlebens sein Glück machen, ja Oberst werden; sie hätten einen bei ihrem Regimente, der sei auch nur als gemeiner Soldat eingetreten, und jetzt sei er Oberst und habe einen Schnauz, den er unter dem Kinn knüpfen könne. Ich fing an zu hören, es eröffnete da sich mir eine Aussicht, an die ich gar nicht gedacht. So mit einem Schnauz und einem großen Dreizink zurückkehren und dann in einem andern Ton mit den Leuten sprechen zu können, das schien mir gar zu prächtig. Ich frug nach Mehrerm, zeigte immer mehr Interesse; der Werber merkte, daß ich angebissen, und wie ein guter Angler zog er nicht plötzlich an, sondern so nach und nach, daß ich nicht weiß, wer eigentlich mit klaren Worten zuerst hervorrückte.

Er sagte mir nun, wir gingen jetzt gerade auf Bern ins Werbbureau, dort werde dann meine Kapitulation ausgefertigt und das Handgeld, an das ich noch gar nicht gedacht, mir ausbezahlt werden. Das hatte ich gar nicht gedacht, sondern geglaubt, wir Beide marschierten jetzt fußwarm nach Frankreich hin. Ich trug ihm meine Geschichte vor und meinte gar nicht nach Bern gehen zu dürfen, denn dort werde mein Landvogt mich am Ende auch suchen und der Polizei übergeben, dann werde ich aufgefangen und erhalte meine

Prügel doppelt, denen ich eben habe entgehen wollen. Lieber, erklärte ich, als daß ich nach Bern gehe, gebe ich den Handel mit ihm auf, er solle seiner Wege gehen und ich wolle schon einen Ort finden, wo der Landvogt nicht hinschmöcke.

Da sagte er lachend, ich sei auch so ein dummer Bauernkerl, der gar nicht wisse, wie es in der Welt zugehe. Ein Landvogt sei ein Herrgott in seinem Amte, da könne er regieren und kujonieren, so viel die Bauern mögen erleiden, aber in Bern, da habe er gar nichts zu befehlen, da sei ein Schreiber und ein Lieutenant in der Stadt mehr als ein Landvogt auf dem Lande; und wenn einer von ihnen in die Stadt komme, der auf seinem Nest Keinem für einen Gruß danke, der ziehe den Hut ab und bücke sich vor jedem Sekretär und tue mit eines jeden Ratsherren Jean wie ein alter Bekannter. Sobald wir nach Bern kämen, wollten wir zu seinem Lieutenant, dessen Vater sei Seckelmeister, und wenn der Landvogt nur ein Wort sage, so kriege er einen tüchtigen Abputzer für die ganze dumme Geschichte. Es komme da immer darauf an, wer den ersten Bericht mache und wer einer Sache sich annehme, dafür wolle er nun schon sorgen. Überhaupt sei man ein ganz anderer Mensch, wenn man in Städten wohne oder auf dem Lande. Man fühle das auch gleich, und man sei kaum ein Jahr so in einer Stadt, sei man nun wer man wolle, Junker oder Burger, Schreiber oder Pfarrer, Stallknecht oder Stubenmagd, Laufbub oder Kirchenrat, so begreife man erst recht, wer man eigentlich sei, und müsse alle Andern für nicht viel besser als Esel, Kälber und Kühe ansehen, man möge wollen oder nicht.

Das kam mir damals unbegreiflich vor, ich hatte aber bald Gelegenheit, die Wahrheit eines Teils dieser Behauptung zu erfahren; und die Wahrheit des letzten Teils: daß wer in die Stadt ziehe, in Zeit seit einem Jahr seine frühern Kameraden mit ganz andern Augen ansehe und ein ganz Anderer sei, und daß wenn man von ihm wolle angesehen werden, man eine ganz besondere Ehrerbietung an den Tag legen müsse, was denn auch Viele nicht ermangeln, und daß wer dieses nicht tue, mit entfernender Kälte behandelt oder als böser Kopf, ehedem als Liberaler, jetzt als Aristokrat oder von dem Einen so, dem Andern anders, kurz als ein dummer Mensch, der weder fassen noch urteilen könne, vermalestiert und abgefertigt werde – wer hat ehedem und dermalen das nicht erfahren? Ja man behauptet, diese Verwandlung komme auch an Leute, welche nur einen kleinen Teil des Jahres in der Hauptstadt seien, und Regierungsstatthalter und Gerichtspräsidenten, denen dieses Glück zuteil werde, redeten in ganz anderem Tone als früher und in einem ganz andern Tone zu Menschen, die das ganze Jahr über oder teilweise oder gar nicht oder nur einige Tage in der Hauptstadt seien. Ja man behauptet, es gebe Menschen, welche ein besonderes vorahnendes Jucken in sich fühlten, alle Menschen für Esel anzusehen außer sich, und diese böten alle Mittel auf, wie die Juden beim Schachern, um in die Hauptstadt zu kommen, und je mehr sie sich zu erheben gedächten, desto mehr erniedrigten sie sich auf die gemeinste Weise und mit Verleumdung und mit allerlei großen Worten. So sagt man; ob es wahr ist, weiß ich nicht genau. Indessen ging es gerade so, wie mein Werber gesagt hatte. Der Herr Lieutenant nahm mich in Gnaden an, hatte unbändige Freude an dem Prachtkerl, versprach vollkommenen Schutz und lachte über den Landvogt nicht wenig. Ich hatte damals meine sehr große Freude daran, daß so ein französischer Lieutenant in Bern mehr zu bedeuten habe als ein Landvogt; ich wußte damals auch noch nicht, daß es doch noch darauf ankomme, von welcher Familie der Lieutenant oder Landvogt sei oder wer mehr Freunde oder Verwandte im Rat habe.

Nun war ich also schweizerischer Soldat in Diensten der französischen Monarchie. Es kann nicht meine Absicht sein, alles zu erzählen, was mir während meiner langen Dienstzeit begegnet ist. Ich merke bereits, daß es mir gegangen ist, wie es ungelehrten Leuten gewöhnlich geschieht: so selten sie zum Tampen Zeit haben, so können sie doch nicht aufhören, wenn sie einmal sich warm geschwatzt haben. Wenn ich fortfahren wollte, so gäbe es ein dickes Buch wie die Bibel, und da würde es diesem Buche (mit Respekt, nicht zusammengezählt!) auch gehen wie der Bibel, selten jemand würde es lesen; und doch schreibe ich es gerade deswegen, daß die Leute es lesen möchten, denn es soll ein Spiegel für Viele sein. Meine Absicht ist, aufzuschreiben, was unter uns, im Vaterlande mir begegnet, damit dabei etwas lernen könne, wer dieses liest. Von meinem Soldatenleben will ich nur erzählen, was jeder Schweizer davon wissen sollte und was zur Erklärung meiner Person und meines endlichen Schicksals durchaus notwendig ist.

Eine neue Zeit sollte nun wieder in Frankreich beginnen und fünfundzwanzig vergangene Jahre der Vergessenheit übergeben, ausgekratzt werden die Züge, welche sie der Erde und den Menschen eingegraben. Wie Krähen bei einer Metzgeten, flatterten von allen Seiten Leute herbei, die nichts gelernt, nichts vergessen hatten. Von den Alten, im Feuer und Wasser Erprobten behielt man nur so viele bei, als notwendig waren, die Maschine gehen zu machen, oder die, welche sich zu stellen vermochten, als hätten sie sich bis dahin verstellt und wären eigentlich immer gewesen Leute von sogenannter guter Gesinnung, also gutgesinnte Leute, das heißt Leute, welche von Grund ihres Herzens überzeugt seien, es gebe zweierlei Menschen, die einen mit Sporen an den Füßen geboren, die andern mit Sätteln auf den Rücken, die einen vom Schöpfer zum Reiten und die andern, um geritten zu werden, ausstaffiert. Und wie es jetzt in allen Ämtern geschah, also geschah es auch in den Schweizerregimentern. Die alten Helden an der Beresina und die wackern Helden auf dem Marsfelde wurden, wenn die Gnade groß war, in Linienregimenter gesteckt, sehr Viele aber, besonders die, welche zu vornehmen Schlechtigkeiten nicht schweigen wollten, mit Kopfnicken zur Ruhe gesetzt; und wie Mäuse aus ihren Löchern, so krochen und hüpften, nachdem der Pulverdampf sich verzogen hatte, eine Menge Jünkerlein, die höchstens einmal einen Feuerteufel gerochen oder auf dem väterlichen Misthaufen einen Spatz geschossen hatten, herbei und füllten die Garderegimenter. Oh, das war ein ganz eigener Anblick, ein Regiment zusammengesetzt aus den Männern der Kaiserzeit und den Leutchen der alten oder neuen Zeit, wie man will. Wie sie vor der Fronte stunden, die gebräunten Männer mit dem sichern Blick, dem eisernen Schritt, verschwistert Säbel und Arm, das Bewußtsein der Beresina in jedem Wort, jeder Bewegung, und unter ihnen dann die blanken Gesichter mit den dummen, hochmütigen Augen, das Kinn hinaufgeschraubt zu höchstmöglicher Keckheit, mit dem stolpernden Hahnenschritt, dem verlegenen Säbel, den verlegenen Händen, der schillernden Stimme und dem suchenden Blick, der etwas finden wollte und doch nichts sah – wer erinnert sich nicht dieses Anblikkes? Und wie sich die Leute Augen machten, wie die Einen glühten in kaiserlichem Zorn und Verachtung, und wie die Andern starrten in aristokratischem Hohn und Übermut, und wie diese so oft vornehm auf die Seite und manches mit hoher Nase übersahen, was nicht nur den Säbel, sondern auch das Herz in Verlegenheit gesetzt hätte – wer erinnert sich nicht noch dessen? Aber es ändern sich die Zeiten und mit ihnen die Menschen.

Von oben herab wehte scharf der Wind und immer schärfer gegen jede kaiserliche Erinnerung. Die gebräunten Männer wurden immer seltener vor der Fronte, und an einem schönen Morgen sah man Marschälle und Obersten, deren Schwerter auf hundert Schlachtfeldern im Siege gefunkelt, deren Adleraugen ebenso oft im Siege geblitzt hatten, mit Wachskerzen in den Händen, gesenkten Hauptes, schleppenden Schrittes durch die Straßen ziehen; da senkte sich manches andere Haupt, und seinem Auge entquoll eine Träne schmerzlicher Erinnerung. Die alten Soldaten sahen mit einem eigenen Gefühl die neuen Offiziere, ihnen waren alle Träume von Epauletten mit Offiziers-, Hauptmanns-, Oberstenzeichen verschwunden, sie mußten sich von Menschen befehlen lassen, die weniger wußten als sie, mußten oft sich in Verwirrung setzen lassen durch die Unkunde des Offiziers, seinetwegen von den Kameraden in andern Zügen sich auslachen lassen. Sie mußten sich nun auf einmal das Benehmen der Offiziere in Friedenszeiten verbunden mit der junkerlichen Kühle und Schroffheit gefallen lassen. Im Felde, wo man zum Leben und Tode gesellt ist, wo das Leben der Offiziere in der Soldaten Händen ist, wo im Gewühl der Schlacht der Schuß eines Kujonierten unbemerkt töten, der Schluck aus einer Feldflasche retten kann, da schließt unwillkürlich der Offizier dem Soldaten sich an, und bei aller Disziplin bildet sich ein kameradschaftliches Leben, aus einem Kessel ißt man, an einem Feuer liegt man. Von diesem Leben wußten aber die, welche nur auf dem Depot ihre Lorbeeren erworben hatten, oder die, welche ihre Stiefel noch frisch gewichst aus Berns Lauben brachten, nichts. Ohnedem entfremdet der Garnisonsdienst, wo das Leben so scharf sich trennt, kein Lieb und Leid zu teilen ist, fast unwillkürlich Soldaten und ihre Obern, und dem besten Offizier wird es ordentlich schwer, sich im rechten Verhältnisse zu bewahren. Und wenn so ein aufgeschraubter, frisch gewichster Lieutenant oder Hauptmann einen ansah, so kam einem unwillkürlich «foutue bête» zwischen die Zähne. Dies tat besonders den alten Unteroffiziers weh, und ihnen geschah am meisten, daß sie zuweilen gegen solche Puppen den schuldigen Respekt vergaßen, obschon sie eingewohnt waren in die eiserne kaiserliche Disziplin. Es waren meist nur kleine Verstöße, im Unmute entfahren, die aber doch gewöhnlich das Verlieren der Schnüre zur Folge hatten.

Nach und nach verschwanden bei der Garde auch mehr und mehr die alten Unteroffiziers, und die, welche blieben, fügten sich in die neuen Menschen, wurden schmiegsam, warteten auf und rapportierten, so viel sie konnten, und entluden einen großen Teil der Herrleins aller fernern Sorge um ihre Leute, damit sie Zeit übrig behielten für ihre Figur und andere Figuren auf Kanapees und Spielkarten. Dort waren ihre Schlachtfelder, dort holten sie ihre Wunden, und es war allemal ein Regimentsspektakel, wenn einer zum erstenmal hinkend oder mit dem weiten Geleise nebenbeilief und verschämt tat oder dreinschaute wie ein Bullenbeißer, wer etwa über ihn lache. Später zogen dann die Herren auf so gelassen, als ob so etwas sich von selbst verstünde und Pauken und Trompeten eben nichts anderes wären als vornehme Gügerlein, also etwas ganz Ordinäres.

So etwas wirkte natürlich nicht am besten auf die Soldaten ein, die keine Kriegsehre im Leibe hatten, sondern nur den Kamaschendienst vor sich; auf alle Fälle verlor sich Scham und Scheu vor etwas, dessen man sich im Vaterlande auf das höchste schämt. Aber etwas anderes wirkte noch viel verderblicher, das war die Geringschätzung der Offiziere gegen unsern Gottesdienst. Sie legten es deutlich an den Tag, daß Feldprediger, Religion, Gottesdienst sie eigentlich nichts angingen, sondern nur für uns da seien, damit wir sogenannte Habersackpredigten zu hören bekämen und im Gehorsam gehalten werden könnten. Von ihnen kam nur, wer mußte, während wir hineingetrieben werden mußten; wer kam, schlief oder hörte sonst nichts oder tat nichts als aufpassen, wer sich etwa rege, warf sich in die nachlässigste Stellung, je nach der persönlichen Eigentümlichkeit, und am Ende äußerte er sich vielleicht noch: Das wäre aber eine Predigt gewesen, welche keine Sau gefressen hätte. Was mußten da wohl für Gedanken und Gefühle bei uns erwachen? Wenigstens keine religiösen.

Wenn wir dann Spaliere bildeten bei königlichen Prozessionen oder die Begleitung bei königlichen Messen, da sahen wir unsere Offiziere alle, sahen sie in größter Aufmerksamkeit, ja Andacht, sahen sie der größten Ehrerbietung sich befleißen, sahen sie oft ganz anders in fremdem Gottesdienst als im eigenen. Was meint man wohl, was wirkte das, und dazu auf Menschen, die mehr oder minder roh waren und daher in keiner Meinung, in keinem Glauben selbständig, ohne inneres Gegengewicht gegen die Sinnlichkeit, die so gerne alle Schranken durchbricht? So wurden wir unwillkürlich der Herrschaft unsers großen Herrgottes entzogen, aber dem frugen unsere kleinen Herrlein wenig nach. Vielleicht sahen Einige es gar nicht einmal ungerne, teilt doch so ein kleines restauriertes Menschlein seine erhaltene Macht nicht gerne mit jemand, am wenigsten mit dem großen Gott, könnte ihm da ja gar nichts übrig bleiben! Und doch fühlten sie nicht Kraft genug in ihren wattierten Herzen und den selbstgemachten Gesetzen, uns ohne Gott in Reih und Glied zu behalten. Daß unsereiner auch eine Seele hätte, daran hatten viele ihrer Väter schon mehrere hundert Jahre lang kaum mehr gedacht, warum sollte es gerade jetzt den dummen Enkeln beifallen? Was aus uns würde, was wir heimbrächten ins Vaterland, haben das je die bedacht, welche Schweizerblut verkauften, Sold für die eigene verfallene Haushaltung, Brot für die verwahrlosten Söhne suchten? Gerade dieses Reislaufen unter oberkeitlichem

Schutz und Garantie brach den echten Schweizersinn; da wurden die Freien dressiert, bis sie Knechte wurden, bis sie schmeicheln, Stellen nachjagen konnten, da wurden sie entnervt durch fremdes Geld und fremde Laster, die Einen reich, die Andern desto ärmer. Aus den stehenden Heeren trug sich allmählich die Ordnung über in alle Verhältnisse des Vaterlandes, und wer unberufen das Maul auftat, kriegte Stockschläge wie der Soldat in Reih und Glied, der räsonierte.

Und in den reformierten Kantonen wirkte es aus oben angeführten Gründen noch viel schädlicher als in den katholischen.

Ich bin weit entfernt zu tadeln, daß die Schweizer, wenn sie keine eigenen Kriege hatten, sich schlugen in den Kriegen Anderer, lag es doch einerseits in den Sitten der Zeit und haben die Schweizer ein eigenes kampflustiges Gemüt und eine eigene Hand, in die nicht nur der Pflug, sondern auch das Schwert paßt. Aber das verdamme ich, daß das angewohnte Reislaufen, welches die Obrigkeit, wenn es am gefährlichsten war, nie zu hemmen vermochte (höchstens die kleinen Diebe hängte sie, die großen ließ sie immer laufen), gedreht und förmlich organisiert wurde, bis es ward ein Brotkorb gewisser Familien, eine Pflanzschule von Herren und Knechten, ein Grab vaterländischer Tugend, ein fruchtbarer Schoß fremder Laster, eine Werkstätte ruchloser Gemüter, die nichts Heiliges mehr kannten. Das verdamme ich, daß an diesen organisierten fremden Dienst das Pensionswesen sich knüpfte, das unter verschiedenen Gestalten fortdauerte bis auf die neuste Zeit, daß um eine Lieutenants- oder Hauptmannsstelle beeidigte Väter des Landes in den vaterländischen Ratssälen ihre Stimmen und des Vaterlandes Söhne verkauften.

So hatten wir beim Regiment nichts anders als das Vorspiel des aristokratischen Lebens zu Hause, auch eine Art äußern Stand, nur mit dem Unterschiede, daß man bei uns weder Sinn noch Sitten zu bemänteln nötig zu haben glaubte. Von den Herren selbst hatten wir direkt wenig zu leiden, die meisten bekümmerten sich wenig um uns, einige sogenannte Regimentsbüffel (man nannte sie so, weil die meisten derselben kurze Hälse hatten) ausgenommen. Die schnurrten jeden an und brachten etwas vor, um sich wichtig zu machen. Um die Offiziere aber stunden in dreifacher Kette die Reihe der Unteroffiziers und Instruktoren als Brillen und Eselsbrücken. Um die her in weiterm Kreise ihre Günstlinge, Nachwuchs in ihre Reihen, dann die tributpflichtige, zu hudelnde Menge der Unbedeutenden, auf die man nicht viel Rücksicht nahm, die aber viele Rücksicht zu nehmen hatten. Aus ihr taucht hie und da einer auf, der sich nicht alles will gefallen lassen, der räsoniert, klagt usw. Aber es ist gewöhnlich nur hie und da einer (das Zusammentreten Mehrerer wäre als Aufruhr angesehen worden); von seinen Kameraden wird er, wenn es allfällig zum Reden käme, nicht unterstützt, er erhält seine Nüsse vor den Kopf, richtet nichts aus, wird auf die Mugge genommen, bis er zahm wird oder sich entfernt.

SIEBENUNDZWANZIGSTES KAPITEL

Wie ich aus einem Rekrut zu einem Mann werde

In ein solches Regiment trat ich ein. Oh, so ein Rekrut ist ein armselig Ding! Solang man auf dem Wege ist, geht es, wenn man etwas Geld hat und sich nicht mit der magern Kost, bei welcher zugunsten der Obern der Brotkorb hoch gehängt ist, begnügen muß. Sobald man aber unter die Hände der Instruktoren fällt, geht der Tanz an. Alle möglichen Ehrentitel, unter denen Bauernlümmel der reputierlichste ist, muß man hören vom Morgen bis an den Abend, und wer vorher nicht exerzieren konnte, der wird herumgestoßen, das Gewehr ihm in den Armen herumgerissen, daß er ringer seine zwanzig auf den Hintern nehmen würde. Ist er mit dem Exerzieren fertig, so fallen die über ihn her, welche früher als er da waren und einen Teil der Schule durchgemacht, und wer nur eine Woche früher eingerückt ist, glaubt schon das Recht zu haben, auf den Ankömmling mit Stolz herabzusehen, sich seiner zu seinem Vorteil zu bedienen. Auf das Rupfen ist es natürlich abgesehen bei allen, und wer mit den Instruktoren und Kameraden in Wein und Schnaps sich abfinden kann und will, der kauft sich von mancher Plage los.

Das wollte ich nun aber nicht. Gleich am ersten Tage erbitterten mich die Schimpfwörter, das Stoßen der Befehlenden, das Betragen der Kameraden; jemanden, der mich böse gemacht, dem zahlte ich keinen Wein, das wäre mir durchaus unmöglich gewesen, ich hätte mich eher zu Kraut und Rüben verhacken lassen. Am folgenden Morgen ging es noch ärger und ich wurde noch böser, wurde auch in der Erbitterung ungeschickter, was das Übel nur vermehrte. Ich räsonierte, man hieß mich einen bösen Kopf, une mauvaise tête, den man ringgeln müsse, ich verging mich, wurde gestraft, konnte längere Zeit nicht in die Kompagnie treten, und als ich es endlich konnte, ward ich dort tüchtig empfohlen auf der einen Seite und zweitens wirklich störrisch im höchsten Grade auf meiner Seite, so daß es nicht anders als böse gehen konnte. Beim Exerzieren bekam ich immer Tadel oder Strafe. Ich war groß und fiel daher in die Augen, auch wenn man kein besonderes Auge auf mich gehabt hätte. Niemand machte mich mit den kleinen Vorteilen beim Putzen der Montur und Armatur bekannt, alle hatten ihre Freude daran, wenn ich am meisten dabei schwitzte, am längsten daran machte und doch am Ende alles am schlechtesten hatte. Auf dem Fechtboden stieß und schlug der Fechtmeister mich tüchtig, lehrte mich nichts, stellte mich immer heraus als einen, mit dem nichts anzufangen sei, weil ich ihm weder eine Flasche zahlte noch einen Franken in die Hand drückte, und doch wurde ich nun auch vor die Klinge genommen. Ich wollte einst meine Faust brauchen, da bedeutete man mir, es sei hier eine andere Mode, ich müßte heraus. Mein Gegner war kein geübter Fechter, auch nicht stark, glaubte aber sich sicher und mir weit überlegen. Mir klopfte das Herz vor dem blanken Eisen doch ein wenig, als ich es aber einmal in der Hand hatte, da schien ein eigener Geist in dasselbe zu fahren, es war, als würde es lebendig in meiner Faust; die Erbitterung trug das Ihrige dazu bei; ungewohnte Hiebe und Stöße, ein eiserner Arm, der jede Parade gehauen hätte, wo die Streiche nicht meist flach gefallen wären, brachten meinen Gegner außer Fassung, und bald hatte er eins über den Arm erhalten, an dem er einstweilen genug hatte. Nun wurde ich froh und stolz und meinte beim Regiment die gleichen Siege zu erfechten mit der Klinge wie zu Hause mit der Faust, aber ich täuschte mich. Man ließ mir nicht lange Zeit zum Stolz, bessere Fechter verbanden sich, den Bauernlümmel zu züchtigen, ich mußte wieder aufs Terrain, erhielt eine Schlappe und dann wieder eine und wieder eine. So führte ich ein wahres Höllenleben und fühlte auch eine wahre Hölle in mir, denn ich mußte regelmäßig den Kürzern ziehen. Mit kaum vernarbten Wunden auf der Brust beging ich einen Insubordinationsfehler gegen einen Unteroffizier im Dienst, ich wurde krumm geschlossen. Hätte ich den Zustand meiner Brust gezeigt, es wäre kaum geschehen, allein man hätte mir eher die Zunge ausreißen können, ehe ich mit einem Wort je einen Grund zum Nachlaß von Strafen vorgebracht hätte. In dieser Stellung brachen meine Wunden auf, entzündeten sich, und eines Morgens fand der Wärter mich im heftigsten Fieber. Man schloß mich auf, fand bald die Ursache und brachte mich ins Spital. Lange lag ich dort zwischen Tod und Leben, endlich kam ich wieder zum Bewußtsein, aber lange nicht zur Kraft. Schon in meinen Träumen hatte ich oft eine große Gestalt an meinem Lager gesehen und sie herausgefordert oder mich herausgefordert geglaubt, sie machte mich allemal unruhiger. Nun beim Bewußtsein sah ich sie wieder vor mir stehen, mit großen, ernsten Augen, einem grauenden Schnurrbart, einem Munde, der nur Patronen beißen zu können schien, einen Mann mit einem wahren Schlachtengesicht und einer Haltung, als ob er vor seinem Kaiser präsentiere.

«Nun, Kamerad», sagte er, «diesmal kömmt es noch nicht an dich, es hat geheißen: Rund vorbei! Aber sage mir, was hat dich so wild gemacht in deinen Träumereien, was hast du da immer zu schlagen und zu fluchen gehabt?» Es ging lange, bis er ordentlich Antwort bekam, aber meine Krankheit hatte mich weich gemacht, und zudem sah aus dem schwarzbraunen Gesichte eine solche Gutmütigkeit mich an, sie war mir so seltsam und tat mir so wohl, daß ich nicht widerstehen konnte. Ich erzählte ihm nach und nach meine Lage, soweit ich sie übersah. Als ich fertig war, brach er aus: «Tonnerre de Dieu, ja, das sind ganz die Lumpenkerls, die Pflastertreter, die noch nie Lunte gerochen; ehemals ging es anders, foudre, du wärest Korporal, Gotthelf, wenn ein Anderer noch beföhle; aber du bist auch ein Lümmel, hast ihnen das Heft in die Hand gegeben, kannst scheints nichts, hast nichts gelernt?» Ich entschuldigte mich, daß mich niemand etwas gelehrt, niemand mich hätte brichten wollen. «Bist doch ein Lümmel», sagte er, «hast du jemand bestochen, daß er dich brichte?» Auf mein Nein sagte er: «Da siehst du den dummen Kerl; beim Regiment, so wie es jetzt ist, muß man sich einkaufen, erst mit Geld, dann, wenn es sein muß, mit der Klinge. Ehemals, da kaufte man sich vor einer Zwölfpfünderbatterie ein oder in einem Schanzgraben, mais aujourd'hui! In jedem Regiment sind ein paar, die davon leben, Anfänger für ihr Geld einzureiten, für ein paar Francs wärest du dem allem los gewesen. Mais diable, ich hätte es auch so gemacht und die Fuchsschwänze nicht mit Geld geschmiert, ces misérables! Aber ich will dich brichten ohne Geld und du mußt ein ganzer Bickel werden, du gefällst mir, gerade so einer war ich auch. Attendez seulement toujours! Dafür mußt du alles besser wissen und besser können als sie alle, und das alles kann dich niemand besser lehren als der alte Bonjour, der im Lager von Boulogne dem Kaiser das Pferd hielt und bei der Beresina lange von ihm angesehen wurde. Ja, wir kannten uns, ich und er!»

Auch er war im Spital an aufgebrochenen Wunden, die ihn jedoch nicht im Bette hielten und an keiner Bewegung hinderten; ich sah, daß man allenthalben mit einer Art Respekt ihn behandelte oder ihm aus dem Wege ging, daß er ungescheut redete, ohne ein Blatt vor den Mund zu nehmen. Sobald ich nur in etwas mich erholt hatte, fing er seinen Unterricht bei mir an theoretisch und praktisch, den letztern begann er beim Knöpfeputzen. In wenigen Tagen wußte ich mehr, als ich während drei Jahren, die ich beim Regiment gewesen, gelernt hatte. Bald konnte ich frische Luft schöpfen, er begleitete mich. Ich konnte mich nicht satt hören, wenn er zu erzählen anfing von allen den Feldzügen, denen er beigewohnt, von allem ausgestandenen Wunderbaren, von großen und kleinen Kugeln, die wie Spreu sie umflogen, von Sonnenglut, die sie zerschmolzen, von des Winters Kälte, in der sie erstarrt, alles das ausgemalt in die Einzelheiten hinein, wie nur ein Augenzeuge sie auffaßt. Und über alles sprach er nicht nur wie einer, der dabeigewesen, sondern auch wie einer, der darüber zu Rate gesessen; er konnte alle Warum lösen und zeichnete in den Sand alles so lebendig ab, was sein Mund erzählte, daß ich glaubte, selbst dabeizusein. Er sprach von Dingen, von denen ich nie etwas gehört, von Ländern und ihrer Lage, von denen ich nichts geahndet; er sprach von Länge- und Breitegraden, nach welchen man die Stelle der Länder auf der Weltkugel bestimmt, und erklärte mir das so faßlich, daß ich darüber erstaunte und alle Tage wißbegieriger wurde und mehr lernte als alle Tage meines Lebens vorher, und der Alte hatte immer größere Freude an mir und verdoppelte seine Anstrengung. So wie meine Gesundheit es erlaubte, begann er den Fechtunterricht mit hölzernen Säbeln; er erstaunte über meine natürliche Fertigkeit dazu, trotz meiner gegenwärtigen Schwäche, und konnte nicht warten, bis sie an mir den alten Bonjour fühlen würden. Er war unstreitig der beste Fechter im Regiment und behauptete immer, nur einer, der in allen Teilen seiner Waffe Meister sei, sei ein rechter Soldat, alle Andern seien nur Lückenbüßer und Pulverfutter, und nur der, welcher auf den Säbel in seiner Faust trauen könne, habe Mut und verdiene befördert zu werden; und wenn auch das nicht geschehe, so hänge doch davon der Respekt ab, den jeder genieße. Ein Offizier, der nicht fechten könne, mahne ihn gerade an eine Frau, die nicht kochen, ein Mädchen, das nicht tanzen könne.

Um so verwunderter war ich, als er einmal an einem stürmischen Tag, nachdem er vernommen hatte, daß ich nicht schreiben und rechnen könne, mit Schreibzeug heranrückte und mich dahinterpflanzen wollte. Ich weigerte mich, behauptete, ich sei zu alt dazu, werde es mein Lebtag nicht brauchen und wolle einstweilen bei der Klinge bleiben. Aber mein Alter wurde böse und meinte, zu etwas Gutem sei es nie zu spät, er wäre noch älter gewesen, als er es gelernt, und wenn ich es im Dienste wohin bringen wolle, so müßte ich schreiben und rechnen können. Ich machte wieder Einwendungen und meinte, es im Dienste nicht weiter bringen zu können und zu wollen, als bis ich die Hiebe wieder ausgeteilt, die ich empfangen, und das könne füglich in den Monaten noch geschehen, bis meine Kapitulation abgelaufen sei. Was ich noch werden könne und würde, das wisse er nicht, sagte er, aber das sei des Mannes Pflicht, sich tauglich zu machen zu allem Nützlichen, damit wenn er nichts werde, nie er selbst, sondern nur unser Herrgott schuld sei daran. Ich käme ihm wie ein schlechter Kerl vor, wenn ich den Dienst verlassen wollte, in dem ich nur der Lümmel gewesen, jetzt, nachdem er mich zu etwas Rechtem gemacht; wenn ich schon nicht avanciere, so würde ich jetzt ganz andere Zeiten haben als früher, und wo er mir helfen könne, da sei er da, übrigens wisse Keiner, was es noch geben könne. Sobald ein schöner Nachmittag sei, wollten wir ins Freie, und er werde mir dann etwas erzählen, nach welchem ich nicht Lust haben werde, auszutreten, um ein Lümmel zu bleiben mein Leben lang.

Er wurde wieder heiter, wir saßen zusammen hinter einer Flasche. Recht bequem hatte es sich der Alte gemacht, und nachdem er alles hatte, was er bedurfte, und so gestellt, wie es ihm am besten zur Hand war, begann er mir zu erzählen, was ich nur in aller Kürze wiedergeben will. «Ich war ein wilder, gottloser Bube, war aber auch gottlos erzogen und gottlos geprügelt worden. Sobald ich zu Kräften kam, prügelte ich wieder, und als einst meine Stiefmutter halb tot am Boden lag, da lief ich fort, ich glaubte sie tot. Ich konnte weder lesen noch schreiben, wußte lange nicht was anfangen, war ein Strolch, und als ich vor Hunger fast darauf ging und zum Stehlen zu dumm war, da lief ich endlich der Trommel nach und ward Soldat. Es ging mir fast wie dir. Ich war wild und stettig, allein wir lagen nicht in Garnison, sondern im Felde, da geht es ganz anders. Ich war verwegen, voran bei jedem kühnen Streich, aber auch bei jedem schlechten. Brennen und Rauben und noch anderes, was ich nicht sagen mag, war meine Burgerlust; je größer das Wehegeschrei um mich her, desto mehr lachte mir das Herz im Leibe, hatte ich doch auch oft so geschrien und rings um mich alle gelacht. Zudem war unser Regiment durch einige hinterlistige Mordtaten erbittert, und überhaupt ist der Schweizer, wenn er einmal losgelassen ist, ein unghürigs Tier. So trieb ich es lange und stund bei den Kameraden in gewissem Ansehen, denn in der Not konnte jeder auf mich zählen; Einigen schien vor mir zu grauen, aber ich spottete ihrer.

«In Kalabrien war es, daß wir einmal ein Städtchen und mit demselben einige Nonnen- und andere Klöster mit dem Säbel in der Hand einnahmen. Wir taten wie gewohnt, und ein herzzerreißendes Geschrei erschütterte in einem Nonnenkloster die Mauern, wo wir eben unsere Teufelslust hatten. Auf einmal schlug eine gewaltige Stimme scheltend auf uns ein, es war unser Hauptmann, der vor nicht langem zu uns versetzt worden und von seinem Mute uns heute die ersten Proben abgelegt hatte. Wir waren des Abwehrens nicht gewohnt, achteten nicht auf ihn. Er gebot noch einmal, wir gehorchten nicht, nun schlug er auf uns ein mit flacher Klinge, daß mir noch jetzt die Ohren surren. Ich wollte mich wehren, da traf er mich über dem Handgelenk, daß ich glaubte, mit dem Säbel entfalle mir auch die Hand, und in wenig Augenblicken war die stille Behausung von uns Unholden geräumt. Während wir so schnöden Mutwillen trieben und uns zerstreut hatten, kehrte der Feind mit Verstärkung zurück, überraschte uns, ehe wir uns versahen. Nun natürlich ein Gewirre, das nur der begreift, der es erlebt. Der Feind war mitten in der Stadt, ehe man ihn ordentlich bemerkt hatte, in allen Häusern unsere Soldaten vereinzelt, nirgends ein kompakter Widerstand. Voll Schrecken ergriffen Viele die Flucht, Andere mit sich fortreißend, den Glauben an die Möglichkeit eines Widerstandes verlierend, und wo der aufgegeben ist, ist alles verloren. Da erschien mein Hauptmann wieder und stemmte der Flucht sich entgegen, doch umsonst; er war noch nicht eine bekannte Erscheinung unter uns, die im Felde fast unwillkürlich wirkt. Da schritt er dem Feinde entgegen, schlug einen einzelnen Vorgedrungenen nieder, griff eine Flinte auf und fing an zu feuern. Flüchtlinge eilten an ihm vorbei, der Feind drang auf ihn ein, da kam auch ich, eine kostbare Monstranz in den Händen, und wollte dem andern Tore zu. Als ich den Kämpfenden sah, fiel mir auf einmal ein, man könne sich doch also noch wehren, noch sei nicht alles verloren; ich sprang ihm bei, das Vorige ganz vergessend, mir folgten Andere, das Gleiche denkend. Wir hielten den Feind auf, die Überraschung verflog, die Flucht stand, die Flüchtigen erhielten wieder Besonnenheit, mit dieser ihre alte Überlegenheit, bald war die Stadt wieder unser. Das ist, was der alte Krieger vor dem jungen voraus hat, nicht den Mut, nicht das Feuer, nicht die Einfälle, sondern die unerschütterliche Fassung, die nie vergißt, was noch möglich ist.

«Als wir uns am Abend auf dem Markte zum Appell aufstellten, kam der Hauptmann der Fronte nach und sagte laut zu mir: ‚Bonjour, heute hast du ein braves Stückli gemacht, es ist aber auch das erste von dir, das ich gesehen habe; komm nachher zu mir, ich habe mit dir zu reden'. Mit Worten, die schärfer waren als sein Säbel, sagte er, wie ihm alles mißfallen, was er bisher von mir gesehen, wie ich ihm als ein grundschlechter, gottloser Bursche vorgekommen; daß ich ihm aber nach erhaltener Züchtigung zu Hülfe gekommen, das sei ein Zeichen, daß ich besser sei, als ich scheine, daß sich noch etwas aus mir machen lasse. Er sei mir Dank schuldig, und wenn ich glaube gehorchen zu können, so wolle er versuchen, mich zu einem rechten Menschen und wahren Soldaten zu machen, bis dahin sei ich nur ein Räuber und Mordbrenner gewesen. Es regte sich in mir gar seltsam und wunderlich; so hatte noch niemand zu mir gesprochen, und ein mir unbekanntes Etwas in mir machte mir eng und heiß, und eine Antwort wollte nicht mehr heraus, und ohne weiters sich einzulassen, nahm er mich zu seinem Burschen an.

«Mein Hauptmann war ein eigener Mann. Von der Pike herauf hatte er gedient, eine Heldentat unter den Augen der Kommandierenden hatte ihn zum Offizier gemacht, so war er zum Hauptmann aufgerückt. Als er meine Unwissenheit, meine Gottlosigkeit merkte, kam er auch einmal, als wir ruhig lagen, mit Tintenfaß und Feder angerückt, samt einem Buche; ich machte es wie du. Da kapitelte er mich tüchtig ab und meinte, das sei eben die niederträchtigste Geschichte in der Welt, daß die wenigsten Menschen dafür sorgten, tüchtig zu sein für das, wozu sie nicht bloß berufen würden, sondern wozu sie sich drängten oder was sie doch wenigstens wünschten. Jeder lebe seiner Bequemlichkeit, Lust, Trägheit, und werde er etwas und könne er nichts, so schäme er sich nicht einmal, schiebe erst die Schuld und dann die Arbeit auf Andere und nehme getrost Ehre und Geld für sich; und wenn einer etwas nicht werden könne, weil er nicht das Nötigste wisse (was aber glücklicherweise für die Meisten selten untersucht werde), so fange er ein Zetergeschrei an über Unrecht, das von Anfang der Welt an an ihm begangen worden. Unteroffizier werde ich doch zu werden wünschen und vielleicht noch mehr, denn das sei kein braver Soldat, der nicht ein höheres Ziel im Auge habe; aber nie könnte ich mit Ehren etwas werden, ohne etwas zu können. Viel leichter würde ich in solchem Zustande Offizier als Unteroffizier, so wie man meistens unwissend durch und durch zu Hause auch eher Landvogt werde als Schreiber, eher Ratsherr als Weibel, und allerdings gebe es manchen Hauptmann im Regiment, der keine Kompagnierechnung geschweige machen, sondern auch nicht prüfen, von dem man nichts anders wisse, als daß er seinen Namen schreiben könne. Er selbst hätte bei seinem Avancement den Namen nicht einmal schreiben können, sich aber da gar bitter geschämt und tief gefühlt, daß ihm alles fehle. Sein Stolz sei in ihm erwacht; er hätte nicht mit seinen Eltern, den schlechten Schulen sich entschuldigen mögen, denn das hätte in seinen Augen ihn nie entschuldigt, eine Stelle zu bekleiden, für die er unfähig gewesen, und ein rechter Offizier müsse mehr können als Gewehr beim Fuß kommandieren und im Notfall den eigenen Degen brauchen; auch hätte er es nicht ertragen können, daß man ihn ausgelacht oder bemitleidet. Da hätte er in seinem Geiste sich aufgemacht und an manchem stillen Abend, in mancher stillen Nacht, wenn die Kameraden schliefen oder schwärmten, und mitten im Feldlager das Versäumte nachgeholt.

«Da frug ich ihn, wenn das sei, warum er dann noch immer so fleißig studiere und zeichne? ‚Bonjour', sagte er, ‚ich werde wohl nie General, aber wenn ich es werden sollte, so will ich jetzt schon vorher tüchtig dazu sein, ich könnte dann vielleicht weder Zeit noch Kraft mehr haben, es nachzuholen; sorgt man in der Zeit, so hat man in der Not'. Das brachte mich zur Arbeit und in Kurzem weiter, als ich je gedacht, und seither habe ich oft gedacht, wie schade es sei, daß mein Hauptmann dieses nur mir und nicht auch Andern gesagt. Ihn ärgerte nichts mehr als meine Gottlosigkeit. ‚Höre, Bonjour', sagte er, ‚ein Soldat ohne Religion ist ein wildes Tier und ein unglückliches Tier. Ich war auch nicht viel besser als du', erzählte er mir dann, ‚ich meinte, das point d'honneur sei des Soldaten Religion. Nicht lange war ich Offizier, als wir eine heiße Schlacht schlugen in einem weiten Felde, an dessen Grenzen Graben und Hecken sich hinzogen. Ich stund auf dem rechten Flügel, unter den Voltigeurs. Wir hatten harten Stand, besonders gegen Artillerie und Reiterei, die uns in die Flanke nehmen wollte. Wir stunden wie Schweizer; da drang das Zentrum vor, durchbrach das feindliche, wir wollten auch vorwärts, wollten den siegenden Freunden nach. Die Massen drangen vor, die Jäger schwärmten aus, da geriet ich zwei Husaren unter die Klinge und sank mit vier schweren Wunden bewußtlos hin. Nacht wars, als das Bewußtsein mir nach und nach wieder aufdämmerte. Ich fühlte zuerst das peinlichste Gefühl einer unendlichen Schwäche, dann den Brand einer glühenden Zunge, nun erst das Brennen der Wunden. Ich wußte nicht, wo ich war. Es ächzte, stöhnte um mich her; Seufzer, gewaltig erschütternd, schauerlich weithin tönend, zu gewaltig für die Menschenbrust, drangen klagend durch die Nacht. Ich rang um die entschwundene Erinnerung, aber die Nacht, die Schwäche, das beginnende Fieber lähmten die Anstrengung. Da blitzte es durch die Nacht, und in des Blitzes langem Scheine sah ich um mich ein Schlachtfeld, sah die winselnden Menschen, die stöhnenden Pferde, sah endlich unter den Leichen und Sterbenden Gestalten sich bewegen. Ich hoffte Rettung; da sah ich sie Leichen und Sterbende ausziehen ohne Unterschied, ohne Erbarmen, sah sie des Himmels Blitz als Licht zu ihrem Werke brauchen, sah sie immer zahlreicher auf dem verlassenen Schlachtfeld, sie, die Schakals und Hyänen Europas, sie, die mit den Seufzern der Sterbenden, denen sie lebendig ihre letzte Hülle genommen, beladenen Marodeurs.

«Und näher schwärmten sie zu mir heran, und deutlicher sah ich ihr ruchloses Treiben, über sie rollte gewaltig Gottes Donnerwagen, aber sie hörten ihn nicht. Aber auf mich sank das furchtbarste Entsetzen; meine Zunge, meine Wunden brannten immer fürchterlicher. Menschen vor mir, aber nicht Retter; die Zunge wollte rufen, todesängstlich sah das Auge die nahenden Gestalten. Rettung wünschte ich, nur von Menschen hoffte ich sie, aber die einzigen, die ich sah, brachten den Tod. Zwischen den Donnerschlägen hörte ich schon das Flehen der Gequälten, Hohngelächter der Unmenschen, sah im Blitze bittende Hände emporgehoben, sah diese Hände verstümmeln um des blinkenden Goldes willen. Dem Tode hatte ich oft ohne Bangen entgegengesehen, aber nie in dieser Gestalt mir ihn gedacht. Die entsetzlichste Angst klemmte mir das Herz zusammen, sie hinderte eine wohltätige Ohnmacht, die Angst wurde immer tötender; seufzen durfte ich nicht, beten konnte ich nicht. Doch diese Tiger kamen nicht bis zu mir; sie kamen heran, bis das Blut mir in den Adern stockte, dann schien ein gewisses Etwas zwischen mir und ihnen zu sein, und weiter ins tiefe Feld hinein verloren sie sich. Und einsam war ich wieder, aber nun traten die Schrecken der öden Einsamkeit, die Qualen des Verschmachtens ein. Oh, sie sind furchtbar, diese Qualen, und zu Jahrhunderten werden die Minuten, grauenvoll war das Leuchten der Blitze über die Toten hin und vernichtend die Stimme des Himmels durch das irdische Gewimmer. Da rauschte es über mir, neben mir, kühle schwere Tropfen fielen auf die heiße Stirn, ein schöner Gewitterregen brauste über uns hin. Gott hatte meine Leiden gesehen, er netzte seinen Finger und kühlte die brennende Zunge mir. Eine unbegreifliche Erquickung durchschauerte mich. Es war nicht bloß der Leib, der in süßer Kühlung neues Leben fand, es waren nicht bloß die Bande des Schreckens, des Entsetzens, die sprangen und frei die Seele gaben, nein, in meinem Herzen, das bis dahin nur Irdisches empfunden, empfand ich nun Gott, empfand sein Dasein, sein Erbarmen, seine Liebe. Das waren unbeschreibliche Augenblicke, das Herz sprang mir auf und legte sich offen vor Gottes Angesicht, und Gott wandte sich seither nicht wieder von ihm ab. Ich wurde ein anderer Mann und auch ein besserer Soldat, denn der rechten Christenkraft in Liebe, Vertrauen und Geduld ist keine andere gleich.'

«So sprach mein Hauptmann. Sein Wort, sein Beispiel

machten mich in Bälde ebenfalls zum Christen, und Gottlob, ich bin es geblieben. Das Christentum allein hat mich aushalten lassen, was ich ausgestanden. Ich schloß an meinen Hauptmann mich immer inniger an; er ward mir alles auf Erden, für ihn zitterte ich im Kugelregen, im Getümmel des Gefechtes, nie für mich; seinen Federbusch hielt ich immer im Auge, es war meine Fahne. Mehrere Male verwundet, kamen wir doch glücklich aus Spanien, und ich als Unteroffizier. Es ging nach Rußland hin. Wir glaubten uns glücklich, der Glut, dem Gifte, den Dolchen Spaniens entronnen zu sein, wir gedachten der Schrecknisse nicht, die unser warteten. Sie brachen über uns ein wie Zorngerichte Gottes: die fürchterliche Kälte, der fürchterliche Hunger, die fürchterlichen Bauernsensen, die fürchterlichen Kosakenlanzen. An der Beresina standen wir noch im Feuer zweier Armeen, verloren alles dort und viele Tote, aber die Schweizerehre brachten wir gerettet und neu bewährt über den mordenden Fluß. In unsäglichem Jammer schleppten wir uns Wilna zu.

«Fürchterlich getäuscht mußten wir dort, ohne uns nur ordentlich erwärmt zu haben, weiter. Mein Hauptmann hatte alles für die Seinigen getan, für sie gewacht, gearbeitet in unerschütterlicher Fassung, aber er wurde immer schwächer, alle meine Kräfte reichten kaum hin, ihn zu unterstützen. Er wollte mich fortsenden, wollte, daß ich mich rette, aber lieber das Leben ließ ich als den Hauptmann. Endlich brachte ich ihn halbtot nach Königsberg, doch nur, daß er ruhig in einem Bette sterben konnte, vom Fieber ergriffen. Mich setzte er zum Erben seines kleinen Vermögens ein, aber im Schmerz über seinen Verlust fühlte ich diese Wohltat nicht. Ich fand mich wieder ein beim Regiment, sah den Kaiser untergehen, sah ihn wiederkommen, sah ihn zum zweitenmal, verließ den Dienst nicht; ich wollte dem Hauptmann Ehre machen als sein würdiger Zögling, und nach Hause zog mich nichts. Ich kam in die Garde, verlor dort die Schnüre wegen Mangel an Respekt vor einem Blancbec und verließ doch den Dienst nicht, denn ich weiß, was ich weiß.»

Ich sah den Alten fragend an, da beugte er sich zu mir über und fuhr leise fort: «Ich will noch Kapitän werden und du sollst mein Sergeant werden, denn ich weiß, was ich weiß. Ich weiß, daß der Kleine wiederkommt; er ist zweimal gekommen, das drittemal darf er nicht fehlen. Er ist nicht tot, er hat sich nur verborgen, weil die Engländer ihn vergiften wollten, aber er wird kommen, wenn die rechte Stunde schlägt. Und wenn er wiederkommt, muß ich auch dasein; da wird er zu mir sagen: ‚Bonjour, Kapitän Bonjour', und da werden die großen Tage wieder kommen von Marengo und Austerlitz, und wer weiß, ob ich nicht an einem derselben an der Spitze des Regimentes sterbe? Und dann wird er sagen: ‚Es ist schade um den Oberst Bonjour, ich hätte ihn zum General gemacht.' Siehe, darum bleibe ich und habe alles ertragen, habe fort und fort gelernt, was ich nur konnte in den wenig ruhigen Stunden, die wir haben, damit ich auf dem Platze sei, wenn er kommt, damit ich der Rechte sei, wenn er mich brauchen will. Siehe, darum mußt auch du bleiben, mußt auch du etwas lernen, damit du zuschanden machen kannst, die dich hassen, damit du in dir selber das Gefühl hast, mehr zu sein, als man dich gelten läßt, und daß wenn die rechte Zeit kommt, du bereitet bist. Was der Hauptmann an mir getan, das will ich an dir auch tun, will dich zu einem Kerl machen, wie im ganzen Regiment keiner mehr ist, und dann wird der Kleine sagen: ‚Colonel Bonjour, das hast du brav gemacht'.»

So plauderte der Alte noch lange fort, erzählte immer geheimnisvoller von den besondern Träumen, die er gehabt, Ahnungen und Erscheinungen, und redete immer begeisterter von den kommenden Herrlichkeiten, die er sich für ihn und mich versprach, wenn all das Lumpenpack zum Teufel gejagt sei. Mich riß er fort mit sich auf den Schwingen seiner Träume; ich glaubte an ihre Erfüllung, ich versprach Fleiß und Gehorsam und habe das Versprechen gehalten. Er hatte mir eine Aussicht eröffnet, an der ich mich labte, die mir Kraft gab, vieles zu erlernen, was man sonst in meinem Alter unmöglich glaubt. Die Träume blieben Träume, aber doch haben sie mich zu einem Mann gemacht, der seinem Schöpfer keine Schande macht. Darum träumt nur, liebe Leute, aber ob dem Träumen verträumt das Leben nicht, sondern ob dem Träumen lernet ringen nach einem hohen schönen Ziele, nach der Vervollkommnung eurer selbst.

Nach einem Vierteljahr kam ich aus dem Lazarett, ein ganz anderer Mensch. Mut und Selbstbewußtsein hatte ich wieder erhalten, eine sichere Haltung, ein gemessenes Betragen gewonnen. Meine Hässer fanden die alten Blößen nicht. Im Dienst war ich ohne Tadel, außer dem Dienst fand man aber doch die alten Gelegenheiten, sich an mir zu necken; aber ich war eben nicht mehr der Alte, sondern teilte nun auch aus, was ich empfangen hatte, und mein Alter hatte Mühe, zu verhüten, daß ich nicht ein Händelsucher wurde. Er sagte mir also, es sei niemand verächtlicher, als der, sich seiner Überlegenheit bewußt, Schwächere quälen wolle, Solche hätte sein Hauptmann nicht in der Kompagnie gelitten. Der Soldat müsse sich vor keiner blanken Waffe fürchten, aber auch nie dieselbe ohne Not gegen Kameraden ziehen. Des Schwächern sich anzunehmen, sei Pflicht und das das schönste Vorrecht für einen guten Fechter, wenn er Andere schirmen könne, das erwerbe auch den schönsten Respekt. Es geschah auch, daß ich mehrere Male mit Franzosen mich schlug, meist mit den langen, gewaltigen Grenadieren zu Pferde, mit denen wir lebten wie Hund und Katze. Es war eine Freude zu sehen, den Schweizer mit dem kurzen Briquet dem Franzosen mit der langen Latte (so nannte man ihre langen Säbel) gegenüber, wie rasch die Sache gewöhnlich sich ausmachte und wie lang hin der Franzose fiel, oft auf den Tod verwundet, denn die Streite zwischen Franzosen und Schweizer waren meist giftiger Natur. Es war eine Freude, mit dem kurzen Säbel, in welchem die ganze Kraft des Arms bis an dessen Spitze lag, zu fechten gegen so lange Ungetüme, welche auch der stärkste Arm nicht sicher und schnell genug regieren kann. Die langen Säbel scheinen großen Vorteil zu versprechen, scheinen den Körper zu schirmen und hinter diesem Schirm um so sicherer weithinaus Wunden schlagen zu können. Aber der Schweizer hat einen eigenen Instinkt, auf den Leib dem Feind zu rücken, an ihn anzudringen; ist einmal der erste Aushieb ausgehalten mit Kaltblütigkeit, was hilft dann der lange Säbel gegen den kurzen, der auf den Leib will?

So zogen die Franzosen gegen die Schweizer gewöhnlich den Kürzern und werden ihn immer ziehen, wenn man den Schweizer auf den Leib rücken läßt, wohin es ihn treibt. Es trugen auch die Schweizer ihre Briquets mit einer Keckheit durch die Straßen von Paris und vor den Barrieren herum, die nur aus dem Bewußtsein, seiner Waffe Meister zu sein, entspringen kann. Ein Regiment Soldaten, zusammengesetzt aus lauter Einzelnen, wo jeder seiner Waffe vertrauen darf, jeder Einzelne ein ganzer Mann für sich ist, ein solches Regiment ist unüberwindlich. Das machte die alten Schweizer unüberwindlich. Warum vernachlässigt man diesen Satz aber und besonders in der Schweiz, übt die Soldaten meist nur als Teile des großen Ganzen; warum, frage ich, wirkt man nicht mit allen Mitteln, namentlich durch Musterungen, dahin, daß auch der Einzelne als Mann selbständig gebildet wird, für sich allein stehen, allein hervortreten kann im Notfalle? Warum wirkt man nicht dahin, daß er Freude hat an seiner Waffe, daß sie sich ihm zu jeglichem Dienste in die Hand schickt und im Augenblicke der Gefahr ein zuverlässiger, treuer Freund bleibt? Aber dafür müssen auch die Offiziere etwas anders mit ihren Degen anzufangen wissen, als sie mit der einen Hand am Griff, mit der andern an der Spitze zu halten, mit krummen Ellbogen und krummen Knien vor ihren Zügen herstolpernd.

Der Alte hatte alle Tage größere Freude an mir und schloß sich an mich wie der Vater an den Sohn. Durch mancherlei Künste brachte er es dahin, daß ich bei meiner erneuerten Kapitulation in seine Kompagnie kam. Weil wir hier zu gleicher Zeit Dienst zu tun und zu ruhen hatten, so wurden wir um so unzertrennlicher, unsere Zeit um so besser angewendet. Er wurde an mir zum förmlichen Schulmeister. Schreiben, Rechnen wurden allmählich absolviert, da ich so viel konnte als er selbst; dann teilte er mir mit, was er von der Mathematik, Geographie, Geschichte verstund, wir lasen Bücher zusammen, die er irgendwo aufgetrieben hatte, oft das wunderlichste Zeug. Am liebsten war es mir, wenn er in stillen Stunden, manchmal auf der Wache, wenn alle schliefen, oder an einem Sonntag nachmittags irgendwo im Freien sein Herz aufschloß und mich zu Gott hinführte, den er kindlich verehrte, nicht mit der Zunge, sondern von ganzem Herzen und ganzem Gemüte. Wie er dann beredt wurde, wenn er sich all der wunderbaren Führungen und Bewahrungen Gottes erinnerte, erinnerte, wie manches Menschen er sich um Gottes willen erbarmet, wie oft nur das Vertrauen auf Gott ihn mutig und gefaßt erhalten und wie ganz anders die Welt und all ihr Treiben in ihm sich abspiegle, seit sein Hauptmann ihn zu einem Christen gemacht, wie ganz anders, als da er noch mit sinnlichen Augen aus einer heidnischen Seele schaute. Aber am merkwürdigsten war, wie er seinen irdischen Gott und seinen himmlischen, den

Allvater und den großen Kaiser, in Verbindung brachte, beide Hand in Hand schaffen ließ, von dem einen sein irdisch, von dem andern sein ewig Heil erwartete. Das waren glückliche Stunden für mich, die ein neues Leben in mir schufen, fortführten, was Anneli angefangen, und mir wieder eine Aussicht zeigten hier und dort. Um dieses Aneinanderschließens, unserer einsamen Gänge und der Gespräche wegen, die niemand begriff, wurden wir mit mißtrauischen Augen angesehen. Man wollte wittern, wir brüteten ob geheimen Plänen, gehörten einer geheimen Gesellschaft an; da man aber trotz allem Spähen auf nichts kommen konnte, so begnügte man sich, uns genau zu beobachten. Vielleicht hätte man uns verabschiedet, aber wir Beide waren die Zierde unserer Kompagnie und ohne Tadel in unserer Aufführung. Mancher französische Stabsoffizier stund vor uns im Gliede still und sagte: «Bougre, quels beaux soldats!» Bei den Kameraden stunden wir in einer Art scheuen Achtung. Mancher Ankömmling hatte uns Ruhe zu verdanken, wenn wir bei Quälereien gegen ihn stillestunden und ernst dareinschauten; sie wußten, in solchen Dingen verstund ich keinen Spaß, und die besten Fechtmeister scheuten mein Briquet und den Arm, der es führte. Und wenn unsere Suppe zuweilen zu schlecht wurde, so brauchte ich nur zu sagen, ich werde, wenn das nächstemal sie nicht besser sei, selbst eine einschneiden, so wurde es besser.

ACHTUNDZWANZIGSTES KAPITEL

Wie man uns die Träume vertreibt und den Abschied gibt

So verstrichen uns Jahre nicht unangenehm und mir sehr nützlich, denn je mehr ich lernte, desto durstiger wurde ich nach Mehrerem; wo mein Alter nicht aushelfen konnte, da half ich mir selbst weiter. In unerschütterlichem Glauben warteten wir Jahr um Jahr, wie die Juden auf den Messias, auf den großen Toten von St. Helena.

So gut wir konnten, spähten wir aus, was in der hohen Welt vorging, und setzten die erhaltenen Nachrichten nach unserer Art zusammen und glaubten bald hier, bald dort die sichtbar werdende Hand des Erscheinenden wahrzunehmen. Doch immer wurden wir getäuscht, aber nimmer müde, von vornen anzufangen. Da war es eines Morgens, als wäre ganz Paris von einem elektrischen Schlag getroffen aus dem Bett gefahren und zwirble noch sturm und betäubt herum. Es schrie alles auf den Straßen, vor den Kaffeehäusern drängten sich Massen, um die Anschlagszettel stund, Kopf an Kopf gepreßt, eine undurchdringliche Menge. Aber sprechen hörte man wenig, aber die Augen brannten dunkler, und jeder sah dem Andern in seine tiefer hinein, als ob er durch diese wunderlichen Fenster hindurch schauen wollte in des Andern Seele hinab. Wir wußten nicht, was es zu bedeuten hätte, kamen endlich zum Lesen dessen, was alle lesen wollten; es waren die berüchtigten Ordonnanzen von Karl X. Blätter flogen durch die Menge, die Aufregung nahm zu, drohende Worte fielen und Patrouillen fingen an durch die Straßen zu ziehen, doch ohne irgend Widerstand zu finden. Wir gingen in unsere Kasernen. Niemand dachte etwas Weiteres, keine Vorsichtsmaßregeln waren getroffen, keine Truppen zusammengezogen und nicht einmal die anwesenden bereit gehalten. Aber der Lärm nahm zu von Stunde zu Stunde, ein Volksmeer wogte durch die Straßen, unbewaffnet, wenn man die Blitze nicht rechnet, welche ihre Augen auf die aufgestellten Truppen schleuderten. Uns fing das Herz an zu klopfen, wir ahndeten eine große Stunde; und wer anders konnte in dieser großen Stunde erscheinen als unser große

Kaiser? «Gotthelf», sagte mein Alter, «laß uns unsere Pflicht tun, wie wir geschworen haben, es wird sich schon machen, daß alles gut kommt».

Den 27. Juli 1830, mittags, rückten wir aus. Ganz eigen schlug mein Herz, aber an die Gefahren, die einbrechen würden, dachte niemand. Unsere Offiziere waren noch ganz guten Mutes, sie sahen nur eine Volkshetze in der Geschichte, und munter ließen sie uns die Menge mit den Kolben aus dem Palais royal jagen. Den Kolben wurden zuerst Steine und Stöcke entgegengesetzt, es gab leicht Verwundete. Dies reizte die Menge. Studenten, Bürger erschienen bewaffnet in der Masse. Diese brach ein bei Waffenschmieden und wo sie Waffen zu finden hoffte, ihr Widerstand wurde kräftiger, zur Schutzwehr rissen sie das Pflaster auf, machten aus demselben und allem, was ihnen in die Hände fiel, quer über die Straßen eine Art von Schanzen, Barrikaden genannt. Noch blieben die Soldaten Meister, ihr Feuer streckte ganze Reihen nieder; der Kampf war nicht zu Ende, aber doch konnten wir gegen Mitternacht wieder in unsere Kaserne ziehen, hoffend, die Linie werde bis am Morgen fertig machen. Doch vergebliche Hoffnung, am Morgen mußten wir wieder hinaus. Paris schien zum Schlachtfeld geworden; ganz andere Menschen, ganz anders bewaffnet, traten uns gegenüber, ganz andere Schutz- und Trutzmittel besaßen sie. Die Straßen waren verrammelt, die Häuser besetzt, Steine und Kugeln regneten von ihnen in die Straßen herab. Eine eigene Schlachtenfreudigkeit, die dem Schweizer eigen ist, hatte anfangs die meisten Gesichter überzogen, nur einige Offiziere waren bleich geworden, und ein Hauptmann besonders, der durch das Spiel seiner Achseln und Ellbogen berühmt war, durch nichts sonst, suchte mit der erdenklichsten Sorgfalt diese immer in Sicherheit zu bringen. Aber es wurde ein immer furchtbareres, ein immer endloseres Fechten; wir erstürmten Barrikaden um Barrikaden, aber immer neue stunden vor uns; wir drangen von Straße zu Straße, aber in jeder neuen fanden wir größern, nachhaltendern Widerstand.

Eingekeilt in enge Straßen, konnte man nicht vorwärts, konnte sich kaum rühren, konnte dem aus tausendfachem Hinterhalt fechtenden Feinde nicht auf den Leib. Es war ein traurig Fechten gegen Knaben und Mädchen, schmählich für den alten Soldaten, wenn seine Kugel, die einem wütenden Volksführer galt, in die Brust eines Weibes schlug. Ein gewisser Instinkt, daß wir nicht für die rechte Sache stritten, sondern um eines Eides willen, lähmte uns mehr und mehr, die Kampfesfreudigkeit wich von uns, wir taten nur noch unsere Pflicht, und die richtet in solchem Streite nichts aus. Wir fühlten uns gleichsam verwaist, wir fühlten kein Auge, das über uns wachte, keinen Geist, der über Paris schwebte und das Ganze überschaute, lenkte; nichts nimmt dem Soldaten so sehr die Zuversicht als der Glaube, es sei kein Führer da, der die Resultate des Kampfes zu verbinden, zu benutzen verstehe. Zudem quälte uns Hunger und Durst, und ein Mann mit leerem Magen ist nur ein halber Mann; während wir hungerten, sahen wir Scharen Weiber mitten im Feuer Hunger und Durst ihrer Männer und Kinder stillen. Anderthalb Tage wogte der Kampf auf und ab, Generale sahen wir durch unsere dünner werdenden Reihen eilen, sahen den alten Marmont, der der Kopf des Ganzen sein sollte und den eigenen verloren hatte, sahen, daß Wenige wußten, was sie sagten, noch Weniger, was vorzukehren sei. Auf der andern Seite sah man keine Generale, kein besterntes Oberhaupt; Knaben, unbärtige Jugend, warfen sich an die Spitze der einzelnen Volkssäulen vor, und doch schien alles von einem Geiste geleitet zu sein und ein Geist die wilde Masse zu vereinigen, zu beleben, zu lenken. Diesen Geist sahen wir nicht, aber Bonjour sah mich manchmal durch den Pulverdampf bedeutend an, als wollte er sagen: Er ist da, der Kleine, dessen Geist eine halbe Million erfüllen, begeistern, wie einen Körper bewegen konnte. Wir kannten den Volksgeist nicht, der in gewissen Stunden über Millionen kommen kann, darum erkannten wir ihn nicht.

Die Linie wankte, legte die Waffen nieder. Noch schlug sich die Garde unwillig, aber fest im Louvre, in den Tuilerien. Am ersten Orte erhielt ich einen Schuß durch den linken Arm, der mich kampfunfähig machte, doch nicht bewußtlos. Bonjour verband mich flüchtig, gebot mir, sich an ihn zu halten und nicht zurückzubleiben; wir wußten nicht, ob an uns wieder geschehen sollte, was vor bald vierzig Jahren an der alten Garde des sechzehnten Ludwigs. Die beiden Schlösser wurden gegen Nachmittag des 29. genommen, den kleinen Teufeln von Studenten mußten wir weichen und zogen uns entkräftet St. Cloud zu.

Wir waren besiegt. Wer hat dieses Gefühl lebendig je empfunden? Von wem, das wußten wir eben nicht. Es schien uns nach und nach immer deutlicher, daß ein unsichtbarer Feind unser Sieger sei. Die Sorge für die Waffen, für den Widerstand verschwand mehr und mehr, die Obern stunden zusammen, bekümmerten sich wenig um die Ordnung der Soldaten, um eine feste, gedeckte Stellung gar nicht. Die Ersten der Armee zeigten sich nicht. Die Kuriere, hohe und niedere, gingen nicht nach den Sammelplätzen der Truppen, sondern nach Schlössern und erleuchteten Sälen. Bonjour wurde, trotz allem Ärger, daß wir vor einer so ordnungslosen Masse gewichen, immer fröhlicher. Er behauptete, da sei etwas Großes im Werke, gerade so sei es gegangen, als der Kleine das erstemal abgedankt, nun komme die Reihe an einen Andern. Er reinigte sich von Blut und Staub, wichste den Schnurrbart frisch, bürstete, so weit er kommen konnte, und sorgte zugleich für mich wie ein Vater. Bei jedem Geräusch fuhr er auf und meinte, nun komme der schöne Schimmel und auf ihm der kleine Hut und unter ihm der große unsichtbare Geist, der uns geschlagen. Da ritt es endlich an uns heran, aber der Schimmel und der Hut waren nicht dabei, auch nicht der Geist. Wir vernahmen, daß Karl abgesetzt sei dummer Streiche wegen, daß das Volk Louis Philipp zum König erwählet, daß die Franzosen den Eid der Treue zu schwören, wir aber die Waffen zu strecken und nach Hause zurückzukehren hätten. Von Napoleon kein Wort.

Wir streckten die Waffen, wir zogen die grauen Kaputtröcke an und empfingen von der ganzen Nation, von Station zu Station, Blicke stolzer Verachtung, demütigenden Mitleids. Traurig ists, Kriegsgefangener zu sein, von einem Mächtigern besiegt, wandern zu müssen in fremdes Land, vielleicht in enge Haft, begrüßt vom Haß der Bewohner. Doch der Kriegsgefangene tröstet sich mit dem wechselnden Geschick, mit dem Gefühl, daß er für sein Land, seinen angebornen Herrn es geworden. Aber wer beschreibt die entsetzliche Empfindung für brave Soldatenherzen, wenn sie, noch im Blute besiegelter Treue, wie Bettler von Schub zu Schub in die Heimat abgeliefert werden, wenn sie heimgetrieben werden wie vermietetes Vieh, nichts gilt, was sie getan, nur mit Vorwürfen belastet, was sie gewesen, was sie genossen! Wer beschreibt die entsetzliche Empfindung, wenn in der Heimat die gleichen Blicke sie empfangen, die gleiche Geltung ihnen wird! Wenn der Glaube offen an den Tag gelegt wird, nun sei man neu zu vermietendes Vieh, und wenn die sogenannten Landesväter dieses Vieh nun selbst mieten wollen, um es gegen seine Väter und Brüder zu gebrauchen, Bruderblut zu vergießen, Väter dem Henker zu überliefern! Wer will die Empfindung des Einzelnen beschreiben, wenn er sieht, daß die Menge der Kameraden in langer Gewohnheit alles vergessen haben, nur nicht die Gewohnheit, Mietlinge zu sein, wenn er sie erkaufen sieht um einen halben Gulden täglich nicht nur zu schlechten Streichen, sondern zu Vater- und Brudermord! Wer will seinen Schmerz beschreiben, wenn er teilen muß die Verachtung, die mit Recht die Unglücklichen trifft, das nie aufhörende Mißtrauen, das die durch ihr Leben begleitet, welche die rote Kutte getragen, und ganz besonders die, welche im Grunde die wenigste Schuld tragen, die Gemeinen meine ich.

NEUNUNDZWANZIGSTES KAPITEL

Meine Heimkunft

Ich hatte die trübselige Kolonne nicht verlassen, freilich nicht zum Vorteil meiner ernsthafter gewordenen Wunde. Manchmal war ich auf einem requirierten Wägelein nachgeführt worden, anderemale machte ich Maroden Platz und strengte mich über Vermögen an. Zu diesem kam noch eine unglückliche Gemütsstimmung. Unsere Träume, was waren sie? Schaum. Von Napoleon nirgends die Rede. Von Nachtlager zu Nachtlager hofften wir auf Nachrichten, aber umsonst. Anfangs glaubten wir, er sei etwas zu weit noch weg gewesen, um erscheinen zu können; aber da hätten doch seine Anhänger für ihn geredet, für ihn sich gesammelt, von diesem keine Spur.

Wie wir uns drehen und winden mochten, den Glauben an sein Leben, sein Wiederkommen mußten wir nach und nach fahren lassen und mit ihm all unser Hoffen. So war wieder mein Traumbild für die Zukunft mir zerfallen, eine schwere Gegenwart drückte mich, eine öde Zukunft gähnte mich an. Mein armer Alter litt noch mehr als ich, seine ganze Kraft schien ihn zu verlassen, seine Haltung zusammengebrochen zu sein; schwere Seufzer waren Zeugen seiner traurigen Gefühle, und manche Träne sah man stecken in den Furchen seiner dunkeln Backen.

Solange wir in Frankreich waren, hatten wir nichts über unsere Zukunft gesprochen, immer noch Hoffnungen hegend. Als wir aber unsere Grenzen überschritten hatten, da mußten wir ausmachen, was nun geschehen solle. Wir beschlossen, jeder solle nach seiner Heimat ziehen, nachzusehen, ob sich dort nicht irgendwo eine Anstellung für ihn finde, welche es möglich mache, daß der Andere zu ihm ziehen könnte. Bonjour hatte noch sein kleines Vermögen, das zum Teil in seiner Heimat angelegt, zu ordnen, zudem mußte jeder zu Schriften kommen, um allenthalben sich aufhalten zu können. Noch hing es von dem Zustand meiner Wunde ab, ob ich in Bern in den Spital müsse oder heimgehen könne. In Bern, nach einigen Tagen Rast, fand der Wundarzt dieselbe nicht bedenklich, und bei Befolgung seiner Anordnungen glaubte er sie bald geheilt, ohne Lähmung oder merkliche Schwäche. Es war ein traurig Scheiden von Bonjour, ob es gleich kein langes sein sollte. Wir waren jahrelang zusammengewesen, er mein Vater, ich sein Sohn geworden, hatten in der Gegenwart zusammengehalten und eine gemeinsame Zukunft uns auferbaut, darum tat das Scheiden uns so weh. So oft schon getäuscht, war es, als ob wir es ahndeten, daß die Hoffnung baldigen Wiedersehens auch eine Täuschung sein sollte.

An einem schönen Herbsttage, am wolkenleeren Himmel die milde Sonne, auf den Weiden die läutenden Kühe, wanderte ich langsam meiner Heimat zu. Mir war weich, aber wohl ums Herz; die liebliche Luft, das unaussprechliche Heimelige, das aus jedem Zaune, aus jedem Hügel mich anlächelte, gossen einen stillen Frieden über mich aus, eine vertrauungsvolle Ruhe erfüllte mich.

Ich trug freilich nicht Epauletten, keine Ehrenzeichen, aber ich war doch nicht mehr der Gleiche, der die Heimat verließ. Ich war nicht mehr der unwissende rohe Bursche, der nicht einmal wußte, wie das Land heiße, in welchem er wohnte, der weder seinen Namen schreiben konnte noch wußte, wieviel siebenmal sieben sei. Ich war mir bewußt, über den Meisten in meiner Gemeinde zu stehen und mehr zu wissen als alle Schullehrer, die mich unterrichtet hatten. Jahre waren über mich gegangen, ich war nicht mehr der brausende, sprudelnde Jüngling, ich war ein Mann geworden, sicher und seiner selbst sich bewußt in seinem Betragen, ein Mann, der nicht mehr schnell auf loderte, aber auch nicht leicht sich betören ließ. So hoffte ich durch mich selbst, nicht durch Orden, langen Säbel und glänzende Uniform, in meiner Heimat Geltung zu finden, träumte, bald meinem zweiten Vater schreiben, ein ruhig Plätzchen, ein lieblich, sonnigwarm Gärtchen zum Ruheplatz seines Alters ihm anbieten zu können. Ich kam auch nicht ohne Geld heim. So wie mein Alter den Grundsatz von seinem Hauptmann hatte, daß man lernen solle, wenn man auch noch nicht wisse wofür, so hatte er auch einen zweiten, zu sparen, wenn man auch nicht wisse für was, für wen. Er meinte, zum Offizier brauche es auch Geld, und so viel als möglich müsse man vermeiden, mit Schulden anzufangen; erzählte, wie tausend Bursche gedankenlos in der Jugend ein Geld vertäten, mit welchem sie später in der Welt sich hätten forthelfen, etwas anfangen, ein sorgenfreies Alter sich bereiten können. Die meisten derselben gingen später in Not und Elend zugrunde, und manche lange Nacht müßten sie auf ihrem Strohlager unter ihren Hudeln schlaflos sich wälzen und an die schönen Batzen alle denken, die sie leichtsinnig und üppig verschwendet. Darum mußte ich auch sparen, und wenn wir auch hie und da eine Flasche tranken, so zahlte er sie.

Ich trug einige Bankscheine bei mir, die fast aussahen wie

Lotteriebillets, und nur wenige Franken bares Geld. In Gedanken war ich fortgegangen, ergrübeln wollte ich, was für ein Geschick mir endlich werden würde. Ein frischer Luftzug weckte mich, ich sah auf und fand mich auf der Ecke des Berges, wo er ins Tal hinab sich senkt. Vor mir lag meine Heimat, am grünen Abhang lag das ehrwürdige Kirchlein, vor ihm der alte, immer gleiche Fluß mit seinen guten und bösen Launen, um das Kirchlein her die wohlbekannten Häuser, ob wohl noch mit den wohlbekannten Menschen? Tief unten im Tale glänzte in der abendlichen Sonne die Wetterstange auf meines seligen Großvaters Hause, das stolze Bauernhaus auf der Talwand oben sah ich auch mit seinen glitzernden Fenstern, und vor demselben die Elefanten der Schweiz, die stattlichen Kühe auf der Herbstweide. Ich sah gegen zwei der Schulhäuser hin, wo der Schulbub und der Schulmeister bald in heißem, aber vergeblichem Schweiß über einander schwitzten, bald, und das oft nicht umsonst, über einander gähnten. Da fielen meine Augen ins Tal hinauf, und dort war das Haus, wo des Herrn Stimme mich aus dem Schlafe geweckt und das ich neu erbauen half, und daselbst fast versteckt das alternde Haus, wo Anneli wohnte, wo meine Liebe war, meine Sehnsucht mich hinzog, der Stern meines Lebens auf- und unterging. Ich sah Anneli wieder, und die geschwundenen Jahre waren vergessen, ich fühlte neu die alte Liebe, ich erlebte neu die alten Geschichten, mich brannten wieder die alten Leiden, ich begleitete Anneli zum Grabe, und es brach wieder auf die verharschte Wunde, die sein Tod mir geschlagen. Meine Augen brachten seinem Andenken wieder das heilige Opfer des trauernden Herzens, die Tränen, alle aus einer Quelle entspringend und denn doch Kinder der verschiedenartigsten Empfindungen. Eines aber erwachte in mir nicht, nicht der alte Haß gegen die, welche ich schuldig an seinem und meinem Schicksal glaubte, ich ballte nicht die Faust, fluchte ihnen nicht. Mich ergriff ein süßes Sehnen nach dem verlornen Glück, nach dem lieblichen, guten Mädchen bei dem guten Vater droben. Mir entwickelte sich das Bewußtsein, daß der Allgütige sein liebes Kind nach kurzem Leiden hinaufgenommen als seine gereinigte Magd, mich aber einen rauhern, längern Weg geführt zu meiner Reinigung, aber auch an Vaterhand. Ich erkannte in mir die Zeichen seiner Vergebung darin, daß seine Schikkungen zu meiner Seligkeit gedient. Ich ergab mich ihm aufs neue und sprach: «Vater, nicht wie ich will, sondern wie du willst!» Wie hätte ich da zürnen, fluchen sollen denen, die mir Übels getan, da der mir vergeben hatte, an dem auch ich schwer gefehlt? Ich erkannte, daß sie nicht gewußt, was sie an mir getan, daß ihnen das Gefühl gefehlt für die Wunden, die sie mir schlugen, die Erkenntnis der Sünden, die sie an mir begangen. Ich nahm mir vor, versöhnt ihnen entgegenzutreten und die Hand zum Frieden zu bieten. Mein Herz war weit und offen, alle da unten im heimischen Tale hätte es umfassen mögen, und mir ward, als ob Gott mit Wohlgefallen mir zusehe, als ob er aus seinem sichtbaren Auge, der untergehenden Sonne, mir blicke und nicke. Da machte ich mich auf, und bei jedem Schritte pochte mir das Herz in ungeduldiger Erwartung, daß ein bekanntes Gesicht sich mir zeigen, eine bekannte Stimme mir großen Dank sagen möchte. Knaben trieben die satten Kühe heim, ich kannte keinen. Von den Feldern mit Kärsten, Karren und Wagen zogen die Erdäpfelgraber heim zu ihrem gewohnten Erdäpfelschmaus bedächtigen Schrittes, manches Scherzwort wechselnd, aber ich kannte niemand. Junges Volk war es meist, das mich verwundert ansah, mir manchmal bekannt aussah, aber nicht heimgewiesen werden konnte.

Zuweilen war es mir, als ob ich ein alterndes Mütterchen kennen sollte, wenn es eine stattliche Frau gewesen wäre, als ob ich einem rundlichten Weibe den Namen zu geben wüßte, wenn es ein schlankes Mädchen gewesen wäre. Ich hatte die entschwundenen Jahre vergessen und ihre Macht über das Menschengeschlecht. Vor den Häusern hin und wieder erkannte ich einen Mann, dessen festere Gestalt dem Wechsel der Jahre widerstanden war. Wie freundlich ich so einem einen guten Abend bot, wie kalt er mir dankte, denn Keiner erkannte mich! Endlich trat ich ins Wirtshaus ein, wo ich so manchen Klapf gegeben, so manchen erhalten hatte. Jedes Stuhlbein heimelete mich an, ein wohltätiges Gefühl kam über mich, daß jene Zeit, wo ich mit den Stuhlbeinen eine so gute Bekanntschaft hatte, dahin sei; doch schenkte der Mann jenen Zeiten und dem damaligen Jüngling freundlich wehmütige Blicke. Auch der Wirt und seine Frau waren alt geworden und kannten mich nicht, so wie keiner der wenigen Gäste, die sich einfanden. Ich mußte ihnen erzählen von Paris und dem Kampfe daselbst; andächtig hörten sie zu, bis der Wirt mich endlich fragte: Wohin ich wolle und wie ich heiße, weil er es aufschreiben müsse. Mir klopfte das Herz, als ich meinen Namen nannte, es klopfte in banger Erwartung, ob freundliche Gesichter mich willkommen heißen würden. Aber fast erschrocken sahen mich die Menschen an. «An dich habe ich nicht gesinnet, es hat niemand geglaubt, daß du wieder kommest», hieß es von allen Seiten. Einer nach dem Andern schlich sich fort aus Furcht, ich möchte ihn für etwas, vielleicht für ein Nachtlager, ansprechen, jeder schien schon zu berechnen, daß die Gemeinde einen Tagdieb mehr werde zu erhalten haben. Der Wirt war bald mit mir allein, er wies mich nicht fort, fragte mich nicht nach Geld, allein auf seinem Gesichte war die Angst zu lesen, ich möchte ihm einstweilen allein zur Last fallen.

Liebe Leute, ihr wißt alle, was das Heimkommen jedem Menschen, der nicht ganz fühllos ist, für eine Bedeutung hat.

Wenn ein Hausvater, der Weib und Kind hat, einen einzigen Tag fort ist, was wünscht er zu Hause zu finden, was zieht ihn heim, wenn er weiß, daß er es findet? Was zieht ihn Stunden früher heim und beschleunigt seine Schritte je mehr und mehr, je näher er dem Hause kommt? Ists nicht freundlicher Empfang, sind es nicht freundliche Gesichter? Was versüßt ihm Hitze und Mühe und läßt ihn die Ermüdung vergessen? Freundliche Gesichter! Was macht manchen Menschen unglücklich und stürzt ihn auf immer ins Verderben? Unfreundliche Gesichter, Streit und Schelten, wenn er heimkömmt. Nach der Heimat zieht es alle, und je mehr es einen dahin zieht, desto unglücklicher wird man, wenn man es einem dort nicht heimelig, sondern unheimelig macht. Nun war ich Jahre fort, war wieder in der Heimat, deren Anblick mich heute so glücklich gemacht hatte, fand keinen Ätti, fand kein Müetti, keine Frau, kein Kind, kein einzig freundliches Gesicht, kein herzliches Willkommen, sondern allenthalben den Ausdruck, daß ich unwert heimgekommen. Liebe Leute, das tat mir weh, das brannte mir tief ins Herz hinein. Als ich auf meinem Lager war, übermannte mich der Schmerz, ich weinte bittere Tränen, daß in der Heimat mir nur Essig und Wermut bereitet sei.

Mir wollte das Herz wieder in Zorn aufwallen, böse Vorsätze wollten aufkeimen in mir, Mißmut mit meinem Los mich übermannen, ich fühlte mich verlassener als je. Da fing leise eine andere Kraft in mir sich zu regen an, die Kraft des Selbstbewußtseins, das Gefühl des eigenen Wertes; das Vertrauen, von Gott nicht verlassen zu sein, vereinigte sich damit. Beide erhoben mich allmählich über meinen Schmerz. Ich verzieh zum Eigennutz erzogenen Menschen eigennützige Gedanken, verzieh den Vielbeladenen ihre durch Andere erzeugten Ängsten, begriff, daß ich in der letzten Zeit eben nicht den besten Ruf hinterlassen haben müsse, fing an mich zu freuen, nun als ein anderer Mensch erscheinen, sie alle beschämen, ihnen nützlich sein zu können. Ich empfahl meine Wege dem, in dessen Wegen ich wandeln wollte, und fand endlich Ruhe.

DREISSIGSTES KAPITEL

Meine Krankheit und dem Spital seine

Doch die gestrige Tagreise, die gehabten Gemütsbewegungen, verbunden mit allem Frühern, ließen mich am folgenden Morgen unwohl erwachen. Meine Wunde war wieder entzündeter, es fröstelte mich über und über, und heftiges Kopfweh lastete zentnerschwer über meinen Augen. Ich stund dennoch auf, glaubend, frische Morgenluft werde mir wohler machen. Zu Annelis Grab wollte ich, wollte es wieder grüßen, wollte es bitten, mein Schutzgeist zu bleiben, bis der gütige Vater uns zusammenführe. Mühsam trugen mich meine Schritte hin auf die mir wohlbekannte Stätte, wo die Kindbetterin besonders ruhte. Dort sank ich ins feuchte Gras und dachte unserer Scheidestunde, seines letzten Blickes, und immer dunkler wurden mir meine Gedanken; aber immer hellere Bilder drängten sich an meinen Augen vorüber, ich glaubte Anneli zu sehen, mein Kind, Mareili, Bonjour, Napoleon, alles führte ich zusammen, dann riß alles wieder auseinander, ich versuchte sie wieder zusammenzubringen, aber immer weniger gelang es mir.

Ich konnte die Bilder immer weniger festhalten, sie verflossen immer wilder in einander, wurden immer dunkler und dunkler, bis endlich schwarze Nacht über mich einbrach und ich mehr weder etwas dachte noch etwas sah. In dieser schwarzen Nacht stiegen zuweilen Gewitter auf, und mir wars, als sähe ich den ganzen Himmel in einem flammenden Blitze und diese Blitze entlüden sich alle auf meinem Kopfe und erfüllten ihn mit einem entsetzlich brennenden Feuer. Und wieder war mir, als stünde ich im Gefechte und alle Kugeln schlügen mir in meinen Arm, und obgleich schon hundertfach zersplittert, kamen immer neue Kugeln und fanden immer noch etwas zum Zersplittern. Da kam wieder die Nacht, in der ich nichts sah, nichts fühlte.

Endlich erwachte ich von einem hellen Schein, der mir in die Augen drang. Ich schlug die Augen auf, meine Weckerin war die Morgensonne, die durch enge Fenster hineinguckte auf mein Bett. Ich war nicht mehr auf Annelis Grab und konnte nicht begreifen, wo ich war, wie ich hierhergekommen. Am Fenster saß ein altes Mütterchen, hustete und spann Kuder, in zweien andern Betten berzete und stöhnte es, im dritten lag ich, unendlich matt; nur Augenblicke konnte ich die Augen offen halten, die Stimme fand ich gar nicht, der Kopf war mir so blöde, aus den Gliedern war alle Kraft weg, ich konnte mich nicht rühren, lange lange nicht. Endlich vermochte ich ein Geräusch zu machen, die Alte brachte mir zu trinken und erschrak zum Einfallen, als ich, durch den Trunk gestärkt, sie fragte: «Wo bin ich?» Sie glaubte, ein Geist rede aus mir, denn niemand hatte daran gedacht, daß ich wieder zurechtkomme. Ich vernahm nun, daß ich im Spital der Gemeinde sei, vom Kirchhof weg hiehergebracht, und viele Wochen lang hier im Fieber liege, und daß der Doktor gesagt, es sei nichts mit mir zu machen, ich stürbe auf jeden Fall. Doch hätte man mir noch alleweil zu trinken gegeben, wenn ich manchmal meine Zunge, fast schwarz vor Brand, herausgestreckt.

Ich hatte Mühe, dieses zu fassen. Endlich ordentlich zu mir selbst gekommen, fühlte ich besondern Schmerz im Arm, fühlte seine Vernachlässigung, indem ich ihn nicht mehr bewegen konnte. Ich verlangte nach dem Arzt, die Alte ging, sagte es dem Spitalknecht und brachte seine Antwort: Das werde nicht halb so pressieren, am Abend müsse jemand ins Dorf, Salz zu holen, da werde es lange frühe genug sein. Ich wollte mir das nicht gefallen lassen, allein die Alte meinte, da sei nichts zu machen, und nahe an mein Bett tretend, flüsterte sie: Der Knecht sei gar e Wüeste und Unerchannte. Wie man mich am Montag in den Spital gebracht, habe er es erst am Mittwoch dem Doktor sagen lassen und gemeint, um dä wäre es nicht schade, wenn er schon verrecke. Aber ich solle sie um Gottes willen nicht verraten; wenn er es wieder vernähme, was sie mir gesagt, so ginge es ihr viel zu bös, sie käme gewiß in den Schwingstuhl oder ans Block. An eine solche Ordnung war ich nicht gewohnt aus den französischen Spitälern; ich wußte, was dort die kleinste Vernachlässigung eines Kranken nach sich zieht, und hatte gar keinen Begriff davon, wie weit die Roheit eines Spitalknechtes getrieben werden kann, wie weit eine Kommission den brutalen Grundsatz, daß sie nur da sei zur Unterstützung des Knechtes und nicht auch zur Sicherstellung und Bewahrung der Armen, ausdehnen kann; ich hatte keinen Begriff davon, wie hoch man Despotie und Zwang in einem solchen Hause schrauben kann, so weit zum Beispiel, daß man den Leuten daselbst das Kirchengehen verbietet, aus Furcht, sie möchten erzählen, wie sie behandelt werden.

Ich schickte sie demnach noch einmal hin; da kam etwas herangepoltert in Holzschuhen (die Holzschuhe und noch andere rasselten oft bis nach Mitternacht in dem hölzernen Hause auf den Köpfen der Kranken herum, daß es mir in meinem angegriffenen Kopfe fast unerträglich wurde) und schnauzte mich an: Ich werde beim Donner nicht wollen regieren, er müsse verantwortlich sein, er hätte beim Donner viel zu tun, wenn er allemal aparti zum Doktor schicken wollte, wenn es einem in Sinn käme; hätte ich so lange dagelegen, so werde das nicht alles zwänge, wenn ich schon bis am Abend warte. Ich frug nach meinem Habersack, in dem ich Mehreres für meinen Arm von unserem Wundarzt hatte; er wollte nichts von ihm wissen. Ich frug nach meinen Kleidern; es hieß, die hingen draußen im Spycher, man hätte nicht daran gedacht, daß ich sie noch einmal brauche. Ich forderte sie; die hätte ich gar nicht nötig, ich werde sie nicht anziehen wollen, und man hätte nicht der Zeit, um für mich ume und ane zu springen, ich solle nicht meinen, daß ich hier nur befehlen könne. Ich verlor im Ärger wieder mein Bewußtsein, aus welchem mich nur der Arzt weckte, der nun, da ich noch nicht sterben wollte, es wieder für tunlich hielt, mit meinem Arm sich zu beschäftigen. Derselbe war fürchterlich vernachlässigt, einige Zeit glaubte man ihn abnehmen zu müssen. Wenn man nicht immer noch gehofft, ich stürbe, so hätte man mich wahrscheinlich nach Bern geführt, so aber fand man es nicht der Mühe wert. Er wurde endlich gerettet, allein er wird mir steif bleiben.

Da die rohe, brutale Behandlung die gleiche blieb und ich eben glaubte, die Behörde sei für beide Teile da, so begehrte ich einmal, der versammelten Kommission etwas vorzubringen. Ein Mitglied kam und auch der Knecht. Ich wurde gefragt, was ich wieder zu räsonieren hätte. Der Knecht meinte, ich solle meine Sachen jetzt nur sagen, was ich wollte, er wollte dann seine Sachen auch sagen. Und ehe ich noch etwas sagte, meinte das Mitglied: Man kenne söllige Kunde wohl, söllige sig niene wohl, wenn sie am ene rechte Ort hätte chönne si, so wäre si nit unter di Rote gloffe. «Bhüetis, ih chenne dih gar wohl, du bisch geng vo de Ugattlichste eine gsi und wirst jetzt unger dene Hudle alle e ganze Kerli worde si! Aber du muesch nit meine, du heigisch meh Recht als en Angere, u de dih förchtet me nit; we me e Söllige förchte wett, me wär bös zweg.» Nun versuchte ich auch etwas zu sagen, was Manier sei und nicht. Aber da hieß es plötzlich wieder: «Du bisch jetzt nit zParis u bisch jetzt i üsem Spittel, wärisch dert bliebe! Bhüetis, mir hei dih gar nit umebigehrt. Ih gseh jetzt scho, wer recht het, du bisch eine vo de Mehbessere, häb dä nume i dr Kur, dä manglets!» Das war mein Verhör, das seine Frucht, soviel ich mich daran erinnern mag. Ich sah, daß unter solchem Regiment gar nichts zu machen und Schweigen das Beste sei. Dieses wurde mir am schwersten, wenn ich alte, zitternde Leute mit Worten und Werken mißhandeln sah oder wenn die Frau des Knechts, die gerade ein Gesicht hatte wie eine Stande voll Sauerkraut, ihr böses Maul hantieren ließ unter den Leuten. Meine Genesung ging sehr langsam vor sich unter solchen Umständen, man kann es sich denken. Erst als der Frühling schon hoch am Himmel stand, konnte ich zum erstenmal die Stube verlassen und an die Sonne mich setzen. Ich sah erbärmlich aus und fühlte auf der Brust und in allen Gliedern eine unbegreifliche Schwäche. Doch war einmal der erste Schritt getan; ich hoffte, bald mehrere tun, bald diesen Ort verlassen zu können, weil ich es für unmöglich hielt, mich bei der schlechten Nahrung ordentlich erholen zu können.

Zwei Sachen plagten mich. Erstlich das Habhaftwerden meiner Effekten, über die man mir nicht Auskunft geben konnte oder wollte, und dann die Sehnsucht nach Bonjour. Ich konnte nicht begreifen, warum er nicht geschrieben, und wollte ihm schreiben, sobald es mir möglich war. Endlich glaubte ich den Weg nach dem Dorfe unternehmen zu können und fragte um Erlaubnis. Ich mußte sagen, was ich unten machen wolle. Nach Briefen sehen, war meine Antwort. «Dafür brauchst du nicht hinunterzugehen», hieß es, «es liegen zwei für dich schon lange da». Ich wollte aufbegehren, daß man mir sie nicht übergeben, allein es hieß, man hätte noch andere Sachen zu sinnen als an meine Briefe. Dieselben waren offen, wahrscheinlich weil man nicht dachte, daß ich sie je lesen werde, und allerdings von meinem Alten. Derselbe schrieb mir im ersten: Er hätte weder nahe Verwandte noch gute Bekannte angetroffen, scheine auch unwert gekommen zu sein, er wolle nur noch den Leset abwarten und einen Brief von mir, dann werde er wohl zu mir kommen. In einem zweiten, spätern beklagte er sich über mein Stillschweigen und über ein angreifendes Unwohlsein, das ihn zwar nicht ins Bett geworfen, aber doch vom Reisen abhalte, deswegen solle ich so bald als möglich ihn besuchen. Der letztere war schon drei Monate alt, französisch geschrieben, und man hatte nicht der Mühe wert gefunden, ihn mir zu übergeben. Man kann sich meinen Unwillen und meine Unruhe denken. Der erstere stieg noch, als der Lümmel mich jetzt nicht ins Dorf lassen wollte und meinte, ich wollte nur hinuntergehen, um die paar Batzen, die ich noch hätte, zu versaufen und ihn zu verbrüllen. Nun erwachte aber die ganze Überlegenheit des Mannes in mir. Mit wenig Worten erklärte ich ihm, daß er mich verklagen, aber an meinem Gang nicht hindern könne, und durch das Hinterhalten der Briefe hätte er ein Unglück angestellt, das er vor dem Richter zu verantworten hätte. Der Mann war verblüfft, aber nach Art solcher Lümmels verbarg er seine Verlegenheit hinter desto lauterem Brüllen: Ich könne seinethalben laufen, wohin ich wolle, aber er wolle sehen, wer Meister sei, ob ich oder er, es werde wohl ein Block da sein für mich, schwer genug, um ihn nicht ins Dorf zu schleppen. Doch ließ er mich fort.

Mein erster Gang war allerdings ins Wirtshaus, um meine Effekten zu suchen. Glücklicherweise traf ich den Wirt und gleich die rechte Saite. Ich entschuldigte mich, daß ich so lange sein Schuldner geblieben sei, und frug nach meiner letzten Ürti. Er meinte, das hätte nicht pressiert, aber es sei brav von mir, daß ich zu zahlen begehre. Er fand, daß ich gar leid aussehe, und gab mir eine gute Fleischsuppe, die mir wohltätig in alle Glieder drang. Ich wollte schon zutraulich werden und zu klagen anfangen über den Spital und dessen Vorstand; da sah er sich um, ob das jemand gehört, und meinte: Man könne es nicht allenthalben haben, wie man wolle, es seien auch gar allerlei Leute in einem solchen Spitale, er hätte schon manches gehört, allein man rede heutzutage gar viel. Übrigens gehe ihn die ganze Sache nichts an, und was ihn nichts angehe, darein mische er sich nicht. So ging es mir später noch an mehreren Orten. Die Leute erschraken ordentlich, wenn ich vom Spital zu reden anfing, sahen sich um, ob auf hundert Schritte jemand in der Nähe sei, und wenn sie keinen Menschen sahen, so redeten sie doch leiser, so leise als möglich, wahrscheinlich aus Furcht, der liebe Gott möchte es hören. Ich stellte mir vor, gerade so hätten es vor der Revolution die Franzosen mit der Bastille gehabt. Es kam mir aber sehr merkwürdig vor, was man auf dem Lande, und noch dazu in einem freien Lande, mit einer tüchtigen Portion Unverschämtheit, unterstützt von eigennützigen und herrschsüchtigen Menschen, für einen Zwang ausüben, die Menschen in Angst und Schrecken jagen kann auf der einen und auf der andern Seite eine Art Respekt einflößen, in welchem man alles Getane und Gesprochene recht gut und schön finden zu müssen glaubt.

Ich sah das aber später noch viel schöner. Ich sah, wie Gemeindsbeamtete, zum Beispiel Gemeindsschreiber, mit diesem unverschämten, hochfahrenden Wesen ganzen Gemeinden imponierten, sie verstummen ließen. Ich sah, wie die ehrsame Bauersame am Kreuzer hängt mit Leib und Seele, ich sah, wie solche Beamtete Geld hinter sich zogen, keine Rechnung gaben, mit dem Gelde wirtschafteten, daß es eine Burgerlust war. Ich sah, wie die ganze Bauersame Stück um

Stück insgeheim einem ins Ohr sagte: Das komme nicht gut, da werde die Gemeinde einisch e Donners Täsche usenäh! Ich hörte, wie selbst höhere Regierungsbeamtete, die doch auch von Amtes wegen etwas zu tun haben werden, trotz ihren geheimen Instruktionen, mit denen sie sich zuweilen bemänteln, Ähnliches meinten; und doch sah ich vor hochgetragener Unverschämtheit alles beben, und Keiner durfte das Maul auftun, um zu sagen, was Recht und Pflicht war, wozu das Gesetz verpflichtete. Es ist aber eben eine merkwürdige Sache um das Menschenherz und sehr merkwürdig in demselben zu sehen für den, der Augen dazu hat, wie sich in ihm Eigennutz, Menschenfurcht, Neid, Bosheit, Heuchelei, Schmeichelei zu einem grausen Knäuel geballt herumbalgen und bald das eine, bald das andere Ungetüm obsiegt. Endlich frug ich meinen Wirt nach meinem Habersack; derselbe, meinte er, werde noch oben liegen, er habe nicht daran gedacht, daß ich einen mitgebracht, und glücklicherweise fand er sich noch vor.

EINUNDDREISSIGSTES KAPITEL

Wie ich zu Geld, einem Erbe, einer Kutte und fast zu einer Weltsche kam

Und in demselben fand ich meine Bankscheine wieder, wußte aber nicht, ob sie noch gültig seien, denn ich wußte, wie es in der frühern Revolution mit dem Papiergeld gegangen war. Der Wirt konnte mir aber nichts von dem Zustande Frankreichs sagen; er lese keine Zytig, meinte er, und man hätte schon zu viel an dem, was hier vorgehe, als daß man sich noch darum bekümmern sollte, was dort vorgehe, wo es einen nichts angehe. Ich frug nach jemandem, der mir Auskunft geben könne.

Er wies mich zu einem, der gar e Gwundrige und e Politische sei und vier Zytige lese. Ich ging und fand einen langen, schwarzhaarigen und -häutigen Mann, die Hände in den Seitentaschen des pelzkragichten Rockes, mit einer blauen Brille auf der schlanken Nase, der frug gar manierlich, die Achseln hoch hinaufziehend, nach meinem Begehren. Ich trug ihm die Bitte vor um Bericht über Frankreich, er fragte mich um die Ursache meiner Bitte. Etwas ungern sagte ich ihm, daß ich Scheine einzuwechseln hätte und eine Reise machen möchte zu einem Freund, von dem ich vermute, daß er krank sei, daß ich aber nicht wüßte, wo ich könnte wechseln lassen und ob ich die Reise noch ertragen möchte. Der Mann, ein obrigkeitlicher Fecker, war bekannt mit Geldgeschäften; da er keine Freude an Kindern hatte, so hatte er seine Freude an jenen; er erbot sich, das Geschäft für mich zu besorgen, und mißriet mir die Reise gar sehr, bis ich gründlich hergestellt sei.

Er bestellte mich auf einen andern Abend, um sich von einem Augenzeugen die Julitage erzählen zu lassen, und ermahnte mich, einstweilen an Bonjour zu schreiben, wenn ich nämlich schreiben könne, sonst wolle er es für mich tun. Was ich auch diesmal gerne annahm, da ich wohl recht gut schrieb, aber im Spital kaum zum Schreiben gelassen worden wäre.

Mit Vergnügen hörte mir der Fecker zu, und da er wahrscheinlich in mir einen verständigen Mann fand und er selbst ebenso gerne erzählte als zuhörte, so erläuterte auch er mir die Verhältnisse im Vaterlande, die mir durchaus unbekannt waren. Er gehörte zu den sogenannten Liberalen, war der Aristokratie abhold und wollte aufrichtig das, was er für das Beste hielt, ob es das Beste war, weiß ich nicht. Er machte aber weder die Aristokraten zu lauter Teufeln noch vergötterte er das Volk oder vielmehr die größten Schreier desselben. Er gab sich alle Mühe, von jeder Leidenschaftlichkeit sich frei zu halten und jedem Gerechtigkeit widerfahren zu lassen;

darum sahen ihn auch die Weißen und Schwarzen in seiner Gemeinde mit scheelen Augen an, und Keiner traute ihm recht, weil er Keinem unbedingt recht gab, unbedingt sich anschloß. Er beurteilte die allgemeinen Verhältnisse weit sicherer als die Meisten, aber die Meisten glaubten trotz seiner klugen Urteile, er hätte keinen Verstand. Der Fecker tröstete sich aber darüber sehr leicht, er sagte: Ehedem hätten die Aristokraten geglaubt, der liebe Gott gebe die Weisheit den Seinigen im Schlafe, nun aber meinten dies andere Leute, und beide wüßten ungefähr gleich viel und trügen den Kopf gleich hoch.

Wir brachten hinter einander mehrere vergnügte Abende bei einander zu, wo wir uns ordentlich verschwatzten. Der Spitalknecht war bitterböse darüber, er meinte, ich lasse eine Klageschrift dort gegen ihn machen, und sagte, ich könne hinunterlaufen, so viel ich wolle, es solle mir nichts nützen. Er könnte es mir verbieten, zum Fecker zu gehen, allein er fürchte sich nicht, der schwarze Donner hätte ihm nichts zu befehlen, und wenn der etwas mache, so wolle er es ihm weisen. Auch die Frau Feckerin, die mit der Suppe warten mußte, wenn ihr Herr recht im Schwatzen war, hörte ich einmal sagen, als man mich anmeldete: «Was wott dä Dampi o gäng by dr?» Das machte mir Mühe. Als sie mich aber einmal einen Teil meiner Geschichte erzählen hörte, ward sie recht freundlich und hieß mich oft wiederkommen. Geld hatte ich erhalten, aber noch keine Antwort von Bonjour; ich hatte ihm auch selbst geschrieben und auch umsonst. Gestärkt durch die freie Luft und manches Glas Wein, das ich aus meinem Gelde trank, rüstete ich mich zu einer Reise nach meinem alten Freunde, den ich nun bald ein Jahr lang nicht gesehen.

Alle Abend ging ich auf die Post, wo ich gewöhnlich den Fecker traf, zeitungs- und briefsbegierig. Zwei Tage vor meiner Abreise fand ich dort einen großen Brief an mich von fremder Hand mit unbekanntem Siegel. Es war eine Ankündigung der Behörde, daß Bonjour gestorben und ich zu seinem Erben eingesetzt sei. Der Schlag traf mich hart, ich hatte einen zweiten Vater verloren, so lange mich jetzt nach ihm gesehnt, auf das Wiedersehen mich gefreut, von ihm alle Genesung gehofft, und wieder alles eitel; wieder ein Zeichen mehr, daß all mein Hoffen, alle meine Träume eitel seien und bleiben sollten immerdar. Am tiefsten ergriff mich der Gedanke, wie sehr mein guter Wohltäter nach mir verlangt, sich gehärmt habe, daß er keine Antwort erhalten und, durch seine Krankheit gelähmt, nicht nachsehen konnte, was mir fehle. Denn daß mir etwas begegnet sei, das wußte er wohl, er war meiner zu sicher, als daß er hätte glauben können, von mir leichtsinnig vergessen, hintangesetzt worden zu sein. Um so schmerzlicher mußte ihm sein Leiden und die Angst um mich sein, den er mehr als seinen Sohn liebte, der sein Stolz war, den er zu seinem andern Selbst gemacht. Im Briefe ward ich aufgefordert, selbst zu kommen, mich zu legitimieren und das Erbe zu erheben. Ich konnte nicht alsobald abreisen, der tote Mammon zog mich lange nicht so, wie mich der lebendige Freund gezogen hatte. Die Trauer lag mir wie Blei auf meinen matten Gliedern und drückte mich nieder. Ich fühlte mich aufs neue verwaiset und verlassen, doch kräftigte mich, ich will es frei gestehen, das Gefühl, Eigentum zu besitzen und doch auf diese Weise nicht ganz verlassen, hülflos zu sein. Was ich gespart, war nicht bedeutend, zur Landarbeit war ich jetzt unfähig geworden.

Was ich nun vorzunehmen hätte, daran dachte ich nicht einmal ordentlich, sondern ich hatte das mit Bonjour ausmachen wollen, auf dessen Einsicht und Klugheit ich mich verließ. Nun war er gestorben, ich wäre der Barmherzigkeit oder Unbarmherzigkeit der Menschen preisgegeben gewesen, wenn er nicht an mich gedacht hätte noch an seinem Tode. Ich bekam ordentlich das kalte Fieber, wenn ich daran dachte, daß es mir so nahe gestanden, bei meiner körperlichen Gebrechlichkeit, von der ich mich vielleicht nie mehr erhole, im Spital zu leben und zu sterben. Es war mir eine Freude, denken zu dürfen, selbständig bleiben und mit Bequemlichkeit etwas anfangen zu können, ohne gerade auf den Kreuzer sehen zu müssen. Ob dem Gelde vergaß ich den Verstorbenen nicht, aber ich verachtete seine Gabe nicht, sondern dankte sie ihm noch im Grabe von ganzem Herzen. Dem Fecker teilte ich mein Leid und mein Erbe mit. Von dem letzten riet er mir einstweilen nicht zu reden, ich lerne meine Leute noch besser kennen und bewahre mir am besten die rechte Unbefangenheit. Wir verabredeten mit einander, daß ich erst das Erbe behändigen solle, ehe ich mich zu etwas entscheide. Unterdessen hätte ich Zeit genug, mich ordentlich zu besinnen, und die Vorsehung eröffne mir vielleicht unversehens eine Bahn.

Vom Fecker ging ich zum Schneider, um mir einen ordentlichen Rock machen zu lassen, damit ich mit Ehren erscheinen könne. Erst hielt er sich über das Tuch lange auf, das ihm für einen, der im Spital gelegen, gar zu hoffärtig vorkam. Der gute Mann gab wahrscheinlich auch einige Batzen Steuer an die Armen, und da ärgerte es ihn, daß einer, der von seinen Batzen genossen, besser gekleidet sein sollte als er. Darin hatte er nun so unrecht nicht, desto mehr aber im Folgenden. Wir Gardesoldaten waren gewohnt, uns gut zu tragen, unsere Uniformen waren nicht so von ungefähr gemacht, hingen nicht um uns wie Säcke, sondern waren mit Sorgfalt gearbeitet und mußten dem Mann passen, seine Gestalt hervorheben, durften weder hinten noch auf den Achseln Falten werfen oder ein Ärmel anders eingesetzt sein als der andere. Mein Schneider wollte nun erst lange nicht versprechen, den Rock so zu machen, wie ich ihn haben wollte; er behauptete, in Frankreich könne man seinethalben die Röcke machen, wie man wolle, hier aber mache man sie so. Endlich, als ich weiter wollte, meinte er, wenn ich es zwänge wollte, so könnte er es auch machen, so gut wie ein Anderer. Gut, ich gab ihm noch einen Rock zum Muster. Als ich den neuen anprobierte, war er die merkwürdigste Karikatur von der Welt und hing um mich wie eine Kapuzinerkutte. Dem Muster war auch nicht die geringste Beachtung geschenkt worden. Auf meine Bemerkungen meinte mein Schneider: Allweg sei es besser zu weit als zu eng; wenn man im Winter zwei Mutzen über einander anlegen wolle, so habe man doch Platz, und wenn man jedem Narren seine Kutte machen sollte, wie er es in seinem Narrengring hätte, so möchte der Teufel Schneider sein! Ich wußte am Ende nichts Besseres, als dieser Kutte loszukommen, wie ich konnte und mochte, und mir an einem andern Orte eine machen zu lassen. Ich ärgerte mich zuerst über den Schneider, dann am meisten über mich. Ich hätte es wissen sollen, daß keine Arbeitsleute eigensinniger und einbildischer seien als die, welche ihr Handwerk gar nicht verstehen und gewohnt sind, ohne Gedanken, als Maschine zu arbeiten, nach dem eingelernten Schlendrian. So ein Handwerker hat nicht den fernsten Gedanken an Vervollkommnung, sondern er meint, nicht nur sei er selbst vollkommen, sondern er mache auch alles vollkommen, verträgt durchaus keinen Tadel und verpfuscht lieber eine Sache, als daß er sie verbessert. Solche Arbeiter gibt es aber in die Tausende, so wie es Millionen Christen gibt, die als Menschen keinen Fehler eingestehen wollen und an die eigene Vervollkommnung nicht denken.

Ich fand das kleine Vermögen meines Freundes nicht in der besten Ordnung vor, hingegen noch Abschiedsworte, die mich innig rührten, einzeln abgebrochene, aufgezeichnet in lichten Augenblicken, aber in Bildern seiner treuen, biedern

Seele, seiner Liebe zu mir und seines verhaltenen Schmerzes, an dem er starb, daß der kleine Korporal, der große Kaiser, nicht kommen wollte, vielmehr nicht kommen konnte. Gerne würde ich sie hiehersetzen, wenn ich nicht zum Schluß eilen müßte. Es kostete mir viel mehr Mühe, mein Erbe zusammenzutreiben, als ich anfangs dachte; wenn ich schon etwas im Reinen zu haben glaubte, so stellte sich immer wieder etwas dazwischen, und ich konnte lange nicht begreifen was. Es war wie etwas Unsichtbares, wie ein Geist, der auf nächtlichem Wege die Pferde stettig macht, daß sie nicht vorwärts wollen. Endlich entdeckte ich diesen unsichtbaren Kobold, aber er hatte Fleisch, freilich etwas altes, und Beine, aber ein wenig krumme. Es war nämlich meines Wirts Tochter, die sich immer zwischen mich und meine Abreise stellte, wenn ich dieselbe ohne sie unternehmen wollte. Sie war eine von denen gewesen, die obenhinaus wollen, ohne Ansprüche dafür zu haben, darüber war sie veraltet; um so verliebter ward sie, um so mehr ward ihr angst, sitzen zu bleiben; jedes Abendläuten schien ihr von dem Glöcklein auf dem Girizimoos herzukommen, welches die alten Töchter aus der ganzen Welt zum Kaffee zusammenklingelt. Ihre Mutter teilte die Angst mit ihr und vergrößerte sie noch und sagte ihr alle Abend: «Mais mon Dieu, Susette, encore un jour passé!» Der Vater hätte ihren Abschied auch nicht ungerne gesehen, weil er an seiner Frau Weibervolk genug im Hause, an ihren Launen genug zu tragen hatte, und eine liebesüchtige, aber übellaunige Tochter ist für manchen Vater ein schweres Kreuz. An mir glaubte sie endlich einen sichern Fang getan zu haben. Nicht daß ich ihr Anlaß zu diesem Glauben gegeben hätte, allein ich war eine bête allemande, die zum Glück Französisch verstund, und ein Weltsch glaubt mit einer solchen bête machen zu können, was er will, und besonders wenn sie auch Weltsch kann. Trotzdem daß ich eine bête war, gefiel ich ihr und mein Vermögen auch, und auf alle Fälle fing sie an, sich an den Grundsatz zu halten, daß Einer besser sei als Keiner. Diese Drei nun hatten ein ordentlich Bündnis gegen mich geschlossen. Anfangs suchte man mich durch allerlei touchante Anlässe zu überrumpeln, und da dieses nicht half, so zog man Laufgräben um mich, ließ mich unbewacht keinen Schritt tun, und Susette beschoß mich mit zärtlichen Bomben und eindringlichen Leuchtkugeln aus ihren rotverbändelten Augen. Sie wußten durch tausenderlei Künste alle meine Geschäfte auf die lange Bank zu schieben. Als echte bête allemande merkte ich das ganze Spiel lange nicht, und offenherzig gab ich dem Wirte alle Abende Bericht, wie weit ich gekommen, was mir für dieses oder jenes geboten worden, was ein Gläubiger mir versprochen, was ich ferner vorzukehren gedächte; so ward ihnen leicht, mir unter der Hand alles wieder zu verderben. Endlich fiel ich doch darüber, indem man es mir einige Male gar zu nahe legte. Ich wurde nun schweigsamer, vorsichtiger und kam endlich zum Abschluß, so daß ich eines Tages meine Abreise ansagen konnte. Über die langen Gesichter, die versuchten und abgeschlagenen Stürme will ich schweigen. Dafür, wie ein echter Weltscher, hielt mein Wirt durch eine unverschämte Rechnung sich schadlos, und als diese richtig bezahlt war, schieden wir als gute Freunde von einander.

ZWEIUNDDREISSIGSTES KAPITEL

Mein Ämtlihunger und wie ich abgespiesen werde

Nun hatte ich endlich mein kleines Eigentum beisammen und konnte es überschlagen. Im Notfalle reichten dessen Zinsen hin, mich zu nähren. Aber ich wollte nicht bloß einen

Rücken haben, ich wollte auch etwas sein, es kam nur darauf an, was. Auf meiner ganzen Reise überschlug ich dieses, dachte bald an dieses, bald gefiel mir jenes, wählte und verwarf, bis ich endlich bei meiner Heimkunft meinen Fecker mit dem Entschluß überraschte, Schulmeister werden zu wollen. «Aber, Gotthelf», sagte er mir, «wißt Ihr auch, was Ihr wollt? Ich weiß wohl, daß Ihr ein verständiger Mann seid, aber mit dem ist nichts gemacht; habt Ihr auch die nötigen Kenntnisse? Man fordert jetzt weit mehr als sonst. Wißt Ihr aber auch, was Ihr mit einer Schule für ein Amt übernehmet? Wisset Ihr, daß wenn Ihr ein wahrhaft guter Schulmeister sein, das heißt das Böse meistern und austreiben, das Gute zeugen und auferziehn wollt, Ihr jahrelang von den Alten werdet verlästert, Eure Arbeit an den Jungen von ihnen werdet verdorben sehen und daß Euch dieses noch zehnmal mehr als einem Andern geschehen wird, weil Ihr ein Roter und in Frankreich gewesen seid?» Ich gab ihm einige Proben meines Wissens, mit denen er zufrieden schien, und über das andere sagte ich ihm, daß ich alles wohl überdacht, aber es dünke mich doch gar schön, zu verhüten, daß Kinder nicht mehr so erzogen würden wie ich; ich glaube, der liebe Gott habe mir in diesem Entschluß einen besondern Fingerzeig gegeben seines Wohlgefallens, daß ich nun, was an mir gesündigt worden, an vielen Andern verhüte, und das sei ja der schönste Beruf. Übrigens glaube ich mit den Leuten wohl nachzukommen, täten sie am Ende auch räsonieren, so könnten sie mich nicht kujonieren.

Der Fecker meinte, wenn ich die Sache von dieser Seite nehme, so könnte ich es einmal probieren; wenn ich später über meine Täuschung komme, so könne ich immer noch etwas anders wählen, versäumt sei nichts, ich aber an Erfahrungen reicher geworden. Ich eröffnete ihm, daß ich für eine in der Nähe ausgeschriebene Schule mich zu melden gedächte. «Das ist aber doch ein verwegenes Stücklein», meinte der Fecker, «Ihr habt Euer Lebtag kein Schulmeisterexamen gehört und wollt nun so mir nichts, dir nichts eins machen.» Ich behauptete, nicht mehr so klüpfiger Art zu sein, und was einer wisse, das könne er immer sagen. «Ich will nicht mit Euch disputieren», sagte er, «aber einen guten Rat will ich Euch doch geben: geht zum Schulkommissär, der Examen macht, und meldet Euch bei ihm als Bewerber für die X. Schule und sagt ihm zugleich, Ihr seiet französischer Gardist. Die meisten Schulkommissäre würden freilich den Kopf schütteln, aber nicht weiter eintreten, sondern sagen, es komme auf das Examen an, sie wollten dann sehen, was Ihr könnet. Der aber nicht also, der examiniert gar zu gerne, und wo er einen zwischen seinen examinierenden Schraubstock kriegen kann, erlabet er sich an den Öl- und Schweißtröpflein, die er hervorpreßt, gar wonniglich. Der wird auch den Kopf schütteln, aber er wird nicht warten mögen bis zum Examen, sondern Euch gleich auf den Zahn fühlen, und ohne daß er es selbst weiß, zu examinieren anfangen. Da habt Ihr dann den doppelten Vorteil, daß Ihr wißt, wie es bei einem Examen zugeht und wie Ihr in einem solchen bestehen würdet.»

Den Rat fand ich allerdings gut, und an einem schönen Morgen befolgte ich ihn. Ich wurde zu einem kleinen Herrn geführt mit schönen glatten, schmalen, langen Backen und schnarrender Stimme. Auf mein Anbringen schüttelte er richtig den Kopf und sagte: «Ihr seid ein Roter, aber wisset Ihr auch, was ein Schulmeister ist?» Auf einige schöne Redensarten von mir sagte er: «Das ist gar schön, aber mit dem ist es noch nicht gemacht, wisset Ihr auch, was Ihr die Kinder lehren sollt?» Ich erwiderte etwas recht Kluges, wie ich meinte, aber er meinte: «Das ist nüt, darauf kommt es gar nicht an, ich frage Euch, ob Ihr die Fächer kennet, die Ihr lehren sollt? Kennt Ihr zum Beispiel die deutsche Sprache?» Ich könne Deutsch und Französisch, meinte ich. «Ja, ich höre wohl, daß Ihr deutsch redet», sagte er schneidend, «deswegen kennt Ihr die deutsche Sprache doch nicht; könnet Ihr zum Beispiel sagen, aus wie vielen Bestandteilen ein Satz besteht?» Natürlich war ich am Hag. «Ihr kennt doch die Zustands- oder Aussagewörter?» Ich wußte wieder nichts. «Oder saget Ihr ihnen noch Zeitwörter?» Ja, die kannte ich endlich. «Könnet Ihr sie konjugieren?» «Ich liebe, du liebst, er, sie, es liebt.» «Nicht wahr, er, sie, es sind Fürwörter und stehen für Hauptwörter da; sollen sie die Stelle von Hauptwörtern vertreten, so müssen sie auch dekliniert werden können, nicht wahr?» «Ja», sagte ich. «Nun, wie heißt denn das Fürwort ‚es' im zweiten Redefall?» Ja, das waren mir nicht nur böhmische, sondern auch spanische Dörfer, und ich schüttelte betrübt den Kopf. «Da seht Ihr, wenn man schon deutsch kann, so kann man doch die Sprache noch nicht kennen, und das fordert man heutzutage.» Da er im Zuge war, so ging es durch mehrere Fächer fort, und in der Religion, wo ich meine Hauptstärke wähnte, bestund ich am schlechtesten. Ich sollte die Wörter Gnade, Barmherzigkeit, Langmut, Güte erklären und die bezeichnenden Unterschiede zwischen ihnen angeben. Ich redete wieder allerlei Schönes, wie ich glaubte, allein das sei nichts, sagte er mir, ich solle jedes besonders definieren mit bestimmten, kurzen Worten. Das konnte ich aber nie recht treffen, so wie er sich das ausgedacht hatte. Auf einmal heimelete die Sache mich, meine Unterweisung kam mir in Sinn, ich dachte, das sei vielleicht ein Sohn des Pfarrers, der mich unterwiesen, und natürlich werde er die Erklärungen seines Vaters wollen. Ich stoppelte nun aus meinem Gedächtnis zusammen, was ich noch wußte; aber o weh, es mußte doch nicht sein Sohn gewesen sein, denn er fuhr mich ordentlich an, und nach vielen Wendungen fragte er mich, ob ich nicht selbst einsehen müsse, daß meine Erklärungen durchaus unverständig gewesen seien. Ich sehe aber hoffentlich nun selbst, daß nicht jeder Schulmeister sein könne, der es sich einbilde; er rate mir nicht, das Examen zu machen, sondern vor allem einen Wiederholungskurs zu besuchen.

Ganz zerschlagen und erbittert kam ich zum Fecker, erzählte ihm den Hergang, schimpfte weidlich über den Schulkommissär und behauptete, wenn es nach ihm ginge, müßten die Schulmeister Papageien werden und die Kinder zu solchen erziehen. Als ich ausgetaubelet hatte, sagte er mir, ich solle das Kind nicht mit dem Bade ausschütten und ich verstünde die Sache doch nicht recht. Er wisse wohl, der Kommissär halte, ohne daß er es wolle, viel zu viel auf dem Eintrichtern, und obgleich er dagegen losziehe, begehe er doch den Fehler in hohem Grade. Er sei auch überzeugt, ich würde die Kinder in der Schule wecken und beleben, aber ihnen vielleicht zu wenig eintrichtern. Denn einmal müsse man den Kindern in der Schule auch etwas beibringen, und dieses müsse in einer bestimmten Ordnung und Form geschehen, und wenn der Lehrer diese Ordnung und Form die Kinder schon nicht auswendig lernen lasse, so müsse er sie doch selbst im Kopfe haben, um die Kinder so leiten zu können, daß sie, wenn auch nicht die willkürlichen Wörter, doch wenigstens die Sachen selbst fänden. Kenne der Lehrer weder Ordnung noch Form, so komme er bei aller Mühe nicht weit, nie zu einem sichern Gang, könne nie das rechte Ziel sich stecken. Da hinke es nun aber allerdings bei mir, und wenn es auch nicht die Hauptsache zu einem Lehrer sei, so sei es doch wenigstens die wichtigste Nebensache. Bei meinem verständigen Sinn und meiner Gewohnheit zu lernen könne ich mir aber das wohl noch erwerben, wenn ich bei meinem Vorhaben bleiben wolle. Dazu hatte ich aber durchaus keine Lust. Das, was ich erlernen sollte, kam mir so kraus und fremd vor, dazu so geistlos und überflüssig, daß ich verzweifelte, je mir dasselbe aneignen zu können. Ich gab also den Traum, Schulmeister werden zu wollen, auf, gab den Glauben auf, daß die Vorsehung mich dazu berufen, und wollte mich auf etwas anderes besinnen.

Was ich nun wieder alles sann und verwarf, will ich nicht alles anführen. An einem Sonntage fiel mir im Amtsblatte die in meinem Amte ausgeschriebene Straßeninspektorstelle auf. Plötzlich schien mir ein Licht aufzugehen. Weil Napoleon so viele Straßen gebaut, so hatte Bonjour sich auch mit dem Straßenbau beschäftigt, mir manches darüber beigebracht; die nötigen Vorkenntnisse, Messen usw., besaß ich auch. Ich konnte meinem Vaterlande auf diese Weise nützlich sein, hatte Arbeit, die mich beschäftigte, und ein angenehmes Auskommen. Ich mochte nicht warten, bis der Fecker aus der Predigt war, um ihm meinen Entschluß, für diese Stelle mich zu melden, mitzuteilen.

Ich hatte einen ganzen Tag und eine ganze Nacht daran gedacht, und die Stelle rückte mir immer näher, es war mir, als hätte ich sie schon. Ich zweifelte gar nicht mehr daran, daß jemand sie mir streitig machen könnte, weil ich nicht glaubte, daß im Amte jemand fähiger dazu sei als ich. Wie ich das dem Fecker in meiner Begeisterung vortrug, als hätte ich den Bären schon geschossen, lächelte er auf den Stockzähnen und meinte: Ich solle die Sache doch nicht zu gewiß nehmen. Da fuhr ich denn doch auf und sagte: Es sei Gottlob nicht mehr die alte Zeit, wo man ein Burger von Bern sein müsse oder der Trabant irgend eines Landvogts, um etwas zu werden; jetzt sei das Ding ganz anders, jetzt seien Kenntnissen und Talent Tür und Tor geöffnet, man frage nicht: woher bist du, wie heißest du? sondern: was kannst du? Nur anerkannte Tüchtigkeit helfe zu einem Posten, und wer sich nicht tüchtig dazu fühle, der schäme sich, dafür sich zu melden. Mein Fecker lächelte je mehr und mehr und meinte endlich, ich sei auf dem besten Wege, ein Brandschwarzer zu werden. Ich konnte ihn nicht begreifen, konnte nicht begreifen, warum er gerade heute an einem Sonntage und dazu noch nach einer Predigt so besonders zum Spaßen aufgelegt sei, und stellte ihn darüber etwas hastig zur Rede.

«Mein lieber Gotthelf», sagte er, «wenn Ihr mich ruhig anhören wollt, so will ich Euch das ganz gern erklären. Ihr stellt Euch vor, die Zeit, die erst kommen soll, und weiß Gott wann, die sei schon da, und kommt Ihr darüber, daß diese Zeit, in der wir leben, nicht die ist, die Ihr geglaubt habt, so werdet Ihr bitterböse über sie, das heißt brandschwarz. Ihr meinet, die Zeit habe Euch betrogen, während Ihr doch Euch selbst betrogen habt. So stellt Ihr Euch vor, es solle nun in allen Dingen ganz anders gehen, als es ehedem ging; da irrt Ihr Euch, es geht in vielen Dingen nicht besser, Manche sagen, schlimmer, aber daran ist die Zeit, die wir haben, nicht schuld, auch nicht die Menschen, sondern es ist der natürliche Lauf der Welt, der es so mit sich bringt, über den man niemandem zürnen kann als allfällig Gott, wer Lust dazu hat. Ich will Euch das gerade an Euerem Posten deutlich zu machen suchen. Ehedem war allerdings der Kanton Bern gerade wie ein Lebkuchen, um den bestimmte Leute saßen und daran gnagten und sich erlabten. Rings um sie warteten auf den Hinterpfoten eine Menge wunderlicher Tiere mit Menschenaugen, aber einem Hundemagen auf und apportierten die Brosamen, die von der Herren Tische fielen. Das geschah nun nicht hinter einem Umhang, sondern der Schmaus wurde aufgeführt vor allem Volk am hellen Tage. Nun schienen die Sitzenden freilich nur gar kleine Bissen in den Mund zu stoßen auf einmal, aber viele kleine Bissen machen am Ende auch einen großen, und die Bissen, welche sie den kleinen Tierchen, welche ihnen auf dem Schoße lagen, in die Schnauze schoben, sollte niemand merken; nun machten sie freilich saure Gesichter und wischten sich zuweilen den Schweiß von den Stirnen, allein sie saßen doch alle so behaglich da, und wenn einmal einer auf dem Sessel an dem Lebkuchen saß, so war er nicht wegzubringen. Kurz dem ganzen Spektakel sah man zu, prägte ihn sich tief ein, und wer weiß, ob nicht Manchem das Maul wässerte. Wenn Väter es sich wohl sein lassen und sich nur darum kümmern, daß ihre Kinder nichts von dem erhalten, was sie selbst genießen vor den Augen der Kinder, wer will es den Kindern verargen, wenn sie schwytig werden, an ihrer Väter Stelle zu sein wünschen und meinen, die Vaterpflichten bestünden darin, an sich selbst zu denken und zunächst für sich zu sorgen.

«Es gab aber immer Leute, die dieses ärgerte, und die brachten es endlich dahin, daß erkannt wurde, der Kanton Bern solle kein Lebkuchen mehr sein, das Gnagen und Apportieren solle aufhören, aber nicht das Schwitzen und Arbeiten, und wer um den Kanton zu schwitzen und zu arbeiten wisse, der solle ja freilich ordentlich zu essen kriegen, wenn auch nicht Lebkuchen. So wurde es erkannt, allerdings, so sollte es nun sein, und im Anfang kam gar Mancher nicht um des Essens, sondern um des Schwitzens und Arbeitens willen an den Tisch mit dem grünen Tischlaken; auf den Privattischen hat man weiße Tischtücher, weil man auf denselben weniger verzattert. Aber die Menge behielt doch noch den Lebkuchen im Kopf und das Wässern darnach im Munde, aber sie blieb verblüfft und wagte sich nicht zum Tische hin, sich scheuend vor dem ehemals heiligen Bann um denselben. Nur einige Schlauköpfe drängten sich vor, riefen: «Volk, um deinetwillen bis in den Tod!» und schwangen sich noch an einige Plätze und nahmen geschwinde einige Schoßhündchen mit sich auf und zwischen die Beine. Da gingen der Menge Maul und Nase auf, daß ihresgleichen ungestraft und behaglich da sitzen konnten, wo ehemals der Lebkuchen war, und sie wurden bitterböse, daß sie die rechte Zeit versäumt, und noch böser, wenn sie sahen, wie Einige am Tische Brocken um Brocken über die Achsel denen reichten, welche hinter ihren Stühlen scharwenzelten und apportierten mit ihren Menschengesichtern und Hundemagen. Die, welche schwitzten und arbeiteten, wurden auch böse, daß die Andern wenig anderes taten als Brocken austeilen, und noch böser, wenn sie nicht ruhig mehr arbeiten konnten, sondern von der nachdrängenden Menge, die auch sitzen wollte, Müpfe und Stöße erhielten und fast von ihren Plätzen gestoßen wurden, so daß sie entweder nicht arbeiten oder sich nicht erhalten, entweder die Menge speisen und die Arbeit liegen oder arbeiten und am Ende von der Menge sich erdrücken lassen mußten. So sieht das Ding aus, und manchmal sieht es fast unverschämt aus, wie an einem Frankfurter Kaisertag, wo man um einen gebratenen Ochsen sich totschlug, und wer sich am unverschämtesten Platz macht, der schreit doch nichts anders als: ‚Platz da im Namen des Volkes und für das Volk!'

«So ist diesen Augenblick ein wüstes Stoßen und Drängen um Brocken, Stühle und den eingebildeten Lebkuchen, der gar nicht mehr da ist. Das macht nun Manchem gar böses Blut, er klagt die Zeit und, weiß Gott, Gott selbst an und wird brandschwarz. Mein Gott, der gute Mensch war gar einfältig, daß er meinte, die Menge sollte vergessen, was sie gesehen, und den Appetit, den sie durch Anschauen erhalten! Es ist gar einfältig, daß er glaubt, der liebe Gott habe so einen Wäschlumpen in der Hand, mit welchem er alle Eindrücke, welche ein Volk durch alle Jahrhunderte durch erhalten, in einer halben Stunde durchstreiche. Das sind Narrheiten! Gerade so mußte es kommen. Aber nur dafür gesorgt, daß der Lebkuchen nicht mehr hergesetzt werde, dann wird das Müpfen und Stoßen von selbst aufhören, sobald man die Täuschung inne wird, und an den Tischen wird nur gelassen, wer zu schwitzen und zu arbeiten versteht. In dieser Zeit sind wir aber noch nicht, im Gegenteil, gerade jetzt ist der Andrang am heftigsten und scheinbar die Meinung obenauf, daß man nur ein recht grober, gottloser Lümmel zu sein brauche, um recht viel zu werden; allein das wird sich von selbst geben ohne Wunder, sobald man gelassen und ruhig dem Ende des Traumes abwartet und zu seinem Ende beiträgt, was man kann. Aber weil nun gerade die Zeit so ist, werdet Ihr die Stelle nicht erhalten. Nach Euern Kenntnissen usw. wird man gar nicht fragen, und nach den Kenntnissen dessen, der sie erhält, noch viel weniger. Ja wer weiß, ob sie nicht etwa irgend ein Besenbinder oder Kübelimacher erhält, der aufzuwarten versteht oder irgend jemand an den Tischen hat, der seine Stimme kennt, dem er verwandt ist auf irgend eine Weise; denn es gibt nicht nur verschiedene Grade von Verwandtschaft, sondern auch verschiedene Arten.»

Mit stummem Erstaunen hatte ich zugehört, aber nicht mit sonderlicher Erbauung, und sagte ihm endlich: Es scheine doch, die Leute hätten recht, welche sagen, er hielte es nicht mit dem Volke, sondern er sei halt wie ein Herr, und keine Krähe kratze der andern die Augen aus, und wenn er es schon nicht mit den ganz Alten halte, so sei er doch ein Freund von weißen Aristokraten, den Bürgern aus kleinen und großen Städten, die den Landleuten die besten Plätze weggenommen hätten und jetzt so grundschlecht regierten, daß ein jedes Kind es besser könnte. «Nun», meinte er, «was die Leute sagen, das muß ich mir gefallen lassen, sie verstehen halt das Ding nicht besser, aber Euch hätte ich verständiger geglaubt. Niemand liebt das Volk mehr und inniger als ich, niemand ist bereit zu größern Opfern als gerade ich, und ist das nicht eben ein Zeichen meiner aufrichtigen Liebe, daß ich über dasselbe nicht verblendet bin und ihm seine Fehler aufrichtig sage? Das Volk ist aber gerade wie ein hübsches reiches Mädchen, dem der Herr soeben erlaubt hat und das unbekannt mit der Welt in dieselbe hinaustritt. Das Mädchen ist herzgut und hat viel Schönes noch behalten, aber es ist in diesem Augenblick doch wenig mit ihm zu machen, und wenn es je verführt werden soll, so ist das gerade jetzt am leichtesten. Das gute Mädchen kennt halt seine Leute noch nicht und glaubt, die meinen es recht gut mit ihm, die ihm hinten und vornen scharwenzeln, es rühmen von den Züpfen bis zu den Zwicken, alles gescheut finden, was es sagt, alles schön, was es macht, jeder Laune huldigen, von keinem Fehler wissen wollen, das liebe Menschenkind zu einer Göttin des Himmels machen. Nun drängen sich zu demselben eine Menge hofierender Anbeter mit und ohne Brillen, die sagen ihm die schönsten Sachen, freilich in verschiedenen Mundarten, fast wie beim Turmbau zu Babel; sie versprechen, für dasselbe in den Tod zu gehen, schwören den Tod jedem, der ihm nur ein schiefes Gesicht ziehe. Sie stellen sich gar uneigennützig; nichts, gar nichts wollen sie für diese schönen Sachen alle als einen Blick aus des Mädchens schönen Augen. Aber das Mädchen ist eine gar gute Haut; über so viele gute Freunde, die ihm auf einmal wie Krautstengel aus dem Boden gewachsen oder wie Hagelsteine vom Himmel gefallen sind, ist es gar zu seelenvergnügt; es will doch nicht alles umsonst haben von ihnen, es wirft ihnen Handküsse, Bonbons, Souvenirs aller Art zu, wirft sich ihnen am Ende kehrum in die ausgespreizten Arme, woran die langen Finger teils in schönen Handschuhen stekken, teils mit schönem braunem Bocksleder überzogen sind. Und dann tanzen und gumpen sie mit einander und können sich gegenseitig nicht satt rühmen und loben. Und die alten Freunde des Mädchens, die es auferzogen und von ganzem Herzen liebten, ihm aber wie gute Freunde die Wahrheit sagten, die läßt es auf der Seite stehen, findet sie kreuzlangweilig und nicht passend für ihns; es mag sie eben nicht heißen gehen, aber es wirft gar verständliche Blicke auf die Türe hin und hätte gar zu gerne, sie hätten selbst Verstand. Aber gute Freunde gehen eben nicht, wenns dunkelt, von einem Mädchen weg, das von Liebhabern, mit Bocksleder überzogen, umringt ist und das gerne mit ihnen allein wäre; da könnte dem Mädchen etwas gar Wüstes begegnen. Sie ertragen ganz ruhig die Blicke, bleiben geduldig da, bis die gefährliche Stunde vorbei ist und das Mädchen selbst merkt, daß es gar zu häßlich böckelet um ihns herum und daß aus den langen Fingern lange Krallen wachsen und aus den Augen mit und ohne Brillen sieben böse Geister steigen hungrig und geil. Da wird es dem Mädchen bange ums Herz, und es dankt dem lieben Gott, daß seine guten Freunde noch dageblieben sind, und zu dem höflichen Gezüchte sagend: Hebe dich von dannen, ist das Mädchen lieb und holdselig wie vorher, aber klüger, und weiß seine Liebhaber besser zu würdigen.

«Unter diese alten Freunde nun», sagte der Fecker, «zähle ich mich. Das Volk liegt mir gleich am Herzen, wenn ich schon sehe, daß es gemäß der Entwicklungsperiode, in der es steht, mit Schwengeln liebäugelt, über Laffen mich vergißt. Ich schimpfe auch nicht über das Volk, wenn ich schon dieses Kokettisieren tadle und seine Verblendung bedaure. Und wenn es mir schon nach der Türe winkt, so werde ich doch nicht böse und bleibe getrost; es würde mancher Tochter schön ergehen, wenn die Mutter sich allemal zur Seite drücken wollte, sobald ihre Tochter einen Buhlen mit den Augen brünstiglich zu ver- und umschlingen beginnt. Übrigens, lieber Gotthelf, wollen wir darüber nicht disputieren, das sind Dinge der Erfahrung, Resultate auf Erfahrung begründeter Beobachtungen. Ihr seid noch zu wenig lange im Lande, um durch die Oberfläche in die Tiefe zu dringen. Geht, laßt Euch anschreiben, aber gebt acht, daß Ihr nicht ein Brandschwarzer werdet!»

Ich konnte den Fecker nicht fassen, nicht fassen, wie er das alles so gemütlich hersagte, als ob ihm an der ganzen Sache nichts gelegen sei; ich konnte mich des Verdachts nicht enthalten, er höhne entweder mich oder das Volk mit solchen Reden.

Ich ging nun zum Regierungsstatthalter, um mich anschreiben zu lassen. Ich traf ihn auf dem Sofa sitzend mit noch einem, der es sich ganz behaglich darin sein ließ; man sah es ihm an, daß so etwas ihm seltsam sei. Der Regierungsstatthalter fragte mich, ohne aufzustehen oder mich sitzen zu heißen: «Was weit dr?» Ich berichtete ganz kurz mein Begehren. «Ja», sagte er, «es sy nit meh di alte Zyte, won e jede Halunk cha werde, was er will; me wott hützutag bravi u rechti Lüt, daß me o weiß, wer si sy u was mit ne isch». Ich erwiderte, daß ich kein Halunke sei und etwas verstehe von der Sache. «Ja, me weiß scho, wer dr syt», hieß es wieder, «syt dr nit unter de Rote gsi?» «Ja, Herr», sagte ich. «He nu, so weiß me scho, wer dr syt, da isch Eine wie dr Anger, es isch Kene nüt wert, u so söttige Landsverrätere git me kei sellige Pfoste.» Es war nach dem Essen, ich hatte einen Schoppen getrunken und der Herr Regierungsstatthalter vielleicht zwei, denn es war gerade Amtsgericht, und ich antwortete hitzig, daß ich kein Landesverräter sei, daß ich Kenntnisse im Fache habe, mich examinieren lassen wolle und begehre, daß ich mit diesen Bemerkungen solle angeschrieben werden. Der Herr Regierungsstatthalter bemerkte, er hätte viel zu tun, wenn er zu jedem schreiben wolle, was er ihm sage; wenn ich es zwänge wolle, so werde er mich anschreiben, ich werde dann schon sehen, was es mich nütze. Bei allen seinen landesväterlichen Bemerkungen wandte er sich immer zu seinem Kumpanen mit der Frage: «Isch nit so?» Und dieser trommelte mit den Fingern auf dem Ruhbettkissen und sagte dann: «He perschee!» Ein Wort gab das andere, doch faßte ich mich zuerst und bemerkte, es sei mir leid, daß wenigstens hier im Schlosse die volkstümliche Zeit noch nicht herrsche, sondern noch die landvögtliche, wahrscheinlich würde auch die Wahl also ausfallen; es sei mir ferner leid, wenn ich ungelegen gekommen und gestört hätte. Ich müsse aber aufrichtig bekennen, solchen Bescheid und solche Behandlung hätte ich nicht erwartet. Nach unserer neuen Verfassung hätte ich von den Regierungsbeamteten nicht erwartet, daß sie die Leute also behandelten nach ihren Launen; noch trauriger wäre es, wenn sie die Gesetze auch so handhaben würden, das heißt nach Launen, Gunst und Bequemlichkeit. Übrigens würde ich nun den Entscheid der obern Behörde gewärtigen. Das sagte ich in einem Tone, der den Mann doch etwas stutzig machte; aber er war gewohnt, auch wenn er schlotterte, sich forsch zu machen, er wies mir daher die Türe mit der Bemerkung: Auf alle Fälle sei es nicht die Zeit, daß er sich von einem Roten solche Dinge sagen lasse, ich solle machen, daß ich fortkomme, sonst wolle er mir den Meister zeigen.

Mit bitterer Empfindung machte ich mich fort. Also noch immer Vorurteile gegen ganze Klassen von Menschen, noch immer kein humanes Benehmen, sondern ein brutales, und dieses neben der größten Lässigkeit in der Handhabung der Gesetze. Ich begann recht finster zu werden, zu glauben, ich hätte mich in der Zeit getäuscht und es wäre wenigstens nicht besser als früher. Da fiel mir der Fecker ein und seine Bemerkungen; ich fand, daß ich aus dem Tintenkübel bereits nicht übel geschwärzt worden, daß ich meine Person mit dem Vaterland, den Regierungsstatthalter mit der Verfassung zu verwechseln willens sei. Ich begann nun zu begreifen, was der Fecker gemeint, und ging wieder zu ihm, was ich einige Tage unterlassen hatte. Ich erzählte ihm meine Geschichte und Empfindungen. Er meinte, das sei eben das Unglückliche der gegenwärtigen Zeit, daß man es besser machen wolle als ehedem, aber das Ding trotz dem guten Willen nicht verstehe. Man wolle es besser machen, die Leute dadurch zufriedener erhalten, daß man keinen Nachdruck in die Handhabung der Gesetze lege, daß man sie übersehe, gegen ihren Sinn zu milde auslege; dadurch entstehe aber ein Schwanken, das gerade aussehe wie Willkür, worüber eine Menge unzufrieden werde und entweder über Trägheit oder über Ungerechtigkeit schreie. Daneben niste sich doch allmählich bei einigen Beamteten das Gefühl ein, daß sie an den Stellen seien, vor denen man sich ehedem so tief gebeugt und besonders tief alle die, welche sogenannt gutgesinnet waren. «Den gleichen Barometer fangen Einige nun auch an hinter ihren Stühlen aufzupflanzen und glauben die, welche etwas geradezu sich benehmen, für Mißvergnügte ansehen und durch ihr Benehmen ihnen das Mißfallen über solche Gesinnung an den Tag legen zu müssen. Viele nun kennen die Menschen zu wenig, gar Viele haben nicht Gewandtheit, mit den Menschen umzugehen, und wenn sie einem nicht wohlwollen, so nehmen sie ein Betragen an, welches man dem Hans und dem Sami übersehen hatte, was aber einem Regierungsrat oder Regierungsstatthalter usw. nicht übersehen, sondern von den Meisten der neuern Zeit der Verfassung zur Last gelegt wird oder das wenigstens mißvergnügt macht. Die guten Leute bedenken nicht, daß sie auf diese Weise gerade die Sünde begehen, welche auch in der alten Zeit der alten Regierung die meisten Gegner erzeugte. Die Persönlichkeit der Regierenden trägt wenigstens zwei Drittel bei zur Zufriedenheit oder Unzufriedenheit eines Landes, die Verfassung nur einen. Dieses Betragen ist aber wieder nicht ein gleichförmiges, sondern eben die, welche nicht Meister ihres Benehmens sind, kommen bald auf hohen Rossen, und handkehrum können sie sich wieder so gemein machen, als ob sie mit jedem Bruder Leipziger an der Schweinfurter Messe Schmollis gemacht. Wenn schon der letztern Art eben nicht Viele sind, so paßt man doch zu sehr auf, als daß sie nicht bemerkt, ein bedeutender Lärm über sie erhoben und Viele, durch sie verletzt, eben brandschwarz werden. Nun, mein lieber Gotthelf, müssen wir verständigen Leute aber billig sein, nicht von den Menschen das Unmögliche verlangen, nicht verlangen, daß sie auf einmal Engel oder taktfest gebildet seien, daß sie alle Regentenweisheit und -tugend in sich vereinigen, auch nicht, daß sie noch ins Welschland gehen sollen, sondern wir müssen sie mit Gleichmut ertragen, mit immer gleicher Freimütigkeit, verbunden mit der gehörigen Achtung, behandeln, mögen sie auch darüber die Wände hinaufspringen und uns unhold werden; das ist die wahre Löffelschleife des Republikaners. Sie ist leider bei uns noch nicht im rechten Gang, sie war allzulange vergessen, die Löffel sind widerspenstig und die Schleifsteine bald zu weich und bald zu spröde. Wir waren nicht gewohnt, mit unsern Regenten als unseresgleichen umzugehen, und unsere Regenten haben früher nirgends gesehen, wie das zugeht; nun fehlt, bis man des Dinges gewohnt ist, auf beiden Seiten die rechte Manier, und auf beiden Seiten herrscht eine Empfindlichkeit, die durch die kleinsten Dinge verletzt wird, die in jedem Widerspruch Mangel an Achtung sieht oder Hochmut, in jeder abgeschlagenen Zumutung Widerspenstigkeit oder bösen Willen. Natürlich verträgt diese Empfindlichkeit keine freimütige Rüge der bestehenden Übelstände, und wenn diese meine Bemerkungen zu den Ohren der Getroffenen kämen, so könnte ich zu meinen Ohren Sorge tragen. Aber wie gesagt, Gotthelf, so mußte es kommen; nur nicht den Mut verloren, sich selbst treu geblieben, es muß dann besser kommen. Ich hätte Euch geraten, auf Bern zu gehen, aber bei Eurer Stimmung darf ich es nicht. Ihr würdet dort nur verletzen und verletzt werden. Wartet der Sache gelassen ab, es muß sich bald entscheiden.»

Trotz der Zusprüche des Feckers konnte ich die Sache doch nicht so gelassen hinnehmen, es schien mir immer, auf diese Weise werde die Verfassung geradezu eine Null oder wenigstens der Nutzen, den sich das Land davon versprach, vereitelt. Ich konnte gar nicht glauben, daß es im natürlichen Gang der Dinge so kommen mußte, gar nicht glauben, daß alle die gehegten Hoffnungen töricht gewesen, weil man das Unmögliche geträumt. Und als endlich die Wahl entschieden wurde und auf jemand fiel, der sein Lebtag an keiner Straße gearbeitet und über keine Straße nachgedacht hatte, der die dümmsten Ansichten sich bildete und aussprach, sein Amt später spöttisch verwaltete, da griff es mich hart an. Lange hatte ich zu tun, Schmerz und Bitterkeit zu bekämpfen, Schmerz über die Schwierigkeit, beim besten Willen nützlich zu sein, alle meine Kenntnisse nicht brauchen zu können, Bitterkeit, daß man allenthalben meine Person verschmähte aus blinden Vorurteilen, ohne sich die Mühe zu geben, ihren Wert und Unwert genau zu untersuchen.

Während dieser Gemütsstimmung starb der alte Polizeidiener, und seine Stelle sollte an der nächsten Gemeinde wieder besetzt werden. Ein wunderbares Gemisch von Hochmut und Demut, von Unmut und Wehmut ließ mich auf der Stelle den Entschluß fassen, diese Stelle zu suchen. Etwas wollte ich tun und sein; wollte man mich für nichts Besseres, nun, wessen Schade war es? Mit welchem Stolz konnte ich von Haus zu Haus gehen, von Vorgesetzten zu Vorgesetzten, im Bewußtsein, gescheuter als alle zu sein, wie schön, sie das bei mancher Gelegenheit fühlen lassen zu können! Dann fand ich wieder billig, daß ich Vorurteile sühne, daß ich mich dargebe, erniedrige, in bescheidener Erwartung, erkannt und erhöht zu werden. Es kam mir ordentlich tröstlich vor, in verachtetem Gewande Achtung zu gewinnen, und schön, in manches Haus Rat und Verstand bringen zu können. Immer mehr schöne Seiten gewann ich diesem Amte ab, und das Wandern von Hügel zu Hügel, von Tal zu Tal, Herr seiner Zeit und seiner Gedanken, schien mir gar fröhlich und gemütlich.

An dem Erhalten dieser Stelle zweifelte ich nicht von ferne. Diesen genommenen Entschluß trug ich wieder dem Fecker vor, und dieser lachte laut auf und immer lauter, hielt sich den Bauch und schnappte am Ende mühselig nach Atem. Ich wurde bitterböse und frug, was da zu lachen sei. «Mein Gott, was für tolle Gedanken plagen Euch doch! Daß Ihr nicht zum Polizeier paßt, will ich nur nicht anführen; aber wie könnt Ihr denn je daran denken, diese Stelle zu erhalten? Wahrhaftig, ich hätte geglaubt, Ihr kenntet die Menschen nun schon besser.»

Ich wurde böse und verwirrt, seine Rede verstund ich gar nicht und meinte, das werde ihm nicht ernst sein und ich hoffe, er werde seinen Einfluß für mich verwenden, wenn er glaube, es sei noch nötig; so viel dürfe ich mir noch schmeicheln, daß man hier noch keinen bessern Polizeier gehabt und kaum je einen solchen wieder bekommen würde. Darüber wolle er mit mir nicht disputieren, meinte er, allein ich erhielte die Stelle doch nicht, auch wenn er für mich von Haus zu Haus laufen wollte, was er aber nicht tun werde, denn in solche Sachen könne und dürfe er sich nicht mischen. «Aber wie könnt Ihr», fuhr er fort, «bei gesundem Verstand daran denken, gewählt zu werden an einer Hausvätergemeinde? Erinnert Euch, welchen Namen Ihr Euch im Spital gemacht! ‚Son e Ufbegehrische wey mr nit', werden die Einen sagen. Sehet Eure Kleidung an, auf diese hin werden Andere sagen: ‚Ne, son e Herrschelige we mr nit, dem dörft me ja nüt bifehle'. Andere werden sagen, welche das Brönz lieber selber trinken: ‚Ne, e Rote, e alte Soldat we mr nit, mr hei Schnapsbrueder gnue am alte gha, er isch nie zfriede gsi, we me ihm nit eis ygscheycht het'. Andere werden meinen: ‚Er isch gar son e Ybildische, er würd is i alles icherede an ere Gmein'. Wen habt Ihr nun an der Gemeinde, der für Euch spricht? Andere, die sich auch melden werden, haben Gönner, die werben. Und wenn schon Manche, und vielleicht die Ersten, nicht gegen Euch reden werden, so werden sie doch gegen Euch stimmen. Ihr seid bei einem Schoppen oft zusammengekommen, dunkel haben sie Euere Überlegenheit gefühlt; glaubt Ihr nun, sie werden es über sich bringen können, Euch zum Polizeier zu machen, zu ihrem Diener und Abwart? Eure Person wäre ihnen ja ein täglicher Vorwurf, sie müßten sich vor Euch in acht nehmen, sie müßten denken: Was wird der Polizeier dazu sagen? Glaubt Ihr aber, daß eine Behörde solche Leute wählen wird, die solche Gefühle in ihr erregen? Das geschieht nicht in den obersten Behörden, wollt Ihr eine solche Überwindung einer Landgemeinde zutrauen? Versprecht mir nun, nicht böse, nicht mutlos zu werden, diese Geschichte nur als eine Gelegenheit zu betrachten, Menschenkenntnis zu erwerben. Meldet Euch, macht bei den Einflußreichen in der Gemeinde die Aufwartung und urteilt dann, wer recht hat.»

Ich versprach und tat also. Nun will ich mich nicht aufhalten, zu beschreiben, wie ich empfangen und abgefertigt wurde, obschon es recht lustig wäre anzuhören und ausweisen würde, daß das Brichten auf dem Lande noch weit schauerlicher ist als in der Stadt und der Brichtende noch weit mehr sich gefallen lassen muß.

Der Wahltag war ein wichtiger Tag für die Gemeinde Unverstand. Um zehn Uhr sollte die Gemeinde beginnen, um eilf Uhr erschien sonst gewöhnlich der Schreiber, um halb zwölf Uhr der Präsident, nach zwölf Uhr einige Männer, und um ein Uhr fing man an, das Protokoll zu verlesen. Aber an diesem wichtigen Tage, wo eine Polizei sollte erwählt werden, sah man schon vor neun Uhr Gruppen vor dem Wirtshause sich sammeln; vor zehn Uhr drängte sich alles in die große Kammer, wo sonst getanzt wurde; sie war zum Ersticken voll, statt dem halben Dutzend, welches sonst sich einfand. Es wurde abgelesen das Verzeichnis der sich Meldenden und gefragt, ob der Eine oder der Andere etwas zu bemerken hätte. Die Bewerber mußten abtreten, legten sich draußen an die Türe und stritten um die nächsten Plätze an derselben. Nun begann es drinnen zu wogen und zu stoßen, endlich brachte der Präsident Stille zuwege, und da wurden Reden gehalten viel länger noch und schöner als im Großen Rate. Den Stummen brach der Mund auf und sie redeten wie die Propheten gegen sieben und für einen, denn acht hatten sich gemeldet. In die Reden hinein hallten die Stimmen Widersprechender gar kräftig und schön, aber wer einmal angefangen hatte, der sprach, solange er ein Wort erjagen konnte.

Endlich nach fünf Stunden, als allen die Zunge am Gaumen klebte, konnte der Präsident zur Abstimmung schreiten. Diese Abstimmung geschah, da Viele nicht schreiben konnten, durch das offene Handmehr. Dreimal mußte sie vorgenommen werden, weil sie sich zweimal unrichtig erwies, indem die Zahl der Köpfe und der stimmenden Hände nie übereinstimmten und es fast herauskam, als hätten Viele immer zwei Hände aufgehoben. Endlich war er heraus, der wichtige Mann, um deswillen heute so Viele geredet hatten, aber ich war es nicht, nicht eine Stimme hatte ich erhalten; und wunderbar, gerade was der Fecker mir vorhergesagt, hatte ich an der Tür hören müssen, nur viel eindringlicher und kräftiger. Oh, ich habe diese Reden alle noch im Kopf, und wer weiß, ob ich sie nicht noch aufschreibe und drucken lasse, da doch heutzutage alles gedruckt werden muß. Obgleich es mir der Fecker vorausgesagt, war ich doch erschüttert und konnte mich des Weinens fast nicht enthalten, als ich zu ihm kam. Also nichts, gar nichts wollte man von mir, für nichts fand man mich gut, wie einen Taugenichts verwarf man mich allenthalben!

«Ihr dauert mich», sagte er, «daß Ihr die Sache so zu Gemüte nehmt, aber der liebe Gott war weiser als Ihr. Macht nun aber Eure Torheit nicht dadurch noch größer, daß Ihr in ihr beharrt und glaubt, es sei Euch übel ergangen. Der Mensch werchet sich manchmal ordentlich in einen Trotz gegen die Vorsehung hinein, die ihm einen einfältigen Wunsch versagt hat; er glaubt sich unglücklich, und gerade durch diesen Glauben wird er unglücklich. Wenn es nur die Menschen glauben würden, daß unendlich viel Unglück, über das sie klagen, nur in dem Wahn besteht, daß man unglücklich sei und daß man, um Andere damit zu strafen oder weil so es der allgemeine Gebrauch fordere, unglücklich scheinen müsse! Sonst seid Ihr ein Mann gewesen, habt wacker gerungen, werdet nun nicht wieder zum Kinde, verliert die Besonnenheit nicht, verliert den Glauben nicht, daß gerade im Versagen unserer Wünsche die größte Liebe Gottes liegt.»

Ich wurde gelassener, entgegnete aber doch, das komme mir auch gar zu traurig vor, daß ich wie ein unnützer Stein allenthalben verworfen werde, bald durch schiefe, bald ohne Prüfung, und somit trotz dem besten Willen der Welt gar nicht nützlich werden könne, daß es doch hart sei, gleichsam mit dem Stempel des Verworfenen bezeichnet worden zu sein, seit ich ein Güterbub, und nun gar, seit ich ein Roter gewesen. «Das ist aber wieder ein Wahn», meinte der Fecker, «daß man meint, einen Posten haben zu müssen, um dem Vaterlande nützlich zu sein, als ob das nicht jeder Bürger könnte und sollte und gerade die nicht angestellten am besten. Dieser Wahn kömmt von jener Zeit her, wo allerdings es eine Art von Verbrechen war, das bald öffentlich, bald geheim gerichtet wurde, wenn einer ohne äußerlich bestimmten Beruf um das Vaterland sich bekümmerte. Eben daher kömmt es auch, daß nun die Einen allerdings noch immer nichts tun, um alles sich nicht bekümmern, während die Andern beim besten Willen doch darin irren, daß sie meinen, um das Vaterland sich kümmern heiße über alles Bestehende schimpfen, alle Verfügungen der Regierung tadeln, alle Personen derselben verdächtigen.»

DREIUNDDREISSIGSTES KAPITEL

Der gute Rat

«Aber gerade für Euch wüßte ich etwas», fuhr der Fecker fort, «wozu Ihr der Mann wäret und wodurch Ihr nach und nach Euch eine Anerkennung erwerben könntet, die hundertmal schöner ist als irgend ein erbrichteter Posten. Ihr müßt mich aber ordentlich anhören, nicht auslachen, wohl überlegen; wenn Ihr das alles wollt, so will ich mit meinem Vorschlag herausrücken.» Ich erwachte aus meinem Trübsinn, ward neugierig und versprach alles Gute. Er klingelte nach einer Flasche Wein, stopfte sich eine mächtige Pfeife und brachte Folgendes vor: «Gotthelf, suchet Euch ein Wirtshaus aus, das ziemlich besucht ist von einheimischer Gastig, wo die Wirtsleute eine Truppe Kinder haben, was nicht schwer zu finden ist; da zieht Euch zu, das ist der schönste Posten, den ich für Euch weiß.»

Ich sperrte Mund und Nase auf über den seltsamen Vorschlag und glaubte, es rappele bei dem guten Manne, und wenn die Flasche leer gewesen wäre, so hätte ich vielleicht noch was anders geglaubt. Er sah mein Erstaunen, lachte und sagte, es scheine, ich begreife nicht, was er meine, und doch hätte er geglaubt, jedes Kind müsse ihn fassen, so einleuchtend stehe das alles in seinem Kopfe. «Allemal wenn ich bei einer Gaststube vorbeigehe und da die Leute bei ihrem Schoppen sitzen sehe, so zieht es mich hinein, und eine rechte Wehmut kömmt mich an, daß um unserer wunderlichen und verschrobenen Sitten wegen es meine wunderliche Frau mir nicht erlaubt, da mitten unter diesen Leuten zu sitzen; da wäre der rechte Ort, Weisheit zu predigen und Menschen vernünftig zu machen.»

Das dünkte mich noch wunderlicher, aber der Fecker achtete nicht mehr auf mich, er war in den Zug gekommen und fuhr fort: «Dahin kommen die Leute selten allein um des Weines, sondern auch um der Gesellschaft willen. Es regt sich etwas in ihnen, das Nahrung will, sie möchten etwas hören, möchten sich mitteilen, brichten und brichten lassen. Versteht einer das Brichten, so hören die guten Leute mit wahrem Vergnügen zu, haben kurze Zyti, was ihnen eins der seltensten, aber auch der größten Güter scheint, denn Längizyti ist eine wahre Bauernplage. Der Abend vergeht ihnen, sie wissen nicht wie, und erzählen noch lange, wie sie den und den Tag so kurze Zyti gehabt. Nun ist aber so selten jemand in einer Gaststube, diesem großen, allgemeinen Leist des Dorfes, der dieses Amt des Brichtens übernimmt, und noch viel seltener, ja nicht zu finden möchten die sein, welche mit bestimmter guter Absicht und zu einem klar gedachten vernünftigen Zweck es tun. Gar oft führen Zotenreißer, Händelsucher oder mit Gott und der Welt Unzufriedene das große Wort und verleiden ordentlichen Männern ihren Schoppen. Mit Schrecken sehe ich auch mehr und mehr im Volke selbst eine Kluft entstehen. Aus dem Volke erheben sich Beamtete, Gewerbsleute usw., es ist der erwecktere Teil des Volkes, und diese fangen an die Gaststube zu verlassen, ziehen sich in Leisten, Lesezirkeln, und wie die Dinge alle heißen, zusammen und trennen sich von der Masse; in der Gaststube bleiben die Ungebildetern, wo

Keiner dem Andern etwas Ordentliches bieten kann. Man sieht das nicht für wichtig an und hält es für ganz natürlich, daß solche gebildete Leute sich nicht mehr allen Unannehmlichkeiten einer Gaststube preisgeben und ihr Rams lieber unter sich abmachen. Aber man irrt sich; so wie in der Gaststube, so macht man sich im Leben, in der Kleidung usw., kurz in allem allmählich vom Volke los, reißt sogar schon die Kinder vom Volke weg und führt sie besondere Wege. So bildet sich eine neue Klasse, und wer will mir wehren, wenn ich diese Klasse auch eine Aristokratie nenne? Die neue Klasse verliert durch diese Absonderung um so eher das Zutrauen des Volkes, je näher sie ihm früher gestanden. Das Volk aber entbehrt ihres Umganges, wird nicht durch dieselbe gehoben und veredelt, wird ab- und zurückgestoßen, verwildert unter sich und wird die Beute jedes Schreiers, der es zu irgend einem bösen Zwecke erregen will. Es gilt hier gerade der gleiche Grundsatz wie bei den Armen. Solange man die Armen nur ernährt, abfüttert, werden sie Arme bleiben, sich vermehren und zu einer immer unerträglichern Last werden. Hebe man aber die Armen durch Entwicklung ihrer Kräfte, befähige man sie zu vorteilhaftem Erwerb, kurz befähige man sie, daß sie sich selbst auf die Höhe ihrer Wohltäter hinaufschwingen können, so werden die Armen sich mindern und wird ihre Last abnehmen. So wird das Volk bleiben, roh, ungebildet, eine Wetterfahne, sobald es alle die verlassen, welche sich mehr Bildung erworben und als der Sauerteig des Volkes mitten unter ihm bleiben sollten. Sie werden sehen, daß das Volk bald gegen sie eine Opposition bildet. Das beim Volke Bleiben hat freilich seine Unannehmlichkeiten. Mancher Beamtete hat seine Gewohnheit, welche er sich scheut mitten in der Gaststube zu befriedigen; aber warum nicht alte Gewohnheiten fahren lassen, um dem neuen Amte Ehre zu machen? Und Mancher ist nicht gerne einen ganzen Abend vernünftig, aber das ist wieder nichts als eine Gewohnheit, und geziemt es nicht einem, der über das Volk gesetzt sein will, Tag und Nacht vernünftig zu sein? Unglaubliches nun könnten gerade in der Gaststube Männer tun, die ohne steife Pedanterie mit manchem Witzwort Nützliches zu reden, die Geschichte der Zeit zu erleuchten, die Tagesfragen zu erläutern, die höhern Verfügungen zu erklären wüßten, oder wenn nichts Neues vorläge, erzählen würden von andern Völkern, andern Zeiten. Um Solche würden die Leute sich sammeln, und ich bin überzeugt, von der Gaststube aus würde sich ein wohltätiger Einfluß verbreiten über manches Feld und über manches Haus, die Abende würden kurzwylig werden, und vernünftige Männer kämen den Weibern heim ohne sturme Köpfe, und Friede, Liebe und Vertrauen würden die einzelnen Glieder der Gesellschaft eng verbinden.

«Nun, Gotthelf, zu so einem Gaststubenposten seid Ihr wie gemacht. Ihr habt viel gesehen, viel erfahren und gelesen, Ihr braucht nicht den Schmarotzer zu machen und imponiert doch auch nicht wie ein Ammann oder Statthalter. Ihr seid unabhängig und doch so gestellt, daß niemand sich vor Euch scheut, Keiner vor Euch ein Blatt vor den Mund nimmt. Ihr erfahret also, wie die Leute denken, was in ihnen sich regt, vernehmt alle Vorurteile, alle Dummheiten, die in den Köpfen spuken, und könnt gegen sie arbeiten. Ich meine nicht, daß Ihr den ganzen Tag dasitzen sollt und aufpassen, wem Ihr eine Lehre zu geben und kurze Zyti zu machen habet. Bewahre! Dafür ist nur der Abend da, wenn das Tagewerk getan ist bei einem jeglichen und er ruhen darf von Gott und Menschen wegen. Und auch nicht Nächte durch sollt Ihr dasitzen, bis die Füße unter den Tischen zu Eiszapfen werden; zur rechten Zeit muß Feierabend sein, der folgende Tag will ausgeruhte Arbeiter, und es sind Weiber zu Hause, die dem Manne nicht gerne zu lange warten, und will der Mann Euch mit Freuden zuhören und ordentlich erquickt werden, so muß er nicht mit Schrecken nach Hause und an die scheltende Frau denken dürfen. Wie gefiele Euch afange das?» meinte der Fecker, «doch wartet nur, bis Ihr alles gehört! Für den übrigen Tag habe ich Euch zwei andere Aufgaben ausgedacht. Ihr habt gehört, daß ich gesagt habe, Ihr sollet Euch ein Wirtshaus aussuchen, wo eine Kuppele Kinder seien, was leicht zu finden sei, und das habe ich nicht umsonst gesagt. Wirtskinder können mich immer recht ordentlich dauern, je besser die Wirtschaft geht; je besser diese geht, desto weniger haben die Eltern Zeit, sich mit den Kindern abzugeben, es ist fast, als ob sie keine Eltern hätten. Die Kinder treiben sich unter dem Gesinde, unter der Gastig herum, erhalten zu trinken und hören alles Gräßliche, denn es gibt um die Wirtshäuser herum immer Menschen, die sich die verruchte Freude machen, Kinderherzen mit Zoten zu entheiligen, und ordentlich von Herzen können mich die Eltern dauern. Sie haben gewöhnlich den besten Willen, ihre Kinder recht zu erziehen, sie wenden Geld auf, so viel die Gelegenheit es erlaubt, aber sie haben nicht Zeit zur Kinderaufsicht, nicht Zeit, sich um sie zu bekümmern, höchstens, sie zuweilen aus der Gaststube und aus dem Stall zu jagen; um den Kindern denn doch ihre Liebe zu zeigen, geben sie ihnen recht gut zu essen und zu trinken und pflanzen dadurch noch mehr den Hang zu überwiegender Sinnlichkeit. Nun meine ich, seiet Ihr gerade wieder der Mann, Euch einer Kuppele solcher Kinder anzunehmen und ihr Glück zu machen.

«Freilich müßt Ihr Euch dem Wirte nicht selbst dazu anbieten, für diesen Zweck würde Euch Keiner annehmen, sie würden weder trauen noch begreifen. Durch Erzählen müßt Ihr die Kinder nach und nach an Euch fesseln, zwischen den Schulen könnt Ihr vom Erzählen unvermerkt zum Lernen übergehen, könnt so die Kinder nützlich beschäftigen. Das wird zuerst die Wirtin merken, wenn ihr die Kinder vor den Füßen und aus der Küche wegkommen, sie wird es dem Mann sagen, der merkt dann endlich auch auf. Zuerst wird er Euch einen Schoppen geben hie und da, dann Euch am wöchentlichen Kostgeld zurückgeben, und endlich, wenn ein Kind einen ordentlichen Brief geschrieben oder das Haus abgfigürt oder sagen kann, daß England in Europa ist, keines mehr abnehmen. So wird das von selbst sich machen, ohne daß Ihr vom Bezahlen ein Wort zu reden oder eine Lehrstunde abzureden braucht. Euer Auskommen wird erleichtert, Eure Aufgabe schöner, ein zweifacher Schulmeister seid Ihr schon, wenn Ihr auch den Namen nicht tragt.

«Aber Ihr sollt mir trotz dem Schulkommissär ein dreifacher werden. Ihr habt viel erlebt und über Euer Leben nachgedacht, es liegt vor Euern Augen mit all den unglücklichen Verhältnissen, die Ihr erfahren. Ihr wisset das Unrichtige aufzufinden, nachzuweisen, das ist nun eine gar große Seltenheit. Tausenden ist es übler ergangen als Euch, den Eigennutz, die Vorurteile der Menschen haben sie vielleicht noch weit drückender, fürchterlicher erfahren als Ihr, allein sie können höchstens klagen, räsonieren, aber die Sachen beim rechten Namen nennen können sie nicht, können nicht einmal anschaulich machen, wer im Grunde an ihrem Unglück schuld ist, ob sie oder Andere, und wenn sie am Ende auch über das verständlich werden könnten, so können sie nicht schreiben, ihre Klagen und Reden verhallen in engem Kreise unbeachtet. Ihr aber habt nachgedacht und könnt schreiben, und das noch recht gut; wenn nun die Kinder in der Schule sind, der Abend noch nicht da ist, da setzet Euch hin und schreibet Euer Leben nieder. Dasselbe, so wie Ihr es erzählet, beleuchtet eine Menge Vorurteile, macht den Leuten manche Sünde anschaulich, die sie nie als Sünde angesehen und keinem Pfarrer geglaubt hätten, daß es Sünde sei. Euer Leben wird sicherlich Manchem die Augen auftun, und er wird sagen: Ja, akkurat so ist es auch bei mir, aber es soll anders werden. Und das werden viel mehr Leute glauben, als Ihr denket, denn die Menschen und ihr Leben sind sich viel mehr gleich, als man dem ersten Anschein nach glauben sollte; was Euch begegnet ist, ist an hundert Orten geschehen. Daher wird es kommen, daß an hundert Orten die Leute meinen werden, Ihr malet sie ab und redet auf sie; dann werden sie sich aber an Jeremias Gotthelf erinnern, werden sich die Seele aus dem Kopf staunen, wie Ihr das von ihnen wisset, warum Ihr so öffentlich vor der Welt auf sie stichelt.

«Die guten Leute wissen nicht, daß ihre Ebenbilder in allen Ecken der Erde wohnen, aber sie werden sich schämen und nicht mehr also tun, um nicht mehr gedruckt zu werden. Und viele Andere werden Euer Leben gerne lesen; wenn sie auch nicht sich darin finden, so ist doch manche Lehre in demselben enthalten, die jedem nützlich ist, und gar manches könnt Ihr da deutlich aussprechen, was den Leuten dunkel vorgeschwebt ist, was sie aber nie ordentlich ausdrücken konnten. So wird Eure Lebensbeschreibung, wenn Ihr sie drucken laßt, Nutzen stiften, Menschen belehren, und ein dreifacher bedeutender Schulmeister werdet Ihr sein, werdet ein ganz anderer Kerli sein als so ein Straßeninspektor oder Polizeidiener und noch dazu ein behaglicheres, Eurer Schwächlichkeit entsprechenderes Leben führen.»

Ich horchte nun doch hoch auf, es fing in mir etwas an zu jucken und zu gramseln, eine eigene Wärme kam mir in die Augen, ich mußte lächeln, ich wußte nicht warum, wurde verlegen, und verlegen schüttelte ich verneinend den Kopf und meinte, so etwas werde ich wohl bleiben lassen, dazu müsse es doch ein anderer Kerli sein, um etwas drucken zu lassen. Und doch war es mir nicht recht Ernst mit dieser Verneinung, es war mir wie einem hübschen Mädchen, dem man gesagt hatte, es sei schön, und welches dasselbe auch nicht glauben will. Der Fecker meinte, allweg solle ich nur versuchen, für mich aufzusetzen, was ich könne, es sei ein gar angenehmer Zeitvertreib. Im Anfang werde es mir wohl Mühe machen, ich werde nicht recht wissen, wo anfangen, und gar so ängstlich sein, ob ich ein Wort hinter oder vor das andere setzen solle, aber das gebe sich bald von selbst, ich werde oft nicht warten mögen, bis ich hinter meiner Schreiberei sitze. Nun meinte ich, etwas schreiben werde ich am Ende wohl können, aber drucken lassen, das sei ein anderes, und wer es mir dann drucken wolle? das gebe gar viele Kosten. Auch das werde sich machen, meinte der Fecker, ich solle nur machen, daß geschrieben werde, solle nun über seinen Vorschlag nachdenken, und wenn ich ihn nicht schlecht gefunden, wenn ich das Schöne in demselben aufgefaßt, ein Haus suchen, in welchem ich mein selbstgeschaffen dreifach Amt auszuführen glauben könne. Er meinte, wenn ich einige Jahre so zugebracht, so könnte ich ein ordentlich berühmter Mann werden, und wie die Leute mich jetzt verstießen, würden sie sich um mich reißen; mir stünde später, wenn der erste Ämtlihunger gestillet sei und man wieder Männer suche für die Ämter und nicht Ämter für die Männer, manches offen, wenn ich dann noch Lust habe, eines anzunehmen.

Ich ging heim. Mir war wunderlich im Gemüte und wunderlich im Kopfe. Ich wußte nicht, ging ich hoch oben über die Bäume hin oder unter der Erde durch; indessen stießen die Füße sich an jeden Stein, an jede Wurzel, und meine Nase hätte beinahe eine innige Bekanntschaft mit einem Türlistock geschlossen. Ich hatte an der Zukunft wieder fast verzweifelt, alle Aussicht schien versteckt, und nun war mir auf einmal eine aufgeschlossen, eine ganz neue, seltsame, aber echt romantische. Ich fand mich noch nicht so ganz zurecht in ihr, aber sie hatte mich ergriffen durch und durch und hielt mich fest, fast wie mit zaubrischer Gewalt. Der Mensch ist doch im Grunde ein schwaches Geschöpf, er glaubt sich so klug, so selbständig, und wenn man recht nachsieht, so vermag er selten sich selbst mit Sicherheit zu bestimmen. Besondere Eindrücke in besondern Stunden regieren ihn meist und bestimmen seinen Lebenslauf. Wer am selbständigsten von innen heraus sich zu bestimmen glaubt, ist oft derjenige, der diesen äußern Eindrücken am unbedingtesten sich hingibt, weil er nicht beachtet die Regungen seines Gemütes und Eigendünkel ihn verblendet. Aber die schwerste Aufgabe ist wohl die, diese Eindrücke zu prüfen, die einen zu überwinden, den andern sich hinzugeben. Gott ruft uns, die Welt lockt uns. Das Rufen und das Locken von einander zu scheiden, keines mit dem andern zu verwechseln, wie schwer ist das und wie leicht nehmen es viele Leute!

Wohl legte ich mich nieder, aber nicht zum Schlafen, es wogte ein Gedankenmeer in mir auf und nieder. Wachen und Schlafen verflossen in einander zu einem träumerischen Zustand, in welchem ich nicht wußte, waren es Gedanken oder Träume, die ihre Bilder auf meine Seele warfen. Bald ging mein vergangenes Leben an mir vorbei, bald dachte ich es, bald lebte ich es noch einmal wirklich, fühlte Prügel, hörte mich schelten, und Anneli stund an meiner Seite und bot mir ein Kind dar, daß ich ihm erzähle; dann saß ich in einer Gaststube, wollte etwas reden und konnte nie, und Anneli brachte andern Leuten Wein, mir aber nicht, und ich konnte ihr nicht rufen. Auch schrieb ich lange, lange, und als ich nachsah, konnte ich nichts lesen, es waren lauter fremde Buchstaben und ich konnte die rechten nie finden. Und wenn ich mich recht abgeängstigt, erwachte ich wohl auf Augenblicke, aber nur um in noch peinlichere Lage zu kommen. Endlich fielen die ersten Sonnenstrahlen in mein Gemach, ich schüttelte mir den peinlichen Zustand vom Leibe und trank in langen Zügen die frische Morgenluft.

VIERUNDDREISSIGSTES KAPITEL

Der schöne Tag

Es riß mich hinaus in die schöne Welt. Es war ein wunderschöner Maimorgen, ein echter Herrgottstag für die Vögel des Himmels und jedes fühlende Menschenherz. Es war zweiunddreißig Jahre, daß gerade auch so ein Morgen und ich acht Jahre alt war. Damals wanderte ich mit munterem Herzen und einem schönen Halstuch der Bettlergemeinde zu, und die Amseln tanzeten vor mir her mit ihren hellen Stimmen und schönen gelben Schnäbeln. Aber das muntere Herz und das schöne Halstuch schwanden, trotz allen den schönen Verheißungen, mit denen die Mutter mich munter gemacht, und zweiunddreißig Jahre verflossen mit derbem Ringen in der Welt und mir selbst. Ich hatte mir auch viel errungen, ich war in harter Schule, aber als ein vernünftiges Wesen ging ich daraus hervor, das seinen Schöpfer kennt und sich. Ich wanderte wieder mit munterem Herzen heute in die Welt hinaus und labte mich nicht an der Bettlergemeinde, sondern an Gottes Wunderpracht. Das Herz war mir offen, darum auch die Augen, die mit inniger Wonne schweiften von den grünen Buchenhügeln zu den in allen Farben lachenden Wiesen und über die schwellenden Fruchtfelder. Was doch in einem Zeitraum von zwanzig Jahren erfunden, geschaffen wird, und besonders in unsern Tagen! Und die Menschen, die mitten in diesem Schaffen wohnen und selbst schaffen, merken es nicht und klagen über schlechte Zeiten, schweren Erwerb usw. Die ganze Landschaft schien mir umgewandelt. Neue Häuser glänzten überall zwischen wohlunterhaltenen Bäumen hervor, die nicht mehr voll Moos und Mistelen waren. Große Scheiben, helle Fenster zeugten von helleren Menschen, und blaue Schieferdächer von vorsichtigen und klugen. Und waren das die magern Äcker noch, die früher gähnten und ermatteten, wenn sie einige Grasstengel tragen sollten, und jetzt bedeckt mit bürstendichtem, knietiefem Grase oder mit dem zarten, üppigen Klee, der Kühe Zuckerbrot? Erdäpfelfelder streckten sich in ihrem dunkeln Grün weithin, wo ehedem nur einzelne Stauden gestanden in wehmütiger Magerkeit.

Und was bedeckte denn die öden Weiden, wo früher die Besenreiser wuchsen, die Schrecken der ungehorsamen Kinder, die Wünschelruten der gerne fegenden und putzenden Weiber; was bedeckte die magern Halden, wo ehedem ein paar Schafe zwischen Leben und Tod am Hungertuche nagten oder einige Kühe ihre Rippen als stumme Seufzer Gott weit, weit entgegenstreckten, daß er sich ihrer erbarme und Regen gebe und Fruchtbarkeit? Dort glänzte es nun in rötlichem Schimmer und wiegte im Winde sich wie ein Fruchtfeld. Es war die freigebige Esparsette, ein neuer Segen Gottes für die Kühe und für den Bauer, ein Segen Gottes für das ganze Land, der neben den Erdäpfeln für die wachsende Volksmenge noch lange genug Speise schaffen wird. Bis an die Spitze der rundlichten Hügel hatte der Fleiß der Menschen gereutet und gebaut. Es war das gleiche Land wie ehedem, und doch wie ganz anders jetzt! Damals einem alten ausgetrockneten Weibe gleich oder einem blassen vierzehnjährigen Mädchen, an das die Auszehrung sich gehängt und ihm nun aus den Augen sieht, und jetzt nun eine üppige, strotzende Maid, fruchtbar und lebenskräftig. Und ich wanderte mit frohlockendem Herzen durch die Gründe und stieg von Hügel zu Hügel und labte bei jedem Schritt mich an neuer Pracht, und diese Labung tränkte die Seele mit neuer Kraft, und in dem Maße, wie die Augen sich ergötzten und freuten, trat mir auch meine Zukunft freudiger entgegen, und klarer gestalteten sich die Bilder, die ich mir von ihr entwarf. Aber des Morgens frische Kühle fing an der Sonnenwärme zu weichen, von der Stirne heiß rann der Schweiß, und der knurrende Magen mahnte, daß er gestern abend nur ein Glas getrunken und heute noch gar nichts. Ich sah mich um, wo wohl etwas zu haben wäre. Und wie ich genauer die Gegenstände betrachtete, heimelten sie mich; ich sah eine alte Eiche und noch das Hohl darin, das ich weiter ausgehauen hatte, um Rinderstaren auszunehmen, sah eine alte, hohe Tanne, auf der ich Eichhörnchen nachgeklettert war, ich sah, daß ich im Walde von Mareilis Mann war, Schattenseite nahe unter dem Hause. Dort war ich willkommen, das wußte ich und auch, daß meinem Magen sein Bellen gestillet würde. Ich stieg den Berg hinauf, und wie mich das alles heimelte, jede Latte, jeder Stock, jeder Ort, wo mich ein Knecht haaren wollte oder ich einer Magd einen Streich gespielt! Aber auch hier hinter dem Hause hatte eine weise Hand vieles verbessert, urbar gemacht, besser benutzt, und dieses alles betrachtend, das Neue mit dem Alten vergleichend, stand ich vor dem Hause, ehe ich dachte.

Vor dem Hause saß ein stattlich Weib, glänzend in schönem weißem Hemdeschmuck und den schön glatt gestrählten Haaren, Kraut rüstend. Es war Mareili, das schlanke, das nun breit und mächtig geworden war. Meine Schritte weckten es aus der emsigen Arbeit, es sah auf mit seinen klugen und guten Augen, und alsbald mich erkennend, schrie es auf: «Herr Jeses, Meiß, wie hesch mih erschreckt mit dym wüeste Schnauz! Das ist aber nit brav vo dr, daß erst jetz chunst, u bisch scho lang daheim; ih ha dih i der Chilche gseh u hätt dr gwartet vor dr Tür, aber mr hei Dorf gha daheim un ih ha hei müesse. Un daß im Spittel gsi bisch, han ih nit emal gwüßt, ih wär susch cho u hätt dr öppis brunge, so ungern ih nume a Spittel däiche, verschwyge de drygah. Aber chumm yche, was wotsch, was chann dr gäh? Es isch notti doch no brav vo dr, daß jetz chunst. Ih wills em Ätti säge un em Ma, si werde o Freud ha, u dr de öppis Warms mache.»

Die rüstige Frau rührte sich noch mit der alten Gewandtheit, und der Alte kam, ein achtzigjähriger, silberweißer Greis, gradauf, und reichte mir frohgemut die mächtige, feste Hand; auch der Sohn, der sich unter Mareilis Pflege gestärkt hatte, hieß mich willkommen, und bald kam die Kaffeekanne und die geblümten Tassen, der gelbe Käse, das küstige Brot, und es war mir, als lange ich eben mit dem Großvater von der Bettlergemeinde an und Mareili warte uns wieder auf wie damals. Alle balgeten mit mir über mein Tublen und daß ich nicht gleich anfangs zu ihnen gekommen, es wäre mir bas gsi als im Spittel. Und sie erzählten, und ich erzählte, und Mareili wußte auf wahrhaft merkwürdige Weise ihre Geschäfte abzumachen und zuzuhören, manche Erzählung zu ergänzen, eine Verbindung, welche selten Menschen verstehen, am wenigsten Dienstmägde beim Brunnen.

Der Morgen war um, ehe wir daran dachten. Die Kinder sammelten sich um uns, schöne Bursche, lustige Mädchen, die mich anfangs von der Seite gschaueten, dann der Mutter an die Hand gingen, ohne Jasten, ohne Geräusch. Jedes wußte seine Arbeit, tat sie ab so geschwind als möglich, aber ohne Zappeln und überflüssiges Schießen; es war eine wahre Freude, wie das alles ging, so fest, so sicher und doch so geschwinde. Nach dem Essen brachte Mareili die große weiße Flasche mit den schönen Blumen, die ich schon als Knabe so oft bewundert hatte, und die Gläser mit den geschliffenen Namen, in welchen der alte Lacote noch einmal so gut schmeckte. Der Alte erzählte von dem Tode der Mutter (seiner Frau), was sie gesagt und wie er sie vermissen würde, wenn er nicht ein Sühniswyb hätte, wie es keines mehr gebe. Mir ging auch das

Herz auf, ich vertraute ihnen an, daß ich etwas Vermögen hätte, erzählte ihnen meine Angst und Not um einen Beruf oder Posten und die Räte des Feckers, die mir immer besser gefielen. Sie nahmen teil an Leid und Freud, konnten aber des Feckers Meinung gar nicht begreifen, nicht begreifen, was ich so nützen könne und solle. Ich solle einstweilen bei ihnen bleiben, meinten sie, sie hätten mir auch allbeeinisch etwas zu schreiben, und wenn es schon nicht gedruckt würde, so werde es mir doch nicht durchgehechelt, denn es sei ja heutzutage nichts recht, was man sage, geschweige dann, was man schreibe. Wolle und könne ich etwas erzählen, so würden es ihre Kinder so gerne hören als Wirtskinder, und noch sie dazu würden es hören, sie mangelten auch jemand, der ihnen allbeeinisch kurzi Zyti mache.

Es ist merkwürdig, wie es im Menschenleben geht. Wäre ich anfangs bei ihnen eingekehrt, ich hätte mich nie nach einem Beruf oder Posten umgesehen, mir wäre wohl bei ihnen geworden und ich hätte nichts Besseres gewußt. Wäre ich in meiner Zerknirschung über die Polizeiflemmete zu ihnen statt zum Fecker gegangen, so hätten ihre Vorschläge mir einen Himmel aufgetan, ich wäre wochenlang oben geblieben, um mich niemand zu zeigen, und während dieser Zeit hätte ich mich droben so eingewöhnt, daß ich nicht mehr fortzubringen gewesen wäre. Nun war es ein anderes. Schon hatte sich in mir festgesetzt das Bild eines ganz andern Lebens, meine Wünsche waren auf ein bestimmtes Ziel gerichtet, und meine Einbildungskraft hatte bereits ein bedeutendes Stück an der erwarteten Zukunft auferbaut, und die ist gar verzweifelt eigensinnig und reißt nicht gerne begonnene Arbeit ein, sie läßt sie nur zertrümmern. Ich konnte daher nicht mehr Ja sagen, so wohl es mir da ward, so weh es mir tat, den guten Leuten weh zu tun, und mein Leben nahm eine andere Richtung. Wer hat nicht schon bemerkt in seinem Leben, wie anscheinend kleine Zufälligkeiten die bedeutsamsten Wendungen erzeugten; also einen Tag früher hier, und der lebendige Jeremias hätte kaum je den schriftlichen geboren, kurz er hätte in stiller Behaglichkeit unbemerkt sein Leben verbracht, allerdings ruhiger, kaum glücklicher, auf alle Fälle aber unnützer. Ich blieb oben, bis der Mond golden aufging am abendlichen Himmel; es kostete Mühe, mich loszureißen von den herzigen Leuten, aber das versprach ich ihnen und mir, recht viel oben bei ihnen zu sein.

Man lacht über den Mondschein, und gar nüchterne Leute sagen, es gruse ihnen darob. Bequeme Leute finden, er sei eine bequeme und wohlfeile Laterne, wenn sie aus dem Wirtshaus kommen und das Stolpern nicht wohl mehr erleiden mögen, und jener Franzose meinte, als er im Winter, da Vollmond war, an einem Weiher stand, um sich zu einem Gedicht begeistern zu lassen, er sei gar höllisch kalt. Aber wer ist nach einem glücklich durchlebten Tage im Mondenscheine heimgegangen und hat nicht einen eigenen Frieden in sich empfunden, sich leicht und wohl gefühlt und sein Herz zu den weichsten und schönsten Empfindungen gestimmt oder zu den kühnsten Beschlüssen begeistert! Man gehe lange in finsterer Nacht, in der Nacht ist dieser Friede nicht, sind die hochherzigen Gefühle nicht; man gehe im Sonnenschein, da kommt der Schweiß, die Mühe, und das helle Licht entschleiert das Störende, was allenthalben auf der Erde ist. Aber in des Mondes Licht gießen die Züge des Friedens über die Landschaft sich aus, verhüllt bleibt das Häßliche, und aus derselben tritt hervor das Hehre und Großartige oder das Liebliche und Sanfte, und dieser Ausdruck der Erde ists, was dem empfänglichen Herzen die gleiche Gestaltung gibt. So wanderte ich heim, tief beglückt in des Herzens Gründen. Wieder hatte ich Leute gefunden, die mich noch liebten, obgleich sie über mich zürnen sollten, hatte wieder ein heimisches Haus mehr, bei dessen Anblick ich denken durfte: Dort darfst du willkommen eintreten.

Weggehen schmerzt wohl zuweilen, aber größer als der Schmerz ist doch die Freude, zurückdenken zu können, daß man hinter sich Freunde habe. Da schaut man um so mutiger vorwärts, und wenn eine Aufgabe zur Lösung uns vorliegt, so fühlt man mächtiger in sich das Brausen der Kraft, welche der Arbeit und dem Kampf sich entgegendrängt, und heller erglänzt das Auge, höher und freier hebt sich der Schritt, wie dem Pferde das Trompetenschmettern hineinruft in die heiße Schlacht. Ich war wieder der Alte, der als Flügelmann seiner Kompagnie in Paris' engen Straßen furchtlos stand, furchtlos durch die Barrikaden drang; das Gleichgewicht war hergestellt in mir, die Besonnenheit, der feste Wille thronten wieder über den verletzten Gefühlen, diese waren geheilt. Als ich heimkam endlich, da dankte ich Gott inbrünstig für das Glück dieses Tages und die erhaltene Kräftigung. Ich gelobte, nie mehr zu verzagen, nie mehr durch irgend eine Torheit der Menschen mich entmutigen oder erbittern zu lassen, sondern in Liebe und Geduld sie zu tragen, aber nie auch laß zu werden in der Sanftmut, die mit leiser Hand die Fehler der Mitmenschen mildern, heilen will.

FÜNFUNDDREISSIGSTES KAPITEL

Wie ich suche und finde, aber nicht das Rechte

Am andern Morgen packte ich meinen Habersack und schickte mich an, ein schicklich Plätzlein für meine neuerfundene Schule aufzusuchen. Ich wollte nicht große Gasthöfe suchen, auch nicht abgelegene Pinten, wo alle zehn Wochen eine verstohlene Kindbetti ist, ein verlaufenes Hochzeit und alle Morgen zwei Schnapstrinker, von denen der eine

Kartoffelbranntwein, der andere Reckholderwasser sich zu Gemüte führt. Ich wollte eine ehrbare Dorfwirtschaft wählen, wo ehrbare Leute eine sich fast gleich bleibende Gastig bilden, ich wollte sorgfältig wählen, um nicht anzufangen und dann wieder gehen zu müssen und so Zeit zu verlieren.

Ich wanderte wohlgemut des Wegs entlang, den alten Militär in nichts verleugnend; denn etwas mußte ich doch scheinen, wenn man mich nicht für einen Vagabunden ansehen, für etwas mich ausgeben, wenn mir nicht alles mißtrauisch aus dem Wege gehen sollte. Freilich steht der Söldner nicht in hohem Ansehen, aber ein alter Soldat verleugnet nicht gerne seinen Stand, besonders wenn er mit freier Seele sich ihm ergeben, eine freie Seele darin bewahrt hat. Mein Lebtag hab ich nie auf meinen vielen Wanderungen den Wirtshäusern so gwundrig entgegengesehen, bin nie so oft eingekehrt als nun. Freilich gesellte ich mich zu jedem Bauer, der meines Weges ging, frug ihn aus über die nächsten Wirtsleute, aber gar selten waren die Berichte so, daß ich getrost vorbeimarschieren konnte, und manchmal befanden sich zwei Wirtshäuser in einem Orte, so daß ich in die größte Verlegenheit kam, beide zu besuchen, ohne für einen ausgemachten Hudel angesehen zu werden. Oft gefiel es mir beim ersten Anblick nicht übel, aber es gelang mir nicht, alles zu sehen, zu vernehmen, was ich wollte, ich mußte länger bleiben und am Ende doch weiter, weil gar zu vieles an den Tag kam, was mir nicht gefiel; so rückte meine Reise gar langsam vorwärts.

Am meisten scheute ich das Trinken des Wirts oder der Wirtin, denn wo das der Fall ist, ist es mit der Ordnung übel bestellt. Wie soll man das böse Exempel den Kindern verbergen und seine Folgen aufheben? Und was ich am meisten fürchtete: trunkene Menschen haben alle Augenblicke und mit allen Menschen Streit. Wie hätte ich hoffen können, an einem solchen Orte in Frieden zu bleiben?

Leider ging es nun oft so, daß es mir über Mittag an einem Orte recht wohl gefiel und ich meinen Stab schon in eine Ecke stellen wollte, am Abend es mir erleidete und ich den Morgen fast nicht erwarten mochte, um weiter zu können, weil ich sah, wie ganz anders ein Mensch am Mittag und am Abend sein kann und welch großer Unterschied ist zwischen einem nüchternen und einem trunkenen Menschen. An eine Sache hatte ich nicht gedacht, auf sie nicht geachtet und wäre deshalb beinahe am unrechten Orte eingesessen. Es hatte mir da besonders gut gefallen, Wirt und Wirtin waren emsig, ein bedeutender Vertrieb machte Metzger, Stubenmädchen, Köchin, Stallknecht nötig, die Kinder waren vielversprechend, aber auch meisterlos in hohem Grade, die Gegend war wohlhabend und der Schlag der Leute gefiel mir. Ich war etwas früher ins Bett gegangen als die Andern, hielt mich still, schlief aber nicht, denn mein Arm schmerzte mich, die wüste Bise war im Anzug. Da hörte ich, daß Leute in das Zimmer unter mir kamen, und hörte ganz deutlich, daß es Wirt und Wirtin waren, und hörte ganz deutlich, was sie mit einander sprachen; wahrscheinlich war über ihrem Ofen der Boden offen, um Wärme durchzulassen. Anfangs schwiegen sie still, endlich meinte die Wirtin: «Wie mengisch hei ds Mädi u du enangere im Keller atroffe?» Und er antwortete: «Grad so viel als du u dr Metzger enangere i dr Schaal.» Nun ging ein grausenhaft Gezänke los, und die beiden Leute hielten sich die leidesten Sachen vor, so daß, wenn nur der zehnteste Teil davon wahr gewesen wäre, sie den ganzen Tag abseits gewesen sein müßten, und doch hatte ich sie fast beständig in der Arbeit gesehen. Ob nun der eine oder der andere Teil größern oder kleinern Anlaß zu solchen Vorwürfen gab, das wußte ich nicht, aber das sah ich, daß die wütendste Eifersucht sie erfüllte. Er hatte Angst, ihre Kinder seien nicht von ihm, und sie war in Angst, er habe noch welche neben den ihren. Sie konnte nicht leiden, wenn er mit jemand lachte, und er nicht, wenn sie jemand ansah. Das Streiten und Vorhalten dauerte bis nach Mitternacht, aber auf eine Weise, daß ich wohl sah, es sei heute nicht das erstemal, sondern gewöhnliche Übung, denn es endete nicht mit Schlägen, nicht in wütendem Zorne, sondern zuletzt mit tiefem Schnarchen. Nun, dachte ich, da ist meines Bleibens auch nicht! Wie lange würde es gehen, so wäre auch ich ein Zankapfel zwischen diesen Eheleuten, und ich hätte alle Abende das Vergnügen, anzuhören, wie der Mann mich und seine Frau lästernd im Kote herumzog.

Ja, die Eifersucht ist doch ein grundhäßlich, aber auch gefährlich Ding. Sie ist ein grundhäßlich Ding, denn sie zeuget vom Mangel an Glauben und Vertrauen in der eifersüchtigen Brust, sie stört alle Unbefangenheit, allen Frieden; denn wenn die Eifersucht recht einwurzelt, so dehnt sie sich nicht nur auf hübsche Mädchen und Frauen, muntere Bursche und Männer, sondern auf alle aus, die zwei Beine haben, auch wenn die Nase nicht mitten im Gesicht ist, dehnt sich aus gegen Eltern und Kinder, ja manchmal gar auf Hühner und Hunde. Wer Teufel wollte da des Lebens froh werden, wenn er allemal Lärm bekommt, wenn sein Hund ihm flattiert hat oder ein Huhn ihm nachgelaufen ist! Sie ist grundhäßlich. Denn die Eifersucht zeuget manchmal, aber wohlgemerkt nicht allemal, vom Bewußtsein, was man selbst zu tun imstande wäre, was man selbst zu tun Lust hätte, wenn die Gelegenheit sich darböte, oder vielleicht schon getan hat. Kennt ihr das Sprüchwort: Was der Bock – –? Die Eifersucht ist selten, die aus Bescheidenheit und Demut entspringt und von der Meinung herkommt, durch Andere in Wert und Vorzügen übertroffen zu werden; diese Eifersucht ist mehr lieblich als häßlich und läßt durch die Liebe sich heilen.

Die Eifersucht ist aber auch verteufelt gefährlich aus zweien Gründen. Habt ihr nie davon gehört, daß es das beste Mittel sei, Menschen vom Bösen abzuhalten, wenn man ihnen Zutrauen zeigt, und daß hingegen unverdientes Mißtrauen Ärger erzeugt und oft aus Trotz dann gerade das, woran man sonst nicht dachte? Was tausend, denkt der mit Eifersucht unverdienterweise geplagte Mann oder Frau, tue ich etwas oder tue ich nichts, es kommt in eins, ärger kann man nicht mit mir machen, wenn man mich auf der Tat ertappt; man glaubt es doch, so habe man es auch!

Aber eins ist noch gefährlicher und geschieht noch häufiger. Ihr kennt doch die alte Mama Eva; der wäre es gar nicht in den Sinn gekommen, in den Apfel zu beißen, wenn nicht die Schlange sie aufmerksam gemacht hätte auf die Wunderäpfel; nun bekam sie Lust dazu, betrachtete sie alle Tage, ihr Herz brannte, der Mund wässerte immer mehr nach diesen Äpfeln, bis sie endlich einen derselben in ihren Rosenmund steckte und die Sünde geschehen war. Ihr werdet vielleicht meinen, die Söhne und Töchter seien klüger als die alte Mama; die Jugend bildet sich das gar oft ein, aber da irrt ihr euch, sie sind vielleicht noch schlimmer daran in diesem Punkt, wie folgendes Beispiel weist.

Es war einmal auch so ein naseweises Weibchen, welches das Urmütterchen verachtete und behauptete, sie hätte nie in den Apfel gebissen, da hätte die Schlange lange locken, flattieren können, und wären die Äpfel noch hundertmal lieblicher anzuschauen gewesen; und der Mann behauptete, daß es nicht einmal mehr solche verlockende Schlangen gebe, daß es nur eine Warnung, ein Verbot vor etwas brauche, um die Lust nach dem Verbotenen zu erregen, und je mehr man verbiete, desto größer steige die Lust. Aber das Weibchen tat gar altklug, gab dem Mann mit dem weißen Händchen eins auf den Mund und verbat sich solche Lästerungen und sagte gar ernst: Einmal ihr könne er verbieten, was er wolle, sie werde auch nicht von ferne daran denken, das Gebot zu übertreten, sie wolle mit ihm wetten, was er wolle. Der Mann lachte und sagte: «Du kennst hinter den Gärten den wüsten Fröschenweiher mit dem grünen Dach, in dem Regenmoleni und anderes Gezüchte so anmutig gramsele?» Das Weibchen wußte kaum, wo er war, und schauderte ordentlich, als sie sich seiner erinnerte: es habe sie von Jugend auf vor ihm geekelt. «Nun», meinte der Mann, «ich verbiete dir, in diesem ein Fußbad zu nehmen, und wenn dus in Zeit zwei Monaten nicht tust, so will ich dir einen schönen Rock kaufen, tust du es aber, so fordere ich weiter nichts von dir, als daß du mir meine Strümpfe so flickst, daß ich immer ein Paar ganze anzuziehen habe.» Wie da das Frauchen auflachte und auf den Rock sich freute und die zu flickenden Strümpfe in die Ecken des Schaftes schob! Aber aus lauter Spaß wollte sie doch einmal den verbotenen Weiher wiedersehen; der schlaue Mann sah sie alle Tage den Weg nehmen, merkte, daß sie ernster wurde, zerstreuter, und ehe zwei Wochen vergingen, fand er seine Frau mit bloßen Füßen im Weiher. Ihr könnt denken, daß das Weibchen auch erschrak, als sie den Mann sah, und denken, wie traurig sie die verschüpften Strümpfe hervorklubete.

Aber könnt ihr auch die Lehre daraus ziehen? Ich will sie euch sagen. Es denkt sicher mancher Gatte an keine eheliche Sünde, aber seine Hälfte wirft sie ihm vor; durch diese Vorwürfe fällt ihm zum ersten Male die Möglichkeit ein, die eheliche Treue zu brechen. Sie wirft ihm ferner einen bestimmten Gegenstand vor, mit dem er sündigen wolle oder gesündigt habe. Er hatte keine Gedanken daran gehabt, die Person nie darauf angesehen, nun fängt er zum erstenmal an, sie zu betrachten, der Funke ist gefallen; je schwächer er ist, desto weniger denkt man ans Löschen, aber auch desto eher und desto sicherer wird die Flamme zu dem Dache ausschlagen.

Darum, sage ich, sei die Eifersucht gefährlich, gerade weil sie die Sünde, vor welcher man sich fürchtet, erzeugt, gerade das Elend bringt, vor dem man sich hüten wollte, gerade sie ist die Schlange, die verlocket zugleich, aber das Herz fürchterlich quält, in dem sie ihr Nest gebaut. Darum, ihr Männer und Weiber, die ihr mit dieser Landplage behaftet seid, macht, daß ihr von derselben kuriert werdet, sie ist ein Krebs am Herzen, dem aber fortzuhelfen ist.

Ich schnürte also meinen Bündel wieder, setzte meinen Stab weiter und wanderte fort, durch manchen Ort, manches Tal, fand mancherlei, aber nie das Rechte.

SECHSUNDDREISSIGSTES KAPITEL

Wie ich ein altes Schloß fand, aber neue Leute dabei

Eines Abends nach einem heißen Tage stieg ich müde einen Hügel hinan und setzte mich oben hin. An der Seite des Hügels lag ein schönes Kirchdorf, über ihm ein altertümliches Schloß, ein Zeuge vergangener Zeiten, ein Zeuge mancher schweren Tat, ein Zeuge manches schweren Seufzers. Wie das wechselt in der Jahre Lauf im Äußern der Menschheit! Wenn das Tor reden könnte, dachte ich, und erzählen von den Leuten, die aus- und eingezogen seien, von ihren verschiedenen Gewändern und verschiedenen Gesichtern, was würde man da wohl alles hören! Haben nur die Gewänder sich geändert oder auch die Gesichter, haben nur die Namen sich geändert oder auch das Betragen? Ehedem Ritter hoch zu Roß, eisern um und um, eisernen Leibes, eisernen Herzens, hoch herabsehend vom hohen Rosse; verschwunden jetzt die Ritter, ihre Hengste, der eiserne Leib, aber auch die eisernen Herzen und die Augen, die hoch herabsehen möchten aus Chaise und Charabank? Ehedem zerknirschte Leibeigene halbnackt, mit zerdrücktem Herzen, mit Striemen und Beulen von des gestrengen Herrn Faust und Peitsche; nun keine Leibeigenen mehr, nicht mehr Striemen und Beulen, aber auch wohl keine zerdrückten Herzen? So dachte ich, als die Sonne sich senkte über des grauen Schlosses Zinne und schlafen ging ins große Vaterhaus; aus ihrem großen Auge warf sie scheidende lange Blicke sanft und milde über die Erde. Ich versank in Andacht, dachte dessen, was niedergeht und aufersteht, was bleibt, was schwindet, und in meine Andacht hinein tönte klar und feierlich das Geläute, das auf morgen den Tag des Herrn verkündete. Mir war weich ums Herz, und da ich der himmlischen Heimat gedachte, verlangte mich auch nach einer irdischen, wo ich ruhen konnte, ohne an eine morndrige Reise zu gedenken, wo ich mein Tagewerk beginnen und des Herrn warten konnte, bis er kommt in seinen Weinberg, die Arbeit zu prüfen, die Arbeiter zu wählen oder zu verwerfen.

Feierlichen Herzens stieg ich nieder, und mir ward, als ob der Herr läuten lasse zu meinem Einzuge, nur mir verständlich, aber den da unten Wohnenden zum Heil, als ob er mich feierlich rufe, da unten meine Hütte zu bauen; und bei jedem Begegnenden mußte ich denken: Wenn du wüßtest, für was ich komme und was ich dir einst sein werde! und mußte dann wieder lächeln über meines Herzens gutmütige Eitelkeit. Alles gefiel mir wohl, die Leute, die Häuser, die Gegend; reinlich war es und sauber aufgeräumt, die Kinder mit ihren Besen vor den Häusern, bei den Brunnen fegten die Weiber, und mit hochaufgerollten Hosen fuhren die Bursche Stoßbären hochaufgetürmt mit wohlriechendem Kühdreck auf die gewaltigen Misthaufen. Vor dem Wirtshause stund die altertümliche Linde, und Kinder mit roten Backen herdeten da wohlgemut. Freundlich wurde ich im reinlich gehaltenen

Wirtshause empfangen von der rührigen Wirtin, die eben Kaffee trank mit ihrem aus sechs wilden Kindern bestehenden Fasel und ihrem Manne, einem derben Schweizer, dem der rotverbrämte Metzgerkittel und der weiße Schurz ganz gut stand. Das alles gefiel mir gar gut, alles wie gewünscht, und die mit Alt und Jung begonnenen Gespräche zeugten von Derbheit, aber auch von Verständigkeit und gesundem Sinne.

An den drei Tischen saßen schweigend drei Bäuerlein und tranken ihre Schoppen; man brachte nicht viel anderes aus ihnen heraus, als daß sie im Schloß gewesen, und eben nicht leichten Herzens, wie es schien, kamen sie von dort herab. Das Gesumme der Arbeit draußen verstummte, Lichter blinkten durch die Scheiben, und nach und nach füllte sich die Stube, aber mit Leuten, aus denen ich nicht klug werden konnte. Es waren wohl auch Bauern darunter mit breiten Rücken und schwieligen Händen, aber die Meisten waren nicht Herren, waren nicht Bauern. Einer glich wohl von oben einem Herrn, aber unterhalb einem Bauern; an Andern gehörten nur die Beine einem Herrn mit gewichsten Stiefelchen, aber oberhalb war er akkurat wie ein Bauer, und wenn man auch bei dem Einen im ersten Augenblick glaubte, er sei ein vornehmer Herr, mit hohem Halstuch und klingelnder Uhr behängt, fast wie der schöne Herr zu B..., so sah man beim zweiten Blick beschmutzte Hände, ein zerrissenes Nastuch oder ein schlechtes oder gar nicht gebleichtes Hemd; es soll sogar deren geben, die gar keines tragen. Handwerker waren es auch nicht, dazu sahen sie zu brutal aus, nicht einmal Schneider, das merkte man am Geruch oder an den langen, saftigen Pfeifen, die den ganzen Tag nicht aus dem Munde zu kommen schienen. Baschkiren waren es auch nicht, denn Mancher hatte eine gar schöne große rote Nase, auch nicht Kosaken, denn Manchem fehlte der Bart, auch nicht Türken, denn sie tranken ungeniert Wein, besonders roten, zudem redeten alle deutsch, Einige sogar versuchten das Hochdeutsch in etwas, wenn auch schlecht. Sie flatterten um die Bauern herum wie Raben um das Aas, schnatterten durcheinander, daß ich wenig verstehen konnte. Endlich merkte ich aus einem Gespräche in meiner Nähe, daß der Steifbeinigste unter allen zweien armen Teufeln, die hinter einem Schoppen Branntwein saßen, ein Erbe, das hinter der Gemeinde lag, abhandelte um das halbe Geld. Ich wollte anfangen zu glauben, es seien Juden, trotz ihren Pfeifen; da brachte die Wirtin Saufüße und Sauohren, eine ganze Platte voll, über die fielen sie her wie die Habichte, es waren also wieder nicht Juden. Während sie nun handlich in die Saufüße und Sauohren bissen, konnten sie nicht mehr alle auf einmal reden und in allen Ecken, und was die sprachen, welche das Maul nur halbvoll hatten, konnte ich verstehen. Es war von Gerichts- und Geltstagen, von Notifikationen und Moderationen, Inventarisationen, sogar von Insinuationen die Rede, von Käufen und Kontrakten, Testamenten und Betreibungen. Aha so, dachte ich, das wird eine Versammlung der Schuldenboten des ganzen Landes sein, so eine Art von Verein, um einander das Saugen abzulernen. Ich sagte meine Meinung der Frau Wirtin. «Bhüet is Gott nein!» sagte die, «das isch ke apartigi Versammlig, die sy all Abe da, si sy all usem Dorf oder us dr Nächstsami; es isch dr Amtsschriber u dr Grichtschriber u dr Gmeindschriber u dr Amtsnotari u dr Prokerater u de zwei Agente u de no ihri Knechte u Buebe; das sy gueti Lüt, si gähn is am mehrste z'verdiene.» «Bhüet is Gott!» dachte auch ich, «so viel Schreiber an einem Haufen, geben so viel zu verdienen, müssen also auch viel verdienen, und von wem?» Ich zählte sie und zählte sie wieder und zum drittenmal, und es waren und blieben immer siebenundzwanzig.

Ich vernahm später, daß in früherer Zeit an gleichem Orte ihrer drei die gleichen Geschäfte verrichtet und zusammen den Wirten nicht halb so viel als einer von den siebenundzwanzig zu verdienen geben konnten. Also das die zweibeinige Schar, welche Tag für Tag zu den Schloßtoren einzog, herrschend und mächtig wie die alten Ritter, die Schrecken der Bauern, die ihnen, wenn schon nicht untertan, doch zinsbar waren!

Und wenn man die Augen zutat, so klangen ihre Stimmen gar laut, doch hatten sie etwas Fistelartiges, und ihre Füße polterten gar gewaltig am Boden herum, doch tönte es mehr wie Horn oder Holz als wie Eisen, und sie fuhren an und begehrten auf und putzten ab, daß man sich allerdings noch einen Tisch voll Zwingherren und Raubritter hätte vorstellen können, mächtigen Leibes, mit eisernen Fäusten, die Helme trotzig auf dem dicken Nacken, dem großen Kopf, die Schwerter lang an den Seiten. Wenn man sich das so recht lebhaft vorgestellt hatte, die Augen dann wieder auftat und an den Tischen die siebenundzwanzig Schreiber und Schreiberlein sah mit den spitzigen Gesichtern, den langen Fingern und den halbseidenen schwarzen Kappen, winzig oder plump, mit den von Pfnüseln angefressenen Gesichtern, mit vergessenen Federn hinter den Ohren und steifen, gen Himmel schreienden Haaren, mühselig und unbeholfen hantieren mit Gabeln und Messern – hei, wie war da einem wunderlich zumute! Hei, was hätte da wohl einer der Ritter gesagt zu ihnen, zu dessen Toren sie aus- und eingingen, üppig und dünkelvoll! Hei, ein solcher Ritter hätte zehn dieser seiner Nachtreter zum Frühstück aufgespeist und siebzehn zum Dix heures. Und doch hatte dieses baumwollene Völklein wieder eine Ähnlichkeit mit jenen eisernen Mannen. Diese eisernen Mannen, wenn sie des Abends heimgekehrt waren unter Dach von ihrem Tagewerk, so saßen sie hinter ihren hohen Humpen, und wenn sie satt waren vom Habermus und Rehschlegel, so schwemmten sie Habermus und Rehschlegel tüchtig ein, gewöhnlich mit saurem Wein, und einer erzählte, wie er einem Bauer die Hunde durchs Korn gehetzt und hintendrein geritten; ein zweiter hatte mit eigener Hand eine halbverhungerte Familie, die ihre Gefälle nicht bezahlen konnte, unter Rüdengebell und Peitschenknall von seiner Hufe gejagt, ein dritter einen Leibeigenen versandt und unterdessen mit seinem Weibe oder dessen Töchtern Kurzweil getrieben, ein vierter ein Wildschwein abgefangen und ein fünfter das Lager eines Sechzehnenders aufgefunden zu morndriger Jagd. Vor allem aber sprach, wer das Schwert gebraucht, Wunden geschlagen und empfangen hatte, und pries seine Taten in ihrer Kraft und Gewandtheit. Und wie jene Dahingegangenen geredet hatten, so redeten auch die Dasitzenden, nachdem sie die Säuohren versorgt hatten, von ihren vollbrachten Heldentaten.

Zwei waren an Freundlichkeiten gewesen und hatten Gottlob (wie sie meinten) die Vermittlung hintertrieben, Andere hatten Erscheinungen und glücklicherweise Einfälle gehabt, die neue Inzidenzien nach sich zogen. Ein Anderer war an einer Gantsteigerung und hatte unter der Hand einen guten Schick gemacht; ein Anderer kam von einer Geltstagssteigerung heim, hatte eine halbe Hutte Geld bei sich, das er benutzen wollte, solange er die Ausfertigung des Geltstages hinausschieben konnte, und noch einige Neutaler, die ihm ein Käufer gegeben, damit er eben mit dieser Ausfertigung nicht pressiere; ein Anderer hatte einen Kontrakt aufgejagt und seinem Meister in die Bähre und einer einen Prozeß, zu dem er einen reichen Bauern angestiefelt, einer zweien Branntweinrülpsen ein Erbe um das halbe Geld abgeknipst und einer nebenbei manches galante Abenteuer bestanden, wie er mit grinsendem Munde verblümt zu verstehen gab, daß man es mit Zwilchhändschen greifen konnte (derselbe hatte impertinent blonde Haare), einer durch Vergeßlichkeiten in Asse kuranzscheinen einen guten Schnitt und einem ehrlichen Bauren weis gemacht, für einen Hof, den er um fünfundzwanzigtausend Pfund gekauft, müsse er von vierzigtausend Pfund den Ehrschatz geben, der nach dem wahren Wert zu entrichten sei. Einer endlich, nachdem er eine Flasche Neuenburger 1834er kommen ließ, las eine Bittschrift an den Großen Rat vor um Vermehrung ihres Einkommens, indem darin klar dargetan war, daß sie nicht das lautere Wasser verdienten. Ich sah sie allerdings Wein trinken, aber Neuenburger, er wird wohlfeiler gewesen sein! Die Handlanger und Knechte hatten auch manches Erfreuliche zu berichten, wie sie Bauern abgeschnauzt und zum Narren gehabt, halbe Stunden stehen lassen, ehe sie dieselben nur angesehen. Doch nach und nach, besonders bei Anlaß der Bittschrift an die Regierung, nahmen sie einen höhern Schwung und verstiegen sich ins Gebiet der Politik und in das der Gesetzgebung, beide aber mit einander verwechselnd, alles durcheinander werfend wie Kraut und Rüben, mit nichts zufrieden. An der Regierung waren alles Dummköpfe, verstunden nicht e Dreck viel von diesem und nicht e Dreck viel von jenem, zudem war allen nicht zu trauen. Von dem Einen wußten sie das, von einem Andern etwas anderes; höchstens fand der Eine oder der Andere bei ihnen Gnade, der einst mit ihnen aus dem gleichen Tintenfaß geleckt. Am Ende war das Volk als der größte Esel befunden, der die rechten Leute nicht zu finden wisse; aber Andere meinten, wenn die nur weg wären, wo da seien, das Volk sei nicht mehr so dumm und würde die Rechten schon finden, und räusperten sich dann, kratzten die Haare noch mehr auf gen Himmel, stießen die Gläser an und sagten mit verschmitzt sein sollenden Gesichtern: «Gsundheit!» Und einer mit unsicheren Augen, aber struppigem schwarzem Backenbart ripsete denselben eine Weile an dem Halstuche und schrie dann in heisern Tönen: «Zugunsten der Freiheit!»

Plötzlich fragte einer mitten aus wirrem Gespräch: «Wer geiht morn zPredi?» «Wer wett doch dä Donners Pfaff möge ga lose, er seit alli Sunndi ds Glyche», meinte einer; «er weiß nit, was er seit», ein Zweiter; «er isch e dumme Tüfel, alles, was er weiß, wett ih in vierzehn Tage lerne», ein Dritter. Endlich erhob sich ein Gespräch über die Religion, daß mir die Haare zu Berge stunden und ein Bauer nach dem andern wegging. Ich hatte zu allem geschwiegen, aber als einer sagte: Ih glaube nume, was ih gseh, u was ih nit cha gseh, das isch o nüt», da konnte ich mich nicht mehr enthalten zu sagen: «Ich kannte in Paris eine Uhr, die glaubte auch an keinen Uhrenmacher, sie war aber nur von Similor und ging grundschlecht.» Sie sahen über die Achseln nach mir hin, ließen sich aber nicht stören. Ich merkte, daß ich zu verblümt gesprochen, ich mußte mich daher deutlicher ausdrücken, sah ich wohl, wenn ich wollte verstanden sein. Als der unter ihnen, welcher die steifsten Beine hatte und fast aussah wie ein Landsknecht, meinte: «Oh, tot isch tot», entgegnete ich lauter: «Zu Paris im Tiergarten sind Tiere, man zählt sie zu dem Federvieh, und doch sehen die einen von ihnen aus wie giftige Kröten, die andern wie Frösche auf den Dünkeln; die einen werden so fett wie italienische Schweine, die andern bleiben dürr und gleichen hundshärigen Besenstielen. Sie gehen eigentlich auf zwei Beinen, wälzen sich aber doch gerne im Dreck. Sie gehören zu den fleischfressenden Tieren, trinken aber doch gerne Wein, besonders roten, und wenn sie dann knüll auf dem Rücken liegen, so glauben sie auch an keine Auferstehung. Am Morgen nach der langen Nacht sind sie aber doch wieder auf den Beinen, sehen jedoch ganz erbärmlich aus, gerade wie verstoßene Sünder, und stehen da nicht nur mit Zähneklappern, sondern auch mit schlotternden Armen und Beinen.»

Sie sahen mich gar grimmig an, aber die Sache war ihnen

noch nicht recht klar. Ich setzte noch hinzu, daß ich die Tiere oft mit Erstaunen betrachtet und endlich den Wärter gefragt, wie sie heißen. Dieser sagte mir, sie hätten verschiedene Namen, das gemeine Volk nenne sie Baurenzägge, die Gelehrten aber Tintenschlecker oder Papierfresser, und einige nährten sich bloß durch Agentisieren.

Potz Million, wie hatte ich in die Wespen geguslet! Die fuhren auf, wie wenn ein Blitzstrahl in den Tisch geschlagen hätte. Ich erhob mich auch, und da ich so lang aufstand, als ob es kein Ende nehmen wollte, und so breit dastand, trat die halbe Mannschaft ins hintere Glied und versuchte mit Wurfgeschütz die vordere Kolonne zu unterstützen, aber sehr unglücklich, denn sie schlugen mit den geworfenen Gläsern den Ihrigen von hinten Löcher in den Kopf. Die Andern fuhren um mich her wie gehetzte Pommer, aber trotz aller Wut und allem Lärm war doch Keiner der Erste. Endlich wagte es einer mit langen Beinen und stüpfte mich in die Seite, aber seine langen Beine schützten ihn nicht vor einer Ohrfeige, die ihn in die Ofenecke zum Sitzen brachte. Unterdessen hämmerten sie von der andern Seite mit ihren luggen Fäusten auf mich ein, so gut sie es vermochten, und Andere wollten eben wie Zäggen sich festmachen an mir, aber gelassen schüttelte ich das Ungeziefer ab, wischte gelassen mit meinem guten langen Arm Ohrfeige um Ohrfeige aus. Ich lachte in mich hinein und kam mir vor, als sei ich der alten Ritter einer, dem das Gezücht den Eingang in seine Burg verwehren und der nach langer Abwesenheit Ordnung schaffen wolle auf seinem Grund und Boden. Die Angriffskolonne wurde immer dünner, wer eine Ohrfeige erhalten hatte, begehrte keine zweite und trat ins hintere Glied der Belfernden.

Als endlich der Schreiber Ehre auf dem Spiel stand, weil keine Vordern mehr da waren und die Hintern entweder den Reißaus nahmen oder nun auch, wie sie meinten, an die

Reihe kommen müßten, trat schnell der Älteste, eine hagere lange Figur, vor, tat, als ob er erst hereinkomme, und rief: «Halt, was isch das? Wer bist du, daß du da chunst cho Stryt afa; du mußt uf dr Stell i dKefi, u de we mr ungersueche, was du für e Kerli bisch, mr wey dih scho ringgle; reich me uf dr Stell dLandjäger!» Ich sollte erschrecken, aber ich erschrak nicht, ich erbot mich, ins Gefängnis zu gehen, wenn alle Mitstreitenden mitgingen, bis die Untersuchung ausweise, wer die Schuldigen seien; übrigens hätte ich meine Schriften in der Ordnung, die wolle ich denen zeigen, die das Recht hätten, darnach zu fragen; auch zweifle ich daran, daß er das Recht hätte, jemanden zu verhaften. Er ließ sich hoch auf und polterte mich nicht übel an, winkte aber einem mit den Augen, daß es Zeit sei, einen andern Weg zu versuchen. Der rief nun, wenn ich es mit ihnen ausmachen wolle, so könne ich vielleicht noch ohne Käficht davonkommen. So, dachte ich, wie die Juden allenthalben einen Handel zu machen wissen, so die allenthalben eine Ausmachete, die einer Prellerei allemal so ähnlich sieht wie ein Ei dem andern. Ich setzte mich stillschweigend nieder, sie traten zusammen, zählten ihre Ohrfeigen und Löcher hinten im Kopfe, die ich nun natürlich auch gemacht haben sollte, zusammen und ließen mich fragen, ob ich es mit allen zusammen in einem Klapf oder mit jedem besonders ausmachen wolle? Ich fragte, wie Viele denn geprügelt worden seien von mir? Nun war es recht lächerlich, wie jeder etwas erhalten haben, die gesamte hintere Kolonne im Gefecht gewesen sein wollte; es nahm mich wunder, daß aus den Siebenundzwanzig nicht Achtundzwanzig geworden waren.

Über dieses Schreien eines jeden, über diesen Drang, geprügelt worden sein zu wollen, um etwas zu verdienen, erschrak dennoch der Klügste unter ihnen, fürchtend, sich lächerlich zu machen, wenn siebenundzwanzig Schreiberlein von Einem geprügelt sein wollten, drängte sich an meine Seite und versprach, wenn ich Wein kommen lassen wolle, so wolle er es für mich mit allen zusammen ausmachen; wenn ich mit jedem aparti abmachen müsse, so komme ich gar zu teuf dry. Und ohne meine Antwort abzuwarten, auch gerade wie die Juden auf dem Roßmärit, rief er: «Sie sollen heuschen!» Sie riefen: «Er soll bieten!» Nachdem das lange so gegangen war, sagte er: «Heuschet afe zwanzig Dublone, mr wei de lose.» Sie redeten mit einander und forderten dreißig Dublonen, Richters Buße vorbehalten; sie handelten lange mit einander. Ich saß stumm da und ließ sie machen. Es floß dabei Neuenburger wie Bach, und geschrien wurde ärger als in einer Judenschule. Endlich wurden sie um fünfundzwanzig Dublonen einig, die sollte ich also bar darlegen oder versichern und die Ürti samt der Buße übernehmen.

Doch kam ihnen in den Sinn, daß ich auch etwas dazu zu sagen hätte, und man fragte mich, ob ich das Geld bei mir trage oder ob ich Pfand und Versicherung zu geben habe? Und alle sahen so glückselig drein, trotz der erhaltenen Ohrfeigen. Ja, einen Abend schmarotzen können auf eines armen Teufels Kosten und dazu noch bar Geld kriegen durch eine Prellerei, das ist für solche Leute der Himmel, und ich glaube gerne, daß sie an keinen andern glauben können. Aber wie versteinerten die Gesichter, als ich weder das Eine noch das Andere wollte, als ich auf das Geschrei, jener habe in meinem Namen ausgemacht, ich müsse halten, fragte, wo er seine Prokur habe, und ich ihnen sagte, sie seien alle zu dumm für einen, der lange Jahre in Paris gewesen. Es kochte in ihnen wie in einem Hexenkessel, aber die Einen waren zu voll, um wieder anzugreifen, die Andern fühlten noch die brennenden Backen, und die Klügsten hatten Respekt vor Paris und merkten, daß sie mich nicht beschummeln könnten wie einen Bauern, der sein Lebtag nie anders aus seinem Graben kömmt, als wenn er Kindbetti haben muß. Sie fingen an einzulenken, und nach mancher Wendung versuchten sie mich zum Zahlen der Ürti zu bewegen. Aber ich war nach und nach doch erbittert worden über diese Schamlosigkeiten alle, ich wollte mich zu keinem Kreuzer verstehen, erklärte fest, daß ich Ursache zu klagen hätte, wenn ich sie nicht zu sehr verachtete; bis morgen nachmittag werde ich hier im Wirtshause warten, damit sie mich finden könnten, wenn sie noch etwas wollten. Nun stund ich auf und ging ins Bett.

Mein Benehmen hatte selbst auf die Frechsten Eindruck gemacht, sie fürchteten den Mann, den sie in mir erkannt; ob ich aber mit meinem Benehmen zufrieden sein sollte, das wußte ich lange nicht. Nach zwanzig Jahren also wieder eine Prügelten, und zu dieser hatte ich offenbar gereizt durch meine scharfen Gleichnisse. Hätte ich nicht lieber schweigen und gehen sollen als mich hineinmengen in die allgemeine Rede, die nicht an mich gerichtet war? War das ein glückliches Probierstück meiner Lehrerschaft in der Gaststube? Aber dann wieder schweigen zu solchen Dingen, vermehrte das nicht offenbar die Frechheit und den Dünkel solcher Gecken? Sind sie eben nicht allmählich so geworden, weil der Bauer sie wohl in seinem Herzen verachtete, sie aber reden ließ, was sie wollten, weil er sich ihnen nicht gewachsen fühlte? Hat nicht jeder Christ die Pflicht, der Wahrheit Zeugnis zu geben und unnütze Schwätzer zur Ruhe zu weisen? Macht er sich nicht durch Stillschweigen der Verleugnung schuldig? Wäre es möglich gewesen, mit Siebenundzwanzig über solche Dinge zu einem vernünftigen Gespräch zu kommen, schlugen nicht Spott und endlich Ohrfeigen viel besser bei ihnen an und vertrieben ihnen ihren dummen Unglauben, mit dem sie sich groß machen wollen, während sie sich doch vielleicht im Herzen vor jeder alten Frau als vor einer Hexe fürchten und im Tode grausenhaft zappeln in brennender Gewissensangst? So werweisete ich bei mir lange und machte endlich aus, daß ich recht gehandelt, aber nicht klug, daß ich an einem Orte, wo ich länger bleiben wolle, vorsichtiger zu Werke gehen, daß ich hier mir mein Spiel verdorben und weiter müsse, indem mit siebenundzwanzig Schreibern zu Feinden an einem Orte sich nicht wohl leben lasse, daß ich aber für einen Abend bloß als Durchreisender keine bessere Kur hätte anwenden und keinen bessern Weg hätte einschlagen können, um diesen Menschen ihre Erbärmlichkeit zu zeigen.

Wie ich bei dem Schreiben meiner Lebensgeschichte zu dieser Stelle komme, werweise ich wieder lange, ob ich sie niederschreiben oder auslassen wolle? Ich denke, es gibt so viele brave Schreiber aller Art, Amtsschreiber, Gerichtsschreiber, Amtsnotarien und meinethalben auch Agenten, die könnten das übel nehmen, und sie und andere Leute könnten meinen, ich rede hier von allen Schreibern überhaupt. Aber dann denke ich wieder, sie sehen aus dem ganzen Buche doch, daß du ein vernünftiger Mann bist, und nur ein unvernünftiger Mann nimmt einen ganzen Stand von Menschen in einen Klapf. Ich dachte, sie werden auch vernünftig sein und sehen, daß ich hier ausdrücklich nur von siebenundzwanzig Schreibern rede; nun ist ihre Zahl im Lande Legion. Alle andern, außer jene siebenundzwanzig, haben also nichts auf sich zu beziehen, insoferne sie es nicht ebenso an jenem Abend gemacht hätten wie die siebenundzwanzig; und das sage ich nicht nur nicht, sondern will es auch nicht hoffen.

Ferner denke ich, es sei meine Pflicht und Schuldigkeit, zu warnen vor diesen Leuten, die keine Religion, keine Sittlichkeit, keine Art von Ehrgefühl haben, die sich alle Streiche, alle Schliche, alle Kniffe erlauben, sobald sie unter dem Schein des Rechtes können versteckt werden, die gegen ärmere oder einfältigere Leute nicht einmal um den Schein des Rechtes sich bekümmern, sondern durch grobe Anmaßung und anmaßende Grobheit einschüchtern, die mit schlauer Pfiffigkeit jeden Vorteil aufspüren, mit der unverschämtesten Frechheit ihn verfolgen, von eigentlicher Wissenschaftlichkeit in ihrem Fache keine Ahndung haben. Vor diesen Leuten warne ich nicht bloß deswegen, damit sich die in den Wirtshäusern sitzenden oder prozeßlustigen Bauern oder Herren hüten können vor ihnen oder ihnen begegnen nach Verdienen, sondern deswegen warne ich vor ihnen, weil sie sich alle zu Erziehern von Hunderten von jungen Leuten aufwerfen. Sie zahlen nicht gerne jemand, daß er ihnen ihre viele weitläufige Arbeit mache, sie nehmen daher Lehrbuben, so viel sie können, und Lehrgeld, so viel sie können, nehmen diese gerade im gefährlichsten Alter, wenn der Mensch seine bestimmte Richtung nimmt. Nun richtet so einer, wie jene Siebenundzwanzig waren, die jungen Leute gerade so ab, wie er sie am besten brauchen kann; je weniger Religion, Sittlichkeit, Ehrgefühl sie haben, desto kommoder sind sie ihm, desto besseren Vorteil zieht er aus ihnen, desto pfiffiger und frecher kann er sie machen. Und du, Bauer, bist doch, bald hätte ich gesagt ein dummer, aber ich will nur sagen ein wunderlicher Köbi; du hältst im Ganzen so viel auf Religion, willst nicht, daß man in der Schule etwas von Geschichte, Naturlehre, was doch so schön wäre, mache, und frägst, wenn du von einer Schule hörst, immer zuerst: «Isch das o no e rechti Schuel, lehrt me da o no dFragi?» Aber wenn du deinen Bub zu einem Schreiber tun, ihn dort jahrelang lassen willst, so frägst du gar nichts als: «Ischs e Gschichte?» Und wenns der Schwarze selber wäre, sobald du hörst, es syg e Gschichte, so gibst du ihm deinen Bub und denkst gar nicht daran, daß du ihn mit Leib und Seele übergibst. Zugleich wollte ich anfangs auch den Staat warnen, weil man junge Leute gerne in obrigkeitliche Schreibstuben tut, indem dort die mannigfaltigsten Geschäfte vorkommen, daß er ja bei der Anstellung von Männern, denen er solche Schreibstuben anvertrauen will, ganz besonders auf ihre Religiosität, Sittlichkeit, Rechtlichkeit sehen möchte als Erzieher junger Staatsbürger. Aber ich habe von denen, die aus der Stadt kamen, so manches gehört, daß ich meine gutgemeinte Warnung einstecken will, weil sie doch vergeblich wäre und die Leute in der Stadt nicht gerne guten Rat vom Lande nehmen.

Am andern Morgen wunderte sich die Wirtin mehrere Male, warum keiner der Schreiber komme, um seinen halben Schoppen zu nehmen oder sein Gläschen Grüns? Zwei steckten ihre Köpfe zur Tür hinein, zogen sie aber schnell zurück und schoben sich wieder fort. Endlich frug sie ihren Mann: Was es ächt gä heig, daß niemes chömm? Dem fiel es ein, sie würden wegen mir nicht kommen, denn er war bei dem Streit, seine Frau aber im Bett gewesen. Ihm ward wind und bange, mich fortzuschaffen, doch so höflich, als er konnte. Er sagte mir, ob ich nicht lieber in die Kühle ginge? Als ich sagte, daß ich bis Mittag bleiben müsse, schickte er mir vor eilf Uhr mein Essen und versicherte mich, daß eilf Uhr hier Mittag sei und nicht zwölf Uhr und das schon seit ewigen Zeiten. Ich erlöste den guten Mann von seiner Angst und machte mich wieder auf die Strümpfe, und wie ich hinaus war, sah ich sie hinter mir hineinschlüpfen zu ihren Schoppen und Gläschen. Einer gewissen Wehmut konnte ich mich doch nicht enthalten, als ich dem freundlichen Dörfchen, dem ehrwürdigen Schloß den Rücken wandte und in einer Biegung des Weges sie zum letztenmal sah. Es läutete wieder vom Turme herab, diesmal bezog ich aber das Läuten nicht auf mich und begriff nun auch, daß das gestrige mir nicht gegolten.

SIEBENUNDDREISSIGSTES KAPITEL

Wie ich eine bleibende Stätte finde

In mancherlei Gedanken war ich stundenlang fortgegangen, es war heiß und mich dürstete. Ein großes Dorf lag vor mir. Die Straßen waren holperig, auf den Äckern wuchs spitzes Korn und mageres Gras, bei den Häusern war es aufgeräumt, aber die Mistgülle lief hin, wohin es ihr beliebte. Die Leute gafften mir verwundert nach, die Kinder grüßten nicht, dankten nicht, gränneten mich an, wenn es wohl ging, die meisten wußten mir etwas nachzurufen. Vor dem Wirtshause zerrten zwei Buben und ein Mädchen einen jungen Hund beim Schwanz, und aus den Fenstern desselben rief eine muntere, runde, aber nicht große Frau: «Löt er mr dä Hung sy bal, oder ih will ech!» Aber die Kinder fuhren getrost fort, und die Wirtin kehrte sich nach der Stube zu, die Gäste zu bedienen. Ich wollte nun in der Wirtin Amt treten und abwehren, aber der Ältere, Christi, sagte: «Ghei du dih furt, du hesch is nüt z'bifehle, es geiht dih nüt a.» An meine gestrige Geschichte denkend, wollte ich nicht unnütz Händel anfangen und ging hinein, ans Dableiben dachte ich diesmal gar nicht.

In der Stube sah es reinlich aus, Schreiber war kein einziger da, hingegen mehrere vierschrötige Männer, einige Greise, die mit zitternder Hand ihren Wein einschenkten, und keine jungen Leute. Die Wirtin sah mich etwas verschroben an als eine, die nicht viel Fremde sieht, und fragte: «Womit cha me ufwarte?» Ein kleines Kind hing ihr am Kittel und schrie immer: «Müetti, nimm mih, Müetti, nimm mih!» Sie schrie ihm mehrere Male zu: «Ih cha dih nit näh, ih mueß dem Ma sy Sach gä, lue wien er e Schnauz het, er nimmt dih, wed nit schwygst.» Aber das kleine Mädchen schrie immer ärger, und die Mutter mußte es nehmen und mit der andern Hand sich helfen, so gut sie konnte. Die Kleine mußte doch endlich wieder abgestellt werden; sie sah mich aus einer Ecke verschüchtert an, und wenn ich auch hinsah, so kehrte sie sich um; als ich nicht auf sie zu achten schien, schlich sie sich näher, kam zu meinem Habersack, niggelete an ihm, bis ich hinsah, lief dann wieder fort und wiederholte das Spiel mehrere Male, bis sie endlich mir ein Stückchen Brot abnahm und sogar dankte, als die Mutter ihr sagte: «Wie seyst, Anneli?» Da ich ihr noch ein Schlückchen Wein gab, war unsere Freundschaft geschlossen, sie setzte sich neben mich und fragte alles Mögliche, besonders nahm es sie wunder, warum ich einen so wüsten Schnauz habe und was ich mit ihm mache? Die Mutter hatte große Freude an unserer Freundschaft, obgleich sie alle Augenblicke sagte: «Gang ache, du plogst ne», und schien es gar nicht ungern zu haben, als sie vernahm, daß ich übernachten wolle.

Der Wirt kam endlich auch, ein guter Mann schien er zu sein, etwas phlegmatisch und unter dem Pantoffel seiner Frau. Die Lichter kamen, die Kinder mußten nach vielem Schreien und nachdem sie ihre Eltern, den Vater besonders, hundertmal gezwungen hatten, zu tun, was sie und nicht, was er wollte, ins Bett. Man rückte näher zusammen. Die Leute änderten nicht stark, die meisten konnten stundenlang bei ihrem Schoppen sitzen und so haushälterisch mit dem Glase umgehen, daß man ihnen wohl ansah, es war ihnen weniger um den Wein zu tun als darum, daß ihnen die Zeit vergehe. Das ging aber schwerfällig zu, ihren Stallbestand und wie sie melken, hatten sie sich bald erzählt. Die Witterung war abgehandelt, ebenfalls die Zeit, wenn man zu mähen anfangen wolle. Der Wirt hatte nach guten Kälbschenen gefragt und die Wirtin nach der Gäste Weiber und Kinder und ob es bei dem oder diesem noch lange gehe, bis er müsse Kindbetti haben. Das Gespräch stockte, schon sagte hie und da einer, er wolle ustreyche und ga luege, was sis Muetterli mache, es werd afe Längizyti ha. Da seufzte einer und sagte, ihm pressiers nüt hei, er wett, er chönnt die ganze Nacht dahocke, und machte ein Gesicht dazu gar tief- und trübsinnig. Natürlich fragte man ihn, was es de gäb, daß er nit hei mög? Er munkelte lange, ehe er sagte, es sei unghürig bin em. Da wurden auf einmal Zehn oder Fünfzehn wieder lebendig und ebenso viel Nasen fuhren gwundrig über den Tisch hinein, und jede wollte die nächste sein, und alle fragten: «Was isch de, was geiht de, was hesch de?» Da sagte er, er dörfs schier nit säge, aber wenn sis niemerem säge welle, so well ers säge. Verständlich versprachen alle das tiefste Stillschweigen und freuten sich alle dabei aufs höchste, ihren Weibern was Bsonders heimkramen zu können.

Da fing er an zu erzählen: Im vorigen Jahre bald nach Vrenetag, wo sein Meitschi sei unterwiesen worden, habe es angefangen. Sein Meitschi sei gar es fromms und schüchs und dürfe keinen Buben ansehen, auch habe es schon manchmal gesagt, es wolle sein Lebtag keinen Kilter haben. Da sei es einmal an einem Sonntagabend an die Haustüre, die er selbst mit einem Riegel verschlossen, gekommen und habe sie geöffnet, er wisse nicht wie, durch den Hausgang gerasselt, wie wenn es eine lange Kette nachschleppe, und habe gar wunderliche Töne von sich gegeben. So sei es die Stiege auf gegangen in des Meitschis Gaden, dort habe es noch rumort, dann sich still gehalten, bis der Hahn gekräht, und sei darauf wieder mit dem gleichen Gerassel fortgegangen. Nun wären sie voller Schrecken ins Gaden gelaufen, da hätten sie das Meitschi gar bleechs gefunden, es hätte aber von allem auch nicht einen Ton gehört. Seither komme es in der Woche zwei- bis dreimal, fast immer Sonntags oder Samstags Abend, gehe immer den gleichen Weg, das Mädchen höre immer nichts und sehe doch alle Tage leider aus. Sie hätten schon viele Sachen probiert, unter die Schwelle das Vaterunser und den Glauben vergraben kreuzweis übereinander, aber es helfe alles nicht. Einmal habe er eifrig gebetet, Mut bekommen und guggen wollen, und das Muetterli habe das Unservater immer vorwärts und rückwärts beten müssen; aber der Gwunder sei ihm vergangen, er habe einen Nasenbutsch bekommen, daß ihm fast der Atem vergangen, und die Nase sei geschwollen, wie wenn er in einen bösen Luft gekommen; wer weiß, ob sie nicht rot oder blau geblieben, wenn er nicht bei einer Frau, die auch etwas könne, Rustig genommen hätte!

Das fanden nun alle gar verwunderlich, und aus der einmal geöffneten Gespensterdrucke flog nun eins nach dem Andern heraus, und ohne daß man nötig gehabt hätte, eine Reihenfolge einzuführen, wußte jeder etwas, und manchmal redeten aus innerem Drange lange Zwei auf einmal, bis man Einen schweigen hieß, um den Andern desto andächtiger hören zu können. Ein etwas schwerfälliger Mann erzählte, nachdem er lange umsonst versucht, zu Worten zu kommen: Er hätte seine Frau anfangs nicht nehmen wollen, weil er geglaubt, es seien noch Andere zu ihr gegangen und das Kind sei nicht seins. Endlich habe er sie doch genommen, und als es ums Kindbetten zu tun gewesen, da habe man ihn auch gerufen, da er eine halbe Stunde von da gewohnt. Es sei im Winter gewesen und gar kalt. Als er gekommen, habe die Hebamme gesagt: Er habe so wüst getan, sie wolle jetzt sehen, ob das Kind seines sei oder nicht; «ich solle mein Hemd ausziehen, sobald sie es mir befehle, und in das noch warme Hemd wolle sie das Kind empfangen; wenn es mir dann nicht lieber werde als ich mir selbst, so könne ich dann denken, was ich wolle. Ich mußte es geben, sie murmelte noch allerlei und wickelte das Kind hinein, das jämmerlich schrie. Es gefiel mir wohl, aber gegen Morgen mußte ich fort ohne

Hemd, denn ich hatte kein anderes anzuziehen, es fror mich entsetzlich. Ich war einmal, als das Grundeis ging, um ein Päckli Tubak mehrere Scheibenschütze weit barfuß gelaufen, aber das war nichts dagegen. Ich lief was ich konnte, da dünkte mich, ein klein Kind laufe oder schwebe neben mir, ein ganz kleines Kind in einem langen langen Hemde, und ich glaubte des Kindes Stimme zu hören, aber es war eine wie eines alten Mannes Stimme, und es schrie erbärmlich: ‚O Ätti, lauf nit so, o Ätti, häb mih lieb!' Und doch lief ich immer geschwinder, das Kind schrie immer erbärmlicher, ich fror immer fürchterlicher, das Herz schien mir vor Angst und Kälte zu gefrieren, jedes Haar an mir zum Eiszapfen geworden zu sein. Als ich endlich mein Haus erreichte, da war kein Kind mehr zu sehen, vor Schrecken und Kälte konnte ich mich lange nicht erholen. Aber das Kind wurde mir auch das liebste von sechsen, es glychet den andere gar nüt und mir nüt und der Muetter nüt und ist doch das lüstigste von allen.»

Ein Anderer erzählte, wie in gewissen Nächten ein Leichenzug den Berg herabkomme, wie er immer an dem gleichen Orte halte, um zu spannen. In dem Zuge gingen viele Leute, gestorbene und solche, die noch lebten, man kenne alle deutlich, man könne ihnen nachsehen bis zum Kirchhofe; da komme ein alter Pfarrer aus dem Grabe im Leichenhemde, an seinem Schädel sei kein Fleisch mehr, in den Augenhöhlen keine Augen, die Finger klapperten dürr an einander, daß man es von weitem höre. Der gehe dem Zuge in die Kirche voran, der Pfärrer im weißen Hemde, die Andern alle in schwarzen Mänteln, und vor dem Taufsteine lese er schauerlich aus hohlem Munde das Leichengebet; aber so wie er Amen sage, verschwinde alles, man höre nichts mehr als ein wunderlich Getön unter dem Boden und in der Luft, darauf gebe es immer strub Wetter.

Alle saßen da mäusestille, schauerlich war ihnen zumute,

und kühl gramselte es ihnen den Rücken auf. Da schlug es zehne, und der Luft ging hohl durch die Bäume. «Herr Jeses, schon zehni», sagten sie, «wir müssen heim»; sie schüttelten sich, aber Keiner durfte aufstehen. «Du kommst mit mir», sagte der Eine zum Andern; «nein, du kommst mit mir, du hast näher diesen Weg»; «neben meinem Hause vorbei geht aber der bessere», meinte ein Anderer. Endlich machten sie aus, daß sie so viel als möglich zusammen gehen wollten, es sei wegen der Gesellschaft, meinten sie; Keiner bekannte seine Furcht. Aber nun durfte Keiner zuerst zur Türe hinaus, es verbarg sich immer Einer hinter dem Andern. «Die Wirtin soll vorangehen mit dem Licht», rief einer, aber die war auch nicht schnitzig; endlich rief einer, es sei gar finster draußen, der Wirt müsse eine Laterne geben, dem Bach nach sei der Weg gar bös. Nun märteten Wirt und Wirtin lange, wer die Laterne in der Küche holen solle. Zuletzt kam es doch an die Frau, und zagenden Schrittes und klopfenden Herzens zogen die Mannleni endlich ab mit der Laterne, die jeder tragen wollte.

Ich hatte stillgeschwiegen und zugehört, das Ding kam mir gar lustig vor und um so merkwürdiger wegen dem Gegensatz zum vorigen Abend. Zwei Orte nicht weit von einander, an dem einen plumper Unglauben, an dem andern dicker Aberglauben, und vielleicht Aberglauben und Unglauben noch näher beisammen als die Orte. Doch, ich bekenne es aufrichtig, gefiel es mir hier weit besser; da ließe sich was machen, dachte ich, wenn man mit Klugheit zu Werke gehe. An dem einen Orte war dummer Eigendünkel, an dem andern dumme Vorurteile. Ein solcher Eigendünkel ist nun gar nicht zu besiegen und zu belehren, er verachtet alle Andern, besonders wenn Mehrere der gleichen Art beisammen sind. Vorurteile sind auch nicht zu überwinden. Sobald man sie verletzt und geradezu angreift, da schlägt man sie nur noch tiefer ein; aber sie lassen sich umgehen, und beim aufrichtigen, natürlichen Menschen läßt sich in ihm selbst eine Kraft wekken, welche die Vorurteile zu bekämpfen, auszutreiben beginnt. Daran scheitern die Meisten, welche die Völker beglücken wollen, daß sie entweder die Vorurteile des Volkes nicht kennen oder nicht achten und schonungslos sie anfeinden, sich rücksichtslos darüberaus setzen. Das empört allmählich das Volk, es hält nur um so fester, was man ihm nehmen will, und mitten im begonnenen guten Gang wird es stettig, bäumt sich, schlägt aus, entreißt sich den Zügeln seiner unbesonnenen Führer und eilt dem alten Stalle zu. Und die Führer stehen dann verdutzt da, kratzen in den Haaren wie abgesetzte Reiter und klagen über Verblendung und Undankbarkeit und unzerstörbare Beschränktheit. Sie merken nicht, daß ihre eigene Beschränktheit schuld ist an allem. Wie des Volkes Sinn allerdings beschränkt ist durch Vorurteile, so war der Führer Sinn beschränkt auf einige unreife Theorien, welche die Zeit ausgebrütet, aber noch nicht geläutert hatte, die ihnen eingetrichtert worden waren, die sie nicht halb begriffen hatten. Diese Theorien vermochten sie sich auch nicht selbst zu läutern, denn ihnen fehlte der chemische Apparat dazu, die Philosophie und die Geschichte; aber um so versessener waren sie darauf, je weniger sie sie durchgangen, gerade wie das Volk auf seine Vorurteile. Wenn aber Theorien und Vorurteile gegen einander geschlagen werden wie Stahl und Stein, ohne Vorsicht, so nehmt Arme und Beine in acht, liebe Leute, denn es gibt Feuer. Aber das ist das Schlimmste, daß solchen Sapienzbüchsen bös predigen ist. Eben weil sie glauben, sie hätten die Weisheit alleine, so hören und lesen sie keine Predigten, und wenn ihnen zufällig eine in die Hände oder vor die Ohren kömmt, wo sie meinen, es sei auf sie gestichelt, so werden sie taub und denken gleich ans Eintreiben, reden von Dummköpfen oder schlechten Leuten.

Diese Bauern da hörten aber gerne Predigten, hörten andere Leute auch gerne, besonders wenn sie kurzweilig zu erzählen wußten. Mit ihnen schien mir etwas zu machen und gerade das eine Gaststube zu sein, in der ein vernünftiger, kluger Mann willkommen war und nützlich sein konnte. Auch die Wirtsleute gefielen mir nicht übel, es waren ehrliche Leute, die sich mit ihrem Gewerbe alle Mühe gaben, dabei aber mit dem besten Willen eine Kinderzucht handhabten, daß es einem schwarz wurde vor den Augen. Die Kinder waren munter, vielversprechend, sieben an der Zahl, von fünfzehn bis zu einem Jahre, und daß das nachjüngste Anneli hieß und schon meine Freundin war, das weckte manche schlummernde Empfindung. Ich beschloß daher, wenigstens einige Tage zu rasten und die Sachen mir genauer zu betrachten; ich fürchtete mich noch vor jenen Dingen, die nicht alle Tage zum Vorschein kommen.

Am folgenden Morgen war ich früh auf und merkte noch niemand im Hause, ich durchstrich daher die Umgebung, fand sie von der Natur begünstigt, von den Menschen aber noch nicht benutzt. Man sah es dem Lande überall an, daß hier jeder Bauer seinen Pflug noch im gleichen Loche führe wie der Ätti und Großätti. Es lohnte sich kaum der Mühe, große Strecken Landes zu mähen, und auch die Baumgärten waren nicht im Salb, wie man zu sagen pflegt, weil sie den Sommer über das Vieh auf die Weide trieben und über Nacht es draußen ließen. Nun wunderte ich mich nicht mehr über die magern Äcker, der Weidgang bringt einen gar langen Misthaufen, aber keinen breiten und hohen zuwege.

Endlich kam ich heim. Die Wirtin kam eben hervor und rüstete ihr und mein zMorgenesse, und während ich meines zu mir nahm, kam die Magd und wischte die Stube. Oh, was das lieblich ist, in einer Gaststube zu sitzen und zMorge z'esse mitten unter den duftigen Staubwolken, welche der

Besen der pfausbäckigen Magd aufwirbelt, bald einen Fuß, bald den andern, bald beide aufheben zu müssen und endlich doch noch zu hören: «Göht e wenig uf dSite, so chan ih zueche.» Und wenn man dann wieder sitzen kann, wie es da oben auf dem Kaffee so schön herumschwimmt, allerlei in buntem Gemisch, und wie er so küstig und appetitlich geworden und wie man dann dazu so melodisch husten muß in den Kaffee hinein, daß einem die Därme im Leibe fast entzweigehen! Wer hat das nicht schon erlebt und erinnert sich in süßer Wonne an die gehabten Genüsse! In der Nebenstube fing es an sich zu regen wie in der Arche Noahs. «Müetti, wo isch mis Gloschli?» «He suechs, es wird öppe dert liege.» «Müetti, ds Bäbi het mi Strumpf vrnistet!» «Es soll dr ne sueche!» «Gang leg dSchue a!» rief dann auch die Mutter einem zu, das halbnackt zum Vorschein kam, «ih wott nit, daßd barfis da ume laufst!» «Ih weiß nit, wo si sy!» «Wo hesch se nächti abzoge?» «He dert, aber se sy nümme dert!» «Jakobli, hesch du am Hansli sini Schue, oder hesch se nüt gseh?» «Nei, Müetti, aber ih weiß nit, wo mi Hoseträger isch, ih chan e nit finge!» «He suech e, er wird wohl ame Ort sy.» Drinne tönte es: «Das isch mis Strumpfbang, la mers si, wotsch gah oder nit?» Dann ging es an ein Zerren, endlich an ein Heulen, bis die Mutter rief: «Löt enangere sy, oder ih säges em Vatter!» Vater und Mutter setzten sich endlich an ihr Essen, und ein Kind nach dem andern kam. Aber eins rief: «Ih wott nit Kaffee, ih wott Milch!» «He, Mädi (die Magd), gib ihm Milch, du wirsch wohl no meh dusse ha.» «Ih wott nit vo dem Brot, ih wott vo äym», sagte ein Anderes. «Sä da hesch!» sagte die Mutter. «Muetter, ih wott nit Rösti, ih wott Käs zu mym Brot.» «Lue, mis Buebi, mr hei o ke Käs, mr hei nume Rösti.» «Aber ih wott drum Käs, ih wott nit Rösti.» «Nei, du überchunst hüt nüt angers, de Nomittag gib ih dr de villicht.» «He, was wotsch doch mit ihm chäre!»

sagte der Vater, «gib du ihm Käs, so schwygt er, es ist dert im Schäftli non es bitzli, das gester überbliben isch.» Und die Mutter stund auf, nahm den Käs, brachte ihn und sagte: «Da, mis Buebi, hesch jetzt Käs, aber schwyg mr jetz!» Und der Bub schwieg richtig.

So ging es in einem fort, bis abgegessen war. Da sagte die Mutter: «Jetzt lehrit neuis, näht Büecher!» Aber die Einen liefen fort, und die Andern sagten: «Mr meu nit lehre, mr cheu de im Winter no gnue.» Die Mutter befahl noch einmal, aber der Vater sagte: «Was wotsch doch geng mit ne chäre, hör doch uf so z'chäre, hesch nit ghört, si wei jo nit.» Und die Mutter gab lugg, und die Kinder liefen, wohin sie wollten, die einen dem jungen Hund nach, der sich heulend vor ihnen flüchtete, die andern in Gras und Garten herum und rupften Blumen ab. «Nun», dachte ich bei mir selbst, «da geht es gut, da hast du ein gut Stücklein Arbeit, wenn du diese zuchtlose Herde bändigen und zum Gehorsam bringen willst.» Aber ich beschloß es zu versuchen.

Ich frug an, um ein paar Tage dazubleiben, und erbot mich, meine Schriften zu hinterlegen. Aber es waren treuherzige Leute, die Wirtin meinte: He, do säg niemer nüt, ih chönn do blybe, so lang ih well. Ich knüpfte wieder die gestrige Freundschaft mit meinem Anneli an und schien um die andern Kinder mich gar nicht zu kümmern. Wir plauderten zusammen; es erzählte, was es wußte, auch ich mußte erzählen, seine Fragen beantworten usw. Ich lernte es einige kleine Künste, ganz unbedeutende Dinge, die es aber ganz glücklich machten, von mir fort zu den Andern trieben, ihnen seine Künste zu zeigen. Diese ließen sich von weitem herbei, Eins um das Andere, erst auf zehn Schritte und am Ende, bis ich mich nicht mehr rühren konnte. Am Abend war ich als ein neues Wesen in ihr Kinderleben eingetreten, und schon durch das Wenige, was ich ihnen erzählt hatte, begann für sie ein neuer Zeitabschnitt. Aber schon am Abend fühlte ich, daß es Zeit sei, meinen Willen dem ihrigen entgegenzusetzen, sie zu gewöhnen, unwillkürlich den ihrigen dem meinen unterzuordnen. Die guten Kinder hatten gar keinen Begriff von einer höhern Beschränkung ihres Willens. Bei den Eltern konnten sie alles erzwingen; unter einander wohl, da gab es gerade deswegen beständig Streit, weil jedes seinen Willen haben wollte. In diesen Fällen gewann den Streit dann das Jüngste oder das, welches am besten schreien konnte, oder wenn die Eltern nicht anwesend waren, das Stärkste. Sie wollten auch mir befehlen, und Christi sagte: «Wotsch das mache enangerenah, oder ih säges em Vater.»

Am folgenden Morgen begann ich alle meine Gefälligkeiten an Bedingungen zu knüpfen, so leicht als möglich, aber wenn ich etwas tun sollte, so mußten sie auch etwas leisten, und was ich einmal gesagt hatte, dabei blieb es, auch wenn sie Zetermordio schrieen, der Jakobli mir die Faust machte und die Mutter mit einem schiefen Seitenblick auf mich sagte: «Ih hätt bald gnue Brülls.» Auf diese Weise brachte ich sie sogar zum Lernen, und weil ich bei dem sogenannten Lehren, das heißt Lesen und Buchstabieren, bei ihnen war, ihnen erklärte, weil ich mit ihnen, wie sie meinten, Spaß trieb, sie die Buchstaben abmalen (wie sie sagten), sie zählen ließ, ihnen zeigte, wie man die ausgesprochene Zahl auch abmalen konnte, so hatten sie an dieser lebendigen Beschäftigung die größte Freude und zählten und malten drauflos, wo sie nur gingen und stunden. So lehrten sie alle Tage, und wenn ich erzählen mußte, wickelte ich ihre Unarten in Geschichten ein, wo sie entweder die Nutzanwendung selbst fanden oder wo ich sie bei gegebenem Anlaß mit Nutzen machen konnte. Das wirkte auf die Kinder gar bedeutend ein, denn sie hatten gar keine Vorstellung, daß man Geschichten ersinnen könne, sie meinten, es sei alles punktum so gegangen, wie ich es vorbringe.

Die Eltern sahen diesen Dingen ganz verwundert zu, sie konnten gar nicht begreifen, wie das kam. Die Mutter meinte: «Du mast dih doch afe gmüehye mit ne, es düecht mih, du söttisch sturm werde, du hättest sölle Schuelmeister werde, du hättest e bessere gä as üse; zue dem cha me se nit i dSchuel bringe, und sy lere i Gottsname nüt, es düecht mih, si syge geng am glyche Ort, si hei i *der* Wuche meh glehrt als vern dr ganz Winter, es sött eine meine, du wärisch mit Hung agstriche, so hange si dr a.» Und der Vater sagte: «Ih bigrife gar nit, wieds o machst, daß si dr folge; mi isch o geng ane und bifihlt ne, aber es isch geng ds Glyche, si wei i Gottsname nüt folge. Es isch drum hützutag gar e bösi Welt, da isch ke Ghorsam meh, u de cha üsereis sih nit so mit ne gmüehye, mr hei nit Zyt ne geng nahz'luege, mr hei angeri Sache o z'tue.» Dann sagte er auch wohl zu den Kindern: «Warum cheut dr ihm so folge u üs nit, das isch nit brav von ech.» Und die Mutter meinte: «We si nume afe öpperm folge, su chöme si eim doch vor de Füeße eweg.» Zu diesem allem sagte ich wenig, es war noch nicht an der Zeit, Vorlesungen über die Kinderzucht zu halten; ich hütete mich wohl, ihnen ihre Fehler zu sagen, ebenso ein Kind anders zu strafen als dadurch, daß ich ihm etwas nicht tat, was es wollte. Hätte ich Hand an eins gelegt, so wäre die Herrlichkeit aus gewesen und es hätte geheißen: «Du bruchst se nüt z'schlo, es sy üsi King, si gange niemere nüt a, we si dr nit recht si, su chast ja gah.»

Es verging aber schon selten ein Morgen, daß die Wirtin mir nicht ein Gläschen einschenken wollte. Hatten sie nachmittags im Stübli ihren Kaffee, so wurde mir immer ein Kacheli anerboten, und wenn es die Alten vergaßen, so ruhten die Kinder nicht, bis ich auch da war, und wenn der Wirt von einem Lauf heimkam und einen Schoppen für sich holte, so sollte ich immer Bescheid tun. Was der Mann in Verwunderung geriet, als er einmal die Mühe nahm, zu sehen, was die Kinder lernten, als er sah, daß sie schon einige Zahlen machen konnten und viel schönere als er, und er meine Handschrift bemerkte; es fehlte nicht viel, er hätte geglaubt, dahinter stecke Hexenwerk. Er kriegte aber auf einmal gar einen großen Glauben an die Fähigkeit seiner Kinder. «Unter Tusige», meinte er, «wären Keine, die i so kurzer Zyt sövli glehrt hätte.» Ich hatte bei weitem nicht den ganzen Tag bei den Kindern zugebracht, sondern nur so viel davon, daß ihre Freude an dem, was ich mit ihnen trieb, immer lebendig blieb.

In der Zwischenzeit hatte ich an meiner Lebensgeschichte zu schreiben angefangen. Es ging mühselig zu, und zwei halbe Tage war ich gesessen, ehe ich mit mir einig werden konnte, wo und mit welchem Wort ich beginnen solle; als vier Tage vergangen waren, war ich erst mit der ersten Seite fertig. Da wollte mir der Mut vergehen, ich fürchtete, mein Lebtag nicht fertig zu werden, und was nützte dann meine Mühe? Ich konnte doch nicht alles aufschreiben, so mußte ich erst sinnen, was des Schreibens wert sei, und wenn ich damit fertig war, so mußte ich wieder sinnen, wie ich das Ausgewählte auch setzen müsse, damit die Leute es verstünden und lesen möchten. Ich zwang mich zum Fortfahren, und siehe, an der zweiten Seite hatte ich nur drei Tage und an der dritten nur noch zwei; da merkte ich, daß die Sache am Ende doch gehen werde, wenn ich mir Zeit dazu nehme und an einem ruhigen Ort sei. Da es mir auch in der Gaststube zu glücken schien, wie ich dann erzählen will, so beschloß ich, mit meinen Leuten mich auf festen Fuß zu setzen; es hatte bisher niemand von uns dem Andern etwas gesagt, ich nicht vom Fortgehen, sie nicht vom Dableiben. Eines Abends, da keine Gastig da war, frug ich, was ich schuldig sei, ich wolle bezahlen. Wie da die Leute erschraken! «Du wirsch doch nit furt welle so ufs Mol», meinten die Alten. Und die Kinder fingen an zu schreien: «Mr löh dih nit, mr löh dih nit», und Anneli, das mein Herzkäfer war, hing mir an den Hals und weinte, so daß ich nicht zu Worten kommen konnte. Ich sagte, daß es mir bei ihnen gar nicht erleidet wäre und ich eben nirgend etwas Apartis hätte, daß ich fort müßte; aber ich vermöge doch nicht so mein Lebtag in einem Wirtshaus zu sein und nichts zu verdienen; wenn ich schon was Weniges hätte, so müsse ich doch auch dem Kreuzer nach, sonst gäbe ich am Ende ein alter Lump, sie sollen mir daher meine Ürti machen, ich könne dann sehen, wieviel mir noch übrig bleibe. Ich pressiere prezis nicht fort, es wäre mir wohl bei ihnen, aber Muß gehe über Suppe.

Die Wirtin winkte dem Wirt ins Stübli, unterdessen lärmten die Kinder fort, Anneli warf mir vor, ih hätt gar nit bruche z'cho, wenn ih scho furt well. Sie brachten mir eine Rechnung, bei der sie nicht viel mehr in Anschlag gebracht als den Wein, den ich getrunken, und sagten, wenn es mich zu viel dünke, so könne ich ja geben, was ich wolle. Ich protestierte dagegen und behauptete, sie kämen zu kurz, das Essen sei ja gar nicht angeschlagen. «He», meinte die Wirtin, «we du zfriede bisch, su sy mrs o, du hesch o viel ta a üse Kinge, es sy ganz angeri, es düecht mih mengisch, mr heige e keni meh, so rüehyg isch me vor ne. Ih weiß nit, wieds o gmacht hesch; wed furtgeihsch, ischs grad wieder im Alte, u de isch erst nüt drbyz'sy. Wed nüt angers hesch, so blyb byn is, mr vermeu dr nüt z'gä, aber du bruchst is o nüt z'gä, du chast mit is esse, wie mirs hei, chasts o ha; wo sövli esse, chunts nit druf a, geb eis meh oder minger syg.» «Jo, u z'verdiene gits o geng öppis», meinte der Wirt; «wenn ih öppis z'schrybe ha, so will drs zahle, ih bi froh, we mers machst, u no menge Angere git dr z'schrybe; mi isch susch zum Schuelmeister gange, dä isch aber gar e Türe u het de geng no öppis mit eim z'branze.» «Jo u wer weiß, ob nit chönntisch bald Gmeindschryber werde; üse isch afe alt u dAuge bösen em. Dr Schuelmeister het o druf passet, aber si bigehren e nüt, si säge, er versumti z'viel a der Schuel u wär de z'viel im Wirtshus.»

Das waren Bedingungen und Aussichten, die sich hören und sehen ließen. Also in meiner Gemeinde konnte ich nicht Polizeidiener werden, und hier schon die Anwartschaft auf die Gemeindschreiberstelle, die mich zur wichtigsten Person machen würde, denn auf den Schreiber kommt in manchem Dorfe und noch an gar manchem Ort in der Welt das Meiste an. Und eine Frau hatte dieses Fündlein gemacht, hatte es sich damit auch in den Kopf gesetzt, und wenn Weiber sich etwas in den Kopf setzen, ist dann nicht auch große Hoffnung, daß es geschieht?

Wir wurden also des Handels bald einig. Ich konnte bei ihnen aus- und eingehen und essen umsonst; was ich dagegen zu tun hatte, schrieben sie mir nicht vor, sie dachten, das werde sich von selbst verstehen, daß ich ungefähr mache, was bis dahin, und so geschah es auch. Was das für ein Jubel war unter den Kindern, als sie die Gewißheit hatten, daß ich bleiben werde! Nein, dachte ich, das Leben ist doch schön!

ACHTUNDDREISSIGSTES KAPITEL

Potz Wetter, Weiberlärm!

In der Gaststube ging mir, wie gesagt, die Sache auch nicht übel, doch mußte ich sehr behutsam zu Werke gehen. Ich hatte es mir zum Gesetz gemacht, nur des Abends und nicht einmal alle Abende in derselben zu sein; den Tag über waren ohnehin gewöhnlich keine ehrbaren Leute darin, die hatten zu arbeiten. Einige ausgemachte Lumpen fanden sich öfters ein zu einem Schoppen Branntwein und einem Rams, es war dann niemand da, den sie scheuten. Sie zählten mich anfänglich auch zu ihnen, weil sie meinten, jede Kriegsgurgel sei auch eine Schnapsgurgel; sie brachten es mir, und als ich dieses ausschlug, das Mitspielen ausschlug, meinten sie: Es düeche si doch, ih sött nüt z'fürnehm sy für seie, si heige de scho mit mengem Rote gspielt, u es heig sih ihrer noch kene fürschämt. Ich gab ihnen kurzen Bescheid und scharfe kurze Blicke, da ließen sie mich ruhig.

Des Abends kamen Leute, Bauern, die keine Kinder, Väter, die ihre Güter den Söhnen überlassen hatten, dann auch wer einen Schoppen gerne trank und zu bezahlen vermochte. Doch sehr selten kam einer mehr als zwei- oder dreimal in der Woche, Ärmere zeigten sich sehr selten, sie wußten wohl, wenn sie die Hülfe der Reichen in Anspruch nehmen wollten, so durften sie sich nicht viel im Wirtshause sehen lassen. Da nur eine Wirtschaft im Orte war und in der Umgegend keine Winkelkneipe, wohin die Armen sich verbergen konnten, so war unter dieser Klasse nicht so viel Elend als anderswo, und die Reichern vermochten, wo es einreißen wollte, ihm vorzukommen. Da das Dorf etwas beiseits lag, so hingen seine Bewohner noch gar sehr am Althergebrachten und waren gar sehr mißtrauisch gegen alles Neue und Fremde. Sie sahen mich daher die ersten Abende gar scheel an und gaben mir auf einige Fragen kurzen Bescheid. Ich zog mich bescheiden zurück, war nicht vorlaut und wartete die Gelegenheit ab. Eines Abends disputierten Zwei gar heftig miteinander, wo das Elsis sei und welchen Weg man nehmen müsse, um nach Basel zu kommen. Es war, ich weiß nicht mehr, ob wegen Klee- oder Hanfsamen angegangen, von dem sie gehört hatten, er komme aus dem Elsis und die Krämer holten ihn in Basel ab. Der Eine meinte, Elsis sei grade änet dem Aargau und dSchwobe kämen daher und Basel sei mittedrin, und wenn man hin wolle, so müsse man über Luzern.

«Ganz ds Gunträri», meinte der Andere, «ds Elsis ghört zu Itali u mi fahrt über Neueburg, u Basel ist grad vordra, im ene Tag ist me dört.» Der Streit wurde immer lebendiger, je weniger sie von der Sache wußten, und die Andern hörten begierig zu, um zu vernehmen, welcher der Gschichter sei, denn der Eine war der Gemeindschreiber und der Andere – doch ich sage nicht wer, man könnte meinen, ich sei nur böse, weil ich keiner hatte werden können, und die Leute, die sind, was ich werden wollte, sind gar chutzlich und mögen nüt erlyde, sie könnten denken, ich wollte sie verächtlich machen, damit sie nicht mehr Lohn erhielten. Nein, nein, gute Leute, ich gönne euch von ganzem Herzen Lohn und noch mehr, auch Ruhm und Ansehen, aber den ersten kann ich euch nicht geben, und die letztern müßt ihr verdienen, die fallen nicht vom Himmel herab, wie hoch man ihm auch die Nase entgegenstreckt.

Der Gemeindschreiber war mit seinem Luzern und seinen Schwoben in der Enge, weil der Andere mit einigen Tropfen Seewein die Landkarte von Europa gar deutlich aufgemalt hatte auf den Tisch und mit dem Finger akkurat zu sagen wußte, wo das Elsis sei und Itali und grad hinterdran Frankreich und die Türkei. Die Waage des Sieges neigte sich bedeutend auf seine Seite, triumphierend blickte er umher, bewunderungsvoll die Andern auf ihn. In seinen Nöten, da er von Frankreich hörte, rief der Gmeindschreiber mich an als Zeugen, daß er recht habe; wenn Frankreich hingerdra syg, so heig ih ja durs Neueburg, Basel und Elsis müesse, für dahi z'cho, ih soll säge, das syg nit wohr. Ich war einen Augenblick in Verlegenheit, das war ein Streit auf Leben und Tod, jeder hatte seine Partei, nun wollte ich mir nicht gerne Feinde machen. Ich sagte daher, sie hätten im Grunde Beide recht, man könne über Luzern und über Neuenburg nach Basel, die Schwoben seien nicht ganz im Elsis, aber grad drnebe, und ds Elsis sei akkurat neben Italien, es sei nur noch etwas Weniges dazwischen, auch liege es just vor Frankreich, wenn man aus Deutschland herkomme. Da hättet ihr die Männlein sehen sollen, wie sie sich Beide meinten und die Hälse hoch aufstreckten, und wie glücklich die Andern schienen, zwei so gelehrte Männer im Dorfe zu haben, die wußten, wo ds Elsis sei, und sogar noch den Weg dahin. Beide sagten mir «Tue Bscheid!» und hielten mir ihre Gläser voll Twanner dar. Nicht daß ich eben den Twanner verachte und auch den Ligerzer nicht, der sogar, nach sehr glaubwürdiger Quelle, brennen soll, wenn man ein Schwefelholz hineinhält, allein ich hatte den Grundsatz, kein Schmarotzer sein zu wollen. Ich wußte wohl, wie der Bauer an seinem Schoppen sürgelet und gewöhnlich die Tropfen berechnet, daß sie ihm aushalten bis zum Augenblick, wo er gehen will; ich wußte, wie ein ganzes Glas, das ein Anderer ihm austrinkt, ihm ein Loch in seine Rechnung macht, so daß er entweder früher fortgehen oder einen halben Schoppen nachbescheiden muß, was er beides nicht gerne tut, besonders das Letztere nicht, wenn er weiß, daß das Weib das vorrätige Geld so gut zählt als er. Auch wollte ich nicht als Schmarotzer behandelt sein, wollte keine untergeordnete Rolle spielen, sondern eine ganz eigene, bei welcher Achtung der Grund sein sollte. Darum sagte ich: «Seid nur ruhig, stellt nur ab, die Wirtin bringt mir soeben einen Schoppen.»

Da wir nun einmal bei der Geographie waren, so erzählte ich ihnen ein Mehreres von den großen Feldern, auf welchen die Sämereien aller Art gewonnen werden, von den Städten daselbst und von Basel, dem Rhein und dem Lällenkönig zu Basel. Ich erzählte ihnen noch von gar vielen Dingen, aber breit und ausführlich, und sie hatten große Freude daran, und sie hätten es beinahe nicht gehört, als es zehn Uhr schlug.

Von da an hatte ich Boden und mir einen gewissen

Respekt gewonnen, der nach und nach in Zutrauen sich verwandelte, da ich mich ganz besonders vor einem vorschützigen, vorlauten Wesen hütete und mich nirgends aufdrängte, sondern aufsuchen ließ, wußte, daß der Landmann darin gar wunderlich ist und mißtrauisch. Drängt sich ihm einer zu nahe und zeigt sich ihm allzu zuvorkommend und dienstbeflissen, so läßt er sich das gerne gefallen, allein er schöpft alsbald Verdacht, der tue das nicht umsonst, sondern habe irgendwie Absichten, und hat er einmal diesen Verdacht, so hat man alle Gewalt über ihn verloren, besonders wenn man ihn zu Verbesserungen irgend einer Art bringen möchte. Weil sie nun wußten, daß ich meist im Wirtshause anzutreffen war des Abends, daß sie oft Gesellschaft hatten und weil sie sicher waren, Kurzizyti zu haben — denn so ungern Mancher liest, so gerne hört er erzählen, wenn auch Unbedeutendes –, so kamen Viele regelmäßiger zu ihrem Schoppen und blieben auch länger als sonst, doch nicht über die gesetzliche Zeit, wenn ich ihnen von Paris, von Cadix (ich war bei Trocadero) erzählte. Der Wirt war überhaupt ein ordnungsliebender Mann und dazu haushälterisch, er spendete daher nicht viel, gab im Jahr nicht manchen Schoppen umsonst und noch weniger Stücklein Bratis, und die Landjäger paßten ihm auf.

Der Wirt war dieser vermehrten Gastig wohl zufrieden, aber nicht die Weiber im Dorfe. Diese fingen an zu brummen über die größere Vertunlichkeit ihrer Männer, es war ihnen ärgerlich, daß die Männer etwas genossen, von dem sie nicht auch ihren Teil hatten; sie meinten, weil Mann und Weib eins sein solle, so gehöre von allem und an allem dem Weibe die Hälfte, zudem mochten sie Angst haben, die mehr Wein trinkenden Männer möchten dann weniger Geld zu Kaffee haben und diese Portionen verringern wollen, möchten mehr vom Ankengeld wollen und dem Eiergeld nachfragen, die Klöbli, Strange Flachs, Ryste und Kuder besser in Rechnung halten und so die Quellen, welche in den geheimen Mutech der Weiber fließen, vertrocknen. Wenn sie den heimkommenden Männern ohne Waschlumpen den Kopf wuschen, so beichteten diese, um die Schuld von sich abzuwälzen auf einen Dritten, ich hätte sie aufgehalten; wie und womit, das sagten sie nicht. Ich war den Weibern schon anfangs aufgefallen mit meinem Schnauz und herrscheligen Wesen, sie hatten nicht begreifen können, warum ich dableibe, da ich doch niemandem verwandt sei. Sie hatten sich an den Brunnen, Gartenzäunen und in den Kabisplätzen schon lange die Köpfe darüber zerbrochen und endlich ausgemacht, da stecke etwas dahinter. Sie fingen an zu muckeln, die Wirtin sei noch nicht so alt, hübsch sei sie gar nicht, aber schon in der Jugend sei sie nicht alles gewesen, man wisse wohl, wie das dann gehe, und woher wollte ich das Geld haben, so zu leben, wenn ich nicht abverdienen könne? So war schon viel geredet worden und die gute Wirtin mit besonderer Schadenfreude durchgenommen.

Wie erschraken nun die boshaften Weiber, als sie nach und nach darüberzukommen glaubten, daß meine Anwesenheit nicht der Wirtin, sondern ihren Männern galt, daß ich die versäume, andrehe usw. Sie glaubten zuerst, ich werde da auf ihrer Männer Kosten essen und trinken oder sie zum Spielen verführen wollen. Sie schlichen herbei und guggeten zu den Fenstern oder offenen Türen herein, aber sie sahen kein Spiel und Geld, sahen keine gemeinschaftliche Ürti, mich aus einem apartige Gütterli trinken. Je weniger sie sahen, desto gefährlicher schien ihnen die Sache; das konnte um Haus oder Hof gehen oder gar ums Leben und um die Seligkeit. Ob ich etwa ein Hexenmeister sei, meinte die Eine, oder gar der Teufel selbst, die Andere; beides schien nicht unwahrscheinlich, das Für und Wider wurden ängstlich und sorgfältig abgewogen. Das war richtig, es setzte in jedem Hause einen

Höllenlärm ab, wenn der Mann ins Wirtshaus gehen wollte, und manche Frau wollte nicht mehr mit dem Manne das Bett teilen oder daß er die Kinder anrühre, wenn er aus dem Wirtshause kam. So war Streit und Zank an allen Ecken. Wir vernahmen das natürlich auch, und es mühte mich gar sehr. An diese gefährliche Seite meines Unternehmens hatte ich gar nicht gedacht, gar nicht daran gedacht, daß es so tief ins häusliche Leben eingreifen und die zu Hause bleibende Hälfte in Aufruhr bringen würde. Im ersten Augenblicke glaubte ich am besten, den Männern anzugeben, ihre Weiber mitzubringen; sie hätten somit auch ihren Teil an den Genüssen der Männer gehabt, und dann hoffte ich, wenn ich einmal meine Stimme recht gewichtig über die Tagesgespräche abgeben konnte, auf die Weiber besonders einzuwirken und sie für meine Ansichten zu gewinnen. Das schien mir gar prächtig, so das ganze Dorf zu versammeln in trauter Eintracht süßem Frieden und nach und nach in allen Gliedern eine tüchtige Verständigkeit pflanzen zu können, und daß die Weiber kämen anfangs aus Gwunder, später aus Gewohnheit und Geselligkeit, glaubte ich annehmen zu können. Zum guten Glücke schlief ich noch über diesen Vorschlag, ehe ich ihn vollbracht, denn bei ruhigem Blut sah ich, daß oft gerade Dinge, die den glänzendsten Schein für sich haben im ersten Augenblick, bei besserem Nachsehen die widersinnigsten sind und ihre Ausführung eine Tollheit ist. Darum verbrennt sich so mancher brütige Weltweise nicht nur die Finger, sondern auch die Nase, und wenn er auch darüber zum Professor werden sollte, so ist es nur, um an seinen verbrannten Extremitäten ein Exempel aufzurichten, zur praktischen Warnung und zum vernünftigen Bedenken.

Über Nacht kam mir wieder guter Rat und ich sah, daß ich nicht bei Troste gewesen wäre, wenn ich meinem saubern Einfall Folge gegeben hätte. Das wäre mir eine schöne Wirtschaft geworden in jedem Hause, wenn die Weiber mehrere Abende im Wirtshause, ferne von Kindern und Diensten, zugebracht hätten. Wer hätte zur Haushaltung gesehen, das Nötige gerüstet, über die bis zum späten Abend fortlaufenden Geschäfte die Aufsicht geführt, die Kinder zu Bette gebracht usw.? Im Winter, wie viele Strangen Garn wären nicht weniger gesponnen worden, und wenn die Mutter herumlief, was hätten wohl ihre halberwachsenen Meitscheni getan? Die häufige Abwesenheit einer Mutter in der Abendzeit von ihrem Hause ist allenthalben fühlbar zu Stadt und Land, aber auf dem Lande doch noch weit fühlbarer als in der Stadt; das zeigt sich gegenwärtig am klarsten bei den Stündelern, von denen ich dann auch noch ein Wort reden muß. Gesetzt aber auch, die Weiber wären ohne Schaden hergekommen in mein neumodisches Kasino oder meine Unterhaltungsabende, wie konnte ich auch nur denken, daß da ein Gespräch über allgemeine Gegenstände hätte geführt werden können! Die Weiber hätten die Köpfe zusammengesteckt, die Eine der Andern zu sagen gehabt, daß Chlausli-Jöre-Joggis-Samis-Sami wieder zu Kreuzertrinis Tochter gehe, eine Dritte unter der Hand eine Geschichte verhandelt, wie zwei junge Eheleute Hausstreit gehabt und was sie einander alles vorgehalten. Zudem hätte es zu mancher Eifersüchtelei Anlaß geben müssen, und die Hälfte der Weiber hätte ihren Männern vorgehalten, daß sie näher bei ihrer Nachbarin gesessen, sie mehr angesehen, als eben notwendig gewesen sei. Und endlich wären die Weiber nicht lange im Frieden bei einander gesessen; die Eine hätte geglaubt, die Andere wolle ihr den Mann verführen, eine Zweite hätte über Hochmut der Andern geklagt und eine Dritte darüber, daß ihre Nachbarin mit Andern mehr geredet als mit ihr, kurz es würde Geschichten gegeben haben, vor denen es einem übel gruset hätte, und an ihnen wäre ich schuld gewesen mit meinem schön scheinenden, aber unüberlegten Einfall.

Aber etwas mußte gehen, das sah ich wohl ein, darum beschloß ich nach langem Besinnen, ich wolle, statt die Weiber hinkommen zu lassen, zu ihnen in die Häuser gehen zAbesitz und es dort treiben ungefähr wie im Wirtshause, hoffend, sie würden mich dann kennen lernen, Zutrauen fassen, wenn ich ihnen nicht mehr so fremd vorkomme, und den Männern der Zugang zum Wirtshause bald wieder offen sein. Das widerte mich freilich an, und ich konnte mir den Empfang in den meisten Häusern denken, die Verlegenheit der Männer und das verlegene, zornige Gesicht der Weiber und wie diese den Stuhl abwaschen würden, auf dem ich gesessen, und mit dem Besen nachwischen, wo ich durchgegangen. Doch ich überwand mich und ging, richtete es aber so ein, daß mein Kommen nicht als ein absichtliches erschien, sondern einen zufällig erscheinenden Grund hätte, irgend eine Verrichtung vorzuschützen war oder auch ein Antreffen der Bewohner vor ihren Häusern. Im Anfang ging es freilich, wenn ich in eine Stube kam, fast wie wenn ein Habicht in ein Taubenhaus dringt und die Tauben dann den Kopf verlieren, betäubt hin- und herflattern, bis die einen, vor Angst blind geworden, zufällig die Ausgänge finden, die andern aber den Tod. Das stob manchmal auseinander, daß nur der Ätti noch dablieb, ganz kaputt, und bald streckte sich ein Kopf zur Türe herein und rief: «Ätti, söllisch usecho enangerenoh!», und allein war ich und blieb es einmal so lange, daß ich endlich gehen mußte. Aber ich wurde nicht böse, verlor die Geduld nicht und übereilte nichts. Hie und da gab es doch Gelegenheit, ein vernünftiges Gespräch anzuknüpfen oder durch eine Erzählung ihnen eine Stunde kurzi Zyti zu machen, ihnen einen guten Rat zu geben, einen Kunstgriff zu lehren usw. Weil ich auch gar bescheiden war und nicht einmal ein Gläschen Bätziwasser annahm, wenn der Mann mir eines einschenken wollte, weil ich ihre Kinder rühmte oder ihre

Plätzen und sie trotz aller Mühe keinen Pferdefuß bei mir entdecken konnten, auch der Schuhmacher bezeugte, ich hätte Füße wie ein anderer Christ, nur etwas große, und weil ich gar nichts wollte, niemand um irgend etwas ansprach, so fingen die Weiber an äneumez'cho. Sie flohen nicht mehr, wenn ich kam, sie fuhren nicht mehr mit dem Besen zweg, wenn ich ging, sie nahmen teil am Gespräche, und wenn man vor dem Hause saß, so trat wohl hie und da ein anderer Nachbar oder junge Leute herzu, und ich hatte wieder eine neue und recht gwundrige Zuhörerschaft. Doch nicht immer führte ich das große Wort, sondern auch sie redeten manchmal recht laut und scharf, so daß ich kaum dazwischen konnte, begehrten auf, und jeder ward zum Prophet, der furchtbare Dinge weissagete.

NEUNUNDDREISSIGSTES KAPITEL

Wie meine Bauern kannegießern

Solche aufregende Dinge gab es nicht viele, war aber eins da, so wurde es mit aller möglichen Heftigkeit in dem Wirtshause und in den Häusern besprochen. Meine Bauern gehörten unter die, denen die äußere Welt ganz fremd war. Es gab bloß zwei Zeitungen im Dorfe, eine hielt der Gemeindschreiber, die andere der Schulmeister, der Statthalter hatte bloß das Amtsblatt. Die Zeitungen wurden aber selten ganz gelesen, weil ihnen die Gschrift zu rein war, und was sie lasen, begriffen sie oft nicht, und sagten aufrichtig, daraus könnten sie aber nichts machen. Daraus kann man schließen, daß ihnen die Bundesrevision eben nicht am Herzen lag, sie wußten gar nicht, was das bedeute, und meinten, sie hätten des Gstürms afe gnue. Auch von den Badener Konferenzbeschlüssen begriffen sie gar nichts und glaubten, es sei darum zu tun, daß die Bistümler Religion schangierten. Das trag nüt ab, meinten sie, sie heige doch nicht viel davon oder gar nichts, gäb die seie katholisch oder reformiert. Als es aber hieß, die Leute müßten fort und man bekomme Einquartierung, da wurde gewaltig räsoniert und da sagten sie: Die Donners Brüller, dies zwängt heige, die sölle jetzt gah, aber die zöge de dNase schön zruck und hocke rüehyig daheim; das syg chumlig, aber nit billig; wer den Brei anrühre, der söll ihn auch auffresse, aber die, wo am meisten brülle, die syge denn die ärgste Schyßer, wes druf achömm. Doch ließen sie die jungen Leute gelassen ziehen, packten ihnen Würste ein und die Ermahnung: Si sölle nit meyne, si welle geng z'vordrist sy. Und als die Einquartierung kam, taten die Weiber Fleisch über ganze Häfen voll, Brönz wurde gerüstet, an manchen Orten Wein, und so gut und wohlmeinend, als man konnte, wurde traktiert allenthalben. Man war noch einige Tage recht glücklich im Erzählen alles dessen, was man gesehen, gehört und was man den Soldaten gegeben habe. Besonders viel wurde von dem Hauptmann gesprochen, der sei gar e Ryche un e Guete, aber e wenig e Dumme gsy; es syg gar lustig gsy, wien er mit ne gspilt heig i dr Gaststube u wie sin e bschisse heige u wien e no um Mittinacht dr Frater (Andere sagten der Feldweibel) us em Bett greicht heig u wie si ihm nume Häiseli gseit heige usw. Das fanden die Leute gar lustig, ich aber fand es sehr traurig, denn was soll ein solcher Hauptmann mit seiner Kompagnie, deren Narr er ist? Was denken die andern Offiziere, wenn sie mit der ganzen Kompagnie ihn zum Narren halten helfen? Was kann da für eine Subordination stattfinden, wie Ordnung in Krieg und Frieden? Solche untaugliche Offiziere sah ich leider mehrere, ich könnte etwas von ihnen erzählen und wie mich die Soldaten gedauert.

Große Politiker waren also meine Bauern gar nicht, um

eine Menge Tagesfragen bekümmerten sie sich nicht, sobald sie nicht in ihr tägliches Leben einschlugen und in ihren Sack, und sogar um die letztern nicht allemal besonders. Das Straßengesetz und das Militärgesetz nimmt dem Lande bedeutende Lasten ab und wälzt sie der Staatskasse zu. Aber diese großen Erleichterungen brachten meine Bauern gar nicht in Anschlag, wie sie es verdienen, und werden in wenig Jahren die abgenommene Last ganz vergessen, ganz vergessen, daß sie einmal gmeinwerchet auf den Straßen. Das Gmeinwerk nahm kein bar Geld aus dem Sack, wurde abgemacht in Zeiten, wo Geld und Menschen nicht besonders beschäftigt waren; man brummte wohl darüber, fuhr aber denn doch nicht ungern hin. Es gab da bei der Menge der Arbeitenden manchen lustigen Spaß. Das Militärgesetz beschlug vorzüglich die jungen Leute, die waren gezwungen, um die nötige Armatur anzuschaffen, etwas weniger zu vertrinken von ihrem Gelde; jetzt haben sie desto mehr Geld für den Wirt, und die Alten haben darin keine Erleichterung, und wenn sie bei Musterungen nicht den Sold bekommen, an den sie gewohnt, so werden sie sich wüst gebärden, sagen «Ih schyß uf dVerfassig,» und ds Brichte wird nit helfe, und die Offiziere werden ihre liebe Not haben.

Der Bauer, der nicht rechnen kann, rechnet also dem Staate solche Erleichterungen gar nicht mit der gehörigen Dankbarkeit an, er rechnet nur das an, was er erhält und was er alle Jahre neu erhält und was ihm Geld erspart. Wenn zum Beispiel die großen Summen, welche durch die gemachten sogenannten Erleichterungen der Staatskasse nun auffallen, dem Land jährlich hätten bar ausbezahlt werden können für Arme, für Schulen, für gemeinnützige Unternehmungen aller Art, so bin ich überzeugt, man hätte diese Art von Erleichterung weit dankbarer aufgenommen, weit tiefer und länger empfunden als jene. Bei dem Austeilen hätte man anfangen sollen, nicht bei dem Abschaffen. Übrigens muß ich aufrichtig bekennen, daß ich nicht begreifen kann, wie eine republikanische Behörde ein Gesetz geben kann, infolge dessen das Land nach und nach entwaffnet wird, aus den Häusern die eigenen Wehren schwinden und die Lust an Wehr und Waffen ertötet ist; denn nur eine eigene Wehre wird einem lieb und man wächst mit ihr zusammen, nicht mit einer vom Staate geliehenen. Wenn diesem Gesetz nicht so tiefe oder hohe Grundsätze zum Grunde liegen, daß ich sie nicht begreifen kann, so wäre man versucht, an sehr kleinlichen Eigennutz oder eine sehr kurzsichtige Sucht nach kleinlicher Popularität zu denken.

Desto größern Lärm machten die Bewegungen, die im Schulwesen versucht wurden; sie waren in Häusern und in der Gaststube die beständig vorliegenden Verhandlungsgegenstände, an denen die Weiber mit Leib und Seele Anteil nahmen, und wie ich unter der Hand von sicherer Hand vernahm, soll in den Schulkommissionen auf gleiche Weise geredet worden sein, wie es die Weiber und Großätti und Großmüetti zu Hause taten. Der erste Anstoß zu diesem Lärm wurde von einer Seite her gegeben, wo bei großer Unkunde des Volkscharakters eine Leidenschaftlichkeit herrscht, die über sich und die eigenen Zwecke alles außer acht läßt, was wahre Vaterlandsfreunde sonst in Obacht zu nehmen pflegen. Bei der erbitterten Hastigkeit, womit diese Zwecke verfolgt werden, wiederholt sich aber die Geschichte jenes halbblinden Reisenden, der von Frauenkappelen nach Bern wollte und sich endlich nach vielem Schimpfen über den langen Weg auf der Brücke von Gümmenen befand. Derselbe, der Reisende nämlich, bürdete der Regierung die Schuld seiner Verirrung auf und schimpfte beständig, diese Wegweiser taugten nichts, weil man trotz derselben verirren könne. Daß er halbblind und unbesonnen sei, hatte er sein

Lebtag nicht glauben wollen und nie gemerkt, daß seine eigene große Nase es sei, die ihm vor den Augen stund, ihm alle Aussicht nahm und die er bald für die Welt selbst ansah, bald für den Wegweiser der ganzen Welt.

Nach einigen unzeitigen, unklugen Zeitungsartikeln, einigen übereilten Reformationen in einigen Schulen und einigen andern zufälligen nur in dieser Verbindung bemerkbaren Vorfällen ertönte auf einmal unter dem sogenannten gemeinen Volk das Geschrei, wie aus dem Boden hervorgewachsen: Man wolle nichts mehr von der Religion, man wolle sie abschaffen und die Natur einführen in den Schulen statt der Religion. Ich kann mir kaum denken, daß vor bald vierzig Jahren das Geschrei «die Franzosen kommen» so ängstlich geklungen habe als diese Notseufzer. Das Volk im Kanton Bern ist aber ein eigenes Volk, es schreit selten so laut, daß man es auch außer dem Dorfe vernimmt (ich rede vom sogenannten gemeinen Volk). Es schreit beim Brunnen, beim Abendsitzen, in Wirtshäusern, aber immer aus alter Gewohnheit mit halblauter Stimme, so daß die, welche nicht beim Brunnen stehen, nicht an den Abendsitzen mitsitzen oder in den Wirtshäusern, nichts davon hören oder nur undeutlich, daher denen, welche ihnen erzählen, nicht glauben, und wenn sie anderer Meinung sind, sogar meinen, jene hätten es selbst erfunden. Es ist nicht diese Volksstimme, die man meint, wenn man hohen Ortes sagen hört: «Das Volk will es.» Es schreit also nicht laut, rottet sich nicht zusammen, beginnt nicht Mord und Unruhe, aber es waffnet sich mit einer stillen, unbezwinglichen Hartnäckigkeit, die halt stetig, ohne auf Gründe zu hören, nicht will oder nur der Gewalt weicht, und mit einem unergründlichen Mißtrauen, welches hinter allem Fallen, Fallstricke, böse Absichten, hinterlistige Versuche wittert. Es läßt befehlen, schimpft im Stillen darüber, verläßt sich darauf, daß auf die Handhabung der Gesetze nicht besonders geachtet wird, macht im Stillen, was es will, und betrachtet mit Blicken, in denen man lesen kann: «Du wirsch nit alles welle zwänge» einen jeden, von dem irgend ein Befehl kommt.

Die Weiber schimpften unter sich bis zum Weinen, die Männer brummten den Baß dazu, schlugen mit den Fäusten auf den Tisch: «Nei bim Donner, mr tües nit, mr hei o no neuis z'bifehle, zwänge löh mr is nit, u my Bueb soll dFragi lehre u nüt angers, er brucht nüt vo dr Natur z'wüsse, u mr doles nit, daß alles uf dNatur zoge werd, u dMeitscheni bruche des Gchribels nüt, es treyt nüt ab u macht se nume gwundrig, daß si de Manne ga schnause; we si läse cheu u dFragi, so sy si lang gschichti gnue.» Dann wurden Greuel erzählt, wie ein Schulmeister lehre, die Sonne stehe still und die Erde gehe um sie herum, wie ein anderer dFragi einen ganzen Winter nicht überhört habe, aber da von der Schweizergeschichte brichtet, von der man doch weder im Alten noch im Neuen Testament etwas lese und die zum Seligwerden nichts abtrage, wie man Bücher einführen wolle, wo von einer Geiß und einem Gitzi die Rede sei und nicht von Jesus Christus. Zu dem allem nickte der Schulmeister, der eben nichts von der Schweizergeschichte, nichts von der Natur wußte und nichts davon lernen wollte, beifällig mit dem Kopfe und unterhielt das Feuer mit bedenklichem Kopfschütteln und bedenklichen Worten, so viel er vermochte, und meinte, man sei lang wohl beim Alten gewesen, man werde beim Neuen kaum seliger werden.

Einer erklärte einst an einem Sonntag abends im Wirtshause die Schulen geradezu jetzt für überflüssig. Ehedem hätten oft Zwei einander geheiratet, die Beide nicht lesen konnten, da wäre ihren Kindern eine Schule nötig gewesen, jetzt aber könne doch meist das Eine oder das Andere lesen und also ihre Kinder auch lehren, und da könne man die

Kinder bei Hause behalten, sie verheye keine Schuh und lernen nichts Uwatligs. Ein Anderer behauptete, die Schulen trügen je länger je weniger ab, je mehr man ein Geschrei darüber mache und je mehr Lohn man dem Schulmeister geben müsse; was das Kommödisch sei, lerne man nicht mehr. Ehedem habe man doch noch hexen können, jetzt müsse man stundenweit laufen, ehe man jemand finde, der es verstehe. Aber auf Selligem halte man jetzt nichts mehr, die Neuen hätten keine Religion, das sei doch allbets nicht so gewesen. Nun ging allen das Maul auf, und über den Verfall der Religion begann ein allgemeiner Jammer. Einer brichtete von der neuen Lehre, die nun aufkomme, und gar von einer neuen Bibel, die man einführen wolle, ein Anderer dies, ein Anderer jenes, und alle schüttelten die Köpfe.

Ich war sonst sehr behutsam und schwamm nicht gegen den Strom, ich ließ den Sturm vorbei und suchte allmählich einzulenken; aber jetzt wurde es mir zu bunt, und ich begann mit vernünftigen Gründen ihnen zu zeigen, daß die Religion keine Gefahr laufe, daß man im Gegenteil die Leute recht christlich machen wolle, indem man sie vernünftig zu machen suche, daß die Geschichte der Menschen und die Lehre der Natur nicht von Gott abführen, sondern beides Zeugen seien der Macht und Güte Gottes, daß das Alte Testament die Geschichte enthalte des Volkes Gottes, welche jeder Jude kannte, daß wir nun aber auch ein Volk Gottes seien, dem sich Gott vielfach geoffenbaret, daß wir also auch unsere Geschichte kennen sollten. Aber man ließ mich nicht zu Worte kommen, von den Gründen sprang man zu den Personen über, zu Einzelnen, die Einzelnen bekannt waren. Von dem Einen wußte man, daß er nie das Abendmahl genieße, von dem Andern, daß er ein liederliches Leben führe, Weib und Kinder vergesse, oder um liederlicher leben zu können, weder Weib noch Kinder auf seinen Namen haben wolle. Von einem Andern wollte einer, als er einmal vor «Orlizenz» war, wie er sagte, leichtfertige, gottvergessene Reden gehört haben, und dazu habe er damals ausgesehen wie ein rechter Fötzel. Ich redete nun wieder dagegen recht warm und führte ihnen zu Gemüte, daß man nie vom Einzelnen auf das Ganze schließen dürfe und auch nicht vom Schein auf die Wahrheit. Man habe Talente nötig, Männer von Kenntnissen und Einsicht, da könne man nicht auf alles gehen, und wenn vielleicht auch Einzelne nicht so recht christlich wären, was ich aber noch nicht wisse, so hätten sie doch sicher auf das Ganze nicht den Einfluß, daß für die Religion etwas zu fürchten wäre. Allbets sei es damit noch weit schlimmer gewesen als jetzt, sie sollten sich nur recht erinnern. Es sei doch noch besser, gar nicht in die Kirche zu gehen als die Beine über einen eingemachten Stuhl hinauszuhängen und mit dem Augenglas während dem Abendmahl allen hübschen Mädchen nachzusehen.

Als ich endlich außer Atem einen Schluck aus meinem Glase tat, begann bedächtlich ein junger Mann, der sonst nicht viel sprach, mir Folgendes zu entgegnen: Ob die Alten Religion gehabt haben oder liederlich gewesen, darnach hätten wir nicht zu fragen, «sie zählten sich nicht zu uns, gaben sich nicht für unsere Muster aus. Sie waren unsere Herren, und in ihrem Interesse war es, unsere Herren zu bleiben so lange als möglich. Mag nun dieses Interesse auch ihre einzige wahre Religion gewesen sein, so lehrte es sie doch, uns bei dem Glauben zu behalten, daß die Obrigkeit von Gott eingesetzt sei, es lehrte sie, uns zu geduldigen Christen zu erziehen, wenn auch nicht um der Religion, wenigstens um des Gehorsams willen. Nun sind aber alle gleich, der Schultheiß nicht mehr als der Kaminfeger, so kann jeder sich mit dem Andern zusammenstellen, kann jeder denken: Was dem erlaubt ist, ist mir nicht verboten; je höher einer steht, desto mehr kann er zum Beispiel dienen, und wenn er ein schlechtes gibt, so wird er um so mehr Leute verführen. Nun haben wir keine Herren mehr, das Vaterland ist unser Gemeingut, es ist nur Etwelchen zu Verwaltung anvertraut. In meinen Geschäften werde ich aber mein Hab und Gut nicht Leuten anvertrauen, die keine Religion haben, die liederlich sind, die ein Spielball ihrer Lust sind; sie bieten mir keine Sicherheit dar, wie flüssig sie auch reden können; sie werden zuerst zu sich sehen, und an Andern ein Spitzbube zu werden, macht ihnen eben kein großes Gewissen, wenn es ihnen kommod ist. Soll ich dann solchen Leuten das Vaterland anvertrauen, Leuten, die in keinem ehrbaren Dorfe Sittenrichter werden könnten, wo man noch nicht den Brauch hat, den Bock zum Gärtner zu machen? Was die Alten machten, geht mich nichts an, aber was die machen, geht mich an, es geht mich an, ob sie Religion haben oder keine; haben sie keine, so wollen sie mir auch die meine nehmen und untergraben.»

Da fuhr ich ihm in seine Rede und warf ihm vor, wie er in einem Augenblick sagen könne, die Alten hätten vielleicht nicht mehr Religion gehabt, aber sie den Untertanen gelassen, und die wollten sie nun nehmen; dazu sehe ich keinen Grund, als daß er eben ein Schwarzer sei. Mir war daran gelegen, daß ein solches Mißvergnügen nicht Wurzel fasse. «Meiß,» sagte er, «du willst nur disputieren, du begreifst das besser als ich. Wir wählten die Alten nicht, ob sie Religion hatten oder nicht, ging uns eben nichts an, hingegen war ihnen kommode, wenn wir etwas Religion hatten, sie dachten, würden wir gewohnt, Gott zu gehorchen, so würden wir auch besser Menschen gehorchen können, zahmere Lämmer sein. Haben die aber keinen Glauben, so müssen sie uns den unsern schwächen, untergraben, gleichgültig machen, denn sonst wählen wir sie nicht mehr, solange wir noch auf

Religion etwas halten. Solange die Religion uns lieb ist, die wir von unsern Vätern geerbt haben, so lange wollen wir von denen, die diese Religion schützen sollen, sie auch haben, sonst werden sie dieselbe allen Feinden preisgeben.»

Wenn dem also sei, entgegnete ich, so sei ja das der beste Beweis, daß die Neuen Religion hätten, weil doch noch mit Recht ihnen durchaus kein Vorwurf gemacht werden könne, daß sie Anderer Religion zu nahe treten, daß sie jemand sie nehmen wollten. Da fing aber nun das Geschrei von vornen an, über die Natur und das Buch von der Geiß und dem Gitzi und die Aufführung Einzelner und ihre Reden, und wir jagten uns den ganzen Abend recht hitzig im Kreise herum, und ich brachte nicht nur nichts ab, sondern schadete mir auf lange Zeit und hätte mich bald um den alten Kredit disputiert. Das alte Mißtrauen gegen mich, von den Weibern angeregt, erwachte wieder, man fürchtete, ich möchte auch von der neuen Lehre angesteckt sein und gerade deswegen insgeheim hieher gesandt, um sie unter der Hand einzuführen.

Man fing nun an zu forschen, was ich eigentlich die Wirtskinder lehre, und fand mit großem Schrecken, daß sie von Wilhelm Tell und vom Winkelried redeten und daß sie wußten, daß die vierfüßigen Tiere vier Beine und die Vögel Fecken und Federn hätten. Da schlichen die Weiber wieder ins Haus, riefen die Wirtin nebenaus und flüsterten ihr zu, ich sei auch einer von denen und wie sie mich doch nur im Hause behalten möchten; ich verführe ihre Kinder; so habe des Wirts Christi zu ihrem Joggi gesagt, es gäb schwarzi Mönsche u us dene chönn me Christe mache, u doch wüß jon ieders Ching, daß nume der Tüfel schwarz syg u daß dä ke Christ werde chönni, aber Christe well me zTüfle mache. Der Wirtin ward wirklich bange, und sie wußte nicht recht, woran sie war. Die Kinder gehorchten weit mehr, waren reinlicher, manierlicher und recht gschicht, soweit sie sich darauf verstund und darauf acht zu geben sich Zeit nahm, was selten geschah. Aber dReligion, dReligion sei doch die Hauptsache von allem, meinte sie, als sie mit zitterndem Herzen mich zur Rede stellte, dReligion sei doch die Hauptsache, und hatte sich doch bis dahin mehr um die Löcher in den Hosen der Kinder als um ihre Religion bekümmert und nicht darnach gefragt, ob sie eine oder keine hätten. «Anneli, bet!», und wenn es beten konnte, so war sie zufrieden.

Nun ließ ich die Kinder erzählen allerlei schöne Geschichten, die ich sie gelehrt über die Vorsehung Gottes und seine Leitungen in Lohn und Strafe. Die Wirtin fand sie recht schön, aber dReligion sei doch die Hauptsache! Ich ließ die Kinder aus dem Leben Jesu erzählen, was sie davon fassen konnten. Ja, das könne man im Testament auch lesen, meinte sie, aber dReligion müsse man doch dabei haben. Nun ließ ich die Kinder Fragi aufsagen, da war sie zufrieden und gab das Zeugnis: Sie hätte es doch gedacht, ich hätte auch Religion und lehrte sie die Kinder, sie wolle es den andern Weibern auch sagen. Sie tat es, aber lange ging es, bis ich mir das alte Zutrauen wieder erworben hatte. Mit der größten Behutsamkeit mußte ich vermeiden, über diesen Gegenstand mich zu erwärmen; sobald ich nur von weitem die Partie derer nehmen wollte, deren Religion in Zweifel gezogen wurde, so las ich auf den Gesichtern die wiederkehrende Meinung, ich sei auch einer von denen. Daher gelang es mir auch nicht, das Mißtrauen, das sich einmal festgesetzt hatte, erregt durch unberufenes und unbefugtes Einmischen derer, welche unglücklicherweise wähnten, sie allein verstünden alles und könnten in einer Republik befehlen und durchsetzen gerade wie auf ihrem Zwinghof, zu tilgen. Bei jeder Gelegenheit, bei jeder Verordnung kam es zum Vorschein, und allemal hieß es: Wenn sie Religion hätten, so ginge es nicht so, so geschähe dies nicht, würde jenes nicht befohlen, und in stillschweigender Hartnäckigkeit ließ man befehlen und tat, was man wollte, und sagte: «Sie werde nit alles welle zwänge».

Welch heillosen Nachteil dieses brachte in die beabsichtigten Fortschritte in der Republik, konnte ich nur daraus schließen, wenn ich berechnete, wie weit das gegen mich erzeugte Mißtrauen in meinem kleinen Dörfchen mich zurückbrachte. Dieses Mißtrauen wurde noch dadurch befestigt, daß die Mitglieder der Regierung nicht nur in den Zeitungen, sondern selbst im Großen Rate einander verdächtigten, im Kote herumzogen, ich weiß nicht, ob ganz aus guter Aufrichtigkeit oder um sich groß zu machen, wie es auch im gemeinen Leben geschieht. Ich hätte gedacht, die Leute im Großen Rate sollten klüger sein als das gemeine Volk, und doch wissen gar Viele aus diesem, was das für einen Eindruck auf die Kinder macht, wenn die Eltern vor den Kindern einander alles Leids vorhalten und Eins das Andere verdächtigt. Beide verlieren den Respekt, und die Kinder fangen auch an ihnen zu sagen, was ihnen in das Maul kömmt. Da kann man lange predigen: Ehre Vater und Mutter, sobald sie sich nicht selbst ehren.

Wer von Natur unsauber war, wollte die Andern auch unsauber haben; wegen der Gleichheit und Freiheit gelang es ihm, und wer aus Zufall oder Gunst verschont wurde, den rühmte die «Allgemeine», das heißt sie zeigte mit dem Finger auf ihn, als ob sie sagte: «Dä het no nüt, gät dem o!», und flugs war auch er überschüttet von Kopf bis zu den Füßen, und wenn es niemand tat, so tat sie es selbst. Wenn nun Mann für Mann so recht im Kote herumgetröhlt, so gleichsam vergoldet ist, daß man keinen saubern Faden mehr an ihm sieht und jedermann die Nase zuhält und sagt «Pfitusig!», da kommen dann aus dem Hintergrunde parfümierte, nach allen Schmöckwassern riechende, schön gebürstete, saubere

Herren und Herrlein, strecken gar freundlich ihre gewaschenen Tätzchen dar und sprechen: «Gfalle mir ech nit viel besser und schmöcke mir nit besser als die Mistfinken da?» «Das wohl,» wird man sagen, «aber es isch ech nüt z'traue.» Und dann werden sie weitersprechen schön und glatt und wohl schmöcken dazu, und wer weiß, was dann das Volk macht; wenigstens weiß ich, was die Weiber machen würden, und die haben in unserm Vaterlande auch viel zu sagen, wenn schon nicht öffentlich, doch hinter dem Umhang.

Kaum hatte das Schulwesen etwas versurrt, so kam das Wirtschaftswesen an die Tagesordnung, und wurde gar grimmig räsoniert. Unser Wirt führte da ein großes Wort, aber bei weitem nicht das größte, Weiber und Gemeindräte schrien ebenso sehr dagegen allenthalben, wo Zwei oder Drei beisammen waren.

Die Weiber räsonierten: Jetzt, wo nur ein Wirtshaus sei, wüßten sie doch, wo ihre Männer wären, und könnten guggen, was sie machen; wenn aber zwei oder mehrere seien, so wüßte man nie, wo man sie suchen solle, und in den neuen würde man vielleicht auch nicht eine so kommode Gaststube haben, wo man alles sehen könne zu den Fenstern ein. Trini jammerte, ihr Mann gehe jetzt schon viel ins Wirtshaus, und wenn es zwei geben sollte, so würde er noch einmal so viel gehen. Stüdi quälte sich am meisten darüber, daß es zwei Wirtinnen geben solle, man hätte an dieser zu viel. Stüdi war eifersüchtiger Natur und herzwüst. Am meisten schrien die Weiber in dem Dörfchen, wo gar keine Wirtshäuser waren bis dahin und ihre Männer ruhig alle Abende zu Hause blieben. Sie behaupteten, die Gelegenheit mache Schelme, je näher man das Wirtshaus habe, desto mehr sei man darin, man solle nur dort und dort sehen, wo die meisten Hudeln seien. Sie führten Dörfer an, wo Knechtlein des Abends ins Wirtshaus gingen und alle ihre Kleidleni bei den Krämern noch schuldig seien. Sie saßen zusammen, um eine Vorstellung zu machen, daß sie keines begehrten; sie saßen mehrere Abende zusammen und redeten ohne Unterlaß, aber alle auf einmal, so daß sie immer recht vergnügt heimgingen, aber ohne Beschlüsse gefaßt zu haben, und allemal wieder da anfangen mußten, wo sie es gelassen das letztemal, und allemal hörten sie wieder auf, wo sie angefangen. So kam die Konzession für eine Pinte ins Dörflein, ehe eine Eingabe gemacht war; da sollen die Männer eine böse Nacht gehabt haben, und man behauptet, die meisten hätten eine gute Stunde des Morgens früher zu füttern angefangen als gewöhnlich. Die Gmeinsmanne schrien auch gar laut: Je mehr Wirte seien, desto teurer werde man alles haben müssen; jeder wolle gelebt haben, wolle reich werden, je weniger man verkaufe, desto mehr Profit müsse man nehmen. Ein ganzes Dorf hätte kaum vermocht einen Wirt zu mästen, wie es dann übel gehen müsse, wenn man zwei oder drei zu mästen habe. Wer solle am Ende die Armen erhalten? Emal nit dRegierig, die Sellis mache, man verspreche immer und halte nichts. Sie hätten jetzt schon genug Hudeln, und doch scheuten sich noch Viele, ins Wirtshaus zu gehen, aus Furcht, Vorgesetzte oder Solche anzutreffen, die steuern müßten. Wenn aber in jeder Ecke eine Pinte sei, wo sie sicher wären, niemand anzutreffen, da solle man dann sehen, wie es gehen werde. Man solle nur sehen, wie es gehe im Sch.-Graben, wo Vier oder Fünf auf einmal wirten wollten und wirklich wirteten, ehe sie Bewilligung hatten, denn Ordnung sei keine mehr, und die, welche sie halten sollten, hätten wohl zehn Finger, aber sie luegten durch alle. Man solle im Sch.-Graben nur sehen, da dünke es einem, man sehe an den Kindern wirklich schon ein ganz verwildert Aussehen.

Der Wirt blies die gleiche Melodie, aber in einer andern Stimme. Er meinte, es sei darauf abgesehen, die gegenwärtigen

Wirte zu Hudeln zu machen, welche ihre Wirtshäuser teuer angenommen hätten. Man werde sehen, wie einer nach dem andern geltstagen müsse, wenn ihm Geld abgekündet werde; es müßte einer ein Esel sein, wenn er ein altes Wirtshaus teuer kaufen wollte, während er wohlfeil ein neues errichten könne. Aber die, welche solche Gesetze machen, suchten den Profit für sich. Die Einen seien Weinhändler und wollten größern Weinverbrauch, Andere möchten gerne selbst Wirte werden oder hätten Söhne, Tochtermänner, Schwäger usw., die wirten möchten, darum hätten sie ein solches Gesetz gemacht, das gar niemand verlangt habe. Wäre Gerechtigkeit im Lande, so wäre zugleich ein Gesetz gemacht worden, daß Keiner von denen, welche zum Patentsystem gestimmt, lebenslänglich eine Wirtschaft errichten oder ausüben dürfe und keiner seiner Verwandten während zwanzig Jahren; da hätte man dann sehen können, ob das Patentsystem auch herausgekommen, ob Vaterlandsliebe oder Privatliebe es aufgerichtet.

Am Ende kamen alle darin überein, es müsse halt alles neu sein, nichts Altes sei mehr gut. Wenn einem etwas Neues in Sinn komme, so brauche er nur recht laut zu brüllen, so meinten die Andern, sie müßten auch nachegagge, sie seien sonst die Leidere, und so entstehe ein Gebrüll, daß einem die Ohren surren, und dann ein Gesetz, das niemand verlange, niemand gefalle, ob dem es dem Tüfel gruse und das am Ende niemand gemacht haben wolle, sondern jeder dem Andern den Schmutz auf den Ärmel zu streichen suche. Die Seeländer schrien hüst, die Oberländer hott und die Oberaargauer hüsthott, und am Ende gehe es hüsthott, das heißt bald hott und bald hüst, bald in den Graben, bald in den Zaun. Wer hott gerufen, wolle nicht schuld sein, daß es in den Graben gegangen, wer hüst gesagt, nehme den Zaun nicht auf sich, und die Hüsthottler behaupteten, sie hätten gradaus gewollt, und wenn sie nicht gewesen wären, so wäre es viel z'übel gegangen. «Und,» sagten dann meine Bauern, «wenn sie Religion hätten, so ginge das nicht so, aber wo keine Religion ist, da geht es halt nicht gut». Ich redete wieder ein und meinte: Man könne doch im Großen Rat nicht dFragi aufsagen, sie täten es im Gemeindrat auch nicht. Ein Gesetz könne nie allen recht sein, man müsse der Zeit erwarten, um mit Grund urteilen zu können, ob es dem Lande Nutzen oder Schaden brächte, und gegen die Religion könne ich nichts darin sehen. «Los Meiß,» sagte einer, «da gib nume lugg, es hilft dr alles nüt, wed nüt Gschiders z'brichte weißt, so hör nume uf und gang is Bett!» Dann ging das alte Disputieren gewöhnlich von neuem an, und die alten Sachen wurden wieder aufgewärmt. Hätte einer von denen, über welche sie so schimpften, nur eine Sekunde mit ihnen freundlich, manierlich, mit dem nötigen Takt sich unterhalten können, so würden sie gesagt haben: «Das isch doch e brave Herr, ja we si all so wäre!» Schade, daß des Volkes beste Freunde diese Annäherung oft mutwillig versäumen aus angeborner Steifheit und Pomade. Des Volkes Feinde wissen sich diese Versäumnis zu Nutzen zu machen. Aber Takt bedarf es und Kenntnis des Volkes, damit diese Annäherung den gewünschten Erfolg habe; wer das Volk nicht kennt, schießt grobe Böcke und kann leicht übel wegkommen.

VIERZIGSTES KAPITEL

Zwei lustige Vögel und wie meine Bauern sie fliegen lehren

Es traten eines Sonntagabends zwei gut angezogene Menschen in die Gaststube, nicht mehr ganz jung, hatten ein halbgelehrtes Aussehen; der eine war schwarzbraun, der andere flachshaarig, der eine trank seinen Wein aus einem Bierglas, der andere aus einem Spitzglas. Sie begannen bald mit einem Bauern eine Unterhaltung in einer Sprache, von der man nicht recht wußte, war es Berndeutsch in Hochdeutsch verwandelt oder Hochdeutsch in Berndeutsch. Sie frugen, wie man zufrieden sei mit der gegenwärtigen Regierung. Meine Bauern, diplomatisch vorsichtig, wie sie waren, zuckten die Achsel und brauchten die gewöhnliche Redensart: Man müsse zufrieden sein, daß es nicht noch schlechter ginge, besser könnte es aber auch gehen. Jene lachten auf und sagten, das meinten sie auch, aber kaum schlechter; die neuen Regenten seien gerade wie die alten, sie hätten das Volk vergessen und dächten nur an sich. Man solle nur bedenken, was in der Verfassung versprochen worden und was man gehalten. Das Volk sei unterdrückt, ja, und von Lasten erdrückt. Habe man etwa den Zehnten abgeschafft, wie in der Verfassung versprochen worden und der ehrenfeste und treue W. von U. so bündig auseinandergesetzt? Habe der Staat die Armen übernommen, wie verheißen worden? Hätten sie etwas von den reichen Stadtgütern erhalten, die im Lande zusammengestohlen worden? Von dem allem sei nichts geschehen und werde nichts geschehen, solange diese Volksverräter an der Spitze stünden, aber die müßten runter, es gebe noch andere Leute, die es mit dem Volke besser meinten.

Die Bauern horchten hoch auf, das Ding gefiel ihnen, jeder rechnete schnell nach, wie viel ihm das jährlich ziehen müßte, und daß das alles verheißen sei, zweifelten sie keinen Augenblick, bewiesen jene zwei Volksfreunde es ja mit der Verfassung, die ihnen noch nie so schön und verständlich ausgelegt worden war. Sie gaben ihren Beifall zu erkennen, doch nur mit halben Worten, und ließen einige Äußerungen laufen gegen einzelne Regenten. Nun war jenen Herren noch mehr angeholfen, der Weißhaarige kam in neues, größeres

Feuer, während der Andere unvermerkt hinausging. Er rückte den Bauern immer näher, aus dem Bierglase verschwand der Wein immer schneller, er kümmerte sich aber gar nicht darum, welches seine Flasche sei, er schenkte sich ein aus jedem Schoppen, jeder Halbi, welche er fassen konnte, und wenn die Wirtin den Eigentümer fragte, ob sie noch eine geben solle, so sagte der Begeisterte: «Versteht sich!» Er verstieg sich immer höher und erklärte ihnen den eidgenössischen Verfassungsrat, wie die ganze Schweiz eins werden, alle Kantönlein runter müßten; dann müsse man die neuen Regenten ausjagen und die bessern wählen, wo man sie fände, seien es Griechen oder Türken, Italiener oder Polacken; dann müsse man allen Tyrannen den Garaus machen, Deutschland, das herrliche, frei schlagen und dem verfluchten Frankreich den Krieg erklären.

Mit den Augen sahen meine Bauern ihrem Wein nach, wie der verschwand, mit den Ohren hörten sie viele Dinge, die sie nicht verstunden, aber doch von Polacken und Krieg, und von beiden wollten sie nichts. Ihr voriges Zutrauen verschwand. So sehr ihnen der erste Teil gefallen hatte, so sehr mißfiel ihnen der zweite und obendrein besonders die ungenierte Gütergemeinschaft. Einer meinte, der Krieg, der sei ihm gar nicht anständig; er hätte zwei Buben unter den Auszügern, die er lieber daheim hätte als im Krieg, wo sie sterben könnten, und dann sei es noch gar nicht gewiß, daß man gewinne, er kenne die Franzosen, das seien Teufelsbuben. Er sei kein rechter Schweizer, meinte der Redner, ein echter Schweizer gebe ein Dutzend Söhne hin für die gute Sache und frage nicht nach Haus und Gut, wo es sich um Freiheit handle. Übrigens könne nur ein dummer Kerl am Sieg zweifeln, wo solche Leute an der Spitze seien; der berühmte P. Prediger sei es, der die Proklamationen schreibe, und ein noch berühmterer Mann, der mit jenem P. Prediger jetzt wie zwei Finger an einer Hand sei, werde den Proviant liefern. Das seien aber auch Patrioten!

Der Proviant mahnte ihn an den Wein, und seine Hand haschte schnell nach einer Flasche. «Uhä!» sagte der Eigentümer und hielt sie oben fest, «wed Wy treiche wotsch, su häb sälber!» «Verfluchter Bauernlümmel, willst du gehen lassen?» fuhr der Durstige wild auf und hob die Faust. «Schlach nur zue, du bist o vo dene Donnre eine, wo dLüt ufreise für chönne z'schmarotze, mi sott ech zTod schla wie dFleuge.» «Was, du Hund, du gönnst mir den Tropfen Wein nicht, du Esel weißt gar nicht, was Freiheit ist!» Aber sie hatten nun genug Esel, Hund, Lümmel gehört; eine Menge Ehrentitel gaben sie ihm zurück und schoben ihn der Tür zu, wie wild er sich gebärden und um sich schlagen mochte. So wie man an dieselbe kam und die Wirtin dienstfertig öffnete, kam durch den Gang her ein anderer arger Lärm. Der zweite Herr, der aus dem Spitzglase getrunken hatte, wehrte sich, so gut er konnte, gegen drei Mägde mit Besen und Scheitern, die wütend auf ihn zuschlugen und ihm alle Schande sagten. Während der Eine in der Stube die Bauern und ihren Wein bearbeitete, war der Andere den Mädchen nachgeschlichen, besonders dem ältesten Kind im Hause, hatte Unziemliches versucht und wurde trotz seiner begütigenden Gebärden durch das Weibervolk selbst gezüchtigt. Die beiden Gesellen wurden zuerst einander in die Arme und dann zum Hause hinaus geworfen. Dort belferten sie noch lange, schrien ein Weh nach dem andern den Bauern zu, drohten mit ihren bekannten Freunden, der eine werde ihretwegen Anzeige vor dem Großen Rat machen, der andere sie in Verschiß tun lassen in der ganzen Eidgenossenschaft. Die chönnen ihnen alli chüderle, meinte einer und hetzte seinen Hund auf sie. Da gaben sie Fersengeld und man sah sie nicht wieder.

Das seien ihm Donnersbuben, meinte ein alter dicker

Bauer, der auch Hand angelegt und ob der ungewohnten Anstrengung schier nicht schnupen konnte. Die hätten doch anfangs so schön tun können, daß man ihnen alles glauben müssen; es sei aber recht gut, daß sie gezeigt, wer sie eigentlich seien, wie es in der Bible heiße, Wölfe in Schafkleidern, die hätten die Kräuel zu früh hervorgelassen, sonst hätten sie einen noch können verführen. Seiner Lebtag wolle er solchen Hudelbuben nicht mehr glauben, von denen man nicht wüßte, woher sie kämen und wer sie wären und ob sie etwas hätten. Das sei denen nur darum zu tun, die Leute hinter einander zu reisen, und währenddem gingen sie einem hinter den Wein und hinter dMeitscheni und am Ende hinter alles, was man hätte. Er könne nicht begreifen, wie witzigere Leute ganz gleich reden wie die und gemeine Sache mit ihnen machen. Dahinter müsse etwas stecken, das er nicht begreife. «Bei dem allem ist es aber schade, daß es nicht so kömmt, wie sie im Anfang versprachen», fiel einer ein, «ich habe mich schon gefreut und wollte daraufhin meiner Alten eine Halbe vom Bessern heimbringen, jetzt kann sie warten; wenn ich keine Zehnten und Tellen mehr zahlen müßte, so brächte es mir wenigstens hundertfünfzig Kronen jährlich, und wenn wir noch teilen könnten, vielleicht ein paar tausend Pfund.» «Du Narr, glaubst du, das Teilen käme an uns?» polterte einer. «Hast du gesehen, wie die teilen, wo er dir deine Halbe fast allein gesoffen hat? Du kriegtest nicht nur nichts, sondern müßtest noch geben, was du hast, und deine Buben in Krieg schicken, und deine Meitscheni wären auch niene sicher. Wenn mehr so einer kömmt, so wollen wir ihm grad von Anfang, ehe er uns die Gringe groß und das Maul wässerig gemacht hat, das seine schoppen, daß er das Reden vergißt.»

Nach genommener Abrede marschierten sie heim, diesmal ohne Laterne, denn die vertriebenen Poltergeister fürchteten sie nicht.

EINUNDVIERZIGSTES KAPITEL

Von vielen wüsten Vögeln und ihrem wüsten Treiben

Auf einmal erschien, wie aus dem Boden hervorgewachsen, eine neue Sache, welche eine Zeitlang alles andere verdrängte und ganz besonders tief eingriff ins Leben meiner Bauern.

Es erschienen Leute unter ihnen und in der Umgegend, und wie sie hörten im ganzen Lande, welche Buße predigten und Bekehrung auf eigene Weise, welche alles Bisherige verdammten, und jeder von ihnen sprach: «Ich bin der Weg und das Leben, wer *meine* Stimme höret, wird selig werden, wer mich aber verleugnet vor der Welt, den werde ich auch verleugnen vor meinem Vater, der im Himmel ist.» Und an die Brust schlug jeder, deutete auf sich selbst und sprach: «Amen, ich sage euch, ich bin die Türe zu den Schafen, alle, wie Viele vor mir kommen sind, die sind Diebe und Mörder. Aber die Schafe haben ihnen nicht gehorchet. Ich bin die Türe, so jemand durch mich eingehet, der wird selig werden und wird ein- und ausgehen und Weide finden.» Sie hatten einen Schein der Gottseligkeit und schlichen in die Häuser, die Weiblein gefangen zu führen, die mit Sünden häufig beladen sind und durch mancherlei Lüste getrieben werden. Man sah sie eben nicht Christo dienen mit ihrem eigenliebenden, geizigen, ruhmrätigen, hoffärtigen, schmähsüchtigen, unversöhnlich wilden Wesen, sondern ihrem Bauche, aber durch süße Worte und Schmeichelrede betrogen sie die Herzen der Einfältigen. Sie machten sich selbst groß und vernichtigten die Andern und sprachen: «Wir danken dir, Gott, daß wir nicht sind wie die andern Leute.» Sie machten großen Eindruck auf die einfältige Menge, weil sie mit gar großer

Kraft und Bestimmtheit selig priesen, Seligkeit verhießen und wieder verdammten und in die Hölle schickten. Sie wußten mit einem geheimnisvollen, zauberischen Glanze sich zu umgeben, der wirket wie der Blick der giftigen Klapperschlange. Es hieß nämlich bald von ihnen, wer sie nur einmal höre, wer ihnen nur die Hand gebe, der sei der Ihre und könne nicht mehr von ihnen lassen.

Sie pflanzten den Glauben, der dem schwachen Menschen so wohl tut, daß wer ihnen angehöre, mehr sei als Andere. Wie gerne ist das arme Menschenkind vornehm, tut vornehm, sieht auf Andere herab und hat hochmütig keine Gemeinschaft mit denen, welche es gemeiner glaubt! Tausende hatten kein Geld, vornehm zu tun, und Tausende hatten das wenige Geld, welches sie besaßen, mit Vornehmtun vertan und waren wieder gemein geworden. Ach, wie tat ihnen das weh! Nun kamen die und lehrten wohlfeil, wie man wohlfeil vornehm sein, wie man wohlfeil zu dem Vorrecht kommen könne, sich von Andern abzusondern und hochmütig auf die große Menge, auf Große und Reiche herabzusehen. «Haltet euch zu uns», sprachen sie, «so seid ihr mehr als alle Andern, dürft nicht mehr Gemeinschaft haben mit ihnen, nicht mehr an gleichem Tische das heilige Abendmahl genießen, sonst entwürdiget ihr euch, macht euch gemein vor Gott. Ihr seid die Auserwählten Gottes; steht nicht geschrieben: Viele sind berufen, Wenige sind auserwählt? Seid ihr nicht die Wenigen, müßt ihr also sonnenklar nicht auch die Auserwählten sein?»

Ach, wie das manchem Weiblein und Männlein so wohl tat, die alle Hoffnung aufgegeben hatten, einmal vornehm zu sein und Andere verachten zu können! Neidisch auf alle Menschen waren sie bis dahin gewesen, nun konnten sie hochmütig auf alle werden, und es kostete sie nichts! Waren das nicht Heilande, die ihnen zu diesem Glücke verhalfen und so wohlfeil? Sie forderten nichts für sich und aßen so traulich mit ihnen lieber Hammen als Erdäpfel und tranken so schön lieber Wältschen mit süßem Tee als Seeländer mit Wasser. Eine Büchse führten sie zwar mit sich, und jeder mußte etwas dareintun nach Belieben, doch wer nicht drei Batzen hineinlegte, hatte den rechten Glauben nicht. Aber das Geld in der Büchse war nicht für sie, doch nahmen sie es mit sich und niemand hat es weiter gesehen. Es soll der Wirt von St. N. einen Begriff davon erhalten haben. Und von den Leuten forderten sie auch für Gott blutwenig und ebneten ihnen den Weg doch so kräftig. Allerdings der Durchbruch war schwer und kostete manche Träne, manche Hamme, manchen Seufzer und manchmal drei Batzen, viel Mundgeschrei und manche Kanne Tee. War das aber einmal überstanden, dann gaben sie jedem das Bewußtsein, daß er selig sei, und mit jeder Hamme eine Stufe seliger, und gaben ihm die Gewißheit, daß er gar nicht mehr sündigen könne und alles, was das Fleisch tue, ihn nichts angehe und Gott denen nicht anrechne, die im Geiste lebten und drei Batzen in die Büchse taten. Und zum Zeichen, daß es also sei, gingen sie voran mit ihrem Beispiele, schlugen sich um die Bekehrung sehnsüchtiger Mädchen und inbrünstiger Weiber, sättigten sie mit Bruderliebe und achteten des Fleisches nicht, und doch blieb der Geist auf ihnen und die Weiber und Mädchen bei ihnen.

Dies war der eigentliche Heerhaufen, dessen Glieder freilich verschiedene Namen führten, aber eines Herzens und eines Sinnes waren, wie man merken konnte. Wie der Heiland hatten sie aber auch ihre Vorläufer, den Weg ihnen zu bereiten. Die kamen in Schafskleidern und taten gar ehrbar, sie redeten nicht recht deutsch heraus, gaben aber manches zu merken, lästerten nicht hauptsächlich, sondern nur nebenbei, sonderten sich nicht vornehm ab, warfen aber doch hochmütige Blicke um sich herum, machten den Leuten angst und bange, daß sie verhürschet wurden im Gemüte und begierig nach den Nachkommenden, die ihnen aus ihrem Elende wohlfeil helfen konnten. Sie taten auch als die von Gott Berufenen und setzten sich auch gerne an die Tische, auf denen Gutes zu essen und zu trinken war. Je besser man ihnen aufwartete und je mehr geschenktes Fleisch in ihrer Hele hing, für desto kräftiger hielten sie den Geist, den sie empfangen. Sie gaben ihn auch umsonst, nahmen aber doch je mehr je lieber.

Viele aus diesen Letztern wußten nicht, daß Andere nachkämen; die Anführer hatten ihnen ihren geheimen Kampfplan nicht mitgeteilt. Die freuten sich nun den lieben langen Sommer durch auf alle Schweine und Kühe, die gemästet und gemolken, auf alle Eier, die gelegt wurden in den Häusern, welche sie erobert hatten. Wenn dann die Andern anrückten, ehe gemetzget war (und sie haben eine feine Nase), und sich hinsetzten unter die Würste und Säubrägel und die Kuttentäschen weit aufmachten und jene armen Vorläufer von all der Herrlichkeit nichts hatten als den Vorgeschmack und die voreilige Freude, wenn niemand sie einlud und von dorther niemand kam mit etwas unter der Scheube, wie jammervolle Gesichter machten sie, wie kauten sie an den Nägeln statt an den Würsten und muckelten unter der Hand über Eingedrungene in ihren Schweinstall! Manche wollten aufbegehren und Streit anfangen über die abhanden gekommenen Seelen und Würste, aber von ihrem Oberhaupt wurde ihnen verdeutet, sie hätten stillzuschweigen und gegen diese, gegen die Nachgekommenen, mit aller brüderlichen oder schwägerlichen Liebe sich zu benehmen und nun andere Häuser zu suchen, in denen auch etwas sei, Seelen, Schweine und wenn am Ende auch nur Geißen. So läßt man auch (nicht zusammengezählt mit Respekt) einen Jagdhund den aufgestochenen und geschossenen Hasen nicht fressen, er sticht sonst selbigen Tages keinen andern mehr auf.

Mancher unter den Letzten jedoch ist redlichen Gemütes, sucht nicht seine Ehre allein, sucht nicht bloß fette Schweine, sondern sündige Seelen, aber sie wissen nicht zu prüfen, was sie sagen, haben ihre Kräfte nicht gemessen, ob sie der Aufgabe, zu der niemand sie berufen, gewachsen seien. Diese, welche wähnten vom Geist der Gnaden erfüllt zu sein, werden meist, wenn der Vater den Geist der Verblendung, mit dem sie erfüllt sind, von ihnen nimmt, Buße tun im Sack und in der Asche, werden an die Brust schlagen und wehklagen: «Vater im Himmel, fordere die zerrütteten Seelen nicht aus unserer Hand, nicht die zerfallenen Haushaltungen, nicht die verwahrlosten Kinder! Vater, Vater, da wir glaubten, wir stünden, sind wir gefallen bergetief, und unsere Sünden sind groß geworden bis an den Himmel, Höllenschmerzen nagen an unsern Seelen; Vater, gib uns Trost, gib uns einen Liebesblick, sonst vergehen wir in unaussprechlichem Jammer, mit dem wir büßen müssen, dem Jammer, den wir Andern gebracht. Vater, deine Gerichte sind gerecht, wir leiden, was wir Andere leiden ließen, aber kürze sie ab, diese Gerichte, laß Gnade ergehen über uns erwachte Sünder!» Wohl dem, der einst noch so beten kann, der Vater hat noch immer das gleiche Herz, mit dem er den demütig gewordenen verlorenen Sohn empfangen.

In der Gemeinde, in der ich war, hatten immer einige Haushaltungen sich gemeinsam erbauet, waren jeweilen des Sonntags zusammengekommen, um etwas mit einander zu singen, eine Stelle aus der Schrift oder dem Heidelberger sich erklären zu lassen, aber neu war das, was nun kommen sollte. Es kam sehr langsam, schlich von Dorf zu Dorf, machte hie und da wunderbare Sprünge über mehrere und erschien plötzlich unerwartet in einer Gemeinde. Ängstlich frug man sich: «Wie weit sind sie, wo sind sie?» Und mit Ärger und Angst erfuhr man, wenn die Seuche um eine Station näher gekommen war. Ich kann mir vorstellen, es sei gerade so gegangen wie mit der Cholera, sowohl die Annäherung als die Erwartung. Wie die Cholera langsam schleicht, von Dorf zu Dorf, von Haus zu Haus, und wieder Sprünge macht und auf einmal in einem Dorfe, in einem Haus auftaucht, wo man es am wenigsten erwartet, und wie die Bewohner der Umgegend bebend das Ungeheuer nähern sehen und alle Morgen vor allem sich fragen: «Hesch nüt ghört, wo isch sie jetz?» und bleich werden, wenn sie einen Schritt vorwärts getan – fast gleich ging es mit der Sektenseuche.

Man begann immer häufiger von ihren Versammlungen, vorgefallenen Geschichten und den Menschen, die daran teilnahmen, zu erzählen. Von den Letztern wußte man nichts zu rühmen. Einer derselben schlug seine Frau alle Tage und predigte selbst, so oft man ihn hören wollte, vernachlässigte nebenbei sein Geschäft, sein Hauswesen und kläpfte eben allemal seine Frau, wenn sie daran mahnte, wie gut sie es ehedem gehabt gegen jetzt. Ein Anderer prügelte die seine nur alle Wochen, aber dann mit besonderem Nachdruck, als sie nicht glauben wollte, daß sie der verlorne Sohn sei. Sie glaubte es erst, als zwei Zähne eingeschlagen waren. Wahrscheinlich erhielt sie auch wieder Schläge, als sie mit dem Prediger, der ein Schreiner war, nicht in den benachbarten Wald spazieren gehen wollte. Der Mann selbst war von solchen Spaziergängen ein besonderer Freund. Man erzählte sich, wie einem Manne angekündigt worden, in der nächsten Nacht werde ein Engel seine Frau besuchen, er dürfe aber nicht zu Hause sein. Der gute Mann glaubte es, ging, und das Wesen kam, und seine Frau hatte große Freude daran. Man glaubte aber allgemein, der Engel habe ordentliches Fleisch und Bein gehabt. Einem andern Schuhmacher sei wegen andauernder

Sündhaftigkeit das Abendmahl verweigert worden, derselbe habe sich darüber gar bitterlich beschwert, daß man dessen Genuß der und der und der, die mit ihm akkurat in gleicher Sünde seien, gestatte. Eltern vermißten spät ihre Töchter und die Magd, sie fanden sie nach Mitternacht in Verzückung vor einem Lehrer auf den Knien liegen. Einer Mutter, welche sorgfältiger Abwart bedurfte, soll die Tochter fortgelaufen und von dem zürnenden Bruder Stunden weit weg aufgefunden worden sein, aber sich weigernd heimzukehren, weil es heiße, man solle um seinetwillen Vater und Mutter verlassen und die Toten ihre Toten begraben lassen. Zu Hause schmachtete die Mutter hülflos, freudenvoll saß die Tochter zwischen den Knien der neuen Heiligen. Ein armes Mädchen hatte nur zehn Kreuzer in die Büchse zu tun, man zweifelte an der Tüchtigkeit seines Glaubens, verzweifelnd hängte es sich, konnte aber doch noch zu rechter Zeit abgeschnitten werden. Einer Magd wurde von ihrem Meister die Wahl gelassen, entweder die Kirche nicht zu besuchen oder den Dienst zu verlassen; endlich erlaubten ihr die Lehrer, alle Monat einmal hinzugehen, wenn sie glaube, in Monatsfrist diese Sünde abbeten zu können.

Zu den Kranken und Sterbenden drängten sie sich unberufen, die Vorläufer und die Nachläufer. Der Ersten einer ließ aus der Stube einer wassersüchtigen Frau alle herausgehen, einer Frau, die als brave Hausmutter bekannt war. Nun donnerte er auf die gute Frau los all sein geistlich Wurfgeschütz, behauptete, sie leide um ihrer Sünden willen solche Pein, und als sie meinte, sie hätte doch nicht schlimmer gelebt als Andere, meinte er, sie müsse geheime Sünden begangen haben, sonst würde der Herr seinen Zorn nicht so hart über sie auslassen. Nun setzte der geistliche Scharfrichter ihr mit aller Brutalität zu, sie solle ihm ihre geheimen Sünden bekennen. «Aber Herr Jeses, ih weiß nüt!» «Das ist gerade das

Zeichen, daß du noch verstockt bist!» usw. Aus diesen geistlichen Martern, in welchen die arme Frau den Atem fast verlor, erlösten sie endlich die Ihrigen, welche an der Türe gehorcht und über den frechen evangelischen Kirchenvater sich satt geärgert hatten. An einem andern Orte kamen Drei auf einmal zu einem Sterbenden, setzten sich an sein Bett und sprachen, er sei verdammt, wenn er ihnen nicht auf der Stelle seine Sünden bekenne; tue er dieses, so hätten sie die Macht, dieselben ihm zu vergeben. Der Sterbende konnte schon nichts mehr reden, konnte sich nur gegen die Wand und ihnen den Rücken zudrehen, seine Frau durfte ihn nicht verlassen, um Hülfe zu holen gegen diese geistlichen Unholden; so mußte er sich vor seinem Tode stundenlang mit Unsinn und Roheit foltern lassen, hatte kein ruhig Sterbestündlein, konnte in seinem Kämmerlein nicht ruhig beten zu seinem Gott.

Solche Geschichten kamen alle Tage neue, aber einmal kam der Arzt ins Wirtshaus ganz krebsrot, warf den Hut weg und ließ für sich manchen Fluch über die Zähne gehen. Endlich erzählte er: Da oben am Berge habe er eine Kranke, aber die geistlichen Donners Spitzbuben gruppe geng uf ere, bis sie sie getötet hätten; er könne nichts machen, und doch sei es schade ums Meitschi. Er erzählte weiters, das sei das lustigste Meitschi gewesen weit und breit, und singen hätte es gekonnt wie eine Nachtigall. Während es in die Unterweisung ging, hätte die verfluchte Geistlichkeit, die besondern Appetit zu haben scheine nach frischem jungem Fleische, sich an dasselbe gehängt, und besonders der schlechte Schreinergesell, der so gerne spazieren gehe, sei mit ihm gegangen, und wie weit, wisse man nicht. Als die Zeit genaht, wo es das Abendmahl empfangen sollte, seien sie mit aller Wut in das Mädchen gedrungen, daß es dasselbe nicht von seinem Pfarrer empfange, sonst sei es ewig verdammt. Als es nicht gehorchen wollte, wurde ihm ein Brief geschrieben, angefüllt mit allen Flüchen und Verwünschungen, wenn es sich nicht wolle abwendig machen lassen. Das Kind blieb trotz aller dieser Anfechtungen standhaft und genoß das Abendmahl mit andern ehrlichen Christen und trat darauf in Dienst. Begreiflich hatte aber der ganze Vorgang auf sein Gemüt gewirkt, hatte in dem ohnehin lebhaften Kinde heftige Kämpfe erzeugt; diese trafen in eine Entwicklungsperiode der weiblichen Natur, und das Mädchen wurde von gewaltigen Krämpfen befallen, mußte den Dienst verlassen und nach Hause zurückkehren. Sogleich sei die geistliche Schar über dasselbe hergefallen mit Beten und Fluchen. Vom Teufel besessen sei es, schrie man ihm zu, ewig verdammt, es leide, was es verdiene, um seiner Verstockung willen; und dann fielen sie alle auf die Knie, Sieben, Achte mit einander, und schrien, was sie vorbringen mochten. Natürlich kriege das Mädchen seine Krämpfe auf die fürchterlichste Weise und schreie, daß man es weit unten im Dorfe höre, und jene Donners Kühe frohlockten dann und meinten, das sei der Teufel, der so schreie, durch ihr Beten geängstigt. So könne und dürfe er das Mädchen nicht lassen, sonst sterbe es ihm die ersten Tage; es nähm ne aber nume sDonners wunder, ob me de aber hützutag alles müeß gscheh la und ob me die Donnere alles müeß la mache.

Nun erzählte er eine Geschichte nach der andern, wie er hier und dort erst hätte heilen können, nachdem er ein halb Dutzend Weiber mit ihren Höllenbüchern in den Händen fortgejagt, wie aber im gleichen Dorfe ein anderes sonst munteres Mädchen verzückt und verrückt im Bette läge, statt zu arbeiten, und Gesichter sehe wie die Somnambüle. Diese Geschichten faßten besonders die Weiber auf und schrien empört darüber und meinten: Es düech se, we sie das nume einisch gseh und ghöre chönnte. Es ist ein eigener Geist des

Widerspruchs im Weibe, welcher dasselbe gerade zu dem treibt, welches es nicht will, ein Geist der Neugierde, der alles selbst sehen, selbst erfahren möchte, selbst die wüsteste Sache, nur um recht zu wissen, was sie sei, gerade wie das Weib, das im Fröschweiher herumpfoselte. Ihr wißt, was man sagt, wie der Teufel zu Zeiten gut höre, und wenn er zuweilen nur den leisesten Wunsch, ihn zu sehen, vermerke, er leibhaftig vor einem stehe. Daher sagt man auch, man dürfe den Teufel nicht an die Wand malen, wenn man ihn nicht selbst haben wolle. Alle Regimenter haben Werber, das junge Deutschland seine Propaganda, das Gleiche findet bei den Evangelisten, Separatisten, Stündelern usw. statt. Wohl laufen auch die Lehrer selbst von Haus zu Haus und laden die Leute förmlich ein, hiehin und dorthin, und man weiß ja, wie ungerne ein Weib eine Einladung ausschlägt. Aber sie sind doch nicht die eigentlichen Werber dieser Banden, sondern diese sind die Weiber selbst. Weiber aller Art bilden den größten Teil dieser Versammlungen, junge und alte, ledige und verheiratete bunt durch einander.

Jedes Weib hat eine Freundin, eine Base, eine Gevatterin an den angrenzenden Orten, wohin das Treiben noch nicht gedrungen. So ein geistliches Weib oder Meitschi legt nun Strümpfe und eine saubere Scheube an und marschiert bei seiner Freundin oder Bekannten auf: «Los Bäbi, du mueßt notti cho, chumm ume einisch, du chast geng mache, wied witt, wes dr nit gfallt.» Bäbi wehrt sich, sagt, es habe keine Lust dazu, es müsse daheim bei seinen Kindern bleiben, und wenn es der Mann vernähme, so gieng es viel zu wüst, es glaube, er würde es prügeln. Die geistliche Freundin widerlegt die Einwürfe, meint, man brauche es dem Mann nicht zu sagen; Bäbi wehrt sich noch immer, aber es frägt doch dies und das, die Freundin weiß auf alles gar guten Bescheid, und die Unterredung endet sich mit einer Verabredung, und das gute Bäbi ist gefangen wie eine Fliege in einer Spinnhubbele.

Bäbi geht also erst weiter an andere Orte und lügt dem Mann immer mehr vor, je geistlicher es wird. Es macht geistliche Bekanntschaften, erhält verstohlene Besuche, wenn der Mann abwesend ist, es hat Bekannte und Freundinnen, die sucht es auch mitzuziehen; wo mehrere Weiber sind, finden sich endlich auch ein oder mehrere Männer dazu aus besondern Gründen und wohl auch einer, der unter dem Pantoffel der geistlich gewordenen Frau steht. Man mag nicht immer weit hinlaufen und möchte auch der Ehre teilhaftig werden, die Versammlungen in der Nähe zu haben; die Fernern, bei aller Geistlichkeit, treten den Neuen auch gerne zuweilen die Last der geistlichen Einquartierung ab, und die Prediger gehen auch gerne weiter, wo noch unangegriffene Vorräte sind, wie die Heuschrecken auch weiterziehen, wenn sie alle Blätter von einem Baume abgefressen haben. Dann sieht man an einem schönen Abend mit einbrechender Dunkelheit Leute aus allen Ecken einem Hause zuströmen, man weiß nicht, was das zu bedeuten hat. Es brennt nicht, es ist keine Leiche im Hause, nein, es ist eine Versammlung. Die Cholera ist da!

So kam sie auch zu uns, nachdem man schon lange davon geredet, davor sich gefürchtet hatte. Nun erst begann man davon zu reden, fast jeden Abend im Wirtshause. Man wußte jeden Abend etwas Neues, wußte, der gehe auch und die gehe. Man zergliederte die Leute und konnte nicht begreifen, wie die dazu kämen, wenn die Sache wirklich geistlich sei, wie man vorgebe; man wollte auch an diesen Leuten keine Änderung in ihrem sonstigen Treiben bemerken, nichts als einen stinkenden Hochmut, den sie an den Tag legten, und vermehrte Untätigkeit. Man machte Pläne, was man tun wollte, wenn ein Hausgenosse gefangen werden sollte, und die Männer redeten hoch auf, wenn ihre Weiber von den bösen Gelüsten sich anwandeln ließen. Man redete ab, hinzugehen, und kam bald wieder, erzählend von dem Unsinn, der da gesprochen wurde, wie immer das Gleiche wiederholt werde, wie der Lehrer, wenn er stecken bleibe, die Hand vor die Stirne halte und sage, der Böse habe ihm den Geist weggenommen, und endlich nach einer Weile, wenn er sich besonnen, spreche, jetzt sei der Geist wieder da. Wie man den Leuten Angst mache, sie versichere, bis dahin in des Teufels Krallen gewesen zu sein, verführt von den Baalspfaffen, wie die Kirchen nur des Teufels Steinhaufen seien, ein Versammlungsort der Sünder, und wer hingehe, der Sünden aller Andern teilhaftig werde, wer aber das Vergangene und die Gemeinschaft mit den Sündern abbete und zu ihnen komme, der habe das ewige Leben, der sei selig, der gehöre dem Heiland an. Und sie erzählten, wie die Leute geweint und geschluchzt und dann froh geworden und wie sie dem Lehrer die Hände gegeben und wie Andere aufgestanden und Zeugnis abgelegt hätten von der Trefflichkeit und Richtigkeit der Rede des Bruders, und wie sie wieder die Welt verdammt und sich gerühmt hätten, daß es fry gstunke.

Man wollte mich auch bereden, einmal hinzugehen, allein es widerte mich an; um des Gespötts willen mochte ich nicht gehen, expreß um mich zu ärgern auch nicht, und erbauen konnte ich mich nicht, überdem hörte ich alles, was ging, und hatte satt davon. Die armen, mit dieser Seuche geplagten Leute konnten mich dauern von ganzem Herzen, ihren Jammer und ihren Verdruß schütteten sie im Wirtshause aus, da ihnen durch ihre frommen Weiber ihre Häuser erleidet waren. Da jammerte einer: Seit seine Frau fromm geworden, kriege man in seiner großen Haushaltung keinen Bissen ordentliches Essen mehr. Seine Frau wolle alles selbst machen, nicht einmal die Tochter helfen lassen; sie tue auch die Speisen richtig über, feure tüchtig, laufe dann ins Stübli, bete, daß man im ganzen Hause sturm werde, glaube, der Herrgott koche für sie in der Küche, und wenn sie endlich chystig sei und hören müsse, so sei entweder das Feuer erloschen oder alles angebränntet und sie müßten das Essen haben, wie es sei. Aber der Herrgott hätte viel zu tun, wenn er die Köchin jedes frommen Weibes sein wollte. An letzter Fasnacht habe er ihr befohlen, zu kücheln. Sie habe richtig den Anken in die Pfanne getan und sei wieder ins Stübli gelaufen und habe dort gebetet, daß es fry gsurret und gchutet habe. So sei das Feuer in den Anken gekommen, und ganz sicher wäre das Haus verbrannt, wenn er nicht zufällig das Feuer gesehen und es noch hätte löschen können. Ein Anderer entgegnete ihm, das mache ihm doch nichts, er sei reich, und wenn schon das Haus verbrannt wäre, so hätte er ein anderes können bauen lassen. Er aber sei arm, müsse vom Verdienst leben, und wenn seine Frau so fortfahre, so käm er mit allen sechs Kindern auf die Gemeinde. «Wenigstens drei Abende in der Woche sind Versammlungen; meine Frau läuft hin, spinnt nicht, besorgt die Kinder nicht und wer weiß, ob sie mir nicht noch Sachen verflökt, um auch ein Opfer zu bringen. Spät kömmt sie heim, und kaum ist der Tag wieder da, so steht sie schon bei der Nachbarsfrau und sie brichten einander, wie es gestern gegangen, was gepredigt worden und wie es ihnen wohl getan. Am Nachmittag stehen sie wieder beisammen und raten ab, wo es des Abends hin sein müsse. Zwischendurch ist sie wie sturm und nichts geht ihr recht von der Hand, und wenn ich sie ans Arbeiten mahne, so weint sie, daß sie ob dem irdischen Grümpel die Seligkeit versäumen müsse. Und dieser irdische Grümpel sind ihre Kinder, um die sie sich immer weniger bekümmert, ja die ihr zuwider werden, weil sie etwas für sie tun soll.»

Die Wirtin begehrte auf. Es seien doch nicht nur Weiber, die an die Versammlungen gingen und ihr Hauswesen vernachlässigten, auch Männer gingen hin, und die Weiber hätten Ursache, zu weinen und zu klagen. So sei erst gestern eine Frau bei ihr gewesen und habe das lautere Wasser geweint über ihren Mann. Der laufe auch weit und breit umher, bilde sich ein, den Geist des Predigers empfangen zu haben. Selten sei er einen Abend bei ihr und den Kindern, am wenigsten des Sonntags, und wenn er einmal daheim bleiben müsse, so sei er hässig, daß es niemand bei ihm ausstehen könne. Der Kinder achte er sich oft lange nicht, dann schlage er sie wieder, daß es eine unerkannte Sache sei. Das Böseste sei, daß man nie wisse, was gehe, es gebe heutzutage gar schlimmes Weibervolk, und wenn sie mitgehe, so achte er ihrer wenig, sondern sitze lieber neben Andern als neben ihr; so sei er auch einmal im Wirtshaus neben Meitschene gesessen, und sie hätte mit den Kindern in der Nebenstube sein können.

Das mache sich noch, schrie ein Dritter dazwischen, da sei doch entweder der Vater oder die Mutter bei den Kindern; allein er hätte Nachbarsleute mit fünf Kindern, von denen das älteste acht Jahre alt sei, da liefen Mann und Frau, sperrten die Kinder ein und ließen sie halbe Nächte allein. Die Kinder schrien manchmal alle zusammen, daß es einem durch Mark und Bein gehe, und wenn es da kein Unglück gebe, so wolle er nicht Hans heißen.

Während diesem Gespräch war ein Garnbaucher mit seinem Wägelchen vorgefahren, hatte einen Teil des Gesprächs gehört und redete drein: Man solle ihn klagen lassen, er müsse seine Bauchi teuer verzinsen und bringe fast kein Garn zusammen, und doch habe er sich über den langen harten Winter gefreut, in der Meinung, die Weiber würden das Stroh ab dem Dache spinnen. Aber ohä, keinen Winter, so lange er sich besinnen möge, sei so wenig gesponnen worden, das schade viele viele tausend Strangen Garn nur in seiner Gegend, und daran sei nur das verdammte Stündeliwesen schuld. Man sei die halbe Zeit nicht beim Spinnen, und wenn man schon dabei sei, so habe man keinen Ernst. Wenn das so gehen könne, so werde man es erfahren, was das für arme Leute gebe.

Ja, das habe er schon lange gesagt, polterte ein Gemeindrat, es gehe alles drauf los, das Volk zBode z'mache. Da führe man das Patentsystem ein, in jeder Ecke gebe es ein Wirtshäuslein, und in den andern Ecken wären Versammlungen, und jeder, der hungrig sei und sonst glustig und nicht arbeiten möge, könne predigen, wenn und was er wolle. Die einen Leute säßen in den Pinten, die andern in den Versammlungen, wer zum Teufel da arbeiten solle und wer die Müßiggänger erhalten? Das werd lustig usecho.

«Ja», meinte einer, «wes ne neuis am Volk glege wär u we si selber o üsi Religion hätte, so wär es ne nit so graglych, wie mr plaget werde u wer predigi, u si würde o öppis dazu welle säge, daß men is üsi Religion rüehyi löy.»

Darauf sagte der Statthalter, man könne nichts gegen die Versammlige mache, das sei gegen die Verfassig, die sage ausdrücklich, es könne ein jeder glauben, was er wolle. Der Gemeindvorsteher, der eine Mugge auf den Statthalter hatte, meinte, es heiße nicht in der Verfassung, daß ein jeder machen könne, was er wolle, und hier sei vom Machen die Rede; aber man sollte es allbeeinisch meinen, die Verfassig erlaube alles, und ein jeder Halunke tröste sich mit der Verfassig.

Bis dahin hatte man einen Mann in einem Winkel übersehen, der hinter einem halben Schoppen Branntwein saß und ihn eben nachfüllen hieß, es war ein Schneider und ein Prediger, der erhob zornig seinen Mund und schrie: Sie sollten nur reden und machen, was sie könnten, sie verdammte Seelen, aber abbringen werden sie nichts, sie Landlümmel! Gott wolle es, daß man sie müsse machen lassen, alle Tage nehmen die Brüder zu, der bessere Teil der Regierig sei auf ihrer Seite, und bald werden sie die Mehreren sein, dann wollten sie ihnen zeigen, was sie könnten; dann werden sie alle zwingen, ihre Versammlungen zu besuchen, ihren Glauben anzunehmen, und wer sich nicht wolle zwingen lassen, dem werden sie das Haus verbrennen, Nasen und Ohren abhauen und ihn aus dem Lande jagen.

Mit großer Mühe verhinderte ich ein blutig Märtyrertum dieses Unbesonnenen, aber ich verhinderte nicht manche wilde Rede, daß man sich selbst helfen müsse, während es noch Zeit sei, ehe entweder das Land verarmet oder die Macht dieser Verrückten Meister geworden sei.

Wie es einem verständigen Menschen ziemet, dachte auch ich über diese Dinge alle nach. Ich bin ein Ungelehrter, aber in meinem schlichten Verstand schien mir hier Irrtum zu herrschen. So wie die Menschen in einem bürgerlichen Verband unter bestimmten Gesetzen zusammenleben, so leben auch die Christen zusammen in einer äußerlichen Gemeinschaft und dienen gemeinsam ihrem Gott, diese Gemeinschaft nennt man Kirche. In einem christlichen Staat gehört auch die Obrigkeit zu dieser Gemeinschaft, zu dieser Kirche, sie ist nicht über dieselbe erhaben. In jeder Gemeinschaft muß Zucht und Ordnung aufrecht erhalten werden, sonst zerfällt sie, und in keiner Gemeinschaft duldet man die, welche öffentlich Umsturz, Auflösung dieser Ordnung predigen. In jeder Gemeinschaft sind solche, welche über Aufrechterhaltung der Ordnung wachen. In unserm Lande soll die weltliche, bürgerliche Obrigkeit, die auch zu der Kirche gehört und nicht über derselben ist, dieses Amt üben, und wie sie über das Wohl des Staates wacht, auch über das Wohl der Kirche wachen. Tut nun aber dieses die Obrigkeit nicht und läßt gegen die bestehende Kirche, wohl verstanden nicht gegen den Staat, jeden vornehmen, was ihm beliebt, oder hält nur die in Zucht und Ordnung, welche für die Kirche sind, und läßt die nach freier Willkür schalten und walten, welche öffentlich oder insgeheim gegen dieselbe sind, so geschehen drei Dinge:

Erstens. Die Obrigkeit erhält den Schein, als ob sie sich selbst von der Kirche (es ist nicht vom Glauben die Rede) losgesagt, oder daß sie ihre Auflösung wünsche.

Zweitens. Das Volk, welches auf der einen Seite weder Kraft noch Willen sieht, kriegt Respekt vor denen, welche mit eisernem Willen und wilder Kraft das, was sie als das Rechte ausgeben, ausbreiten und aufrecht erhalten und nach ihrer Weise fest sich selbst regieren, nach ihrer Weise unter sich Ordnung halten und Zucht. Vom Respekt zum Beifall ist ein kleiner Schritt.

Drittens. Die der Kirche treu Bleibenden, die sich täglich müssen lästern hören ungestraft, vermissen bitter den nötigen Schutz und werden zu dem Gedanken verleitet, durch eigene Faust sich Schutz zu verschaffen, das Recht, das die Obrigkeit nicht ausübt, wieder an sich zu nehmen und nach ihrer Weise Ordnung aufrecht zu erhalten und Zucht. Wo die Gesetze oder ihre Handhabung zu dem Kulturzustand der Völker nicht passen, entsteht das Lynchgesetz der Amerikaner, das heißt die Selbsthülfe.

Inwiefern diese drei Dinge den Zwecken eines christlichen Staates förderlich sind, mag jeder Unbefangene entscheiden. Welche Wirkung sie in unserm Ländchen haben werden, sieht jeder voraus, der im Volke lebt, aber nicht der, der nur seine Zwecke vor Augen oder seine Theorien im Kopfe hat.

Wahrhaft übel steht es mit einem Staate, wo alle Interessen mit einem juridischen Hute zugedeckt werden sollen, aber noch übler, wo jeder, der nur von weitem am Staatsruder gerochen, alle mögliche Intelligenz in sich zu vereinigen glaubt und zuerst jedem andern Stand als dem seinigen und dann noch jedem seines eigenen Standes außer sich selbsten mißtraut und öffentlich oder zwischen den Zähnen alle Rechtlichkeit ihm abspricht.

*

So weit hatte ich vor vier Wochen geschrieben, seither schüttelte mich das Fieber, und mein Arm zuckte gar schmerzlich; getreulich warten mir die Kinder ab. Mein Anneli kam mir immer vor die Augen, und ich mußte singen und wieder singen: «O Blümeli my, o Blümeli my, chönnt i bald by dr sy!» Wo das aus gehen will, weiß ich nicht.

Die Wirtin springt herauf, was will sie wohl? Der Gemeindschreiber sei gestorben, sagte sie mir, der Vorsteher werde kommen und mir anhalten, daß ich die Stelle übernehme. Das Fieber schüttelt mich heftiger, Anneli kömmt mir näher, winkt mir deutlicher. O Blümeli my! Ich höre die Tritte des Vorstehers, dem will ich diese Schrift übergeben, daß er sie drucken lasse, wenn ich sterben sollte; er ist ein braver Mann, hält, was er verspricht.

Er hat sie, hat mir alles versprochen, aber gesagt, es sei unnötig, ich werde nicht sterben. Nun Herr, wie du willst, nicht wie ich will, mein Testament ist gemacht. Gehe es zum Leben oder zum Tode, Herr, so befehle ich meinen Geist in deine Hände!

Anmerkungen

Kursivschrift bezeichnet die von Gotthelf in Klammern beigefügten, in unserer Ausgabe gestrichenen Erklärungen berndeutscher Ausdrücke. – «Erstdruck» bedeutet, daß eine Stelle von uns verbessert oder aus der zweiten Auflage übernommen wurde.

Seite

81 Schausaaltag: der Tag, an dem im Berner Inselspital Patienten unentgeltlich untersucht und behandelt wurden.

82 Bettlerpalast: eine hölzerne Mietskaserne in einem Berner Vorstadtquartier (siehe F. Vetter, Beiträge zur Erklärung und Geschichte der Werke J. Gotthelfs 3, Bern 1898).

84 Die zwei Rezensionen im Berner Intelligenzblatt abgedruckt bei Vetter 3 f. – Mitburgerchen: Erstdruck «Mitbürgerchen».

86 Du sollst wandern gehen: die Stelle zeigt, wie stark Gotthelf schon hier an ausländische Leser denkt. – Mimeligestalten: Claurens «Mimili» (1816), deren kitschiges «schweizerisches» Kostüm schon dem Studenten Bitzius ein Ärgernis war.

89 welches man nicht zählte: d. h. unter der heidnischen Zeitrechnung der Französischen Revolution. – Genterli: Schränkchen im obern Teil des Bufferts.

90 Schatzkästlein: wohl Bogatzkys «Güldenes Schatzkästlein» (1718). – Johann Arndts «Vier Bücher vom wahren Christentum» (1605) sind ein klassisches Andachtsbuch.

93 Charabanc: Kutsche mit Längssitzen. – Losung: Erlös.

95 geltstaget: Konkurs gemacht.

98 Tschämele: zu Gevatter bitten.

102 gegürtet: sich getummelt.

103 Blegi: breiter farbiger Saum auf der Innenseite des Rockes. – Gloschli: Unterrock.

108 Schnauz: Rüffel.

116 Ehrschatz: Handänderungssteuer.

118 Fürtuch: Schürze.

Seite

120 hätte Triftig: hätte zu leben (Triftig = gute Weide).

122 Lischenmatte: Sumpfwiese.

130 kuschen: Erstdruck «tüschen».

145 seiner Wege: Erstdruck «seine Wege».

148 Geltstag: Konkurs.

149 vorhandenen Vorräte: Erstdruck «vorrätigen Vorräte». – wenn ihr das Herz: Erstdruck «wenn einer...»

172 Heidelberger: der Heidelberger Katechismus, im Kanton Bern auch als Lesebuch in der Volksschule benützt.

174 Bachteln: (*Glockenblumen*).

177 u mih zHaß: und haßt mich dazu.

184 Heiti: Heidelbeeren.

187 spannen: bremsen.

190 Mutech: heimlicher Vorrat.

193 gmeinen: gemein haben.

194 äußter: immer noch.

195 Reisten: die durch das Hecheln gewonnenen langen Fasern von Flachs oder Hanf.

197 Bigger: Klepper.

198 Scheube: Schürze. – Mänteli: das gefältelte Vorhemd über dem Mieder.

210 Leubank: Ruhebank.

211 köstlicher: kostspieliger.

212 Heli: die in Klammer nachfolgende Worterklärung beweist, daß Gotthelf schon beim «Bauernspiegel» an nichtbäuerliche und nichtbernische Leser denkt; vgl. zu S. 86 und 244.

214 Gülten: Wertpapiere.

219 auszubeißen suche: Erstdruck «suchen».

228 Mäßbstryche: ein Holz, mit dem das übervolle Kornmaß glattgestrichen wird.

232 borgen: schonen.

Seite

234 Datere: Torte.

236 Salzbütte: staatlicher Salzverkauf.

244 den Pflegel: (*Hut*).

251 chiere: hängen lassen.

254 Riffe: Erstdruck «Schiffe».

256 versprochen: entschuldigt.

257 Spital: Armenhaus. – im Umgang: als Kostgänger auf Gemeindekosten in den Bauernhäusern. – Öschli: junge Esche.

260 stättig: widerspenstig, eigensinnig.

265 straffe Sehne: Erstdruck «schroffe».

270 kuttern: scharwenzeln (Kutter = Täuberich).

274 Dünkel: die meist im Weiher aufbewahrten hölzernen Wasserrinnen.

292 Herr Kammerer: Kassier eines der fünf bernischen Pfarrkapitel.

311 rönnle: das Korn reinigen. – Ryttere: die dazu dienende Maschine (die viel Staub erzeugt).

313 Seppli: ein Wunderdoktor (vgl. Vetter, Beiträge 15).

315 der Pfarrer zu G.: in der zweiten Auflage «zu W.» – Chuchbüechli: Spottname für die Lesefibel.

329 Eine neue Zeit: es handelt sich um die Pariser Julirevolution von 1830, bei der die schweizerischen Söldner den Thron des reaktionär gesinnten französischen Königs gegen das Volk verteidigen mußten.

330 das Kinn: Erstdruck «die Kinn».

332 mit dem weiten Geleise: spreizbeinig. – Gügerlein: Pusteln.

334 äußerer Stand: der als Scheinregierung organisierte politische Club der patrizischen Jugend im alten Bern.

345 Voltigeurs: Füsiliere.

347 des blinkenden Goldes: Erstdruck «Geldes».

349 Blancbec: Gelbschnabel.

Seite

354 die berüchtigten Ordonnanzen von Karl X.: die verfassungswidrigen Verfügungen des Königs vom 25. Juli 1830, die den dreitägigen Volksaufstand und die Abdankung Karls X. auslösten.

356 Marmont: einer von Napoleons großen Generälen.

357 an der alten Garde des sechzehnten Ludwigs: die bei der Erstürmung der Tuilerien vom Volk ermordet wurde.

359 die rote Kutte: der Schweizersöldner.

374 Fecker: amtlicher Aufseher über Maß und Gewicht.

378 Mutz: das kurze, oft unter dem Rock getragene Wams der Berner Bauern.

399 zweimal unrichtig erwies: Erstdruck «dreimal».

402 Leist: geschlossene Herrengesellschaft, wie sie in den Berner Wirtshäusern regelmäßig zusammenkamen.

403 Rams: ein Kartenspiel.

418 Schaal: Metzgerei.

421 Regenmoli: Molch.

422 An der Seite des Hügels lag ein schönes Kirchdorf: die Schilderung geht offenbar auf Dorf und Schloß Trachselwald bei Lützelflüh, wo Gotthelfs Armenanstalt stand.

425 Schuldenboten: Schuldeneintreiber.

427 Freundlichkeit: amtlicher Schlichtungsversuch in Streitfällen. – Bähre: Fischreuse.

431 Nun war es recht lächerlich: Erstdruck «ward».

435 dFragi: der Heidelberger Katechismus.

447 bei dem sogenannten Lehren: Erstdruck «Lernen»; vgl. S. 166.

451 auf den Schreiber kommt: Erstdruck «kommt es».

455 allzu zuvorkommend: Erstdruck «allzu vorkommend». – Trocadero: spanisches Fort bei Cadiz, 1823 von den Franzosen erobert.

460 Bundesrevision: die Umwandlung der Eidgenossenschaft in einen zentralistischen Bundesstaat war seit der Julirevolution

Seite

Gegenstand heftiger innenpolitischer Auseinandersetzungen. – Badener Konferenzbeschlüsse: die vierzehn Artikel der Konferenz von 1834, die zu einer einheitlichen fortschrittlichen Politik der Kantone gegenüber der Kurie führen sollten.

461 Bistümler: die Bevölkerung des Berner Juras, der bis 1815 zum Bistum Basel gehörte.

462 das Straßengesetz und das Militärgesetz: der Unterhalt der Straßen und Truppen war unter dem liberalen Regime Sache des Kantons und wurde durch neue Steuern finanziert.

463 die Bewegungen im Schulwesen: sie sind der Gegenstand der «Leiden und Freuden eines Schulmeisters». – von einer Seite her gegeben: gemeint ist Ph. E. von Fellenberg.

465 von einer Geiß und einem Gitzi: Anspielung auf ein Gedicht in der neuen, von Seminardirektor Rikli verfaßten Fibel (vgl. Vetter, Beiträge 17).

467 «Orlizenz»: statt Audienz.

471 das Wirtschaftswesen: seine gesetzliche Neuordnung durch die Einführung des Patentsystems.

473 Gmeinsmanne: Vorgesetzte der Gemeinde.

476 W. von U.: vermutlich ein Großrat Weber von Utzenstorf (siehe Vetter, Beiträge 17).

479 Zehnten und Tellen: Bodenzinsen und Gemeindesteuern.

488 sDonners wunder: Erstdruck «es Donners». – wie die Somnambüle: die Seherin von Prevorst, deren Gesichte Justinus Kerner in seinem 1829 erschienenen Werk beschrieben hatte. – ghöre chönnte: Erstdruck «chönti».

489 das junge Deutschland: der deutsche Zweigverein des von Mazzini gegründeten revolutionären «Jungen Europa».

493 Garnbaucher: Garnwäscher.

497 «O Blümeli my»: diese Schreibung auch im Original, G. J. Kuhns bekanntem Volkslied «Ha an em Ort es Blümeli gseh.»

Inhaltsverzeichnis

Jeremias Gotthelf
Ausgewählte Werke im Diogenes Verlag

in 13 Bänden
in der Edition von Walter Muschg

Uli der Knecht
Roman. detebe 20561

Uli der Pächter
Roman. detebe 20562

Anne Bäbi Jowäger I
Roman. detebe 20563

Anne Bäbi Jowäger II
Roman. detebe 20564

Geld und Geist
Roman. detebe 20565

Der Geltstag
Roman. detebe 20566

Käthi die Großmutter
Roman. detebe 20567

Die Käserei in der Vehfreude
Roman. detebe 20568

Die Wassernot im Emmental
Wie Joggeli eine Frau sucht
Erzählungen I. detebe 20569

Die schwarze Spinne
Elsi, die seltsame Magd
Kurt von Koppigen
Erzählungen II. detebe 20570

Michels Brautschau / Niggi Ju
Das Erdbeerimareili
Erzählungen III. detebe 20571

Der Besenbinder von Rychiswyl
Barthli der Korber / Die Frau Pfarrerin / Selbstbiographie
Erzählungen IV. detebe 20572

Der Bauernspiegel
oder Lebensgeschichte des Jeremias Gotthelf
Mit einem Nachwort von Walter Muschg
detebe 21407

Als Ergänzungsband liegt vor:
Gottfried Keller über Jeremias Gotthelf
Mit einem Nachwort von Heinz Weder
Chronik und Bibliographie. detebe 20573

Gottfried Keller
Zürcher Ausgabe

Gesammelte Werke
in der Edition von Gustav Steiner
in 8 Einzelbänden

Der grüne Heinrich
in zwei Bänden. detebe 20521 + 20522

Die Leute von Seldwyla I
detebe 20523

Die Leute von Seldwyla II
Zwei Kalendergeschichten
detebe 20524

Züricher Novellen
Aufsätze
detebe 20525

Das Sinngedicht
Sieben Legenden
detebe 20526

Martin Salander
Ein Bettagsmandat / Therese
Autobiographische Schriften
detebe 20527

Gedichte
Der Apotheker von Chamounix
detebe 20528

Als Ergänzungsband liegt vor:

Über Gottfried Keller
Sein Leben in Selbstzeugnissen und
Zeugnissen von C. F. Meyer bis Theodor Storm
Herausgegeben von Paul Rilla
Mit Chronik und Bibliographie
detebe 20535

Friedrich Dürrenmatt im Diogenes Verlag

Stoffe I-III: Der Winterkrieg in Tibet/Mondfinsternis/Der Rebell
Leinen. Auch als detebe 21155 und 21156
Weitere Bände in Vorbereitung

Achterloo
Komödie. Leinen

Minotaurus
Eine Ballade. Mit Zeichnungen des Autors
Pappband

Justiz
Roman. Leinen

Die Welt als Labyrinth
Ein Gespräch mit Franz Kreuzer. Broschur

● **Das dramatische Werk**
in 17 Bänden:

Es steht geschrieben / Der Blinde
Frühe Stücke. detebe 20831

Romulus der Große
Ungeschichtliche historische Komödie
Fassung 1980. detebe 20832

Die Ehe des Herrn Mississippi
Komödie und Drehbuch. Fassung 1980
detebe 20833

Ein Engel kommt nach Babylon
Fragmentarische Komödie. Fassung 1980
detebe 20834

Der Besuch der alten Dame
Tragische Komödie. Fassung 1980
detebe 20835

Frank der Fünfte
Komödie einer Privatbank. Fassung 1980
detebe 20836

Die Physiker
Komödie. Fassung 1980. detebe 20837

Herkules und der Stall des Augias
Der Prozeß um des Esels Schatten
Griechische Stücke. Fassung 1980
detebe 20838

Der Meteor / Dichterdämmerung
Nobelpreisträgerstücke. Fassung 1980
detebe 20839

Die Wiedertäufer
Komödie. Fassung 1980. detebe 20840

König Johann / Titus Andronicus
Shakespeare-Umarbeitungen. detebe 20841

Play Strindberg / Porträt eines Planeten
Übungsstücke für Schauspieler
detebe 20842

Urfaust / Woyzeck
Bearbeitungen. detebe 20843

Der Mitmacher
Ein Komplex. detebe 20844

Die Frist
Komödie. Fassung 1980. detebe 20845

Die Panne
Hörspiel und Komödie. detebe 20846

Nächtliches Gespräch mit einem verachteten Menschen/Stranitzky und der Nationalheld/Das Unternehmen der Wega
Hörspiele und Kabarett. detebe 20847

● **Das Prosawerk**
in 14 Bänden:

Aus den Papieren eines Wärters
Frühe Prosa. detebe 20848

Der Richter und sein Henker
Der Verdacht
Kriminalromane. detebe 20849

Der Hund / Der Tunnel / Die Panne
Erzählungen. detebe 20850

Grieche sucht Griechin / Mr. X macht Ferien / Nachrichten über den Stand des Zeitungswesens in der Steinzeit
Grotesken. detebe 20851

Das Versprechen / Aufenthalt in einer kleinen Stadt
Ein Requiem auf den Kriminalroman und ein Fragment. detebe 20852

Der Sturz / Abu Chanifa und Anan Ben David / Smithy / Das Sterben der Pythia
Erzählungen. detebe 20854

Theater
Essays, Gedichte und Reden. detebe 20855

Kritik
Kritiken und Zeichnungen. detebe 20856

Literatur und Kunst
Essays, Gedichte und Reden. detebe 20857

Philosophie und Naturwissenschaft
Essays, Gedichte und Reden. detebe 20858

Politik
Essays, Gedichte und Reden. detebe 20859

Zusammenhänge/Nachgedanken
Essay über Israel. detebe 20860

Der Richter und sein Henker
Kriminalroman. detebe 21435

Der Verdacht
Kriminalroman. detebe 21436

● Das zeichnerische Werk

Bilder und Zeichnungen
Mit einer Einleitung von Manuel Gasser und Kommentaren des Künstlers. Diogenes Kunstbuch

Die Heimat im Plakat
Ein Buch für Schweizer Kinder. Zeichnungen. Mit einem Geleitwort des Künstlers kunst-detebe 26026

Außerdem liegen vor:

Denken mit Dürrenmatt
Denkanstöße, ausgewählt und zusammengestellt von Daniel Keel. Diogenes Evergreens

Über Friedrich Dürrenmatt
Essays, Aufsätze, Zeugnisse und Rezensionen von Gottfried Benn bis Saul Bellow. Chronik und Bibliographie. Herausgegeben von Daniel Keel. detebe 20861

Elisabeth Brock-Sulzer
Friedrich Dürrenmatt
Stationen seines Werkes. Mit Fotos und Zeichnungen. detebe 21388

Deutsche Klassiker im Diogenes Verlag

● Angelus Silesius
Der cherubinische Wandersmann
Auswahl und Einleitung von Erich Brock
detebe 20644

● Ulrich Bräker
Gesammelte Werke in 2 Bänden
Herausgegeben von Samuel Voellmy und Heinz Weder. Vorwort von Hans Mayer.
detebe 20581–20582

● Wilhelm Busch
Schöne Studienausgabe in 7 Bänden
Herausgegeben von Friedrich Bohne
detebe 20107–20113

Das Wilhelm Busch Bilder- und Lesebuch
Ein Querschnitt durch das Werk. Herausgegeben von Gerd Haffmans. detebe 20391

● Meister Eckehart
Deutsche Predigten und Traktate
Herausgegeben von Josef Quint
detebe 20642

● Theodor Fontane
Gedichte · Erinnerungen · Aufsätze
Nachwort von Kurt Tucholsky
detebe 21074

Schach von Wuthenow · L'Adultera · Stine
Drei Romane. Nachwort von Werner Weber
detebe 21075

Irrungen Wirrungen · Frau Jenny Treibel
Zwei Romane. Nachwort von Otto Brahm
detebe 21076

Effi Briest
Roman. Nachwort von Max Rychner
detebe 21077

Der Stechlin
Roman. Nachwort von Thomas Mann
detebe 21073

● Geh aus, mein Herz, und suche Freud
Frühlings-, Sommer-, Herbst- und Wintergedichte von Matthias Claudius bis Gottfried Keller. Mit Zeichnungen von Ludwig Richter. Herausgegeben von Anton Friedrich. Diogenes Evergreens

● Goethe
Liebesgedichte
Ausgewählt von Gerda Lheureux und Fritz Eicken. Mit Illustrationen
Diogenes Evergreens

Gedichte I
detebe 20437

Gedichte II
Gedankenlyrik / Westöstlicher Diwan
detebe 20438

Faust
Der Tragödie erster und zweiter Teil
detebe 20439

Die Leiden des jungen Werther
Roman. detebe 21366

Außerdem liegt vor:

Faust
Eine Tragödie. In einer krassen Bearbeitung von Eberhard Thomas Müller. Mit vielen Zeichnungen von Wilhelm Busch. Diogenes Evergreens

● Jeremias Gotthelf
Ausgewählte Werke in 12 Bänden
Herausgegeben von Walter Muschg
detebe 20561–20572

Als Ergänzungsband liegt vor:

Keller über Gotthelf
detebe 20573

● Brüder Grimm
Märchen der Brüder Grimm
Ausgewählt und illustriert von Maurice Sendak. detebe 21350

● Heinrich Heine
Gedichte
Ausgewählt, eingeleitet und kommentiert von Ludwig Marcuse. detebe 20383

● Gottfried Keller
Zürcher Ausgabe
Gesammelte Werke in 8 Bänden. Herausgegeben von Gustav Steiner
detebe 20521–20528

Als Ergänzungsband liegt vor:

Über Gottfried Keller
Herausgegeben von Paul Rilla
detebe 20535

● Deutsche Liebesgedichte
von Walther von der Vogelweide bis Gottfried Keller. Auswahl von Christian Strich.
Mit Zeichnungen von Ludwig Richter
Diogenes Evergreens

● Conrad Ferdinand Meyer
Jürg Jenatsch / Der Heilige
Herausgegeben von Gustav Steiner
Mit einem Essay von Hans Mayer
detebe 20965

● Christian Morgenstern
Alle Galgenlieder
Fotomechanischer Nachdruck der Erstausgabe 1932. detebe 20400

● Wilhelm Müller
Die Winterreise und Die schöne Müllerin
Mit Illustrationen von Ludwig Richter
Diogenes Evergreens

● Friedrich Nietzsche
Vom Nutzen und Nachteil der Historie für das Leben
Herausgegeben und mit einem Nachwort von Michael Landmann. detebe 21196

● Arthur Schopenhauer
Zürcher Ausgabe
Volks- und Studienausgabe in 10 Bänden. Nach der historisch-kritischen Edition von Arthur Hübscher. Editorische Materialien von Angelika Hübscher.
detebe 20421–20430

Als Ergänzungsband liegt vor:

Über Arthur Schopenhauer
Herausgegeben von Gerd Haffmans
detebe 20431

● Walther von der Vogelweide
Liebsgetön
Minnelieder, frei übertragen von Karl Bernhard. Diogenes Evergreens

● Das Diogenes Lesebuch klassischer deutscher Erzähler
Band I
Geschichten von Wieland bis Kleist. Mit einem Nachwort von Arthur Schopenhauer
detebe 20727

Band II
Geschichten von Grimm bis Hauff
detebe 20728

Band III
Geschichten von Mörike bis Busch. Mit einem Nachwort von Fritz Mauthner
detebe 20669

● Das Diogenes Lesebuch deutscher Balladen
von Johann Gottfried Herder bis Erich Kästner. Herausgegeben von Christian Strich
detebe 20923

● Das Neue Testament
in 4 Sprachen: Lateinisch, Griechisch, Deutsch (Luther) und Englisch (King James Bible). detebe 20925